Dumping, Subsídios e Salvaguardas

Revisitando aspectos técnicos dos instrumentos de defesa comercial

Dumping, Subsídios e Salvaguardas

Revisitando aspectos técnicos dos instrumentos de defesa comercial

Felipe Hees
Marília Castañon Penha Valle
Organizadores

Ana Carolina Meneghetti Peres
Cláudia Ferraz dos Santos Silveira
Daniella Virgínia Gomes
Eduardo Chikusa
Fabio Martins Faria
Felipe Hees
Flávia Annibelli Baron
Gilvan Brogini
Luciana Fonseca Damasceno Vieira
Marco César Saraiva da Fonseca
María Valeria Raiteri
Marília Castañon Penha Valle
Ramiro Bertoni
Thalis Ryan de Andrade

IBRAC
Desde 1992
Instituto Brasileiro de Estudos de Concorrência, Consumo e Comércio Internacional

EDITORA SINGULAR

São Paulo
2012

D934 Dumping, subsídios e salvaguardas: revisitando aspectos técnicos dos instrumentos de defesa comercial. / Organizadores: Felipe Hees e Marília Castañon Penha Valle. São Paulo: Singular, 2012.

486p.

ISBN: 978-85-86626-62-3

Colaboradores: Ana Carolina Meneghetti Peres, Cláudia Ferraz dos Santos Silveira, Daniella Virgínia Gomes, Eduardo Chikusa, Fabio Martins Faria, Felipe Hees, Flávia Annibelli Baron, Gilvan Brogini, Luciana Fonseca Damasceno Vieira, Marco César Saraiva da Fonseca, María Valeria Raiteri, Marília Castañon Penha Valle, Ramiro Bertoni, Thalis Rezende Andrade.

1. Dumping. 2. Subsídio. 3. Salvaguarda. I. Hees, Felipe (Org.). II. Valle, Marília Castañon Penha (Org.). III. Andrade, Thalis Rezende. IV. Baron, Flávia Annibelli. V. Bertoni, Ramiro. VI. Brogini, Gilvan. VII. Chikusa, Eduardo. VIII. Faria, Fabio Martins. IX. Fonseca, Marco César Saraiva da. X. Gomes, Daniella Virgínia. XI. Peres, Ana Carolina Meneghetti. XII. Raiteri, María Valeria. XIII. Silveira, Cláudia Ferraz dos Santos. XIV. Vieira, Luciana Fonseca Damasceno.

CDU: 339.5

Revisão: Paola Morsello
Diagramação: Microart
Capa: Aeroestudio

Tel/Fax: (11) 3862-1242
www.editorasingular.com.br
singular@editorasingular.com.br

Prefácio

Em maio de 2010, o Departamento de Defesa Comercial da Secretaria de Comércio Exterior do Ministério do Desenvolvimento, Indústria e Comércio Exterior completou 15 anos de existência. Exatamente um ano depois, em maio de 2011, o relatório da Organização Mundial do Comércio sobre medidas comerciais dos países do G-20 (*Report on G-20 Trade Measures*) identificou o Brasil como o país que mais iniciou investigações antidumping no período que vai de meados de outubro de 2010 a abril de 2011. A situação se manteve igual no período de janeiro a junho de 2011, com o Brasil ocupando o posto de país que mais iniciou investigações sobre dumping no período. Tal cenário consolida o perfil do Brasil como um dos principais usuários internacionais de medidas de defesa comercial.

Nesse contexto, o principal desafio da defesa comercial brasileira consiste em assegurar proteção à indústria nacional contra práticas desleais de comércio, em estrita observância da normativa multilateral sobre a matéria. As particularidades do comércio internacional contemporâneo, no entanto, vêm tornando o desafio ainda maior, o que exigirá uma rápida e significativa ampliação dos quadros do DECOM, a fim de permitir ao Departamento atender à crescente demanda por defesa comercial, sem descurar os compromissos internacionais do Brasil e a internacionalmente reconhecida qualidade do trabalho da equipe de defesa comercial brasileira.

Além de comemorar os 15 anos da defesa comercial no Brasil, o presente livro busca homenagear aqueles que contribuíram para a construção da sólida reputação do DECOM nesses 15 anos. Espero que cada artigo contribua para a reflexão sobre o uso dos instrumentos de defesa comercial no Brasil.

Fernando Damata Pimentel

Ministro do Desenvolvimento, Indústria
e Comércio Exterior

Apresentação

Os instrumentos de defesa comercial são os meios mais valiosos para proteger a indústria brasileira de práticas comerciais desleais. A complexidade técnica envolvida em investigações dessa natureza exige profissionais com sólida formação, capazes de conciliar conhecimento técnico e capacidade de reflexão. Nesse contexto, a presente obra busca compartilhar com os leitores fragmentos da experiência adquirida não apenas por representantes do DECOM mas também por representantes de outras autoridades investigadoras do Mercosul.

Com o objetivo de contextualizar as discussões técnicas, boa parte das quais relativas a antidumping, optou-se por iniciar o livro com um artigo de cunho histórico-conceitual sobre o dumping ao longo da História e seu efeito para o comércio (artigo 1), passando-se, em seguida, a uma discussão a respeito da aplicação de direitos antidumping num ambiente de expansão do comércio mundial (artigo 2).

Em razão da necessidade de que o arcabouço normativo brasileiro e as investigações de defesa comercial nele baseadas sejam compatíveis com as disciplinas estabelecidas no âmbito da Organização Mundial do Comércio – isto é, a aplicação de direitos antidumping, de medidas compensatórias e de medidas de salvaguardas deve obedecer, respectivamente, às regras estabelecidas no Acordo Antidumping, no Acordo sobre Subsídios e Medidas Compensatórias e no Acordo sobre Salvaguardas –, os artigos seguintes versam sobre: as negociações antidumping na Rodada Doha (artigo 3); subsídios e medidas compensatórias no âmbito do sistema multilateral de comércio (artigo 4); as diferenças entre o Acordo Antidumping e o Acordo sobre Subsídios e Medidas Compensatórias (artigo 5); e as medidas de salvaguardas no âmbito do sistema multilateral de comércio (artigo 6).

Não só em razão das regras internacionais mas também em atenção aos princípios constitucionais do Brasil, a investigação e a aplicação de medidas de defesa comercial devem atender a diversos requisitos formais e processuais, de maneira a não apenas assegurar transparência mas também garantir às partes interessadas o exercício do contraditório e o direito de ampla defesa. Com relação aos temas relacionados mais diretamente aos aspectos procedimentais da investigação, os artigos seguintes tratam da confidencialidade em processos antidumping (artigo 7), do conceito de "partes afiliadas" na definição das condições comerciais normais (artigo 8), das investigações *in loco* na indústria doméstica (artigo 9), do tratamento dos fatos essenciais na Argentina (artigo 10), e da participação do importador brasileiro na investigação de prática de dumping (artigo 11).

Alguns dos temas substantivos sobre os quais se debruça a análise levada a cabo ao longo de uma investigação de defesa comercial, bem como a tomada de decisão sobre a aplicação de medidas de defesa comercial, são tratados no artigo 12 ("A aplicação de direitos antidumping - o conceito de 'all other's rate'"), no artigo 13 ("A repercussão do conceito de produto similar do Acordo Antidumping na definição da indústria doméstica"), no artigo 14 ("Producto investigado, produto similar y rama de producción nacional. Una síntesis de la práctica de la Argentina"), no artigo 15 ("Medidas antidumping provisórias"), no artigo 16 ("Compromissos de preços, uma breve análise das dificuldades para sua implementação"), no artigo 17 ("Economias não de mercado em investigações de prática de dumping") e no artigo 18 ("A legislação sobre circunvenção no Brasil").

Embora a presente obra não esgote a complexidade de temas envolvidos na defesa comercial, é inegável sua contribuição para a compreensão mais ampla dos mecanismos que estão à disposição da indústria brasileira tanto para a tomada de decisão do setor privado - no que se refere a qual instrumento acionar junto ao governo - quanto para a tomada de decisão pelos países que buscam incluir esses mecanismos em sua política de comércio exterior.

Tatiana Lacerda Prazeres

Secretária de Comércio Exterior

Sobre os Organizadores

Felipe Hees

Graduado em Ciências Econômicas pela Universidade Estadual de Campinas em 1993 e Pós-graduado em Ciências Econômicas pela Universidade Estadual de Campinas em 1996. Desde 1998 é diplomata. Serviu na Missão do Brasil junto à Organização Mundial do Comércio (OMC), em Genebra, e na Embaixada do Brasil na Austrália. Em Genebra, foi negociador nas áreas de antidumping, subsídios, medidas compensatórias e salvaguardas. Negociou igualmente serviços, investimentos e comércio eletrônico no Mercosul, na ALCA, nas negociações com a União Europeia e na OMC. Chefiou a Divisão de Negociações Extrarregionais do Mercosul - I do Ministério das Relações Exteriores, responsável pelas negociações comerciais com Egito, Jordânia, Marrocos, Conselho de Cooperação do Golfo, Síria e Palestina, entre outras. É atualmente diretor do Departamento de Defesa Comercial do Ministério do Desenvolvimento, Indústria e Comércio Exterior (DECOM/MDIC).

Marília Castañon Penha Valle

Bacharel em Ciências Sociais pela Universidade Federal do Rio de Janeiro, advogada formada pelo Instituto Metodista Bennett e Mestre em Direito da Regulação pela Universidade Candido Mendes. Trabalha desde 1983 na área de Comércio Exterior. Inicialmente na extinta Carteira de Comércio Exterior, em 1995, com a criação do Departamento de Defesa Comercial, passou a atuar nessa área. Atualmente exerce o cargo de Coordenadora Geral no DECOM, da Secretaria de Comércio Exterior do Ministério do Desenvolvimento, Indústria e Comércio Exterior.

Sobre os Autores

Ana Carolina Meneghetti Peres

Bacharel em Ciências Jurídicas e Sociais pela Universidade Federal do Rio Grande do Sul (UFRGS) em 2000 e Mestre em Direito das Relações Internacionais pelo Centro Universitário de Brasília - Uniceub (2009). De

2000 a 2001, exerceu o cargo de Analista Processual, lotada no Setor de Atividade Fim da Coordenadoria Criminal da Procuradoria da República do Rio Grande do Sul em Porto Alegre. De 2001 a 2003, foi Analista Judiciária do Tribunal Regional Federal da 4.ª Região, lotada no Gabinete da Desembargadora Maria Lúcia Luz Leiria, onde atuou na área tributária e exerceu o cargo de Oficial de Gabinete. Desde 2003, é Analista de Comércio Exterior do Departamento de Defesa Comercial (DECOM), onde, em 2008, assumiu a Coordenação Geral de Apoio ao Exportador, Negociações e Normas.

Cláudia Ferraz dos Santos Silveira

Graduada em Ciências Contábeis pela Universidade Federal de Minas Gerais, com MBA em Comércio Exterior, Câmbio e Negociações Comerciais pela Fundação Getulio Vargas. É Analista de Comércio Exterior, lotada, desde 2001, no Departamento de Defesa Comercial da Secretaria de Comércio Exterior do Ministério do Desenvolvimento, Indústria e Comércio Exterior.

Daniella Virgínia Gomes

Bacharel em Direito pela Universidade Federal de Juiz de Fora e Pós-graduada pela Fundação Escola Superior do Ministério Público do Distrito Federal e Territórios – Brasília/DF. Exerceu o cargo de Advogada da União junto à Consultoria Jurídica do Ministério do Desenvolvimento, Indústria e Comércio Exterior, de 8 de setembro de 2003 a 3 de dezembro de 2009. Foi chefe da Divisão de Assuntos Administrativos nesse órgão de 23 de setembro de 2005 a 3 de dezembro de 2009. Desde 4 de dezembro de 2009, é Promotora de Justiça Adjunta do Ministério Público do Distrito Federal e Territórios.

Eduardo Chikusa

Economista e diplomata de carreira, é graduado em Ciências Econômicas pela Universidade de São Paulo, e atualmente ocupa o cargo de Subchefe da Divisão de Defesa Comercial e Salvaguardas do Ministério das Relações Exteriores. Sua área de atuação abarca temas relativos à Organização Mundial do Comércio (OMC).

Fabio Martins Faria

Graduado em Ciências Econômicas pela Universidade Federal Fluminense e em Direito pelo Instituto Metodista Bennett, é Vice-Presidente Executivo da Associação de Comércio Exterior do Brasil (AEB). Ocupou os seguintes cargos públicos: até março de 1990 foi chefe de setor na Carteira de Comércio Exterior (CACEX) do Banco do Brasil. A partir de então foi requisitado para atuar na Secretaria de Comércio Exterior (SECEX) do Ministério do Desenvolvimento, Indústria e Comércio Exterior. De 1996 a 2002, foi Coordenador-Geral de Metais e Produtos Acabados do Departamento de Defesa Comercial (DECOM) e de 2003 a 2010 foi Diretor do Departamento de Planejamento e Desenvolvimento do Comércio Exterior (DEPLA). De 2005 a 2010 exerceu o cargo de Secretário Substituto da SECEX. Foi coordenador do Grupo Interministerial de Atração de Investimentos "Brazil and Partners". Foi titular do Conselho de Recursos do Sistema Financeiro Nacional. Presidiu a Comissão de Acompanhamento do Contrato de Gestão da Agência Brasileira de Promoção das Exportações e Investimentos - Apex-Brasil. É autor dos livros *A defesa comercial* (São Paulo, Aduaneiras, 2003) e *BRICs: o Brasil e as relações comerciais com os países líderes emergentes (China, Índia, Rússia e África do Sul)* (Rio de Janeiro, Granma, 2010).

Flávia Annibelli Baron

Graduada em Direito e Administração de Empresas, com MBA em Gestão de Negócios Internacionais pela Fundação Getulio Vargas, a atual Coordenadora do Departamento de Defesa Comercial (DECOM) é Analista de Comércio Exterior do quadro do Ministério do Desenvolvimento Indústria e Comércio Exterior. Com experiências profissionais anteriores na área jurídica, na Agência de Negócios Internacionais do Banco do Brasil e na área de comércio exterior e logística internacional em empresas privadas, é funcionária do DECOM desde 2003. Atualmente é responsável pela condução de investigações com vistas à constatação de práticas desleais de comércio. No DECOM já atuou em negociações internacionais relacionadas ao tema na defesa de exportadores investigados no exterior, e participou de intercâmbios técnicos com autoridades investigadoras de outros países, entre outros.

Gilvan Brogini

Doutorando em Integração da América Latina pela Universidade de São Paulo, Mestre em Direito Internacional também pela Universidade de São Paulo e Graduado em Direito pela Universidade Federal de Santa Catarina (UFSC). Professor em cursos de graduação, pós-graduação e de formação tecnológica na área de comércio exterior, o autor tem inúmeros trabalhos publicados sobre o assunto em revistas especializadas no Brasil e no exterior, e profere regularmente palestras a respeito dessa temática. Além de sua destacada atuação acadêmica, o autor atua também como consultor nas áreas de direito internacional, comércio internacional e comércio exterior brasileiro. Foi especialista em projetos de comércio exterior da Agência Brasileira de Promoção de Exportações e Investimentos (ApexBrasil) de

2008 a 2010, período em que desenvolveu trabalhos junto ao Departamento de Defesa Comercial da Secretaria de Comércio Exterior do Ministério do Desenvolvimento, Indústria e Comércio Exterior. Atualmente, é consultor da Barral M Jorge Consultores Associados.

Luciana Fonseca Damasceno Vieira

Analista de Comércio Exterior, faz parte da equipe do Departamento de Defesa Comercial desde 2008. Bacharel em Economia, com especialização em Relações Internacionais, ambos pela Universidade de Brasília, trabalha na Secretaria de Comércio Exterior (e sua versão anterior, o Departamento de Comércio Exterior) desde 1990, tendo passado pelos Departamentos de Planejamento e Desenvolvimento do Comércio Exterior e de Operações de Comércio Exterior. No período de 1983 a 1989 trabalhou como economista na Secretaria de Assuntos Internacionais do Ministério da Fazenda, na área de defesa comercial. Em 2001, participou do Projeto Minerva, promovido pelo Institute of Brazilian Issues (IBI), na Universidade George Washington, em Washington, DC.

Marco César Saraiva da Fonseca

Engenheiro químico formado pela Universidade Federal do Rio de Janeiro, e bacharel em Direito formado pela Universidade do Estado do Rio de Janeiro. Atua na área de comércio exterior desde 1987, quando ingressou na extinta Carteira de Comércio Exterior do Banco do Brasil. Em 1995, participou da criação do Departamento de Defesa Comercial, onde desde então tem atuado. Atualmente exerce o cargo de Coordenador Geral no DECOM, da Secretaria de Comércio Exterior do Ministério do Desenvolvimento, Indústria e Comércio Exterior.

María Valeria Raiteri

Contadora Pública Nacional, é Diretora de Concorrência Desleal da Direção Nacional da Gestão Comercial Externa da Secretaria de Comércio Exterior do Ministério de Economia e Finanças Públicas da Argetina desde 1998. Foi Diretora Nacional de Gestão Comercial Externa no período de fevereiro de 2008 a outubro de 2009. É Mestre em Negócios Internacionais e tem realizado diversos cursos de capacitação em matéria de Defesa Comercial e Salvaguardas e de Política Comercial em geral. É Coordenadora Nacional do Comitê de Defesa Comercial e Salvaguardas do Mercosul. Exerce o cargo de Coordenadora Nacional no Grupo de Negociação sobre Antidumping e Direitos Compensatórios da ALCA. É Coordenadora do Grupo de Defesa Comercial no marco da Negociação Mercosul-UE. Participa nas reuniões do Grupo de Negociação de Regras no marco da Rodada Doha, na Organização Mundial do Comércio.

Ramiro Bertoni

Economista especializado em temas de comércio exterior e política comercial, diplomado em Relações Internacionais e Integração Regional na Universidade de Barcelona (2003), em breve defenderá sua Tese de Doutorado na Faculdade de Ciências Econômicas da Universidade de Buenos Aires (UBA). Atua como funcionário público na Comissão Nacional de Comércio Exterior há mais de 15 anos e desempenha o cargo de presidente desde março de 2010. Nesse órgão, participou, na maior parte desse período, como Gerente de Investigações de mais de 200 procedimentos relativos à determinação de dano à produção nacional por práticas desleais. Nessa função representou a Argentina (por meio da CNCE) nas negociações da Rodada Doha da OMC nos temas de instrumentos de defesa comercial. De forma complementar realiza atividades docentes em comércio internacional e integração regional nas Universidades Nacionais (UBA, Quilmes e Três de Fevereiro) e em diversas pós-graduações. Também tem participado como consultor da OMC em Seminários de Capacitação sobre Instrumentos de Defesa Comercial a funcionários de diversos países da América Latina.

Thalis Ryan de Andrade

Advogado e Mestre em Direito Internacional pela Universidade Federal de Santa Catarina. Especialista em Regulação do Comércio Internacional e Solução de Controvérsias pela Universidade de Buenos Aires (UBA). Pós-graduado em Direito Aduaneiro e Comércio Exterior pela Universidade do Vale do Itajaí (UNIVALI). Atualmente exerce o cargo de Analista de Comércio Exterior do Ministério do Desenvolvimento, Indústria e Comércio Exterior. Publicou dezenas de trabalhos no campo do Direito Internacional Econômico em revistas especializadas, destacando-se a obra *O regionalismo na fragmentação do sistema multilateral de comércio*. É professor de Direito Internacional Público e Comércio Internacional em cursos de pós-graduação e preparatórios para concursos.

Sumário

Introdução

Em 2010, o Departamento de Defesa Comercial completou 15 anos. Ao longo desse período, foram conduzidas, no Brasil, 315 investigações de defesa comercial (antidumping, medidas compensatórias e salvaguardas), incluídas as revisões, das quais 112 resultaram na aplicação de direitos antidumping. Além dos números absolutos – que alçam o Brasil à condição de um dos principais usuários de medidas de defesa comercial no mundo –, deve-se ter presente o aumento paulatino do volume de trabalho com o passar dos anos: basta verificar que, em 1995, foram abertas apenas 5 investigações antidumping e somente 3 direitos foram aplicados, ao passo que, em 2010, foram abertas 40 investigações antidumping e aplicados 12 direitos. As estatísticas completas relativas aos 15 anos do DECOM encontram-se nos Anexos I a X deste livro.

Analisando-se a história da defesa comercial no Brasil, observa-se que a criação do DECOM constitui um marco fundamental. É bem verdade que a incorporação ao ordenamento jurídico nacional do Acordo Relativo à Implementação do Artigo VI do GATT – referido comumente como Código Antidumping da Rodada Tóquio – já havia ocorrido em janeiro de 1987 por meio do Decreto n. 93.941 do ano anterior, embora o referido Acordo tenha sido assinado pelo Governo brasileiro em abril de 1979, juntamente com os demais acordos plurilaterais resultantes da Rodada Tóquio. Mas foi somente a partir de 1995 que o Brasil passou a contar com uma autoridade investigadora exclusivamente dedicada aos temas de defesa comercial.

Até esse momento, dois eram os instrumentos utilizados para regular a entrada de mercadorias no Brasil além do imposto de importação: a) a pauta de valor mínimo; e b) o preço de referência. O primeiro deles foi introduzido pela Lei 3.244/1957[1] e permitia às autoridades competentes arbitrar o preço das mercadorias importadas, a fim de estabelecer a base de cálculo do imposto de

1. Rezava o art. 3.º da Lei 3.244/1957: "Poderá ser alterada dentro dos limites máximo e mínimo do respectivo capítulo, a alíquota relativa a produto: (...) d) de país que dificultar a exportação brasileira para seu mercado, ouvido previamente o Ministério das Relações Exteriores; e) de país que desvalorizar sua moeda ou conceder subsídio à exportação, de forma a frustrar os objetivos da Tarifa. (...) § 2.º Na ocorrência de 'dumping', a alíquota poderá ser elevada até o limite capaz de neutralizá-lo".

importação.[2] O segundo instrumento, instituído pelo Decreto-lei 1.111/1970,[3] "constituía mecanismo semelhante àquele, aplicando-se, entretanto, à situação em que fosse constatada disparidade nos preços de importação de mercadorias oriundas de várias procedências".[4]

Com a promulgação do Acordo Relativo à Interpretação e Aplicação dos Artigos VI, XVI e XXIII do GATT (Decreto 93.962, de 22 de janeiro de 1987), definiu-se que, em termos institucionais, competiria à Comissão de Política Aduaneira (CPA) do Ministério da Fazenda aplicar o referido Acordo e estabelecer os direitos aduaneiros nele previstos, cabendo a ela expedir normas complementares para sua aplicação.[5] Observa-se, assim, que, em seus primórdios, a defesa comercial no Brasil era entendida como uma questão relacionada à administração dos impostos de importação. Apesar da regulamentação de defesa comercial adotada em 1987, as normas antidumping continuaram desconhecidas e com pouca utilização durante os primeiros quatro anos de vigência dos referidos dispositivos legais.[6]

Em 1990, já sob o governo Collor, foi realizada importante reforma administrativa que resultou, entre outras medidas, na criação do Ministério da Economia, Fazenda e Planejamento, unificando as antigas pastas da Fazenda,

---

2. Marília Castañon Penha Valle, *O Acordo Antidumping e a Rodada de Doha: uma análise das propostas apresentadas pelo Brasil, Estados Unidos e Comunidade Europeia ao Grupo Negociador de Regras*, Dissertação de Mestrado em Direito, Rio de Janeiro: Universidade Cândido Mendes, 2005, p. 33.

3. Era a seguinte a redação do primeiro artigo do Decreto-lei 1.111/1970: "Art. 1.º Quando ocorrer acentuada disparidade de preços de importação de mercadorias oriundas de várias procedências, de tal maneira que prejudique ou venha prejudicar a produção interna similar, a juízo do Conselho de Política Aduaneira, fica este autorizado a aplicar medida corretiva que equilibre os preços de importação do produto afetado".

4. Marília Castañon Penha Valle, *O Acordo Antidumping e a Rodada de Doha: uma análise das propostas apresentadas pelo Brasil, Estados Unidos e Comunidade Européia ao Grupo Negociador de Regras*, cit., p. 33.

5. Os procedimentos a serem observados, internamente, para efeitos de investigações antidumping foram regulamentados pela Resolução CPA 1.227/1987. Segundo Kume e Piani, "coube à CPA estabelecer as regras que disciplinariam os procedimentos administrativos relativos às medidas previstas nos referidos acordos, o que foi feito através de um instrumento legal, que, na prática, constituía um roteiro claro para a abertura, condução e conclusão de uma investigação *antidumping* ou de subsídios" (Honório Kume e Guida Piani, *Regime antidumping: a experiência brasileira*. Rio de Janeiro: IPEA, texto para discussão n. 1037, ago. 2004, p. 7).

6. Welber Barral, *Dumping e comércio internacional: a regulamentação antidumping após a Rodada Uruguai*. Rio de Janeiro: Forense, 2000, p. 246.

do Planejamento e da Indústria e Comércio. Apesar desse rearranjo institucional, não houve alteração substantiva nas características do sistema de defesa comercial brasileiro. A situação seria alterada, contudo, em novembro de 1992, com nova mudança institucional implementada no governo Itamar Franco (Lei 8.490/1992, regulamentada pelo Decreto 727/1993). Criou-se o Ministério da Indústria, Comércio e Turismo (MICT),

> ao qual ficou subordinada a Secretaria de Comércio Exterior (SECEX), à qual permaneceram vinculadas as antigas coordenações, agora elevadas à categoria de departamentos [Departamento Técnico de Tarifas (DTT) e Departamento Técnico de Intercâmbio Comercial (DTIC), respectivamente]. Foi criado ainda um terceiro departamento, o de Planejamento e Política Comercial (DPPC), encarregado da organização das estatísticas de comércio exterior e da formulação de políticas para aquele setor.[7]

Ainda que tais mudanças tenham colocado as investigações de defesa comercial sob a alçada do MICT, elas não retiraram do Ministério da Fazenda a prerrogativa de decidir, em última instância, sobre variações das alíquotas do Imposto de Importação, por exemplo.

Como resultado do processo de liberalização comercial profundo implementado no governo Fernando Collor, da estratégia de liberalização e de integração iniciadas em 1991 que viriam a conformar o MERCOSUL e das sucessivas reestruturações do sistema de defesa comercial brasileiro, verificou-se, nos cinco primeiros anos da década de 1990, um aumento de 1.400% no número de investigações antidumping iniciadas pelo País.[8]

Conforme assinalado anteriormente, o ano de 1995 representa marco fundamental para a defesa comercial no Brasil.

Em primeiro lugar, marca o começo da vigência interna dos compromissos acordados ao final da Rodada Uruguai (Decreto 1.355/1994). Em segundo lugar, nova reestruturação institucional é implementada, sendo criado, no âmbito da SECEX, o DECOM, órgão com competência exclusiva para conduzir as investigações de defesa comercial no Brasil. Em terceiro lugar, foi criada igualmente a Câmara de Comércio Exterior (CAMEX) (Decreto 1.386/1995). Integrada originalmente pelos Ministros de Estado Chefes da Casa Civil, das Relações Exteriores, da Fazenda, do Planejamento e Orçamento, da Indústria, do Comércio e do Turismo, da Agricultura, do Abastecimento e da Reforma Agrária e por um secretário-executivo, era de sua competência "fixar os direitos provisórios ou definitivos, bem como decidir sobre a suspensão da exigibi-

7. Kume e Piani. Op. cit., p. 8.

8. Barral. Op. cit., p. 247.

lidade dos direitos provisórios",[9] ainda que coubesse "à SECEX, mediante processo administrativo, apurar a margem de *dumping* ou o montante de subsídio, a existência de dano e a relação causal entre esses".[10]

Com base na Lei 9.019/1995 – que dispôs sobre as competências dos diferentes órgãos no tocante à defesa comercial –, regulamentou-se a aplicação do Acordo Antidumping dentro do novo marco institucional (Decreto 1.602/1995). Determinou-se, no art. 2.º desse diploma legal de regulamentação, que competia ao Ministro de Estado da Indústria, do Comércio e do Turismo e ao Ministro da Fazenda[11] a decisão de aplicar, mediante ato conjunto, direitos antidumping provisórios ou definitivos e homologar compromissos de preços, com base em parecer da SECEX, a quem cabia promover o processo administrativo referente às investigações de defesa comercial.

Atualmente, a CAMEX é a autoridade brasileira com competência legal para aplicar medidas de defesa comercial.[12] No cumprimento dessa função, a CAMEX conta com o auxílio do Grupo Técnico de Defesa Comercial (GTDC),[13] instância de natureza consultiva, cujo papel é examinar e discutir os pareceres do DECOM relativos à aplicação de direitos antidumping, direitos compensatórios e medidas de salvaguardas, provisórios ou definitivos, e a homologação de compromissos de preços, no âmbito de investigações de dumping e subsídios. Cabe ao DECOM, por sua vez, a função de autorida-

9. Art. 6.º da Lei 9.019/1995, com redação dada pelo art. 53 da Medida Provisória 2.158-35, de 24 de agosto de 2001.

10. Art. 5.º da Lei 9.019/1995, com redação dada pelo art. 53 da Medida Provisória 2.158-35, de 24 de agosto de 2001.

11. Competência transferida para a CAMEX por força do art. 2.º, incisos XIV a XVI, do Decreto 3.756, de 21 de fevereiro de 2001. Finalmente, por meio do Decreto 3.981/2001, "o presidente da República transferiu para a Camex o poder de fixar os direitos *antidumping*, os direitos compensatórios e o de adotar medidas de salvaguardas. A Camex passou a ser presidida pelo Ministro do Desenvolvimento, Indústria e Comércio Exterior (MDIC), sendo composta pelos ministros das Relações Exteriores (MRE), da Fazenda (MF), da Agricultura, Pecuária e Abastecimento (MAPA), Chefe da Casa Civil da Presidência da República e do Planejamento, Orçamento e Gestão (MPO), que deliberarão sobre as medidas de defesa comercial por decisão da maioria dos membros" (Kume e Piani. Op. cit., p. 10). A inclusão do Ministério do Desenvolvimento Agrário na composição da CAMEX se deu mediante o Decreto 5.453/2005.

12. Art. 2.º, incisos XV, XVI e XVII, do Decreto 4.732, de 10 de junho de 2003.

13. Resolução CAMEX 30, de 26 de setembro de 2006. O GTDC havia sido instituído originalmente em 2001, por meio da Resolução CAMEX 9, de 22 de março de 2001.

de investigadora, responsável pela condução das investigações necessárias à aplicação de medidas de defesa comercial, estando sob sua responsabilidade direta:

> I - examinar a procedência e o mérito de petições de abertura de investigações de dumping, de subsídios e de salvaguardas, com vistas à defesa da produção doméstica;
>
> II - propor a abertura e conduzir investigações para a aplicação de medidas antidumping, compensatórias e de salvaguardas;
>
> III - recomendar a aplicação das medidas de defesa comercial previstas nos correspondentes acordos da Organização Mundial do Comércio - OMC;
>
> IV - acompanhar as discussões relativas às normas e à aplicação dos acordos de defesa comercial junto à OMC;
>
> V - participar em negociações internacionais relativas à defesa comercial; e
>
> VI - acompanhar as investigações de defesa comercial, abertas por terceiros países contra exportações brasileiras e prestar assistência à defesa do exportador, em articulação com outros órgãos governamentais e com o setor privado.[14]

As atribuições do DECOM não se resumem, portanto, às investigações propriamente ditas. Além desses procedimentos, o Departamento tem outras duas importantes atribuições, que merecem singularização: a) negociações internacionais; e b) apoio ao exportador.

No que se refere à primeira, o DECOM participa ativamente de todas as negociações internacionais pertinentes à sua esfera de atuação, elaborando pareceres técnicos e auxiliando na sustentação da posição brasileira. No caso das negociações em curso na Organização Mundial do Comércio (OMC), a participação do DECOM é condicionada, naturalmente, pelo contexto político maior ditado pelos interesses do Brasil na Rodada Doha como um todo. Tendo presente esse cenário, o fato é que as negociações relativas a antidumping constituem do ponto de vista técnico a ocasião mais adequada para que se introduzam importantes refinamentos na disciplina multilateral, com vistas a eliminar uma variedade de imprecisões e passagens truncadas do Acordo Antidumping.

Um dos principais interesses da instituição nas negociações sobre antidumping na Rodada Doha reside, precisamente, na supressão dessas ambiguidades. Corrigidas as "áreas cinzentas" do Acordo Antidumping, o mesmo se passará com a legislação nacional sobre antidumping, visto que esta deve

14. Art. 20 do Decreto 3.839/2001.

refletir a disciplina multilateral fielmente. Considerando que a razão de ser do DECOM é a aplicação do arcabouço normativo nacional relativo a antidumping, quanto menos passagens controversas ou obscuras na legislação, menor a possibilidade de desavenças entre as partes de uma investigação quanto ao trabalho da autoridade investigadora.

No âmbito das negociações em curso na Rodada Doha, em pelo menos três circunstâncias distintas o auxílio prestado pelo DECOM ao Ministério das Relações Exteriores tem-se mostrado fundamental.

Em primeiro lugar, a presença de representantes do Departamento por ocasião das reuniões do Grupo Negociador de Regras (GNR) da OMC, instância negociadora em que os temas relativos a antidumping e medidas compensatórias são discutidos e em que se delibera sobre aspectos altamente técnicos do Acordo Antidumping, mostra-se fundamental: sem ela seria muito difícil a participação ativa do Brasil nos debates. O segundo momento em que o apoio do DECOM se afigura essencial é quando da elaboração de propostas negociadoras, pois apenas com a *expertise* dos investigadores brasileiros é que será possível descrever, com exatidão, o tipo de alteração almejado pelo País. Em terceiro lugar, fundamental para a atuação brasileira no plano técnico foi a incorporação de investigadores do DECOM ao Programa de Formação de Jovens Advogados da Missão do Brasil em Genebra. No caso específico das negociações sobre antidumping e medidas compensatórias, o DECOM enviou, sucessivamente, por períodos de três meses, quatro representantes do Departamento para acompanhar o dia a dia das negociações.[15] Essa integração de representantes da autoridade investigadora brasileira ao universo das negociações na Rodada revelou-se iniciativa das mais acertadas.

Do ponto de vista institucional interno, a convivência diária de representantes de ambos os Ministérios em Genebra permitiu, por um lado, que os representantes do Ministério das Relações Exteriores (MRE) pudessem entender melhor as tecnicalidades envolvidas nos pleitos nacionais em matéria de antidumping. Sem esse conhecimento pormenorizado, teria sido prejudicada a participação brasileira nas discussões técnicas. Por outro lado, a presença dos representantes do DECOM em Genebra no período *entre* as reuniões regulares do GNR permitiu a eles acompanhar o processo de preparação das propostas negociadoras do agrupamento informal dos *Friends of Antidumping Negotiations* (FANs) e das discussões no *Middle Group* – ambos integrados pelo Brasil – e as inúmeras consultas técnicas com os mais diferentes interlocutores.

15. Rafaela Teixeira Vieira Noman, de maio a julho de 2005; Ana Carolina Meneghetti Peres, de setembro a dezembro de 2005; Raquel Mayer Moreira Barros, de fevereiro a abril de 2006; e Rodrigo da Costa Serran, de maio a julho de 2006.

A exposição ao dia a dia desse trabalho diplomático evidenciou a dificuldade de angariar aceitação política capaz de contemplar todas as aspirações técnicas da autoridade investigadora nacional. Essa confrontação com os condicionantes externos mostrou-se essencial para depurar o exercício de identificação dos principais interesses nacionais. Em suma, essa convivência contribuiu para importante conhecimento mútuo dos interesses e condicionantes de ambas as instituições, permitindo a calibragem minuciosa da atuação brasileira.

No tocante à imagem do Brasil perante as demais delegações, são inegáveis o respeito e a admiração de todos com o fato de a delegação brasileira se fazer representar no dia a dia das reuniões não apenas por negociadores mas igualmente por jovens advogados e representantes da autoridade investigadora nacional. A conjugação simultânea das dimensões jurídica, técnica e diplomática nas discussões sobre antidumping reforçou, junto às demais delegações, a imagem de um Brasil à altura do seu *status* de ator de primeira grandeza no sistema multilateral de comércio.

No que diz respeito à segunda atribuição supramencionada, o DECOM auxilia os exportadores brasileiros cujos produtos estão sendo investigados ou que se encontram sujeitos a medidas antidumping no exterior. Presta esclarecimentos necessários e orienta os exportadores sobre os procedimentos para a elaboração de defesa, com vistas a assegurar que as normas contidas nos Acordos Antidumping da OMC sejam observadas. Nesse esforço, o Departamento atua em duas frentes:

- junto ao exportador brasileiro, na preparação das respostas aos questionários e outras informações para sua defesa bem como no acompanhamento das visitas de verificação; e
- junto às autoridades investigadoras do país importador, em colaboração com o Ministério das Relações Exteriores.

Em relação às empresas brasileiras afetadas, o DECOM, além de propiciar assistência técnica para a defesa de seus interesses, procura conscientizar os empresários da importância de participarem ativamente nas respostas aos questionários e enviando as informações solicitadas pelo governo do país importador. Quanto à ação junto às autoridades investigadoras do país importador, o DECOM, utilizando-se das informações obtidas no processo (principalmente nos pareceres de abertura e de determinação preliminar), dos dados obtidos junto às empresas brasileiras investigadas e de outras fontes, verifica se os procedimentos previstos no Acordo Antidumping estão sendo devidamente cumpridos, bem como analisa o mérito da decisão. Com base nessas informações é elaborada a manifestação do governo brasileiro a respeito do caso, a qual é encaminhada à autoridade investigadora do país importador e incorporada ao processo. A ação do DECOM na defesa do exportador alvo de investigação no exterior é eminentemente técnica e desenvolve-se conjuntamente com o MRE.

Seria injusto – e mesmo inviável – resumir os 15 anos do DECOM nas breves páginas de uma introdução. Trata-se de uma história construída com o trabalho árduo e incansável da equipe do Departamento, dos investigadores ao pessoal de apoio. É a eles que se deve o respeito conquistado pelo DECOM tanto nacional quanto internacionalmente. Igualmente valiosa foi a contribuição dos quatro diretores que passaram pelo Departamento nesse período:

1. Armando de Mello Meziat Neto (02/1993 - 06/2002)
2. Mariluce de Almeida Pagano (07/2002 - 04/2003)
3. Armando de Mello Meziat Neto (05/2003 - 09/2005)
4. Fernando de Magalhães Furlan (10/2005 - 01/2008)
5. Miriam Santos Barroca (02/2008 - 03/2011)

Esta é, em síntese, uma sumaríssima introdução aos 15 anos do DECOM. Convidamos o leitor a se debruçar, nos próximos artigos, sobre alguns dos aspectos técnicos que fazem parte dessa história.

1 – O dumping ao longo da História e seus efeitos para o comércio

Felipe Hees

Até o início do século XX, as referências à prática de dumping[1] eram desprovidas de precisão conceitual, versando indistintamente sobre as mais diferentes situações nas quais produtores nacionais se sentissem prejudicados pela concorrência de produtos estrangeiros. A primeira definição rigorosa do termo – discriminação de preços entre mercados nacionais – foi elaborada apenas em 1923. De acordo com a literatura especializada, entre os diversos tipos de discriminação de preços possíveis, seria condenável apenas aquele cujo objetivo fosse eliminar a concorrência no mercado importador. Por se tratar de prática comum no mundo empresarial contemporâneo, vários estudiosos[2] entendem não se configurar, nessas circunstâncias, prática comercial desleal, à condição de não haver abuso de poder de mercado.

Em que pese a dimensão econômica do dumping, a necessidade de os governos estarem capacitados a proteger suas respectivas indústrias domésticas da concorrência externa fez com que as legislações nacionais de defesa comercial, surgidas originalmente em 1904, fossem colocando em primeiro plano o aspecto político do conceito. A forma encontrada foi cristalizar nas legislações nacionais definição jurídico-política de dumping, segundo a qual o dano causado à indústria doméstica no país importador por produtos impor-

1. O *Vocabulário ortográfico da língua portuguesa*, da Academia Brasileira de Letras, registra o vocábulo *dumping* como substantivo masculino inglês e não faz referência à palavra inglesa *anti-dumping*. Tendo em vista, contudo, tratar-se de conceitos comuns ao sistema multilateral de comércio e diante do uso generalizado de ambas as palavras na literatura especializada no Brasil, optou-se, neste trabalho, pela grafia da palavra dumping sem itálico e pela utilização da palavra antidumping como equivalente, em português, da expressão inglesa *anti-dumping*.

2. Cf.: Wilfred Ethier, Dumping, *The Journal of Political Economy*, Chicago, v. 90, n. 3, p. 487-506, June 1982; William Kerr e Laura Loppacher, Anti-dumping in the Doha negotiations: fairy tales at the World Trade Organization, *Journal of World Trade*, London, v. 38, n. 2, p. 211-244, 2004; entre outros.

tados vendidos a preços inferiores aos praticados no país de origem legitimaria a adoção de medidas apropriadas para tratar do problema. Dessa forma, ainda que a liberalização comercial seja justificável do ponto de vista econômico, politicamente mostrou-se necessário para os participantes do sistema multilateral de comércio contar com cabedal legal capaz de proteger suas indústrias nacionais dos impactos da abertura da economia.

Os efeitos do dumping – e das medidas adotadas para combatê-lo – constituem objeto de incontáveis estudos. Escapa aos objetivos deste trabalho passar em revista exaustivamente a vasta literatura e as importantes conclusões a que se chegou. Para efeitos deste artigo, tratar-se-á tão somente de ressaltar que, além das perdas econômicas sofridas pelos exportadores prejudicados pela imposição de direitos antidumping no mercado de destino, o balanço final da aplicação dessas medidas para os países como um todo apresenta resultados contraditórios em termos de perdas e ganhos.

Este artigo encontra-se dividido da seguinte forma: na primeira seção, descrever-se-á o surgimento do conceito de dumping e sua evolução ao longo dos anos, esmiuçando-se a maneira pela qual o fenômeno foi sendo capturado pelas legislações nacionais surgidas nos primeiros anos do século XX. O tópico que se segue versará sobre o tratamento dado ao assunto pela teoria econômica, evidenciando o descompasso entre as visões econômica e jurídica da discriminação predatória de preços. Será esclarecida, ademais, a diferença entre os arcabouços conceituais relativos à defesa comercial e à defesa da concorrência. O terceiro item tratará da incorporação do dumping ao sistema multilateral de comércio, em 1947, e da consolidação do tratamento do tema por ótica essencialmente política. Na seção seguinte, apontar-se-á que, por ser a discriminação de preços recorrente nas estratégias empresariais contemporâneas, recai sobre o arcabouço de defesa comercial a expectativa de assegurar proteção contra toda uma miríade de situações, muitas das quais pertencentes ao campo da defesa da concorrência. No penúltimo tópico, passar-se-ão em revista estudos selecionados sobre os efeitos econômicos da prática do dumping e das medidas adotadas para combatê-lo. Na última seção, serão apresentadas as estatísticas relativas à aplicação de direitos antidumping no mundo, corroborando a conclusão quanto à relevância do comércio desleal e da aplicação dos instrumentos de defesa comercial a ele associados.

O dumping em seus primórdios

O processo de transição do Feudalismo para o Capitalismo – traço marcante da vida econômica dos séculos XV e XVI – fez da circulação de mercadorias o determinante básico da acumulação de riqueza. Do ponto de vista dos interesses do Estado, o entesouramento de metais preciosos, mediante fomento do superávit da balança comercial, tornou-se objetivo primordial, conformando a política posteriormente denominada Mercantilismo. Para tanto, práticas protecionistas, intervenção do Estado e baixo custo da produção interna tornaram-se palavras de ordem.

Não surpreende, em tal contexto, a existência de referência histórica, datada do século XVI, segundo a qual eram taxados os estrangeiros que vendessem, com prejuízo, papel na Grã-Bretanha, com vistas a prejudicar a indústria nascente inglesa. Exemplo semelhante foi registrado no século seguinte, quando se acusavam os holandeses de vender produtos na região do Báltico a preços excessivamente reduzidos, com o fito de eliminar do mercado a concorrência francesa.[3]

Foi, todavia, apenas com a Revolução Industrial inglesa do final do século XVIII que as reclamações quanto a práticas comerciais desleais tornaram-se comuns.[4] Com a segunda Revolução Industrial, já em pleno século XIX, assistiu-se à alteração na hierarquia das potências econômicas, com os EUA suplantando a Inglaterra no posto de principal economia mundial. Mudaram os atores, mas a retórica permaneceu intocada, ainda que com papéis invertidos: eram os produtos norte-americanos os acusados – por produtores ingleses, alemães, canadenses, entre outros – de concorrer deslealmente com os congêneres nacionais. E foi precisamente nesse contexto que surgiram as primeiras leis voltadas especificamente para tratar da concorrência externa desleal.

O país pioneiro na adoção de legislação específica para tratar da matéria foi o Canadá, em 1904, com vistas a proteger a siderurgia local da agressiva concorrência da *US Steel Corporation* na construção das estradas de ferro do país. As palavras do Ministro das Finanças canadense sintetizam o espírito da época:

> We find today that the high tariff countries have adopted that method of trade which has now come to be known as slaughtering, or perhaps the word more frequently used is dumping; that is to say, that the trust or combine, having obtained command and control of its own market and finding that it will have a surplus of goods, sets out to obtain command of a neighboring market, and for the purpose of obtaining control of a neighboring market

3. Viner, 1923 *apud* J. Michael Finger, Dumping and antidumping: the rhetoric and the reality of protection in industrial countries, *The World Bank Research Observer*, Oxford, v. 7, n. 2, p. 123, July 1992.

4. Em realidade, essas queixas deviam-se às variações repentinas nos fluxos comerciais advindas de quedas acentuadas nos preços das mercadorias importadas, problema identificado por David Ricardo em 1817 (David Ricardo, *Princípios de economia política e tributação*, São Paulo: Nova Cultural, 1982, p. 183).

> will put aside all reasonable considerations with regard to the cost or fair price of the goods; the only principle recognized is that the goods must be sold and the market obtained (...). This dumping, then, is an evil, and we propose to deal with it.[5]

Em 1906 – um ano depois da Nova Zelândia e oito anos antes da África do Sul –, foi a vez de a Austrália adotar legislação semelhante. As disciplinas australianas eram bastante avançadas: o dumping era proibido, mas a prática só poderia ser questionada caso demonstrado que o importador estava agindo com a intenção de causar dano a alguma empresa nacional. O resultado concreto foi que a imposição de exigências desmesuradas para comprovar a motivação do importador acabou por impedir a aplicação de direitos antidumping com base no referido diploma legal. É o que registra, por exemplo, Whitwell:

> Although dumping was prohibited, before the dumping could become actionable, the Comptroller-General of Customs was required to determine whether the importer was "acting with intent to destroy or injure" an Australian industry. Before taking any action, the Comptroller-General has to establish before a Justice of the High Court that there was such intent to destroy an Australian industry. It soon became apparent that there were substantial difficulties in proving the intent necessary to invoke these measures. (…) There was no anti-dumping action ever taken under the *Australian Preservation Act 1906*.[6]

Marco importante na história da legislação sobre antidumping foi a adoção, em 1916, pelos EUA, do *Revenue Act*, cuja seção referente a antidumping tornou

> illegal to sell imported goods at prices substantially lower than the market value in the exporting country "with the intent of destroying or injuring an industry in the United States, or of preventing the establishment of an industry in the United States, or of restraining or monopolizing any part of trade and commerce in such articles in the United States".[7]

5. Finger. Op. cit., 1992, p. 124.

6. Richard Whitwell, *The application of anti-dumping and countervailing measures in Australia*. Tese de Doutorado em Direito, Sydney: University of Technology, 1996, p. 11.

7. Douglas A. Irwin, *The rise of U.S. Antidumping activity in historical perspective*. Washington: International Monetary Fund, IMF Working Paper (WP/05/31), feb. 2005, p. 4. No ano 2000, o Órgão de Solução de Controvérsias da OMC, em nível de apelação, concluiu pela ilegalidade do *US Anti-Dumping Act of 1916* (DS162) em razão dos conflitos com inúmeros dispositivos do Acordo Antidumping e do GATT.

Diferentemente dos exemplos canadense e australiano – em que a cobrança de tarifas mais elevadas era o resultado da comprovação do dumping cuja intenção fosse causar prejuízo à indústria doméstica –, o enfoque norte-americano assemelhava a prática do dumping a uma ofensa criminal, passível, portanto, de multa e, no limite, de prisão.[8] A matriz teórica dessa medida remonta ao *Sherman Antitrust Act* de 1890, que proibia "under severe penalties, every contract or combination that restrains interstate or foreign commerce and every monopolization of or attempt to monopolize such commerce".[9]

O ano de 1921 marca uma significativa evolução na maneira de lidar com o assunto: se, até então, as atenções se voltavam para a comprovação quanto à intenção do exportador, novo diploma legal estadunidense passou a interpretar a discriminação de preços como sendo a fixação, dentro dos EUA, de preço inferior ao vigente no país de origem. Superava-se, assim, a necessidade de exame quanto à intenção do exportador. Em que pese à evolução conceitual inaugurada por este paradigma normativo, a avaliação de Finger não deixa espaço para dúvidas quanto à motivação subjacente da nova legislação norte-americana:

> Under the softer standard of interpretation and proof, administration of the law could follow changing political pressures for protection much more quickly than a more rigorous, rule-of-law standard would allow. Thus it prepared the way for the eventual emergence of antidumping as the main vehicle for import-competing interests to press for protection – and for governments to respond to those pressures.[10]

8. Irwin. Op. cit., p. 5.

9. Finger. Op. cit.,1992, p. 126. A lei antitruste norte-americana de 1890 necessitou de ajustes para ser aplicada ao comércio internacional. Daí a adoção, em 1894, do *Wilson Tariff* que "made it unlawful for foreign producers to combine or conspire to monopolize the U.S. market" (Irwin. Op. cit., p. 4). Não se deve perder de vista, igualmente, a importância do caso *Standard Oil* para a consolidação do enfoque antitruste na legislação de defesa comercial dos EUA. Embora a empresa tenha sido dissolvida pela Suprema Corte norte-americana em 1911 em razão de práticas monopolistas, McGee usa o episódio para demonstrar ser ilógico para uma empresa engajar-se em prática predatória de preços com o objetivo de monopolizar o mercado, visto que seria muito menos dispendioso comprar diretamente os competidores do que perder dinheiro até sua eliminação do mercado (John S. McGee, Predatory price cutting: The Standard Oil (N. J.) Case, *Journal of Law and Economics*, Chicago, v. 1, p. 137-169, Oct. 1958).

10. J. Michael Finger, *The origins and evolution of antidumping regulation*. Washington: The World Bank, Policy Research Working Paper Series n. 783, October 1991, p. 21. Sem subterfúgios linguísticos, o mesmo autor ressalta: "As in Canada in 1904, the voice that called for antidumping action was the voice of ordinary protection"

Apesar dos inúmeros aperfeiçoamentos e alterações nas legislações nacionais ao longo dos anos, as disciplinas de defesa comercial só vieram a tornar-se componente importante da política comercial dos países a partir dos anos 1950,[11] com a negociação do primeiro marco multilateral voltado especificamente para o assunto – o artigo VI do GATT 1947.

O dumping e a teoria econômica

Concomitantemente ao adensamento das relações comerciais ao longo dos séculos e à insatisfação causada pela concorrência com produtos importados, foi-se cristalizando a denominação genérica "dumping" para uma miríade de situações envolvendo diferenciais de preços de uma mesma mercadoria.

Um dos primeiros e mais notáveis esforços para sistematizar o assunto foi protagonizado por Viner, em 1923, a quem não escapava, precisamente, que o conceito

> is still often used indiscriminately for such diverse price-practices as severe competition, customs undervaluation, "bargain", "sacrifice", or slaughter sales, local price-cutting, and selling in one market at a lower price than in another.[12]

Valendo-se de rigoroso exame dos casos concretos a que se referiam essas denominações, Viner logrou isolar cada uma das situações em que ocorre a venda de uma mesma mercadoria a preços distintos, depurando aquela que viria a tornar-se a primeira definição clássica de dumping: discriminação de preços entre mercados nacionais.[13]

(Finger. Op. cit.,1992, p. 128). Na mesma linha, Mankiw e Swagel registram: "rather than promote fairness and competition, the American producers who petition for antidumping tariffs – a powerful and often unrecognized lobby – use them to thwart foreign competition" (N. Gregory Mankiw e Philip L. Swagel, Antidumping: the third rail of trade policy, *Foreign Affairs*, New York, Special Edition, p. 79, Dec. 2005.

11. A explicação de Irwin para o número limitado de direitos aplicados pelos EUA entre 1920 e 1950 – tarifa média elevada, coeficiente de importação baixo e diversos instrumentos legais que podiam ser invocados para barrar a concorrência externa – aplica-se, *mutatis mutandis*, igualmente a outros países (Irwin, Op. cit., p. 5).

12. Jacob Viner, Dumping, a problem in international trade (1923). In: Douglas R. Nelson e Hylke Vandenbussche (ed.), *Critical perspectives on the global trading system and the WTO. The WTO and Anti-Dumping*. Cheltenham: Edward Elgar, v. I, p. 3, 2005.

13. Idem, ibidem, p. 5.

Definido o conceito, o autor passou ao exame das diferentes práticas que configurariam discriminação de preços entre dois ou mais mercados nacionais, classificando o fenômeno de acordo com sua duração e característica. Com base na motivação subjacente do exportador, dez foram os tipos de dumping identificados: a) o desfazimento de eventuais estoques excessivos da mercadoria; b) o não intencional; c) a manutenção da presença do exportador em um mercado consumidor subexplorado; d) a conquista de novos clientes; e) a eliminação da concorrência no mercado consumidor; f) o impedimento à instalação de novos produtores; g) a retaliação ao dumping reverso; h) a manutenção da capacidade produtiva em seu máximo, sem redução dos preços domésticos; i) a obtenção de economias de escala, sem redução do preço doméstico; e j) a manutenção de posição vantajosa do país exportador no fluxo de comércio bilateral.[14]

De todas as situações identificadas, Viner assinalou que o quinto tipo de dumping – o predatório, ou seja, aquele com objetivo de eliminar a competição no mercado importador – seria "the most objectionable form of dumping from the point of view of the country dumped on".[15] Ainda assim, alertava que:

> from the point of view of the importing country as a whole, there is a sound economic case against dumping only when it is reasonable to suppose that it will result in injury to domestic industry greater than the gain to consumers. Only on the crudest of protectionist reasoning can it be argued that the desirability of allowing the importation of dumped goods should be decided with reference solely to its effect on domestic producers and without taking into account its benefit to consumers.[16]

Esse reconhecimento de que o dumping predatório poderia ser muito prejudicial para a indústria doméstica do país importador[17] aplicava-se não apenas à situação em que um monopolista procura maximizar seu lucro com

14. Idem, ibidem, p. 25 *et seq.*

15. Idem, ibidem, p. 26.

16. Idem, ibidem, p. 59.

17. Patrick Messerlin chama a atenção para os efeitos negativos do dumping para a indústria nascente: "Plus précisément, nous montrerons que le dumping, sous certaines conditions, peut être analysé en des termes très proches de ceux utilisés pour la théorie de l'industrie dans l'enfance et que les politiques anti-dumping doivent être conçues comme une extension des politiques de protection de l'industrie dans l'enfance" (Patrick Messerlin, De la théorie du dumping. *Revue Économique*, Paris, v. 29, n. 5, p. 791, Sept. 1978).

as vendas do produto no mercado importador,[18] mas também àquela em que uma empresa oligopolista se utiliza do expediente para dizimar a concorrência. Outros autores, entretanto, além do próprio Viner, reputaram o segundo caso irrelevante.[19]

A discriminação predatória de preços era vista, portanto, por Viner e seus seguidores como sintomática da intenção do exportador de eliminar a concorrência no mercado consumidor estrangeiro, o que caracterizaria prática comercial desleal passível de punição caso comprovado o prejuízo para o interesse público. Conforme descrito na seção precedente, trata-se, precisamente, do parâmetro consagrado nos primórdios das legislações nacionais sobre antidumping[20] e que foi paulatinamente abandonado, a partir de 1921, em favor de referencial menos subjetivo. No entanto, apesar de a adoção de contramedidas para combater o dumping predatório poder ser justificada do ponto de vista da teoria econômica, o fato é que:

> a realidade econômica do intuito predatório é bastante questionável. Embora seja teoricamente possível, sua existência real é condicionada a fatores extremamente complexos, que dependem não apenas da conformação

18. A possibilidade é igualmente apontada pelas autoridades brasileiras do Ministério da Fazenda: "No concernente ao *dumping* monopolista, há grande possibilidade do exportador gerar uma situação de monopólio (permanente) no país importador, no longo prazo, o que deve resultar na destruição da indústria doméstica simultaneamente à elevação de preço e à redução da oferta de produtos no mercado doméstico. Desta forma, como este tipo de *dumping* não traz nenhum benefício à sociedade do país importador, este deve ser combatido" (Cristiane Alkmin Junqueira Schmidt, Isabel Ramos de Sousa e Marcos André M. de Lima, *Tipologias de dumping*. Ministério da Fazenda, Secretaria de Acompanhamento Econômico, documento de trabalho n. 17, ago. 2002. Disponível em: <www.seae.fazenda.gov.br/central_documentos/documento_trabalho/2002-1/doctrab17.pdf>. Acesso em: 15 fev. 2012, p. 4.

19. "This aggressive form of dumping is the spectre often used to frighten public opinion into imposing tariffs. Nevertheless this form of dumping very seldom occurs" (Gottfried von Habeler (1936), The theory of international trade with its applications to commercial policy. In: Douglas R. Nelson e Hylke Vandenbussche (ed.). Op. cit., v. I, p. 300. No mesmo sentido, consultar: Theodore O. Yntema, The influence of dumping on monopoly prices, *Journal of Political Economy*, Chicago, v. 36, n. 6, p. 686-698, Dec. 1928; e Joan Robinson (1933). The economics of imperfect competition. In: Douglas R. Nelson e Hylke Vandenbussche (ed.). Op. cit., v. I, p. 98-127).

20. "O dumping predatório foi a razão inicial para a legislação norte-americana ser aprovada no Congresso" (Maria Carolina Mendonça de Barros, *Antidumping e protecionismo*. São Paulo: Aduaneiras, 2004, p. 33).

> econômica do país importador, mas também das características estruturais do mercado exportador.[21]

Corrobora a opinião de Barral a afirmação do Secretário do Tesouro dos EUA, de que "as one who has had considerable practical experience in administering the American Antidumping Act of 1921, I can say there has never been a case with which I have come into contact, which I am prepared to categorise as predatory dumping",[22] ponto de vista semelhante ao de Maria Carolina Mendonça de Barros: "o dumping predatório é aquele que realmente deve ser coibido. No entanto, (...) é raramente encontrado".[23]

Predatória ou não, o fato é que a discriminação de preços constitui prática disseminada no mundo contemporâneo, pois se trata de estratégia comercial normal para qualquer empresa atuante em mercados distintos e interessada em maximizar seus lucros, conforme será discutido mais abaixo. Nesse contexto, é frequente a confusão conceitual entre essa prática e outras, tais como a venda de produtos abaixo do seu preço de custo (*underselling*) e a venda a preços extremamente reduzidos, visando a eliminar a concorrência (preço predatório). Nas palavras de Barral:

> a ocorrência de dumping independe do intuito predatório, ou do fato de que os preços sejam inferiores aos custos de produção. Ao mesmo tempo, a medida oponível à prática de dumping serão as medidas antidumping, enquanto ao preço predatório e ao *underselling* poderão, eventualmente, ser opostas as penalidades previstas na lei antitruste brasileira.[24]

Isto é:

> a prática do dumping relaciona-se com o comércio exterior, sendo, pois, por definição, impossível a prática de tal ato dentro exclusivamente do mercado nacional. (...) a venda, no mercado nacional, de mercadoria abaixo do preço de custo ou sem razoável margem de lucro, desde que injustificadamente, consiste, na verdade, de prática de *underselling*, este sim, indiscutivelmente,

---

21. Welber Barral, *Dumping e comércio internacional*: a regulamentação antidumping após a Rodada Uruguai. Rio de Janeiro: Forense, 2000, p. 19. No mesmo sentido, Lloyd assinala que "it is doubtful that a monopolist would use such a method to extend his monopoly and very few cases of predatory dumping have ever been proven" (*apud* Wilfred Ethier. Op. cit., 1982, p. 489).

22. Gabrielle Marceau, *Anti-dumping and antiturst issues in free-trade areas*. New York: Oxford University Press, 1994, p. 44.

23. Barros. Op. cit., 2004, p. 31.

24. Barral. Op. cit., 2000, p. 157.

> dentro dos limites da competência do CADE [Conselho Administrativo de Defesa Econômica].[25]

Estabelecida a diferença entre dumping, preços predatórios e *underselling*, Araújo Junior esclarece sobre os objetivos das políticas antitruste e de defesa comercial:[26]

> From a legal perspective, antidumping rules allow practices such as price undertakings and quantitative trade restrictions that may be forbidden by competition law, and punish certain types of price differentiation that are justifiable under the antitrust rules. From an economic viewpoint, the two policies pursue different objectives that eventually may lead to conflicting situations. Antidumping is a trade remedy for industries injured by import competition. The final goal of antitrust is to promote consumer welfare and productive efficiency, which in part depend upon market contestability, wherein import competition often plays a key role.[27]

A distinção entre os objetivos de ambas as políticas é necessária em virtude de as práticas de dumping, preço predatório e *underselling* poderem ocorrer simultaneamente ou não, conforme explica Welber Barral:

> Destas definições, infere-se que: a) as três práticas podem ocorrer concomitantemente, no exemplo do produtor estrangeiro que exporta a preço de dumping, e revende no mercado interno abaixo do preço de custo, visando a eliminar os concorrentes nacionais; mas b) pode também ocorrer que não exista correlação entre essas três práticas se, por exemplo: (i) o produtor estrangeiro pratica dumping porque possui domínio de seu mercado nacional, praticando preços maiores ali; (ii) o produtor revende

---

25. Nogueira, *apud* Barral. Op. cit., 2000, p. 159.

26. O papel e a natureza do Acordo Antidumping dentro do sistema multilateral de comércio foram descritos pelos EUA da seguinte maneira: "Contrary to the assumptions of some economists, the antidumping rules are not intended as a remedy for the predatory pricing practices of firms or as a remedy for any other private anti-competitive practices typically condemned by competition laws. Rather, the antidumping rules are a trade remedy which WTO Members have agreed is necessary to the maintenance of the multilateral trading system. Without this and other trade remedies, there could have been no agreement on broader GATT and later WTO packages of market-opening agreements, especially given the imperfections which remain in the multilateral trading system" (WT/WGTCP/W/88, p. 2).

27. José Tavares de Araújo Junior, Legal and economic interfaces between antidumping and competition policy. *World Competition*, London, v. 25, n. 2, p. 159, 2002.

> abaixo do preço de custo em razão de um excesso de estoques, inexistindo intuito, ou possibilidade, de dominação de mercado.[28]

Ou seja, no caso das medidas antitruste, a atenção se volta para o consumidor – isto é, assegurar a oferta de produtos a preços mais baixos, desde que a concorrência seja preservada. Quando se trata de medidas antidumping, o foco é a indústria do país importador – ou seja, impedir o exportador de alcançar seu objetivo de eliminar a concorrência dos produtores nacionais. Essa diferença de objetivos de ambas as políticas coincide, precisamente, com o ponto de vista das autoridades brasileiras do Ministério da Fazenda:

> Nota-se que a política *antidumping* é distinta da política antitruste, mesmo no caso particular de preço predatório, em que há uma convergência sobre o que fazer, isto é, de punir a empresa predatória. A diferença nasce na concepção destas políticas. Enquanto a primeira tem uma ótica mais pró-indústria, a outra tem uma visão mais pró-consumidor.[29]

Escapa ao objetivo deste trabalho discutir pormenorizadamente a natureza e o objetivo das disciplinas de defesa da concorrência, muito embora várias das críticas ao Acordo Antidumping – e aos conceitos ali empregados – advenham dos defensores de que o dumping pode ser perfeitamente assimilado pelas regras destinadas a coibir práticas comerciais restritivas. Dessa maneira, sempre que o dumping for reduzido a um simples fenômeno de práticas discriminatórias de preço – seja mediante preços predatórios, seja por meio do *underselling* –, haverá quem defenda a utilização das disciplinas antitruste e aponte a falta de amparo teórico do Acordo Antidumping e de seus princípios.[30]

---

28. Barral. Op. cit., 2000, p. 157.

29. Schmidt, Sousa e Lima. Op. cit., 2002, p. 11.

30. Em documento divulgado no Grupo de Trabalho sobre a Interação entre Comércio e Política da Concorrência da OMC, os EUA apresentaram seu entendimento quanto aos diferentes objetivos de medidas antidumping e antitruste. Para os norte-americanos, "while it is true that the antidumping rules address certain private pricing practices, it is not because these pricing practices – that is, dumping practices – are anti-competitive in an antitrust sense. The antidumping rules provide a remedy against injurious dumping as an indirect response to a foreign government's market-distortive industrial policies or differences in national economic systems" (WT/WGTCP/W/88, p. 3). A interpretação norte-americana quanto aos objetivos das disciplinas antidumping não é unânime. Tenha-se presente, por exemplo, a sugestão feita por Hong Kong, durante a Rodada Uruguai, para que o preâmbulo do Código Antidumping informasse que "pricing decisions in accordance with

Ainda que as medidas antitruste protejam as empresas de práticas comerciais restritivas e que a forma mais nociva de dumping seja pouco comum na prática, não se pode perder de vista que, tal qual salientado na seção anterior, o conceito de dumping, em sua origem, servia como simples justificativa para a adoção de medidas com intuito protecionista. É precisamente essa a conclusão a que chegam Barral e Brogini:

> O fundamento econômico para a aplicação de medidas anti*dumping* é objeto de intenso debate na literatura especializada. A maioria dos autores se opõe à idéia de que a discriminação de preços possa provocar efeitos negativos na economia do país importador. De acordo com esses autores, a única exceção que justificaria as medidas antidumping seria o dumping predatório, que visa à destruição da indústria doméstica a fim de elevar preços posteriormente. A existência de dumping predatório, contudo, é dificilmente verificável. Nesta lógica, as medidas antidumping seriam apenas o novo formato do velho protecionismo, sem um fundamento econômico que as justificasse.[31]

Assim, conforme se viu com a adoção da legislação norte-americana de 1921, nada mais natural que os marcos normativos nacionais fossem sendo refinados, com vistas a habilitar os governos a atender aos pleitos de segmentos internos política e economicamente importantes. Não é por outra razão que o dumping, em termos legais, passou a referir-se à exportação de produtos a preços inferiores aos vigentes no mercado de origem ou ao seu custo de produção.[32]

---

customary business practices and commercial considerations, and price adjustments to meet prevailing price competition in the importing country should not give rise to anti-dumping action" (Mark Koulen, The new Anti-Dumping Code through its negotiating history. *The Uruguay Round Results: a European lawyers' perspective*. Brussels: European Interuniversity Press, p. 165, 1995). É precisamente em razão dessa discrepância aguda de pontos de vista quanto ao objetivo e à natureza das medidas antidumping que o atual Acordo Antidumping não possui preâmbulo, diferentemente do Código Antidumping resultante da Rodada Tóquio.

31. Welber Barral e Gilvan Brogini, As negociações na OMC sobre antidumping: repercussões para a América Latina, *Revista Brasileira de Comércio Exterior*, Rio de Janeiro, n. 89, p. 26, out.-dez. 2006). No mesmo sentido, Willig ressalta que diversos estudos empíricos comprovam "the hypothesis that antidumping policy has for the most part been protective of domestic suppliers and has by and large distorted rather than protected competition" (Robert D. Willig, Economic effects of antidumping policy (1998). In: Nelson e Vandenbussche (ed.). Op. cit., v. I, 2005, p. 307).

32. Daí que o comentário de Kerr e Loppacher – "selling below cost is also a normal business practice in the domestic market. Firms lose money. It is not illegal to

Conclui-se, assim, que, do ponto de vista da teoria econômica, nem toda forma de dumping é necessariamente nociva ou desleal, nem a aplicação de um direito antidumping é necessariamente justificável. A realidade política, contudo, apresenta imperativos próprios e distintos, e a estes obedeceram as legislações nacionais de defesa comercial.

O dumping e o sistema multilateral de comércio

Apesar de alguns autores registrarem não ter havido nenhum país particularmente empenhado em incluir disciplina específica relacionada a antidumping na negociação do GATT 1947,[33] a inclusão do artigo VI do referido texto deveu-se a uma sugestão dos EUA,[34] baseada em sua legislação antidumping de 1921.[35] Nesse dispositivo estabeleceu-se que:

> The contracting parties recognize that dumping, by which products of one country are introduced into the commerce of another country at less than the normal value of the products, is to be condemned if it causes or threatens material injury to an established industry in the territory of a contracting party or materially retards the establishment of a domestic industry.

No parágrafo VI.6 (a) do mesmo texto legal, os negociadores explicitaram a inter-relação entre as importações objeto de dumping e o dano experimentado pela indústria doméstica:

> No contracting party shall levy any anti-dumping or countervailing duty on the importation of any product of the territory of another contracting party unless it determines that the effect of the dumping or subsidization, as the case may be, is such as to cause or threaten material injury to

lose money" –, apesar de correto do ponto de vista empresarial, não se coaduna com o espírito do Acordo Antidumping (Kerr e Loppacher. Op. cit., 2004, p. 213).

33. "The accepted reading of the GATT's negotiating history is that no country delegation strongly insisted on including a provision for antidumping (...). Nonetheless, despite concern that antidumping laws, if overused, might compromise the objectives of the agreement, the drafting committees concluded without controversy that provisions for antidumping and countervailing duties were needed" (Finger. Op. cit., 1992, p. 133).

34. "(...) the insertion of Article VI in GATT based on a United States suggestion (...)." (GATT, L/712, 23 de outubro de 1957, p. 5).

35. "The United States was the main proponent of including antidumping procedures in Article VI of the General Agreement on Tariffs and Trade in 1947. Indeed, the 1921 legislation formed the textual basis for Article VI" (Irwin. Op. cit., 2005, p. 6).

an established domestic industry, or is such as to retard materially the establishment of a domestic industry.

Desde então, o direito de aplicação de uma medida antidumping, no âmbito do sistema multilateral de comércio, é conferido pela comprovação da existência simultânea dos seguintes elementos: 1) dumping; 2) dano material ou ameaça de dano material à indústria doméstica, ou atraso significativo para o estabelecimento de uma indústria doméstica; e 3) relação de causalidade entre os itens 1 e 2.

Saliente-se que não há nada, na OMC, que defina dumping como prática comercial desleal. O Acordo Antidumping regula tão somente a maneira pela qual os governos poderão reagir a tal prática. Quando a Nova Zelândia, em 1954, sugeriu "a specific obligation on the part of contracting parties to refrain from action which would cause or encourage dumping",[36] a proposta foi descartada, pois "in practice such an obligation would have little value unless accompanied by an obligation to prevent dumping on the part of private commercial enterprises, and it was believed that the governments of many contracting parties would not have the legal authority to implement such an obligation".[37] Registrou-se apenas que:

> in connexion with the effect of Article VI on the practice of dumping itself, they agreed that it follows from paragraph 1 of Article VI that contracting parties should, within the framework of their legislation, refrain from encouraging dumping, as defined in that paragraph, by private commercial enterprises.[38]

Em que pese a multilateralização das disciplinas sobre antidumping ao final da década de 1940, registre-se que, em 1957, apenas 37 direitos estavam em vigência entre todas as Partes Contratantes do GATT, sendo que 22 deles apenas na África do Sul.[39] Tirante os poucos países que possuíam legislação específica na matéria e que faziam uso regular do dispositivo,[40] o

36. GATT, L/270/Add.1, 18 de novembro de 1954, p. 3.

37. GATT, W.9/220, 22 de fevereiro de 1955, p. 1.

38. GATT, L/334, 1.º de março de 1955, p. 1.

39. GATT, L/712, 23 de outubro de 1957, p. 10.

40. Segundo o Secretariado do GATT, faziam uso de medidas antidumping apenas as seguintes Partes Contratantes: Austrália, Bélgica, Canadá, Nova Zelândia, África do Sul, Rodésia, Suécia e EUA. Possuíam legislação de defesa comercial, embora não a invocassem para justificar a adoção de medidas: Áustria, França, Finlândia, Alemanha, Índia, Itália, Japão, Noruega, Paquistão, Turquia e Reino Unido (GATT, L/712, 23 de outubro de 1957, p. 3).

tema claramente não era de conhecimento generalizado e tampouco objeto de controvérsias. Comprova esta avaliação a criação, em 1958, por sugestão da Noruega e da Suécia, de um Grupo de Especialistas sobre Antidumping e Medidas Compensatórias – do qual o Brasil era observador –, cujos termos de referência visavam a destrinchar as tecnicalidades associadas aos conceitos empregados no artigo VI do GATT 1947.[41]

Até meados dos anos 1960, o amparo legal multilateral para investigações antidumping resumia-se ao artigo VI do GATT 1947. Durante a Rodada Kennedy (1964-1967), foi negociado o primeiro conjunto de disciplinas voltadas especificamente ao assunto, criando-se diploma legal separado do GATT 1947, denominado Código Antidumping. Embora possuísse identidade jurídica própria, o Código, de adesão voluntária, constituía instrumento de natureza plurilateral.

A explicação de como um tema descrito como pouco controverso e eminentemente técnico logrou deixar de ser um simples artigo do GATT 1947 para tornar-se um acordo independente reside no que se poderia denominar "efeito colateral":

> the United States, having introduced the subject of non-tariff barriers into the negotiations [of the Kennedy Round], was chagrined to find that the non-tariff barriers most often singled out by other countries for priority of action were those maintained by the United States, of which one of the most often mentioned was the U.S. antidumping statute. The attack on U.S. antidumping was clearly a strategy in which offense was considered to be the best defense of the European non-tariff barriers that the United States had wanted brought to the negotiating table.[42]

O documento resultante da Rodada Kennedy foi sucedido pelo Código Antidumping negociado quando da Rodada Tóquio (1973-1979). Numa déca-

41. Os termos de referência do Grupo de Especialistas eram: "Exchanging information regarding the technical requirements of existing legislation on anti-dumping and countervailing duties in their respective countries with respect to: (a) the determination of the import price which serves as the basis of price comparison; (b) the determination of the normal value or the domestic market price in the exporting or the producing country; (c) the definition of 'like product'; (d) the use of the injury concept in relation to the term 'industry'; (e) public hearings, governmental notice, and publicity aspects of such cases; (f) applicability of decisions; and (g) provisions for revoking duties once levied" (GATT, L/908, 11 de novembro de 1958, p. 1).

42. Finger. Op. cit., 1992, p. 133. O fato de apenas 75 das 706 investigações conduzidas pelos EUA entre 1921 e 31 de dezembro de 1967 terem tido determinação negativa era o tendão de Aquiles dos norte-americanos.

da em que as importações oriundas dos emergentes países asiáticos, encabeçados pelo Japão, eram responsabilizadas pelo baixo crescimento econômico de diversos países europeus, o Código Antidumping – com apenas alguns ajustes destinados a torná-lo operacional – tornou-se o arcabouço normativo de defesa comercial das Comunidades Europeias[43] e de vários outros países.

Apesar do aumento acelerado do número de países com legislação nacional de defesa comercial entre os anos 1950 e 1970,[44] apenas seis eram efetivamente aplicadores de medidas antidumping nesse período: EUA, CE, Austrália, Nova Zelândia, Canadá e África do Sul. Em conjunto, conduziam em média 30 investigações por ano. No caso dos EUA, não há registro da aplicação de medida antidumping ao longo da década de 1950; na década seguinte, apenas cerca de 10% das investigações resultavam na imposição de direitos pelas autoridades norte-americanas.[45] O tópico permaneceu pouco problemático até o final da década de 1980, sendo que, em média, apenas 5% das investigações iniciadas eram encerradas com a imposição de medidas. A baixa prioridade do assunto explica o fato de nenhum país tê-lo suscitado no Comitê Preparatório estabelecido em 1985, cuja função era determinar os objetivos, temas e modalidades da nova rodada multilateral a ser lançada em Punta del Este no ano seguinte.[46] Iniciada a Rodada Uruguai (1986-1993), o mandato para tratar de

43. "Slower growth made European governments sensitive to the displacement of domestic production by emerging exporters from Asia. The EC antidumping mechanism – essentially the GATT Tokyo Round antidumping code translated into operational language (...) – proved a doubly convenient means for responding to that challenge. As economics, it was flexible enough to cover all problems. As politics, it was a community instrument. The EC Commission (...) pressed forward with antidumping action to preempt member state governments from serving the increased demand of industries for protection. Those who might have opposed either the illiberality of such actions or the shift of regulatory practice to Brussels were slow to see through the camouflage of propriety that cloaks antidumping actions" (idem, ibidem, p. 134).

44. Até 1950, oito eram os países com legislação nacional sobre antidumping; entre 1951 e 1979, outros 26 países adotaram legislação específica sobre a matéria (Thomas J. Prusa, Anti-dumping: a growing problem in international trade. *The World Economy*, Oxford, v. 28, n. 5, p. 686, May 2005).

45. Bruce A. Blonigen E Thomas J. Prusa, *Antidumping*, Cambridge, MA: National Bureau of Economic Research, NBER working paper n. 8.398, July 2001, p. 6.

46. Koulen. Op. cit., 1995, p. 152. A limitada controvérsia do tema ajuda a explicar a precariedade das estatísticas referentes ao uso de medidas antidumping no período anterior a 1980. Vários autores registraram esse problema: "One serious shortcoming is that there is no systematic accounting of worldwide AD activity before 1980" (Prusa. Op. cit., 2005, p. 684). Irwin assinala: "The failure to study antidumping measures prior to 1980 is due to the lack of readily available data from that period

antidumping ficou sob a instrução ampla de "improve, clarify or expand, as appropriate, Agreements and Arrangements negotiated in the Tokyo Round of Multilateral Trade Negotiations".[47] Ao final das tratativas, acordou-se a última modificação nas regras internacionais relativas ao antidumping, cujo resultado é o Acordo Antidumping em seu formato atual, de subscrição obrigatória para todos os Membros da então criada OMC. A comparação entre o artigo VI do GATT 1947 e a presente disciplina mostra o quanto evoluiu a normativa multilateral relativa a antidumping, ao ponto de o Acordo Antidumping ser considerado um dos diplomas legais mais técnicos e complexos da OMC.[48]

Nos 46 anos decorridos entre a negociação do GATT 1947 e a finalização da Rodada Uruguai, as disciplinas relativas a antidumping sofisticaram-se e tornaram-se significativamente mais detalhadas. A lógica subjacente ao primeiro marco normativo multilateral na matéria permaneceu, contudo, intacta. Em síntese:

> the Uruguay Round has not settled the policy debate on the rationale of anti-dumping measures. In fact, as illustrated by the absence of preambular considerations, on questions of fundamental objectives and principles of anti-dumping action the Uruguay Round Agreement on Anti-Dumping is an agreement to disagree. Sooner or later this debate is likely to be resumed in the WTO, perhaps in the broader framework of a consideration of the interrelationship between trade policy and competition law.[49]

Comércio desleal e estratégias empresariais contemporâneas

A adoção de medidas antidumping é ordinariamente invocada como forma de proteger a indústria doméstica da concorrência desleal estrangeira. Welber Barral, ex-Secretário de Comércio Exterior do Ministério do Desenvolvimento, Indústria e Comércio Exterior, observa, contudo, que:

---

and the perception that antidumping was not very important at that time. As a result, economists have little sense for the overall trend in U.S. antidumping activity prior to 1980" (Irwin. Op. cit., 2005, p. 7). Implícito está o fato de que "AD was essentially an irrelevant, rarely used trade law until the mid-1970's (Blonigen e Prusa. *Antidumping*. Op. cit., 2001, p. 3).

47. Declaração Ministerial de Punta del Este (GATT, MIN.DEC, de 20 de setembro de 1986, p. 7).

48. James P. Durling e Matthew R. Nicely, *Understanding the WTO: Anti-Dumping Agreement. negotiating history and subsequent interpretation*, London: Cameron May, 2002.

49. Koulen. Op. cit., 1995, p. 232.

> um dos discursos constantes entre os empresariados nacionais se refere à necessidade de evitar a "concorrência injusta" de produtores estrangeiros. Nesta modalidade de concorrência, tenta-se inserir qualquer exportador estrangeiro com preços menores. Se esta tentativa não abarca qualquer base racional, engendra, outrossim, enorme apelo emocional, que não raramente se reflete em políticas protecionistas dos governos nacionais.[50]

As justificativas recorrentemente utilizadas para solicitar a proteção conferida pela adoção de medidas antidumping incluem, entre outras:

> a) o dumping representa manifestação de preço predatório, i.e., após conquistar o mercado nacional, os preços dos produtos importados serão majorados, para recuperar os lucros dos produtores estrangeiros; b) a própria discriminação entre os preços praticados no mercado de origem e no mercado importador representa um fato econômico negativo; c) além do que a prática de dumping afasta os investimentos no mercado importador, uma vez que os novos produtores sabem não poder concorrer com o produto importado; d) mais ainda, a aplicação de medidas antidumping se justificaria com base na justiça social, como forma de proteger empresas nacionais e trabalhadores dessas empresas, contra a concorrência estrangeira.[51]

Os argumentos elencados acima, apesar de razoáveis ao senso comum, não encontram, todavia, sustentação teórica sólida. Com relação ao primeiro aspecto, demonstrou-se que as disciplinas antitruste constituem o instrumental apropriado para tratar da prática de preços predatórios. Ademais, foi assinalado que a ocorrência de dumping predatório – modalidade de dumping a ser efetivamente combatida – é pouco frequente na vida real. No tocante ao segundo tópico, existirá discriminação de preços sempre que não houver concorrência perfeita nos mercados, não sendo a discriminação de preços, por si só, prejudicial do ponto de vista econômico. Nas palavras de Maria Carolina Mendonça de Barros:

> Uma empresa que opere em dois mercados distintos e que tenha algum controle de preços em ambos pode achar vantajoso provocar alguma distorção quando da formação de seus preços para diminuí-lo no mercado estrangeiro e, assim, maximizar seus ganhos. A discriminação de preços em mercados distintos ocorrerá sempre que a demanda por um produto no mercado estrangeiro for mais elástica que a do mercado nacional.[52]

50. Barral. Op. cit., 2000, p. 16.
51. Idem, ibidem, p. 16.
52. Barros. Op. cit., 2004, p. 31.

Esclareça-se, ademais, "inexistir correlação direta entre a venda abaixo do preço de custo (que o público leigo identifica normalmente como vinculado à prática de dumping) e a discriminação de preços".[53] No que tange ao terceiro argumento, seu problema é

> não se coadunar com a própria lógica do livre comércio. Com efeito, se o produtor pratica dumping através da discriminação de preços, a situação somente se sustentará se: a) suas vantagens comparativas permitem que exporte a preço menor; ou b) sua posição monopolista permite que exija preços maiores no mercado exportador, para sustentar a discriminação. Ora, no primeiro caso, é decorrência natural que os investimentos serão redirecionados para aquele mercado. No segundo caso, é decorrência natural que os produtores invistam no mercado monopolizado, buscando maiores lucros. Ainda no segundo caso, somente através da eliminação do monopólio no mercado exportador é que o primeiro produtor será impedido de praticar dumping.[54]

Finalmente, quanto ao último argumento, se o objetivo a ser combatido é a perda generalizada de empregos por conta do fechamento de fábricas, o instrumento a ser utilizado é a salvaguarda; isso porque os efeitos negativos das importações podem ocorrer com ou sem a existência de dumping.

A análise sobre concorrência desleal não deve perder de vista que a política de preços permanece sendo a principal arma de uma empresa para conquistar novos mercados. Nesse contexto, é normal que as empresas busquem reduzir ao máximo o preço de venda de suas mercadorias, de maneira a suplantar a concorrência. Se os preços baixos resultarem de vantagens comparativas, não há que se falar em comércio desleal. No entanto, se em razão de práticas privadas for alterado o livre jogo de forças entre os concorrentes do mercado, legitima-se a adoção das contramedidas apropriadas. Caso a prática desleal diga respeito ao *underselling* ou aos preços predatórios, o arcabouço jurídico apropriado para tratar da matéria é o das medidas antitruste. Por esta ótica, preços baixos tornam-se passíveis de punição somente quando for demonstrado seu caráter predatório. Caso se trate do pouco frequente dumping predatório, a adoção de medidas antidumping estaria, do ponto de vista econômico, justificada. No entanto, o Acordo Antidumping acabou sendo construído em torno de uma definição jurídica de dumping, que faculta a imposição de direitos antidumping em circunstâncias nem sempre justificadas pela teoria econômica. Por esta ótica, a adoção de medidas antidumping depende tão somente

53. Barral. Op. cit., 2000, p. 21.
54. Idem, ibidem, p. 27.

de que sejam cumpridos determinados requisitos técnico-jurídicos. São essas as principais razões a sustentar a conclusão transcrita abaixo:

> a realidade é que os defensores dos direitos antidumping têm uma visão mais restrita do que é dumping, tendendo os economistas a possuírem uma visão mais liberal acerca do tema. Os que apóiam a utilização dos direitos antidumping em todos os casos de dumping que não apenas o predatório o fazem com base na preocupação em manter a indústria nacional "a salvo" da competição estrangeira.[55]

Os impactos comerciais da aplicação de medidas antidumping[56]

Conforme descrito nas seções precedentes, a adoção de legislação sobre antidumping – tanto em nível nacional quanto multilateral – obedeceu à lógica da proteção da indústria doméstica contra o dano causado pela discriminação predatória de preços por parte de exportadores. Embora a imposição de direitos antidumping acabe por "transferir", em última instância, os prejuízos da indústria doméstica para os exportadores, não são poucos os estudos que demonstram a complexidade da análise relativa às perdas e ganhos em termos macroeconômicos.

Vejam-se, por exemplo, os resultados a que chegaram Kelly e Morkre.[57] Utilizando-se de um modelo de equilíbrio parcial para estimar os efeitos das importações objeto de dumping para a receita das empresas domésticas norte-americanas sujeitas à concorrência dessas importações em todas as investigações concluídas entre 1980 e 1988, os autores reconhecem que algumas empresas podem apresentar reduções significativas de suas vendas e que algum dano é observável. A regra geral, contudo, seria a de que o dano das importações desleais não chega a ser significativo, conclusão compartilhada por outros estudos.[58] Os autores concluem, portanto, que:

55. Barros. Op. cit., 2004, p. 34.

56. Nesta seção, passam-se em revista, brevemente, os efeitos econômicos e comerciais das medidas antidumping em sentido amplo, embora alguma referência possa ser feita a estudos que tenham singularizado o Brasil.

57. Kenneth Kelly e Morris Morkre (1998). Do unfairly traded imports injure domestic industries? In: Nelson e Vandenbussche (ed.). Op. cit., 2005, v. I, p. 309-320.

58. B. Keith Anderson, Antidumping laws in the United States: use and welfare consequences. *Journal of World Trade*, London, v. 27, n. 2, p. 99-117, 1993; Tracey Murray e Donald J. Rousslang, A method for estimating injury caused by unfair trade practices, *International Review of Law and Economics*, v. 9, n.2, p. 149-164, 1989.

> There is a popular belief that unfairly traded imports are a serious problem [nota de rodapé omitida]. This popular belief has influenced legislation: US law has been amended several times to protect American industries from competition from unfairly traded imports. (...) Our results challenge the conventional wisdom about the severity of injury caused by unfairly traded imports: unfairly traded imports are not found to be the major problem they are said to be.[59]

Independentemente da magnitude do dano infligido à indústria doméstica pelas importações objeto de dumping, não cabem dúvidas de que as medidas antidumping apresentam uma série de impactos comerciais significativos. De forma algo surpreendente e contrariando o saber convencional, diversos estudos[60] indicam que não necessariamente os países aplicadores dos direitos são beneficiados[61] nem os países dos exportadores são prejudicados. Neste último caso, os países exportadores

> podem auferir rendas extraordinárias de acordos de preços ou de exportações (...), por mudanças na pauta de exportações ("desvio de *produto*") ou ainda pelos ganhos decorrentes de investimentos diretos motivados por ações antidumping (...). Os países exportadores podem ainda obter ganhos se ações antidumping forem abertas contra seus concorrentes.[62]

Uma primeira situação discutida pelos estudiosos de defesa comercial é aquela em que, diante da possibilidade de uma investigação antidumping, as empresas domésticas ameacem ou induzam o(s) exportador(es) a acordo de cartel, o que beneficiaria ambos os lados. Apesar de evidências favoráveis

59. Kelly e Morkre. Op. cit., 1998, p. 309.

60. Abrangente resenha dessa literatura pode ser encontrada em Blonigen e Prusa (*Antidumping*, Cambridge, MA: National Bureau of Economic Research, NBER working paper n. 8.398, July 2001).

61. Por exemplo, em virtude das perdas impostas aos consumidores e a outros setores da economia que usem os produtos objeto de dumping como insumo (Marta dos Reis Castilho, *Antidumping nas Américas: uma investigação dos efeitos do uso deste instrumento sobre as exportações e sobre a conduta das empresas brasileiras*. Brasília: Comissão Econômica para a América Latina e o Caribe, documento do escritório de Brasília (LC/BRS/R.177), abr. 2006. Disponível em: <http://www.eclac.cl/publicaciones/xml/1/27861/LCBRSR177MartadosReisCastilho.pdf>. Acesso em: 15 fev. 2012, p. 3. Na mesma linha, consultar: Kommerskollegium. *Treatment of the "Community Interest" in EU antidumping investigations*. Stockholm: National Board of Trade, 2005; e Kommerskollegium. *Anti-dumping complaints on certain steel products: the impact on user groups*. Stockholm: National Board of Trade, 2008.

62. Castilho. Op. cit., 2006, p. 3.

à hipótese,[63] nem todos os estudos obtiveram resultados conclusivos.[64] Após examinarem o arquivamento da investigação sobre resina de polietileno de baixa densidade linear no Brasil (petição aceita em outubro de 2001 e investigação encerrada a pedido das peticionárias em março de 2002), Vasconcelos e Vasconcelos concluíram que "o pedido de arquivamento do processo de investigação de dumping não teve efeitos no fluxo comercial, não sendo possível afirmar que, no caso em questão, as firmas nacionais utilizaram o instrumento de medida antidumping como mecanismo de sustentação de acordo colusivo com as empresas estrangeiras".[65]

Um segundo aspecto tratado pela literatura especializada diz respeito aos efeitos comerciais prévios a qualquer aplicação efetiva de um direito. Trata-se dos "efeitos de investigação" (*investigation effects*), "efeitos de suspensão" (*suspension effects*) e "efeitos de retirada" (*withdrawal effects*).[66] Na primeira situação, a mera abertura de uma investigação já pode afetar as exportações de determinado país, em razão da simples possibilidade de que um direito antidumping venha a ser aplicado.[67] Esse fenômeno é particularmente relevante no caso dos EUA, em razão do sistema dito "retrospectivo" de recolhimento

63. Thomas J. Prusa, Why are so many antidumping petitions withdrawn? *Journal of International Economics*, Madison, v. 33, n. 1 e 2, p. 1-20, 1992; Robert Staiger e Frank Wolak (1994). Measuring industry-specific protection: antidumping in the United States. In: Nelson e Vandenbussche (ed.). Op. cit., 2005, v. I, p. 500-567; C.T. Taylor, The economic effects of withdrawn antidumping investigations: is there evidence of collusive settlements? *Journal of International Economics*, Madison, v. 62, 2004.

64. A. Panagariya e P. Gupta, Anti-dumping duty versus price negotiations. *The World Economy*, v. 21, n. 8, p. 1003-1019, 1998; Maurizio Zanardi, Antidumping law as a collusive device. *The Canadian Journal of Economics*, Montreal, v. 37, n. 1, p. 95-122, Feb. 2004.

65. Cláudio Roberto Fóffano Vasconcelos e Silvinha Pinto Vasconcelos, Medidas "antidumping" e resultados colusivos: o caso do PEBDL na economia brasileira, *Nova Economia*, Belo Horizonte, v. 15, n. 3, p. 139, set.-dez. 2005.

66. Staiger e Wolak. Op. cit., 1994, p. 501.

67. Leidy e Hoekman debruçaram-se sobre os efeitos comerciais causados pela mera adoção de legislação sobre antidumping. Segundo os autores, "(t)he model formalizes one way in which the mere passage of an AD law may constitute 'harassment' of foreign firms, harassment that may have a chilling effect on trade similar to other protectionist measures" (Michael Leidy e Bernard Hoekman, Production effects of price- and cost-based anti-dumping laws under flexible exchange rates, *The Canadian Journal of Economics,* Montreal, v. 23, n. 4, p. 874, Nov. 1990).

de direitos lá vigente.[68] O segundo efeito comercial decorre da suspensão da investigação antes da adoção final da medida antidumping. Nesses dois casos, as evidências indicam que os prejuízos para os exportadores são significativos. Por exemplo, em importante estudo sobre as exportações brasileiras para os EUA, Lima-Campos e Vito demonstraram as perdas sofridas pelos exportadores nacionais em razão da simples abertura de investigações.[69] Esse efeito negativo é tão relevante que Lima-Campos o considerou o problema mais importante do Acordo Antidumping a ser resolvido nas negociações em curso: "(g)iven the tremendous impact of AD and AS investigations on imports of Brazilian products into the United States, (...), and its negative effects even if exporters are cleared of charges and AD and AS duties are not imposed, the screening of petitions is arguably the most important problem to be solved".[70] A terceira situação – retirada do pedido de aplicação de medidas antidumping – não apresentou resultados estatisticamente relevantes.[71]

As consequências da imposição de um direito antidumping constituem uma terceira e importante área de concentração de estudos.

A imposição de um direito antidumping encarece o produto importado e, dependendo de sua elasticidade-preço e da magnitude da margem de dumping apurada, provavelmente resultará na redução do volume importado desse produto. Isto é, embora a natureza de uma medida antidumping não seja necessariamente tributária, o efeito de sua aplicação é similar ao de uma

---

68. No sistema retrospectivo de recolhimento de direitos, o importador deposita caução monetária a cada importação que tenha como origem um exportador para o qual uma margem de dumping tenha sido apurada. Anualmente, a margem de dumping desse exportador é atualizada. Caso a nova margem de dumping seja maior do que aquela utilizada para calcular o montante dos depósitos pagos pelo importador, cabe ao importador arcar com a diferença. Caso contrário, o valor pago em excesso é restituído ao importador. Diante da incerteza quanto aos valores finais a serem efetivamente recolhidos, é comum que os importadores optem por deixar de comprar os produtos de um exportador que esteja sob investigação.

69. Aluisio de Lima-Campos e Adriana Vito, O abuso e o arbítrio: o impacto dos procedimentos antidumping e anti-subsídios nas exportações brasileiras para os Estados Unidos, *Revista Brasileira de Comércio Exterior*, Rio de Janeiro, n. 76, p. 03-37, jul.-set. 2003.

70. Aluisio de Lima-Campos, Nineteen proposals to curb abuse in antidumping and countervailing duty proceedings, *Journal of World Trade*, London, v. 39, n. 2, p. 241, 2005.

71. Staiger e Wolak. Op. cit., 1994, p. 502.

tarifa.[72] Trata-se, segundo a literatura especializada, de *destruição de comércio*.[73] No entanto, ao eliminar a competitividade espúria da importação objeto de dumping, abre-se caminho para o aumento das importações de produtos de outros exportadores, não afetados pela aplicação do direito, processo semelhante ao *desvio de comércio* identificado no caso de acordos comerciais regionais.[74] A *deflexão de comércio* é outro resultado da aplicação de um direito antidumping identificado pelos acadêmicos.[75] O fenômeno manifesta-se pelo redirecionamento das vendas dos exportadores afetados por uma medida de defesa comercial para terceiros mercados.[76] Um quarto efeito identificado em estudos empíricos é a *depressão de comércio*, caso em que a aplicação de um

72. Segundo Krupp e Pollard, em estudo sobre os efeitos da aplicação de medidas antidumping para a indústria química dos EUA entre 1976 e 1988, "it was not always true, however, that cases that ended with duties' being imposed necessarily led to decreased imports, and we also discovered that it is not a general rule that cases that ended in favour of the importers led to increased imports" (Corinne Krupp e Patricia Pollard (1996), Market responses to antidumping laws: some evidence from the U.S. chemical industry. In: Nelson e Vandenbussche (eds.). Op. cit. v. I, 2005, p. 584).

73. Castilho. Op. cit., 2006; Marta dos Reis Castilho, O impacto das medidas antidumping aplicadas pelos EUA sobre as exportações brasileiras, *Revista Brasileira de Comércio Exterior*, Rio de Janeiro, ano XXIII, n. 100, p. 60-73, jul.-set. 2009.

74. Castilho. Op. cit., 2009, p. 61. Com base neste ponto de vista, Prusa conclui que "because of the diversion of imports, aggressive use of AD law by U.S. firms has the peculiar side-effect of benefiting non-named countries who are active in the area under investigation" (Thomas J. Prusa, *The trade effects of US antidumping actions*. Cambridge, MA: National Bureau of Economic Research, NBER working paper n. 5.440, January 1996, p. 1).

75. Castilho. Op. cit., 2009, p. 62.

76. Em estudo sobre os efeitos da aplicação de direitos antidumping pelos EUA para as exportações de 4.800 produtos japoneses para 37 países, entre 1992 e 2001, Bown e Crowley se propuseram, entre outros objetivos, a responder à seguinte pergunta: "When a large importing country, such as the US, uses import restrictions such as a safeguard or antidumping duties to protect domestic producers from imports, does this lead to the substantial deflection of exports to third country markets like the EU?" Os autores testaram igualmente se "when a US duty is applied against a third country's exports, Japanese exports of the targeted product to the third country market are depressed". A conclusão a que chegaram foi que as medidas norte-americanas são responsáveis não só pela deflexão de exportações japonesas – isto é, as medidas aplicadas nos EUA contra exportadores japoneses resultaram em aumento das exportações japonesas para terceiros mercados –, mas também pela redução das exportações nipônicas para países cujos exportadores foram objeto da aplicação de direitos antidumping pelas autoridades norte-americanas (Chad Bown e Meredith Crowley, Trade

direito antidumping por um país contra exportações originadas em terceiros mercados prejudica as exportações de outros países para esses mesmos terceiros mercados.[77]

Tomando como base as investigações iniciadas pelos EUA entre os anos de 1992 e 2004, Marta Reis Castilho procurou quantificar os efeitos singularizados no parágrafo anterior para o conjunto das exportações brasileiras. Segundo a pesquisadora:

> os resultados mostraram um efeito significativo para as exportações brasileiras para os EUA no caso da imposição de direitos contra o Brasil (destruição de comércio). No que se refere ao efeito de desvio, a abertura de um processo contra terceiros países parece produzir um efeito positivo sobre as exportações brasileiras para os EUA apenas no caso de não haver imposição de direitos – em outras palavras, a simples abertura de um processo pode exercer influência positiva, mas, se houver aplicação de direitos nestes processos, o efeito sobre as exportações brasileiras é contrário. Enfim, nossos resultados não apontam para nenhuma tendência consistente de influência da política antidumping sobre o desempenho exportador brasileiro para terceiros países (efeitos deflexão e depressão de comércio).[78]

Em estudo sobre o mercado de calçados na Europa, pesquisadores do respeitado *think tank* sueco *National Board of Trade* concluíram que a aplicação de direitos antidumping pode acabar prejudicando a indústria europeia, em vez de protegê-la. Isto porque, por um lado, "what is believed to be *imports* competing with European producers is actually often rather physical *inputs* to the European industry".[79] Ou seja, a adoção de medidas antidumping causa prejuízos para as demais indústrias ao longo da cadeia produtiva que utilizam o produto objeto de direitos como insumo, o que leva os autores a concluírem que "anti-dumping decisions must take economic growth more into consideration".[80] Numa economia mundial em que um número cada vez maior de empresas nacionais descentraliza etapas de sua cadeia de produção, tornar-

deflection and trade depression. *Journal of International Economics*, Amsterdam, v. 72, n. 1, p. 1, May 2007).

77. Castilho. Op. cit., 2009, p. 62.

78. Idem, ibidem, p. 73.

79. Kommerskollegium. *Adding value to the European economy. How anti-dumping can damage the supply chains of globalised European companies. Five case studies from the shoe industry*. Stockholm: National Board of Trade, 2008, p. 29, grifo no original.

80. Idem, ibidem, p. 2.

-se-ia fundamental analisar e ponderar os interesses de todos os atores cuja atividade poderia vir a ser afetada pela imposição da medida.

Ademais, a lógica subjacente à adoção de direitos antidumping para proteger a indústria nacional é a de que produção e manufatura são sinônimos. Ignora-se, por esta ótica, que:

> manufacturing is often only a relatively limited part of the entire production process, which also contains research, development, design, logistics and marketing, etc. These mostly creative parts of the production process usually add more value than manufacturing and they are mostly carried out in Europe.[81]

No caso da indústria europeia de calçados, o valor agregado por empresas europeias aos sapatos mais baratos supera 50% do preço desses produtos, percentual que vai além dos 80% para os sapatos mais caros. De acordo com esse raciocínio, sapatos manufaturados na China continuariam a ser sapatos produzidos na Europa, isto é, sapatos europeus.

Resultado menos estudado – mas não menos relevante – são os denominados *efeitos de segunda ordem* originados da aplicação de medidas antidumping. A frequência na aplicação de direitos em determinado setor de um país e a magnitude das margens apuradas acaba tendo forte efeito dissuasivo sobre eventuais futuros exportadores para aquele mercado. A razão é a percepção de que, naquelas condições, cedo ou tarde eles serão igualmente alvos de investigações.[82]

Diante da diversidade de possíveis efeitos decorrentes da aplicação de direitos antidumping, é necessário analisar criteriosamente os casos concretos, de maneira a identificar o impacto final de uma medida de defesa comercial.

---

81. Idem, ibidem, p. 2.

82. Em trabalho sobre os efeitos psicológicos da aplicação de medidas antidumping para eventuais futuros novos exportadores, Lee e Jun identificam a importância do que chamam de *efeito investigativo de segunda ordem*. Nas palavras dos autores: "Before we close our discussion on the second order investigation effect, we should stress that the degree of magnitude of this effect may be differed by each individual type of Non-Named. In our (psychological) approach, some of Non-Named may be sensitive to such fears and others may not. But our claim is based on the notion that the frequency of the AD petitions matters in determining the existence of the second order investigation effect. Hence, even within the same industry, each Non-Named reacts differently to the news of AD petition initiation by nature of its product" (Shi Young Lee e Sung Hee Jun, *On the investigation effects of the US antidumping petitions: a psychological approach*. Seoul: Chung-Ang University, July 2002, p. 19).

Com base nos parágrafos precedentes, conclui-se que as exportações de um país cujos exportadores são alvo de direitos poderão ser: (i) negativamente afetadas, pela redução das vendas dos exportadores afetados pela medida; (ii) positivamente afetadas por medidas impostas contra seus concorrentes; (iii) positivamente afetadas em razão do redirecionamento das exportações para terceiros mercados; e (iv) negativamente afetadas pela imposição de medidas sobre as exportações de terceiros países para quem o país exporta.

A utilização de direitos antidumping no mundo

Desde a criação da OMC, foram iniciadas 3.922 investigações antidumping pelas autoridades investigadoras dos Membros.[83] Entre os países que mais deram início a procedimentos dessa natureza, o Brasil ocupa a quinta colocação (227 investigações iniciadas), bastante distante, todavia, do país-líder, a Índia (647 aberturas). No que se refere à aplicação de medidas, em quase dois terços das investigações iniciadas mundialmente (mais precisamente, em 2.543 oportunidades), o processo foi encerrado com a imposição de direitos. A Índia lidera a lista dos países que mais aplicaram medidas antidumping (458), seguida de EUA (304), CE (275), Argentina (205), Turquia (143), China (148) e África do Sul (128). O Brasil situa-se na oitava posição, com 111 direitos aplicados entre janeiro de 1995 e junho de 2011. Caso a aplicação de direitos antidumping seja hierarquizada com base nos países cujos exportadores foram alvos de medidas, a China aparece na primeira posição (612), seguida de Coreia do Sul (169), Taipé Chinês[84] (136), EUA (131) e Japão (116). Em 82 ocasiões, os exportadores brasileiros foram afetados pela imposição de direitos por algum Membro, o que coloca o País na décima posição.[85]

83. Até 30 de junho de 2011, de acordo com as notificações dos Membros submetidas à OMC.

84. Em razão de sua autonomia em matéria comercial, os territórios aduaneiros de *Taiwan*, *Penghu*, *Kinmen* e *Matsu's* tornaram-se Membros da OMC em 1.º de janeiro de 2002 com identidade única, distinta da chinesa e da de Hong Kong. Com vistas a simplificar as referências ao agrupamento, decidiu-se utilizar, no âmbito da Organização Mundial do Comércio, a referência *Chinese Taipei*. Tendo em vista que, em português, Formosa se refere apenas à província de *Taiwan*, optou-se, nesse trabalho, por utilizar Taipé Chinês como tradução para *Chinese Taipei*.

85. "The yearly number of antidumping initiations has fluctuated between approximately 150 and 310 and shows no discernible trend. While the number of initiations is relatively stable, the measures in force have grown steadily from around 800 in 1995 to nearly 1350 nine years later. This suggests an increase in the rate of affirmative findings due either to an increase of actual 'dumping' or to authorities being less vigilant about assessing what is material injury" (Kommerskollegium. Op. cit., 2005, p. 8).

Conforme consta da Tabela, considerando o grupo dos dez países que mais iniciaram investigações, o Brasil apresenta o segundo menor percentual de direitos aplicados com relação às investigações iniciadas (49%), isto é, para cada duas investigações iniciadas, metade resulta na aplicação de direitos. No caso dos exportadores brasileiros, entretanto, a situação é oposta: do mesmo grupo de dez países que mais iniciaram investigações, o Brasil é o país exportador para o qual a relação abertura de investigações/aplicação de direitos é a segunda mais desfavorável (73%). Ou seja, para cada quatro investigações iniciadas contra exportações brasileiras, em praticamente três delas há a imposição de direitos.[86]

Tabela – Aberturas e Resultado das Investigações entre 1995 e 2011

Membro	Aberturas (a)	Direitos aplicados (b)	Taxa (b)/(a)	Aberturas contra (c)	Direitos contra (d)	Taxa (d)/(c)
Índia	647	458	71%	153	93	61%
EUA	452	304	67%	228	131	57%
CE	428	275	64%	85	54	64%
Argentina	288	205	71%	35	18	51%
África do Sul	213	128	60%	59	39	66%
Austrália	219	85	39%	24	12	50%
Brasil	227	111	49%	112	82	73%
China	186	148	80%	825	612	74%
Canadá	153	96	63%	38	17	45%
Turquia	147	143	97%	51	27	53%

Fonte: Elaboração própria, a partir das notificações dos Membros à OMC.

Procurou-se demonstrar, neste artigo, como o conceito de dumping foi tratado ao longo dos anos, tanto em termos práticos – na forma das legislações nacionais e da normativa multilateral – quanto do ponto de vista da teoria

86. Para uma análise do perfil dos principais usuários do Acordo Antidumping, consultar: Linda Young e John Wainio, The antidumping negotiations: proposals, positions and antidumping profiles, *Estey Centre Journal of International Law and Trade Policy*, v. 6, n. 1, p.23-46, 2005. Disponível em: <http://www.esteyjournal.com/j_pdfs/

econômica. O fato de os primeiros marcos legais específicos sobre defesa comercial terem antecedido em quase duas décadas o primeiro artigo teórico clássico sobre o assunto é indicativo da precedência que os governos se viram forçados a atribuir à defesa de interesses concretos em detrimento de considerações de ordem acadêmica. A primazia dos aspectos político e jurídico foi consagrada quando da negociação do primeiro marco multilateral e reafirmada nas sucessivas rodadas negociadoras subsequentes. Em que pese à natureza eminentemente protecionista das medidas antidumping, a literatura especializada diverge quanto aos efeitos sobre os fluxos de comércio. Ainda que os exportadores sejam aqueles diretamente afetados pelas medidas, nem sempre se comprova empiricamente que o resultado final da aplicação de um direito lhes é necessariamente negativo. Tampouco são conclusivos os estudos que avaliam os efeitos da imposição de tais medidas para um país como um todo. A importância dos estudos sobre os efeitos da adoção de medidas antidumping fica evidente quando se reconhece que a discriminação de preços faz parte das estratégias empresariais mais básicas e se tem presente o número elevado e crescente de direitos antidumping aplicados no mundo.

youngwainio6-1.pdf>. Acesso em: 15 fev. 2012; Bruce A. Blonigen, *Tariff-jumping antidumping duties*. Cambridge, MA: National Bureau of Economic Research, NBER working paper n. 7.776, July 2000; Chad Bown, *Global antidumping database*. Waltham, MA: Brandeis University working paper, June 2007. Disponível em: <http://people.brandeis.edu/~cbown/global_ad/>. Acesso em: 15 fev. 2012 – cujo "banco de dados global sobre antidumping" (*Global Antidumping Database*) visa a facilitar o acesso a informações compiladas sobre a utilização de medidas antidumping por 19 países, entre eles o Brasil –; e Chad Bown, The WTO and antidumping in developing countries, *Economics and politics*, Oxford, v. 20, n. 2, p. 255-288, June 2008.

2 – O antidumping em ambiente de expansão do comércio mundial

FABIO MARTINS FARIA

1. Introdução

Entre 1995 e 2008, o comércio mundial cresceu de forma consistente, tendo triplicado em valor. No período, as importações mundiais evoluíram de US$ 5 trilhões para US$ 15,8 trilhões. Esse crescimento ganhou impulso ainda maior no período entre 2001 e 2008, quando a taxa média de incremento foi de 12,3%.

Uma das razões que, sem dúvida, favoreceu essa ampliação do comércio foi a implementação dos resultados da Rodada Uruguai, em particular a redução tarifária e a eliminação de mecanismos de limitação ao comércio não compatíveis com as novas regras, como as restrições "voluntárias" de exportações ou acordos de autolimitação.[1]

1. Suranovic esclarece que "Voluntary Export Restraint (VER) (...) is a restriction set by a government on the quantity of goods that can be exported out of a country during a specified period of time. Often the word voluntary is placed in quotes because these restraints are typically implemented upon the insistence of the importing nations. Typically VERs arise when the import-competing industries seek protection from a surge of imports from particular exporting countries. VERs are then offered by the exporter to appease the importing country and to avoid the effects of possible trade restraints on the part of the importer. Thus VERs are rarely completely voluntary. Also, VERs are typically implemented on a bilateral basis, that is, on exports from one exporter to one importing country. VERs have been used since the 1930s at least, and have been applied to products ranging from textiles and footwear to steel, machine tools and automobiles. They became a popular form of protection during the 1980s, perhaps in part because they did not violate countries' agreements under the GATT. As a result of the Uruguay round of the GATT, completed in 1994, WTO members agreed not to implement any new VERs and to phase out any existing VERs over a four year period. Exceptions can be granted for one sector in each importing country". Contudo, mecanismos de limitação de exportações voltaram a ser negociados. Casos recentes envolvem exportações chinesas para diversos países e exportações brasileiras para a Argentina.

Nesse ambiente de expansão do comércio e da competição em termos globais, qual seria o papel do antidumping? Alguns autores defendem que o antidumping seria "uma forma alternativa à redução das tarifas conduzida pelas negociações multilaterais",[2] ou seja, para compensar os produtores domésticos pela diminuição da proteção tarifária haveria uma elevação da utilização do antidumping.

Outros autores argumentam que o antidumping funcionaria como uma válvula de escape para pressões protecionistas,[3] ou seja, que numa economia aberta o antidumping funciona como meio de atender demandas por proteção decorrentes da competição a que se vê exposta a indústria doméstica em face do aumento do fluxo de importações.

A partir desses argumentos, seria de se esperar que o aumento das importações levasse a uma ampliação da aplicação de medidas antidumping. Assim, deveria haver uma relação direta entre a evolução das importações e a aplicação de medidas antidumping. Isto é, sempre que pressionada pela elevação do fluxo de importações, a indústria doméstica tenderia a aumentar a demanda por proteção via utilização do antidumping.

O objetivo neste estudo é verificar se de fato há uma relação direta entre o aumento das compras externas e a intensificação do uso do antidumping, o que daria razão para aqueles que atribuem a essas medidas um caráter eminentemente protecionista.

2. A OMC

A OMC foi criada como um dos resultados das negociações levadas a cabo na Rodada Uruguai, promovida no âmbito Acordo Geral de Tarifas e Comércio (GATT 1947), que se estendeu de 1986 a 1994. Em 1.º de janeiro de 1995, além do início de atividades da OMC, entraram em vigor os vários acordos negociados na Rodada Uruguai, entre eles o Acordo Antidumping.

Contextualizando o surgimento da OMC, deve-se ressaltar que na década de 1980 vivia-se um acirramento do uso de medidas protecionistas, posto que

2. Marta Reis Castilho, O impacto das medidas antidumping aplicadas pelos EUA sobre as exportações brasileiras, *Revista Brasileira de Comércio Exterior*, Rio de Janeiro: FUNCEX, jul.-set. 2009.

3. Finger et alii (*Antidumping as Safeguard Policy*, Policy Research Working Paper Series. Washington: The World Bank/Development Research Group, dez. 2001) afirmam que "political reality suggests that any government that attempts to establish or maintain an open import regime must have at hand some sort of pressure valve – some process to manage occasional pressures for exceptional or sector-specific protection. Since 1980s antidumping has served this function".

os Estados Unidos, pressionados por crescentes déficits comerciais, passaram a protagonizar uma verdadeira guerra de subsídios com a Comunidade Europeia, especialmente no setor agrícola, o que afetou interesses de diversos países em desenvolvimento, que passaram a questionar essas medidas. Em contrapartida, os países desenvolvidos demandara maior acesso aos mercados dos países em desenvolvimento, que usualmente adotavam medidas restritivas às importações.[4]

Nessa mesma década, observa-se a expansão dos acordos regionais e dos mecanismos de integração em detrimento do multilateralismo. A Rodada Uruguai surgiu como contraponto a essa tendência, que, a par da preservação do multilateralismo e do liberalismo comercial, trouxe como resultado a criação da OMC e de um conjunto de compromissos, envolvendo, entre outros: a redução de tarifas; os aperfeiçoamentos dos Acordos de Antidumping e de Subsídios e Medidas Compensatórias; a aprovação dos Acordos de Salvaguardas e Agrícola; a incorporação do Acordo sobre Têxteis; o aperfeiçoamento no Acordo Geral (GATT 1994); e o Entendimento sobre Solução de Controvérsias (ESC). Além disso, deve-se destacar o fato de constituir-se como empreendimento único, pois ao aderir à OMC o país subscreve obrigatoriamente todos os Acordos multilaterais da OMC.

Outro aspecto importante é que o sistema da OMC contém normas de comportamento e de organização, isto é, normas que conduzem juridicamente à convergência dos Estados Membros para a promoção de propósitos comuns. Tais normas circunscrevem a competência discricionária das soberanias nacionais e têm por objetivo promover interesses comuns por meio da expansão da produção e do comércio de bens e serviços. Com efeito, são estabelecidas normas de conduta, determinando limites que não devem ser ultrapassados pelos Estados Membros na elaboração e aplicação de suas leis internas em matéria de comércio internacional. Assim, a OMC, que tem por objetivo central a liberação comercial por meio da redução das tarifas constitui-se como fórum para a consolidação, a uniformização e o monitoramento das regras vigentes no comércio mundial.

3. O Antidumping na era OMC

O antidumping insere-se no âmbito das medidas de defesa comercial que compreendem a aplicação das medidas previstas nos Acordos Antidumping, de Subsídios e Medidas Compensatórias, e de Salvaguardas. No entanto, concentramos nossa análise em antidumping tendo em vista que essas medidas superam amplamente as demais.

Na era OMC, 39 países reportaram a aplicação de medidas antidumping. Os 15 maiores aplicadores representam 90% do total. A Índia aparece como o

4. Cf. Lia Valls Pereira, *Algumas reflexões sobre o papel do GATT na ordenação do comércio mundial*, Rio de Janeiro: FGV, 1993 (mimeo).

maior utilizador de medidas antidumping, com 17,6% do total de medidas notificadas para a OMC. Em segundo lugar, os Estados Unidos são responsáveis por 12,2% dos casos de antidumping no mundo. A União Europeia vem logo em seguida, com 11,8%. A Argentina é o quarto maior aplicador de medidas antidumping, com 7,6%. África do Sul e Turquia dividem a quinta colocação, com 5,7% cada um. A China, embora só tenha se tornado membro da OMC em 2001, aparece na sétima posição entre os maiores aplicadores de antidumping, com 4,9%. O Canadá vem a seguir com participação de 4,1%. O Brasil surge em nono lugar, com 3,9%, seguido por México (3,7%), Austrália (3,4%), Coreia do Sul (3,0%), Egito (2,3 %), Peru (2,1%) e Indonésia (1,6%).

3.1 Principais países aplicadores de medidas antidumping

Dados da OMC indicam que, entre 1995 e 2008, 43 países iniciaram investigações antidumping e 39 países notificaram que impuseram medidas antidumping. Mas os seis maiores aplicadores respondem por 61% dos casos. Em face dessa representatividade, iremos examinar como se apresenta a relação entre a evolução das importações e a utilização das medidas antidumping em cada um dos seis principais países aplicadores e no Brasil, que ocupa a nona posição, como já vimos.

3.1.1 Índia

A partir de 2008, a Índia se tornou o principal país aplicador de medidas antidumping, embora se situe na 17.ª posição no *ranking* dos países importadores do mundo. Considerando o período 1995 a 2008, em termos médios a Índia responde por 17,6% das medidas aplicadas no mundo.

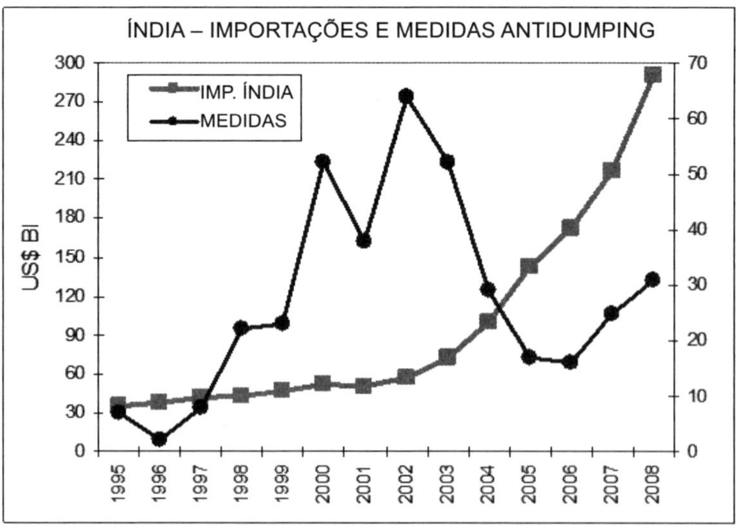

Cabe destacar que as importações indianas têm um comportamento ascendente em todo o período, mas observa-se uma aceleração a partir de 2003. Crescendo a uma taxa superior à média mundial, a Índia foi ampliando sua participação nas compras mundiais, passando de 0,6% em 1995 para 1,8% em 2008, ano em que ocupava a 17.ª posição.

Já o número de medidas antidumping aplicadas pela Índia teve uma escalada até 2002, o que parece dar razão aos que veem nessas medidas uma alternativa para se contrapor à redução tarifária decorrente dos compromissos assumidos na Rodada Uruguai.

Entre 2003 e 2006, ocorreu um forte declino do uso de medidas antidumping, que voltou a crescer no período seguinte em ritmo muito próximo ao verificado nas importações, agora parecendo ter assumido novo patamar. Dessa forma, ainda que tenha havido uma forte redução no nível de aplicação de medidas antidumping, como o uso dessas medidas voltou a crescer em ritmo semelhante ao das importações, não se poderia refutar que há uma relação direta entre o crescimento das importações e a utilização do antidumping, exceto no período de 2002 a 2006.

3.1.2 Estados Unidos

As importações dos EUA, maior importador mundial, apresentam curva ascendente ao longo de 1995 a 2008, com uma ligeira queda apenas em 2001 e 2002. A participação do país nas importações mundiais subiu de 14,6% em 1995 para 18,7% em 2000. Contudo, na etapa seguinte a taxa de crescimento foi inferior à média mundial, levando sua participação a diminuir para 13,2% em 2008.

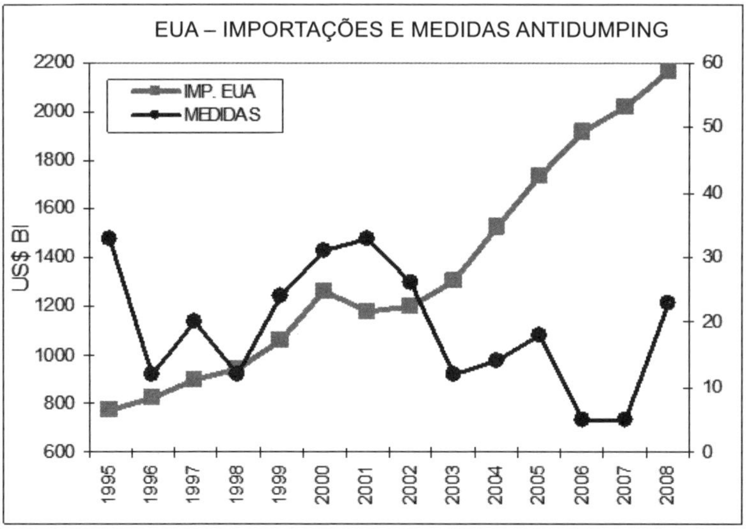

O país foi o maior aplicador de medidas antidumping até 2001, mas após esse ano passou a ocupar o segundo posto, respondendo por 12,2% do total de medidas aplicadas pelos membros da OMC, participação próxima à observada nas compras mundiais pelos EUA.

Já a utilização de medidas antidumping, embora tenha oscilado, revela uma tendência declinante entre 2001 e 2007, mas com expressiva elevação em 2008. Examinando o comportamento das importações e das medidas aplicadas, poder-se-ia estabelecer certa relação entre as duas curvas no interregno de 1998 a 2005. Mas no restante do período não parece haver uma relação entre elas.

3.1.3 União Europeia[5]

Os 27 países integrantes da União Europeia responderam em 2008 por 37,4% das importações mundiais. Em termos de utilização de medidas antidumping, a UE tem uma participação de 11,8% na média mundial do período que vai de 1995 a 2008.

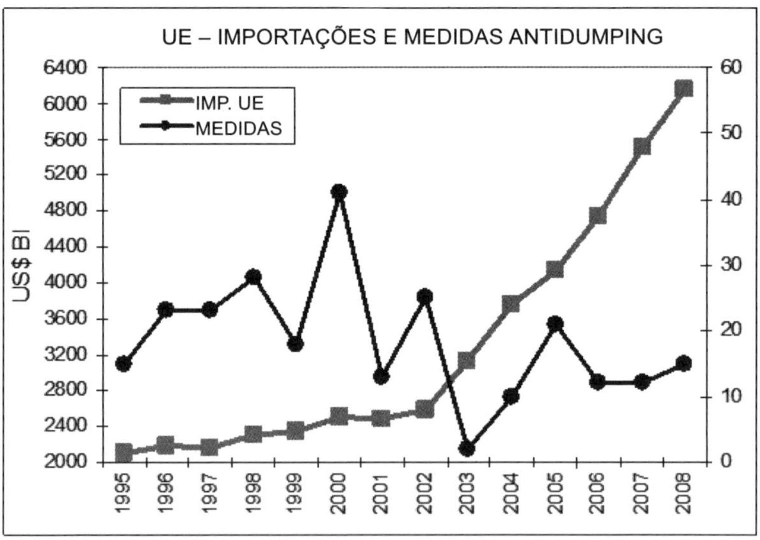

Entre 1995 e 2000, observa-se uma tendência ascendente no número de medidas antidumping simultaneamente ao crescimento das importações. Esse

5. Para efeito de uniformidade, a análise considera em todo o período os 27 países integrantes da União Europeia em 2008 (Alemanha, Áustria, Bélgica, Bulgária, Chipre, Dinamarca, Eslováquia, Eslovênia, Espanha, Estônia, Finlândia, França, Grécia, Hungria, Irlanda, Itália, Letônia, Lituânia, Luxemburgo, Malta, Países Baixos, Polônia, Portugal, Reino Unido, República Tcheca, Romênia e Suécia).

comportamento parece dar razão aos que propugnam que o antidumping seria uma alternativa à rebaixa tarifária e também aos que defendem que há uma relação direta entre o aumento das importações e o uso do antidumping.

No período posterior, entre 2000 e 2008, verifica-se oscilação na imposição de medidas e não há uma tendência clara de elevação do uso do antidumping concomitantemente com o aumento das importações, exceto no intervalo de 2003 a 2005.

Observando-se o período como um todo, não se pode afirmar que haveria uma relação direta entre as importações e a imposição de medidas antidumping, pois não há uma tendência geral de crescimento das aplicações simultaneamente à alta verificada nas importações europeias.

3.1.4 Argentina

A Argentina, embora tenha uma participação muito pequena nas importações mundiais (0,35%), ocupando a 47.ª posição em 2008, aparece como o quarto maior aplicador de medidas antidumping entre os Países Membros da OMC, quando considerado o interregno de 1995 a 2008.

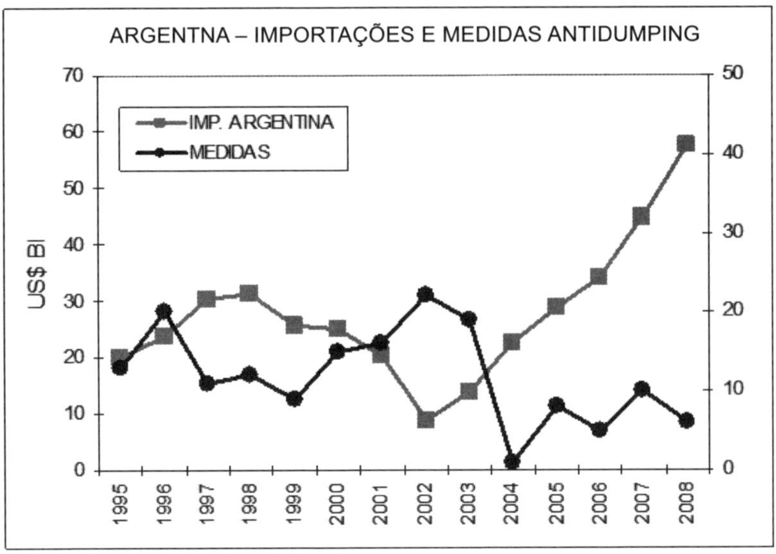

Comparando o comportamento das importações argentinas com o número de medidas antidumping, verifica-se, entre 1997 e 2004, que parece haver certa relação entre as duas curvas.

Cabe salientar que nesse período houve agravamento da situação econômica do país, que culminou com a queda de 10,9% na atividade econômica em 2002. A partir de 2003, com a retomada do crescimento econômico, as importações aumentaram seguidamente. Os casos de medidas antidumping situaram-se em patamar bem inferior ao da etapa anterior e revelam uma tendência ascendente, embora não com a mesma intensidade da expansão observada nas compras externas.

3.1.5 África do Sul

A África do Sul é outro país que tem uma participação pequena nas importações mundiais (0,6% e 34.º lugar em 2008), mas que ocupa a quinta posição entre os maiores aplicadores de medidas antidumping no mundo no período pós Rodada Uruguai.

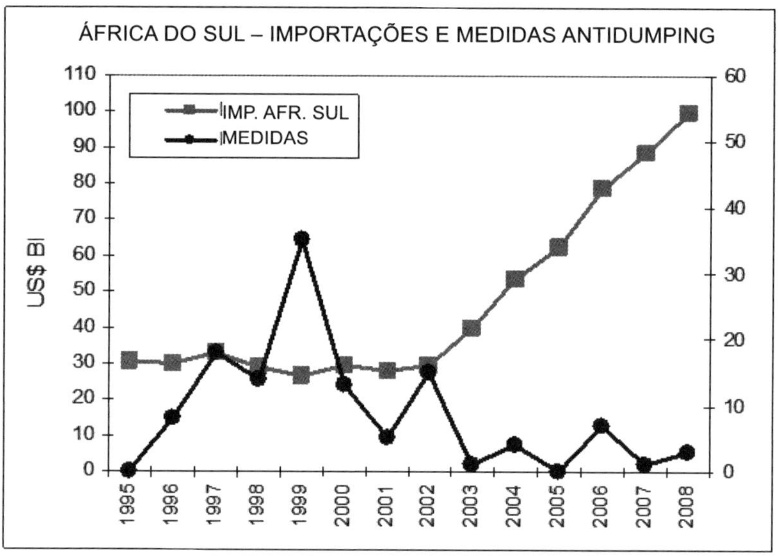

Analisando a evolução das importações e do número de medidas antidumping aplicadas pela África do Sul, não há como estabelecer uma relação direta entre as duas variáveis. Fracionando o período sob análise, verifica-se um aumento do número de medidas antidumping entre 1995 e 1999, enquanto as importações apresentam ligeiro declínio. Esse comportamento parece dar razão ao argumento de que o aumento do uso de medidas antidumping seria uma alternativa aos compromissos de redução tarifária assumidos na Rodada Uruguai.

Mas, de 1999 a 2008, ocorre significativa redução na imposição de medidas antidumping, enquanto as importações crescem fortemente. Assim, não se pode afirmar que haveria uma relação direta entre importações e a utilização do antidumping. Antes, pelo contrário, parece haver uma relação inversa.

3.1.6 Turquia

A Turquia teve uma participação de 1,23% nas importações mundiais em 2008 (20.º lugar), mas aparece como sexto maior aplicador de medidas antidumping na era OMC.

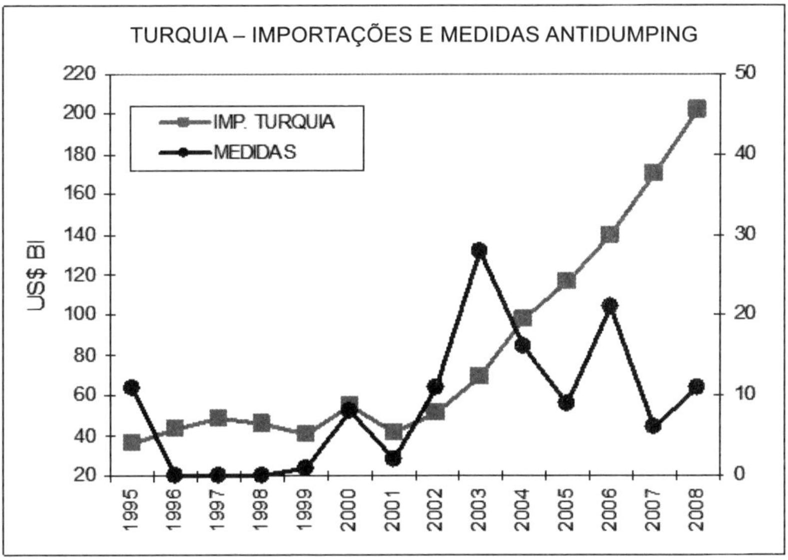

No caso turco, na etapa seguinte à implementação dos compromissos da Rodada Uruguai não se verifica uma ampliação do uso de medidas antidumping. Assim, não se pode dar razão ao argumento de que essas medidas seriam alternativas à redução tarifária.

Porém, analisando o comportamento das curvas de importações e de número de medidas antidumping, no período 1999 a 2003, não se poderia afastar a tese de que haveria uma relação direta entre ambas. Na etapa seguinte, todavia, enquanto há uma forte expansão das compras externas, verifica-se uma tendência de declínio no uso dessas medidas.

3.1.7 Brasil

O Brasil participou com apenas 1,1% das aquisições mundiais em 2008, ocupando a 24.ª posição no *ranking* de países importadores. Comparando a evolução das compras externas brasileiras no período 1995 a 2008, observa-se que as importações brasileiras permaneceram relativamente estáveis até 2003 e cresceram fortemente entre 2004 e 2008.

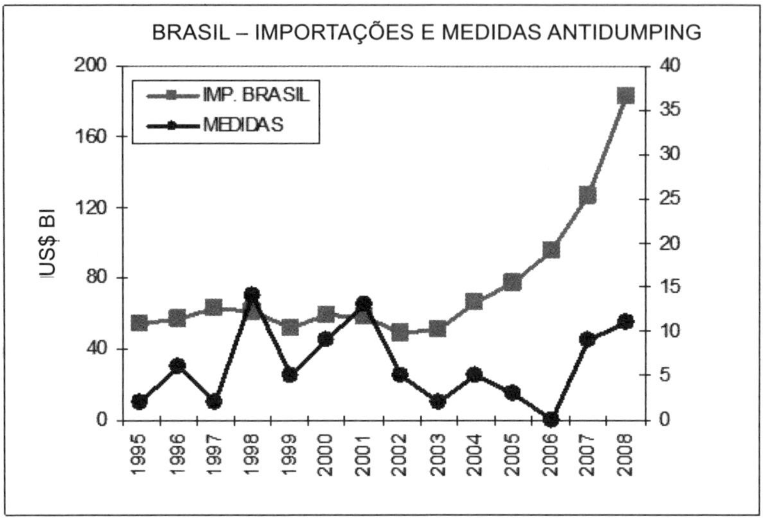

No tocante ao número de medidas antidumping aplicadas, observa-se oscilação no período de 1995 a 2008. Porém, entre 1995 e 2001, quando as importações permaneceram praticamente estáveis, verifica-se um crescimento da utilização de medidas antidumping, o que parece dar razão aos que veem nessas medidas uma alternativa à redução das tarifas.

Já no período de 2003 a 2006, quando as importações iniciam ciclo de expansão, há um claro declínio no uso das medidas antidumping, que volta a crescer na etapa seguinte de forma concomitante com o aumento das aquisições externas. Porém, examinando o período como um todo, não se verifica uma clara tendência de alta do número de investigações simultaneamente à elevação das importações brasileiras.

3.2 Principais países afetados por medidas antidumping

Verificada a relação entre o número de medidas antidumping e as importações dos países aplicadores, faremos agora o exame envolvendo o número de medidas antidumping em relação aos principais países/regiões afetados.

No período que vai de 1995 a 2008, exatos 90 países foram objeto de medidas antidumping. Até 2002, no *ranking* dos maiores exportadores mundiais, os Estados Unidos estiveram em primeiro lugar, seguidos pela Alemanha, Japão e França. Em 2003 a China ultrapassou a França e em 2004, o Japão.

Em 2007 e 2008, o *ranking* dos maiores exportadores mundiais apresentava a seguinte ordem: Alemanha, China, Estados Unidos e Japão.

3.2.1 China

De 1995 a 2008 a China elevou sua participação nas exportações mundiais de 2,95% para 9,06%, tornando-se um exportador muito agressivo, especialmente de produtos industrializados. Nesse interregno, as exportações chinesas aumentaram 860% em valor, constituindo-se a maior taxa de expansão entre as dez maiores economias do mundo.

De acordo com os dados da OMC, no período de 1995 a 2008, a China é o país mais afetado no campo do direito antidumping, respondendo por 21,87% do total de medidas aplicadas no mundo.

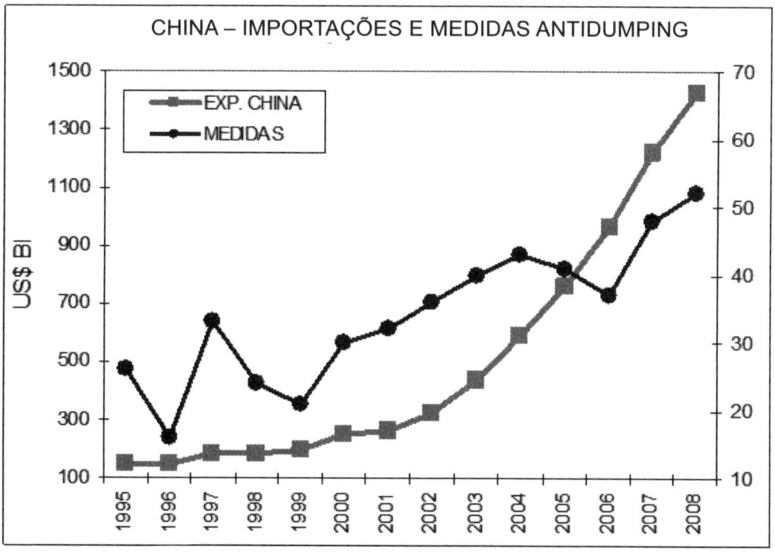

Considerando o período de 1995 a 2008, a evolução das curvas que representam as exportações chinesas e o número de medidas antidumping contra produtos chineses no mundo, parece evidente haver uma relação direta entre as duas curvas.

3.2.2 Coreia do Sul

Entre 1995 e 2008, as exportações da Coreia do Sul cresceram 237,4% e, em 2008, o país situou-se na 12.ª posição entre os exportadores mundiais. No período analisado, a Coreia do Sul foi a segunda origem mais afetada por medidas antidumping.

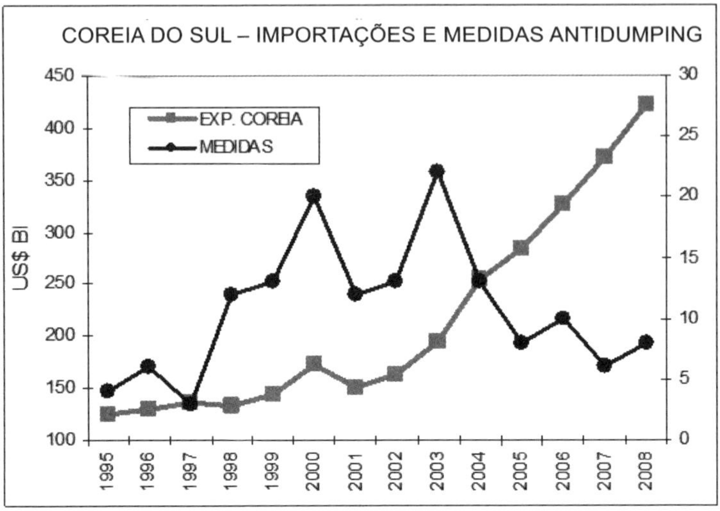

Verifica-se que o número de medidas antidumping afetando produtos coreanos cresceu até 2000, caiu e voltou a crescer até 2003. A partir de então, apresentou tendência declinante, enquanto as exportações aumentaram de forma consistente desde 2001. Dessa forma, não se pode inferir que haveria uma relação entre o aumento de exportações e a aplicação de medidas antidumping contra produtos coreanos.

3.2.3 Taipé chinês

Taipé chinês situou-se em 18.º lugar entre os exportadores mundiais em 2008, perdendo uma posição em relação ao ano precedente. Contudo, foi a quarta origem mais afetada pela imposição de medidas antidumping quando considerado o interregno de 1995 a 2008.

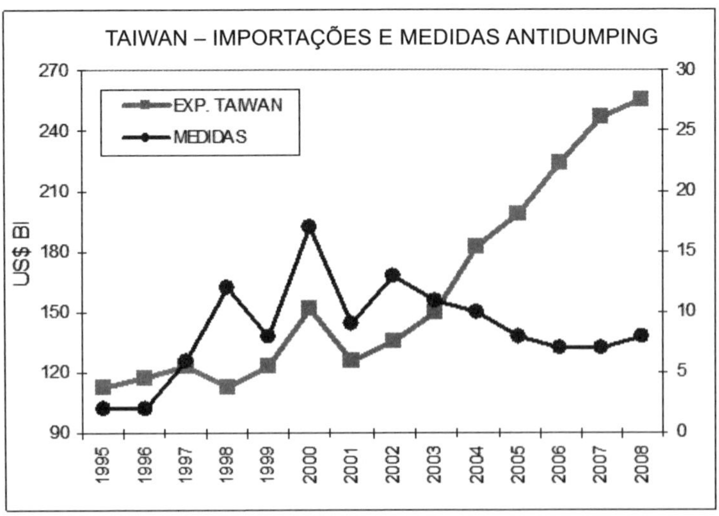

Comparando as exportações taiwanesas com as medidas antidumping contra produtos de Taipé, evidencia-se uma relação direta entre essas curvas no período de 1995 a 2002. Porém, no restante do período, quando as exportações crescem de forma expressiva, cai o número de medidas antidumping afetando produtos de Taipé. Portanto, não se pode afirmar que há uma relação direta entre as duas curvas.

3.2.4 Estados Unidos

Embora seja de longe a maior economia do planeta, os Estados Unidos situam-se como terceiro maior exportador mundial a partir de 2007. Suas exportações cresceram entre 1995 e 2000, depois declinaram até 2003 e voltaram a subir de forma constante a partir de então. De 1995 a 2008, as vendas do país ao exterior elevaram-se 122,4%. No mesmo período, o país foi a terceira origem mais afetada por medidas antidumping.

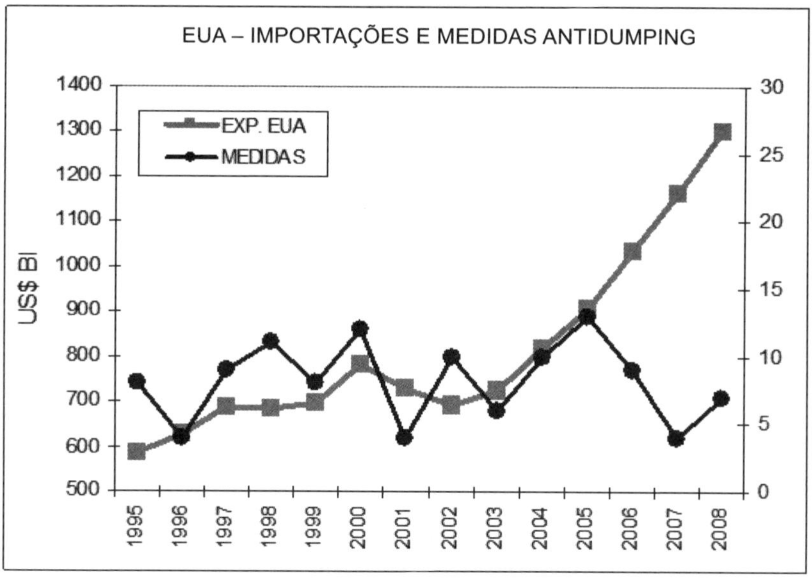

Analisando o comportamento das curvas de medidas antidumping e exportações dos EUA, verifica-se que guardam certa correlação no período que vai de 1996 a 2005. Porém, na etapa seguinte, enquanto as exportações mantêm-se ascendentes, há queda na aplicação de medidas antidumping contra produtos estadunidenses, que volta a subir em 2008. Pelo comportamento pós-2005, não se pode afirmar que há uma relação direta entre as duas curvas.

3.2.5 Japão

Até 2004 o Japão era o terceiro maior exportador mundial, quando foi ultrapassado pela China. Desde então, ocupa a quarta posição. O país foi o sexto mais afetado por medidas antidumping no período de 1995 a 2008.

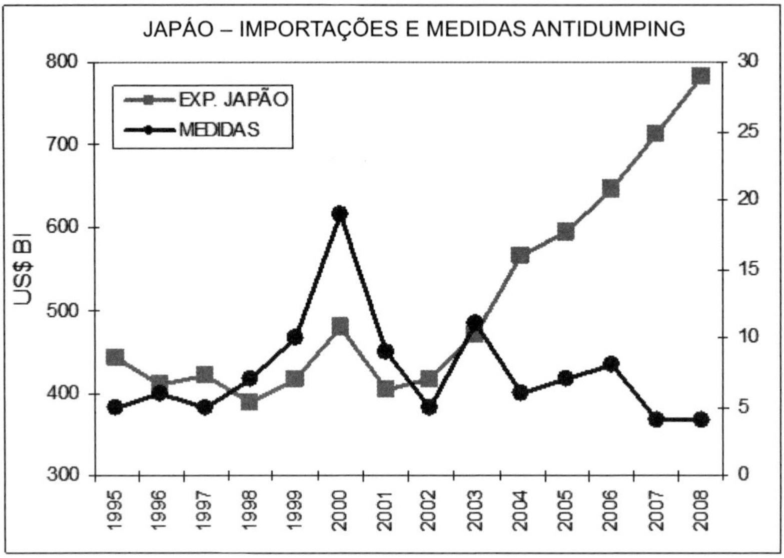

Observando-se o comportamento das curvas de exportação e de medidas antidumping afetando produtos nipônicos, parece haver clara correlação entre as duas curvas no período de 1998 a 2003. Mas no período subsequente as curvas assumem tendências opostas. Assim, a assertiva de que há uma relação direta entre as duas curvas é parcialmente verdadeira, como também é parcialmente verdadeira a afirmação de há uma relação inversa entre elas, sendo a primeira no período de 1997 a 2003 e a segunda no período 2003-2008.

3.2.6 Índia

A Índia, em 2008, ocupou o 26.º lugar entre os países exportadores. Mas considerando o interregno de 1995 a 2008, a Índia foi a quinta origem mais afetada por medidas antidumping.

Analisando no gráfico a seguir o comportamento das curvas de exportação e de medidas antidumping contra produtos indianos, parece haver certa correlação entre elas até 2004. Porém, na etapa seguinte não se evidencia uma relação direta. Assim, em princípio, não se pode afirmar que haja uma relação direta entre as duas curvas.

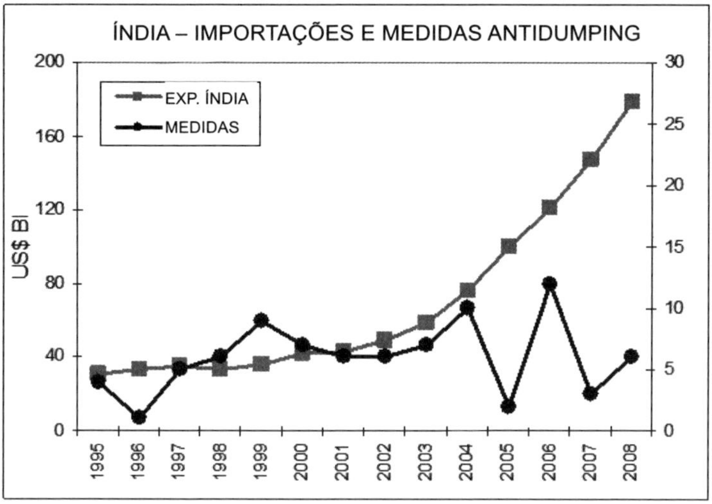

3.2.7 *Brasil*

O Brasil assumiu a 22.ª posição entre os exportadores mundiais em 2008, ganhando duas posições relativamente ao ano de 2007. No período 1995-2008, o Brasil foi a décima origem mais afetada por imposição de medidas antidumping.

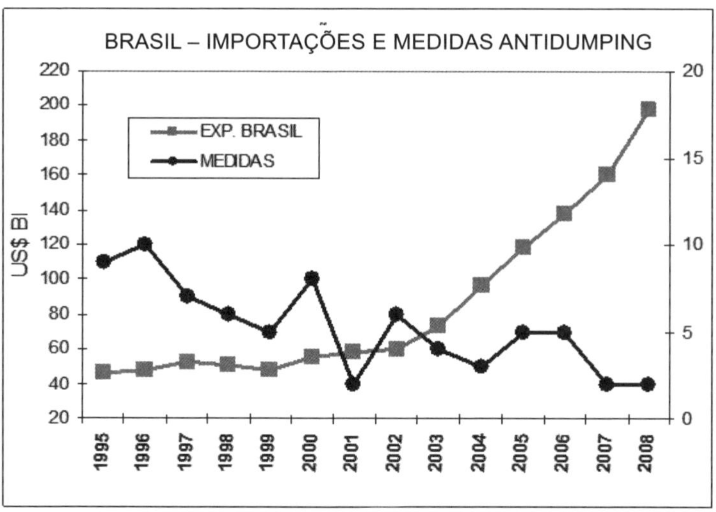

A evolução das curvas de exportação e de medidas aplicadas contra produtos brasileiros revela tendências divergentes, com a primeira sendo claramente ascendente e a segunda declinante quando considerado o período como um todo. Desse modo, não se pode inferir que haja uma relação direta entre ambas as curvas.

3.3 Medidas antidumping por principais setores

Após examinar as medidas antidumping por países aplicadores e afetados, iremos analisar a relação das importações com a aplicação de medidas antidumping por segmento de produtos. De acordo com os dados da OMC, considerando o período de 1995 a 2008: 33,8% das medidas antidumping envolveram o grupo de produtos químicos, plásticos, borracha e suas obras; 29,3% relacionaram-se a produtos do setor de metais básicos e suas obras; 8,4% incidiram sobre produtos do setor têxtil; e 7,9%, sobre máquinas e equipamentos mecânicos e elétricos.

3.3.1 Setor químico

Na classificação elaborada pela OMC com base no Sistema Harmonizado, o setor químico compreende a Seção VI (capítulos 28 a 38), onde se classificam os químicos orgânicos, inorgânicos, farmacêuticos, fertilizantes e defensivos. A estes agregamos também a Seção VII (capítulos 39 e 40), que compreende plásticos, borracha e suas obras.

A partir de 2003, o setor Químico superou o segmento de Máquinas quando considerado o número de medidas antidumping aplicadas no mundo.

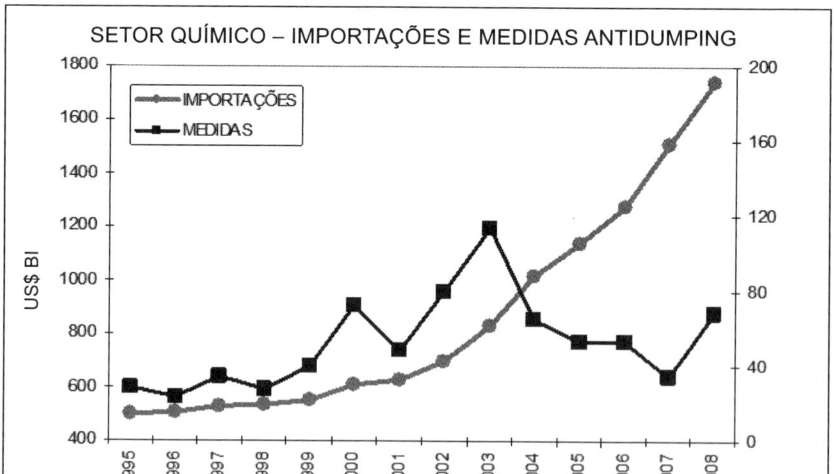

Quando comparadas as curvas formadas pelo número de medidas antidumping e pelas importações mundiais de produtos químicos, verifica-se certa correlação até 2003. Mas na etapa seguinte, enquanto as importações continuam crescendo, as medidas apresentam comportamento descendente, com reversão só em 2008, o que não modifica a tendência do período. Dessa forma, a afirmação de que haveria uma relação entre o aumento das importações e o uso de medidas antidumping seria verdadeira apenas em parte do período analisado, posto que de 2003 a 2007 observa-se relação inversa entre as curvas.

3.3.2 Setor metal-siderúrgico

O segmento metal-siderúrgico é composto pelos produtos metálicos básicos e pelos produtos siderúrgicos, classificados na Seção XV (capítulos 72 a 83) do Sistema Harmonizado.

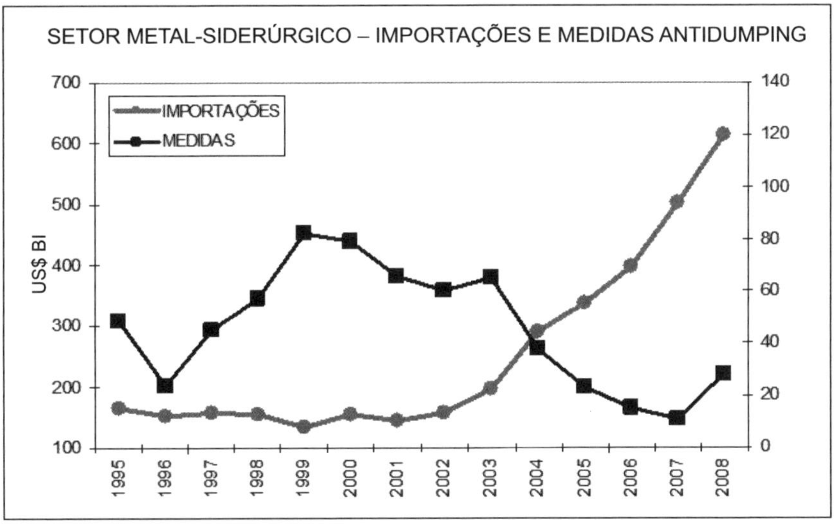

No setor metal-siderúrgico, no período de 1995 a 2003, enquanto as importações apresentaram certa estabilidade, houve uma forte elevação dos casos de antidumping. Aqui cabe um registro de que esse era um setor no qual se utilizavam de Restrições Voluntárias às Exportações (VER) que limitavam a expansão do comércio mundial. Dessa forma, parece correto afirmar que o fim das restrições quantitativas deu margem ao crescimento da aplicação de medidas antidumping.

No interregno 2003-2008, quando as importações ganharam forte impulso, o número de medidas revela clara tendência declinante, com reversão apenas em 2008. Dessa maneira, o comportamento das duas curvas não parece indicar que haja uma relação direta entre o aumento das importações e o número de medidas antidumping.

3.3.3 Setor têxtil

O segmento Têxtil compreende a Seção XI do Sistema Harmonizado (capítulos 50 a 63), na qual estão classificados os produtos têxteis, confecções e vestuário. Nesse grupo de produtos foram utilizadas largamente as Restrições Voluntárias às Exportações (VER), negociadas no Acordo Multifibras. Como resultado da Rodada Uruguai, o Acordo Multifibras foi substituído pelo Acordo de Têxteis e Vestuários, que vigorou por dez anos, até ser extinto em 2004, e que permitia a imposição de restrições quantitativas às importações.

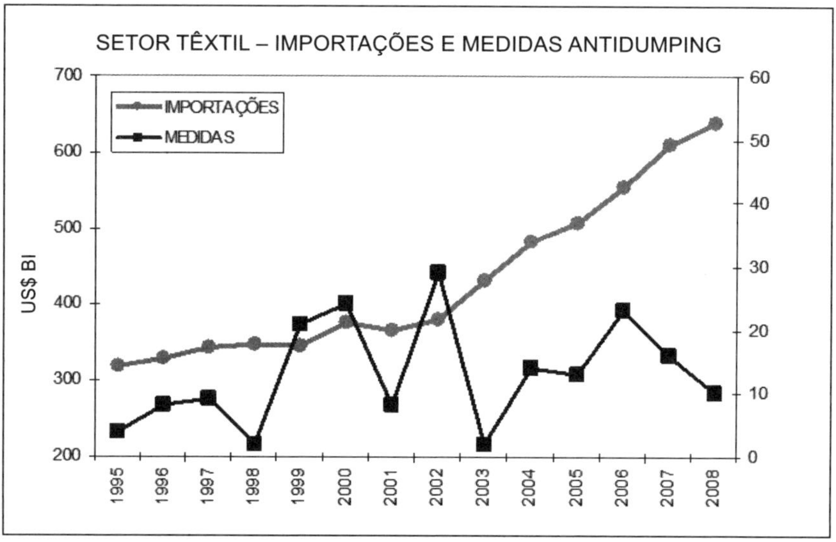

No setor têxtil, a curva de importações é ascendente em todo o período, enquanto a curva das medidas antidumping oscila, apontando tendência de elevação entre 1995 e 1997, queda no ano seguinte, voltando a crescer de 1998 a 2000, com novo declínio em 2001, alta em 2002 e queda em 2003. Entre 2003 e 2006 parece haver uma relação direta entre as curvas, mas então ocorre uma reversão, com declínio do número de medidas. Assim, se considerado o período 1995 a 2008, não parece haver uma clara relação entre as duas curvas.

3.3.4 Setor de máquinas e material de transporte

Esse grupo é composto pelas Seções XVI (capítulos 84 e 85) e XVII (capítulos 86 a 89). Na primeira estão as máquinas mecânicas e elétricas e na segunda segmento de material de transporte: veículos, caminhões, tratores, aeronaves, barcos e navios. Trata-se do setor campeão em importações e que aponta crescimento ao longo de todo o período, com ligeira queda em 2001.

Nesse setor também houve a imposição de Restrições Voluntárias às Exportações (VER) no período anterior à OMC, especialmente no intercâmbio de automóveis, que limitaram a expansão do comércio mundial.

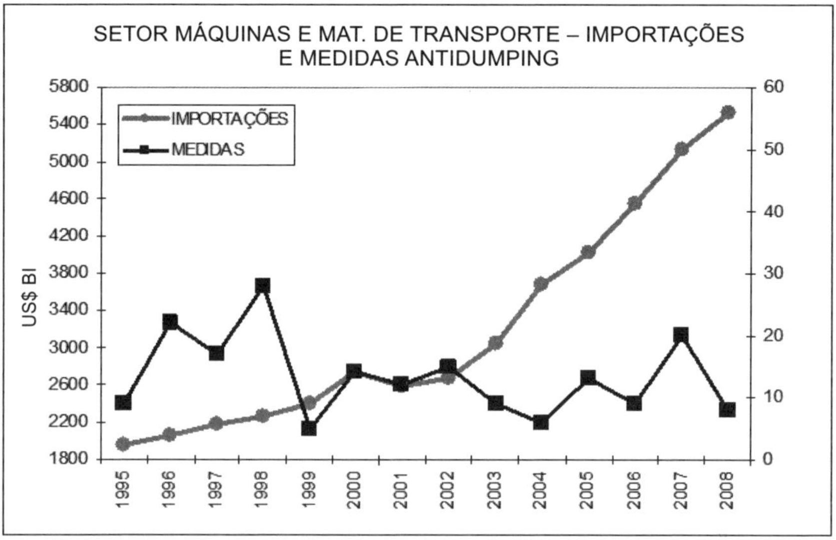

Na comparação entre as duas curvas, verifica-se uma elevação do número de medidas entre 1995 e 1998, mas não parece haver uma correlação entre as curvas de importação e de medidas antidumping, posto que a primeira é claramente ascendente, (exceto em 2001 e 2002), ao passo que a curva do número de medidas antidumping só indica tendência de elevação em alguns curtos períodos, sendo sua tendência geral descendente.

3.4 *Mundo*

Relatório da OMC[6] informa que em 2008 houve um aumento de 29% no número de medidas antidumping, uma vez que naquele ano foram aplicadas 138 medidas ante 107 em 2007. Esse dado significou uma reversão da tendência observada desde 2002 de redução na utilização do antidumping.

6. Documento *WTO Secretariat reports increase in new anti-dumping investigations* (PRESS/556, de 7 de maio de 2009).

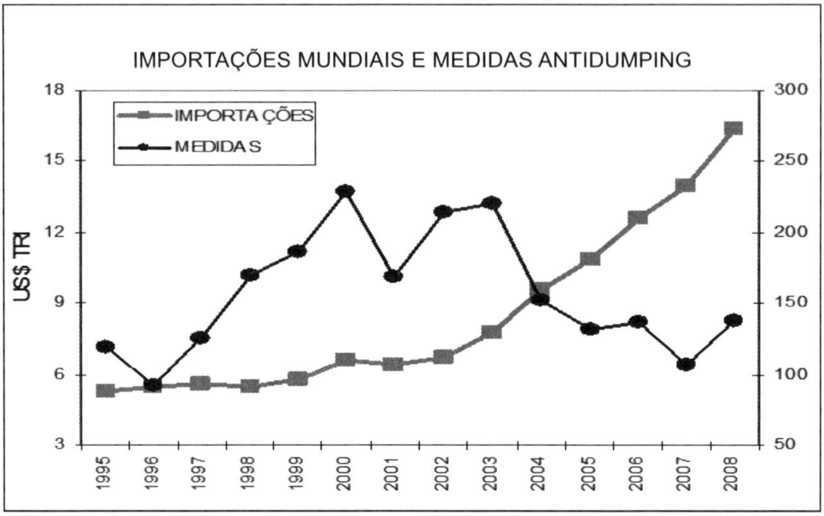

Entre 1995 e 2003, era pós-OMC e, portanto, da implementação dos compromissos de redução tarifária pelos signatários, as importações mundiais tiveram uma expansão de 47%, passando de US$ 5,3 trilhões para US$ 7,8 trilhões. Nesse mesmo período, ocorreu uma aceleração na aplicação de medidas antidumping, que aumentou 85%, e alcançou o número de 220 casos em 2003, ante 119 casos em 1995. Esse quadro parece dar razão ao argumento de que o aumento do uso de medidas antidumping surge como uma alternativa à rebaixa das tarifas resultantes das negociações multilaterais, ainda que as importações tenham se expandido num ritmo bem menor do que o da utilização de medidas antidumping.

Já no período de 2003 a 2008, as importações mundiais cresceram de forma significativa, passando de US$ 7,8 trilhões para US$ 16,4 trilhões, um aumento de 110%. Simultaneamente, houve uma significativa diminuição do uso de medidas antidumping, que caiu de 220 casos para 138, uma queda de 38%. Portanto, nesse intervalo observa-se uma clara tendência de declínio na aplicação de medidas antidumping, enquanto ocorre uma forte expansão das importações mundiais. Dessa forma, ao contrário do período anterior, aqui os dados não dariam razão àqueles que advogam as medidas antidumping uma alternativa à redução tarifária ou uma válvula de escape para pressões protecionistas.

4. Considerações finais

Quando a comparação entre a evolução do comércio e a utilização de medidas antidumping é efetuada em termos de países aplicadores, parece parcialmente confirmada a tese de que para a maioria dos países as medidas seriam uma alternativa aos compromissos de redução tarifária resultantes da Rodada Uruguai, exceto no caso dos EUA e da Turquia, onde há uma queda inicial e só depois de alguns anos verifica-se uma tendência de ampliação. Porém, ultrapassados os anos iniciais, verifica-se uma tendência declinante do número de medidas antidumping enquanto as importações aceleram o ritmo de crescimento. Assim, perde força o argumento que vê nas medidas antidumping um modo alternativo de proteção tarifária.

Ainda pelo enfoque dos países aplicadores, ao realizar-se a comparação entre as duas curvas, há situações em que parece haver uma relação direta entre elas, mas há outras em que essa relação parece inversa. A relação direta entre as curvas confirmaria a tese de que a aplicação de medidas antidumping teria um caráter meramente protecionista, ou que a elevação das importações ensejaria uma concomitante elevação da utilização do antidumping. Note-se que a ocorrência de aumento de importações é uma das condições para a aplicação de medidas antidumping.

Quando a comparação considera a evolução das exportações em face das medidas aplicadas por país afetado, pode-se afirmar que há uma relação direta no caso da China e, em certa parte do período avaliado, de Coreia do Sul, Taipé Chinês, Estados Unidos, Japão e Índia. Mas, na etapa em que as exportações desses países ganham maior aceleração, entre 2004 e 2008, a relação seria inversa, já que se observa um declínio do número de medidas.

Na avaliação setorial, a relação direta entre o aumento das importações e do número de casos de antidumping parece clara no caso do setor químico no período de 1995 a 2003. Mas, na etapa seguinte (2003-2008), ocorre declínio do uso do antidumping, ao passo que as importações mantêm-se em forte ascensão. Nos demais setores, exceto em pequenos períodos, não se observa relação direta entre as curvas, pois: no setor metal-siderúrgico, no interregno de 1996 a 2001, enquanto as importações estão estabilizadas, há uma forte elevação da curva de medidas aplicadas. Mas, na fase seguinte, quando as importações crescem de forma acelerada, a curva do número de medidas antidumping é declinante. No segmento têxtil, a curva de importações é ascendente em todo o período e a do antidumping é oscilante, com tendência de crescimento até 2002 e declinante na etapa seguinte. No segmento de máquinas, há um aumento inicial e certa estabilização do número de medidas após o ano de 2000, enquanto as importações crescem fortemente.

Quando a análise é realizada em termos globais, verifica-se uma forte expansão do número de medidas até 2003, etapa em que as importações apresentam menores taxas de crescimento, o que parece confirmar a tese de que o antidumping seria uma alternativa para a redução tarifária decorrente da Rodada Uruguai. Mas, na fase seguinte (2003-2008), quando as importações ampliam a taxa de expansão, verifica-se uma clara tendência de declínio do uso do antidumping. Assim, não se verifica uma relação direta entre o aumento das importações e a uso de medidas antidumping; ao contrário, poder-se-ia apontar uma relação inversa entre as duas curvas.

Avaliando o período pós Rodada Uruguai como um todo, não se pode afirmar que exista uma relação direta entre o aumento das importações e do uso de medidas antidumping. Para aqueles que caracterizam tais medidas como protecionistas, seria natural que o crescimento das importações fosse acompanhado do aumento do número de medidas, mas o que os dados evidenciam é que no período de maior expansão das importações mundiais não se verifica uma tendência de aumento da aplicação de medidas antidumping.

Bibliografia

BRASIL. *Relatório DECOM 2008*, n. 12. Publicado pelo Departamento de Defesa Comercial (DECOM) da Secretaria de Comércio Exterior (SECEX) do Ministério de Desenvolvimento, Indústria e Comércio Exterior (MDIC). Brasília: MDIC, 2009.

CASTILHO, Marta Reis. O impacto das medidas antidumping aplicadas pelos EUA sobre as exportações brasileiras. *Revista Brasileira de Comércio Exterior*, Rio de Janeiro: FUNCEX, v. 100, p. 25-31, jul.-set. 2009.

FARIA, Fábio M. *A defesa comercial. Origens e regulamentação das medidas antidumping, compensatórias e de salvaguardas*. São Paulo: Aduaneiras, 2002.

FINGER, J. Michael, NG, Francis e WANGCHUK, Sonam. *Antidumping as safeguard policy*. Policy Research Working Paper Series. Washington: The World Bank/Development Research Group, dez. 2001.

SURANOVIC, Steven M. *International trade theory and policy*. Chapter 10-3. Disponível em: <http://internationalecon.com/Trade/Tch10/T10-3.php>. Acesso em: 31 maio 2011.

PEREIRA, Lia Valls. *Algumas reflexões sobre o papel do GATT na ordenação do comércio mundial*. Rio de Janeiro: FGV, 1993 (mimeo).

WORLD TRADE ORGANIZATION. *International trade statistics*. Disponível em: <www.wto.org>. Acesso em: 31 maio 2011.

______. *Statistics database*. Disponível em: <www.wto.org>. Acesso em: 31 maio 2011.

______. *Statistics on anti-dumping*. Disponível em: <www.wto.org>. Acesso em: 31 maio 2011.

______. *WTO Secretariat reports increase in new anti-dumping investigations – PRESS 556*. Genebra: WTO, 07/05/2009. Disponível em: <www.wto.org>. Acesso em: 31 mai. 2011.

3 – As negociações antidumping na Rodada Doha

Felipe Hees

Introdução

O Acordo Antidumping é considerado um dos mais importantes resultados da Rodada Uruguai (1986-1993). Em primeiro lugar, poucos tópicos do sistema multilateral de comércio terão suscitado mais controvérsia do que o conceito de *dumping*. Desde a negociação do Acordo Geral sobre Comércio e Tarifas (GATT, na sigla em inglês), em 1947, passando pelos Códigos Antidumping das Rodadas Kennedy e Tóquio, as tratativas sobre antidumping sempre ensejaram acirrado debate quanto à natureza do fenômeno representado pela venda de produtos no mercado do país importador a preços inferiores ao seu "valor normal" no mercado do país exportador. Em segundo lugar, reduções tarifárias têm por objetivo franquear novas oportunidades de acesso a mercados. No entanto, a aplicação de medidas de defesa comercial, especialmente de direitos antidumping, tem efeito oposto, mesmo se evocadas para combater práticas comerciais desleais. Evidencia-se, assim, que a aplicação de direitos antidumping está inextricavelmente associada à disposição política de proteger a produção nacional. Em terceiro lugar, o número elevado e crescente de disputas comerciais relacionadas à aplicação de direitos antidumping – trata-se de uma das áreas com maior número de casos suscitados junto ao Órgão de Solução de Controvérsias da Organização Mundial do Comércio (OMC) – dissipa eventuais dúvidas quanto aos interesses econômicos concretos afetados por essas medidas de defesa comercial. Por fim, a comparação entre o artigo VI do GATT 1947 e a presente disciplina mostra o quanto evoluiu a normativa multilateral relativa a antidumping, a ponto de se considerar o Acordo Antidumping um dos diplomas legais mais técnicos e complexos da OMC.

Em síntese, o elevado grau de controvérsia historicamente associado ao conceito de *dumping* e o uso crescente de medidas antidumping a partir dos anos 1980 explicam o fato de as negociações sobre a matéria terem sido uma das mais polêmicas das tratativas multilaterais encerradas em 1993. Tenha-se presente, a respeito, que a redação do artigo 17.6(ii) do Acordo Antidumping foi um dos últimos itens a serem acordados no *green room* final da Rodada Uruguai.[1]

O cenário internacional à época do lançamento da nona Rodada de negociações comerciais multilaterais - ocorrida em Doha, no Catar, no dia 14 de novembro de 2001 - era, no entanto, muito diferente daquele prevalecente durante a última década do século XX. Essa diferença era tão acentuada a ponto de, pela primeira vez na História, ter-se logrado acordar agenda negociadora multilateral abrangente e desprovida de exceções para um segmento da economia marcado por profundas distorções comerciais e agudas sensibilidades políticas: o setor agrícola.[2] Diante de sua relevância para a maior parte do mundo em desenvolvimento – do ponto de vista seja das nações com vocação agrário-exportadora seja daquelas com expressivas parcelas da população dedicadas à agricultura de subsistência –, sua inclusão na agenda de negociações acordada em Doha deu aos países em desenvolvimento (PEDs) um peso específico jamais alcançado anteriormente dentro do sistema multilateral de comércio. E, ao fazer do tema *desenvolvimento* o princípio-chave das negociações, a presente Rodada tornou-se distinta das anteriores. Não ter presente essa singularidade compromete o entendimento sobre a dinâmica dos trabalhos em Genebra e o papel das negociações sobre antidumping no seio da Rodada Doha.

Este artigo tem como ponto de partida o reconhecimento de que as negociações antidumping constituem apenas parte do conjunto das diferentes áreas abrangidas pela Rodada. A ambição almejada pelos países demandantes na área de antidumping encontra-se, portanto, condicionada pelo grau de prioridade conferido às demais negociações, especialmente as relativas à Agricultura, tema-chave da Rodada. Para tanto, será feita, na seção que se segue, breve recapitulação do histórico do tema entre a criação da OMC, em 1995, e o lançamento da Rodada Doha, em 2001. Em seguida, tratar-se-á das negociações antidumping no contexto da nona Rodada de negociações multilaterais, enfatizando a dinâmica dos trabalhos, os interesses dos principais atores e a evolução das tratativas ao longo dos anos. Por fim, serão feitas algumas considerações finais, a título de conclusão.

1. John Croome, *Reshaping the world trading system*, The Hague: Kluwer Law International, 1999.

2. Ainda que a Rodada Uruguai tivesse permitido a incorporação da agricultura ao centro do sistema multilateral de comércio, esse resultado só foi alcançado mediante introdução de várias restrições e derrogações, que limitaram significativamente o alcance da liberalização do setor.

Antidumping e o sistema multilateral de comércio entre 1995 e 2001

As negociações relativas a antidumping na Rodada Uruguai foram encerradas em 15 de dezembro de 1993, com a aprovação do Acordo Antidumping hoje vigente. Com a criação da OMC em 1995, as discussões relacionadas ao tema passaram a ter lugar no Comitê de Práticas Antidumping, tal qual determinado pelo artigo 16 do Acordo.[3] Os trabalhos se desenrolavam sob duas vertentes. De um lado, as obrigações de notificação das investigações em curso, dos direitos aplicados e da legislação de defesa comercial em vigor visavam a assegurar elevado grau de transparência na matéria. De outro, as reuniões do Comitê constituíam ocasião para que fosse trazido à baila todo tipo de problema associado a investigações e aplicação de direitos.

O Brasil sempre teve, historicamente, participação ativa nas sessões regulares do Comitê. Em termos das disciplinas relacionadas à transparência, o Brasil jamais deixou de cumprir à risca a obrigação estabelecida pelo artigo 16.4 do Acordo de fazer circular seus relatórios semestrais de ações antidumping, ainda que nunca tenha conseguido notificar apropriadamente ações preliminares ou finais relativas às investigações realizadas pelo Departamento de Defesa Comercial (DECOM) do Ministério do Desenvolvimento, Indústria e Comércio Exterior. Além disso, o Brasil valeu-se igualmente das reuniões do Comitê para registrar suas posições em outros assuntos relacionados à defesa comercial. Os pedidos de esclarecimento funcionavam igualmente com relação às investigações efetuadas pelas autoridades investigadoras brasileiras. Por exemplo, na reunião de novembro de 2000, a Nova Zelândia questionou o Brasil sobre as "circunstâncias especiais" do artigo 5.10 que teriam feito as autoridades investigadoras brasileiras estender o período de investigação para além de um ano (G/ADP/M/17, parágrafos 40 a 52).

3. Cabe ao Comitê: a) levar a cabo as obrigações estabelecidas no Acordo e facultar aos Membros a oportunidade de realizar consultas sobre qualquer assunto relativo ao funcionamento do Acordo ou ao cumprimento de seus objetivos (artigo 16.1); b) constituir o *locus* para o recebimento de toda informação pertinente à condução e ao término de investigações. Ademais, cada Membro deve notificar semestralmente ao Comitê as decisões relacionadas às investigações tomadas pela autoridade investigadora (artigo 16.4); e c) constituir o *locus* para o recebimento de toda informação pertinente à abertura de investigações. Os Membros devem notificar, ainda, a legislação interna na qual se estabelecem os procedimentos relacionados às investigações antidumping (artigo 16.5). Para uma descrição do funcionamento do Comitê de Práticas Antidumping, consultar: Aluisio de Lima-Campos, The Committee on Antidumping Practices. In: Rudiger Wolfrum, Peter-Tobias Stoll e Michael Köbele (ed.), WTO: Trade Remedies. *Max Planck Commentaries on International Trade Law*, n. 4, 2007.

Subordinado ao Comitê de Práticas Antidumping encontrava-se o Grupo Informal Anticircunvenção,[4] criado por força da Decisão Ministerial sobre Circunvenção,[5] parte integrante do conjunto de decisões e declarações adotadas pelo Comitê de Negociações Comerciais do GATT ao final de 1993. A razão para que um assunto extremamente árido, cuja origem remonta aos anos 1980, tenha merecido declaração de alto nível específica se deve ao fato de que se tratava de um dos pontos de maior divergência entre as Partes ao longo da Rodada Uruguai. Nas palavras de Stewart:

> Certainly one of the most contentious issues in antidumping practice has been the circumvention of antidumping duty orders and what, if any, methods should be adopted to deal with circumvention activity. When the Antidumping Codes of 1967 and 1979 were negotiated during the Kennedy and Tokyo Rounds, antidumping regulation was generally thought as applying to a whole product, produced by a single manufacturer, and imported from a specific country. As the growth of multinational corporations and the globalization and rationalization of production have proceeded in recent

4. De acordo com o *Vocabulário ortográfico da língua portuguesa*, da Academia Brasileira de Letras, e do *Dicionário Houaiss da língua portuguesa*, "eludir" parece ser o verbo que melhor se presta para descrever algo que, em inglês, significa *to find a way around (an obstacle)*. Inexistindo o substantivo "elusão", as alternativas mais próximas parecem ser "evasão" ou ainda "elisão". Apesar de ter sido utilizada na redação da Lei 11.786/2008, esta última alternativa parece pouco apropriada, posto que a definição de "elidir" é retirar, excluir, eliminar. No caso dos diferentes significados de "evasão" – fuga, escapada, sonegação fiscal, evadir a taxação –, já estão associados elementos de premeditação e má-fé. Isto é, a mera utilização da palavra "evasão" já prejulga, por definição, a ilegalidade da prática investigada. No caso de *circumvention*, a comprovação de que um direito antidumping está sendo eludido não é suficiente, por si só, para determinar a existência de má-fé ou premeditação. Ainda que um direito em vigor esteja tendo sua eficácia esvaziada, não necessariamente está caracterizada a má-fé por parte da empresa exportadora. Dessa forma, sugere-se, neste artigo, que o verbo "eludir" seja empregado como tradução de *to circumvent*, e o anglicismo "circunvenção" passe a ser empregado como tradução de *circumvention*. Discussão pormenorizada sobre o assunto pode ser obtida em: Rodrigo Luís Pupo, *A evasão de direitos antidumping e sua disciplina no comércio internacional*, Dissertação de Mestrado em Direito, São Paulo: Faculdade de Direito da USP, 2006.

5. "Ministers, *Noting* that while the problem of circumvention of anti-dumping duty measures formed part of the negotiations which preceded the Agreement on Implementation of Article VI of GATT 1994, negotiators were unable to agree on specific text, *Mindful* of the desirability of the applicability of uniform rules in this area as soon as possible, *Decide* to refer this matter to the Committee on Anti-Dumping Practices established under that Agreement for resolution."

decades, however, manufacturers have had a broader range of production options, such as making the components of a product within several different countries, with assembly taking place in yet another country.[6]

Embora tivesse sido incluído no Dunkel *draft* dispositivo específico sobre o assunto, o desentendimento era tão acentuado que a disciplina acabou sendo eliminada da versão final do Acordo e remetida, por meio da Decisão Ministerial mencionada, ao Comitê de Práticas Antidumping.[7]

Apesar de ter sido palco de discussões interessantes sobre a natureza da circunvenção, o Grupo Informal, após mais de dez anos de trabalho, foi incapaz de produzir resultado concreto. Uma das explicações é que a complexidade técnica e o elevado grau de controvérsia do assunto só permite tratá-lo no contexto de uma disputa comercial ou mediante a negociação de disciplinas específicas dentro de um processo negociador amplo. A falta de experiência do Brasil na matéria fez com que o País assumisse perfil discreto nas deliberações, tratando de entender os problemas e as dificuldades técnicas assinaladas pelas autoridades investigadoras norte-americanas e europeias, sobretudo, as duas únicas a dispor de experiência na condução de investigações dessa natureza.[8]

O Grupo *Ad Hoc* sobre Implementação (GAHI), igualmente subordinado ao Comitê de Práticas Antidumping, foi criado em abril de 1996 para tratar de questões afeitas ao funcionamento do Acordo Antidumping.[9] O objetivo

6. Terence Paul Stewart (ed.), *The GATT Uruguay Round: a negotiating history (1986-1992). Antidumping*. London: Kluwer Law and Taxation Publishers, 1993, p. 1616.

7. O programa de trabalho do Grupo Informal foi estruturado em torno das seguintes questões: "(i) O que é circunvenção? (ii) O que está sendo feito pelos Membros diante de situações que se consideram tratar de circunvenção? (iii) Em que medida a circunvenção pode ser solucionada pelas regras da OMC e em que medida essas regras são insuficientes?" (G/ADP/W/404, tradução livre).

8. Vejam-se, por exemplo, as publicações dos Regulamentos (CE) 283/2004 e 284/2004 no Jornal Oficial da União Europeia, em 19 de fevereiro de 2004, que dispõem sobre a abertura, respectivamente, de investigações sobre possível circunvenção de medidas compensatórias e direitos antidumping aplicados à importação de filmes de PET provenientes da Índia por meio de reenvio (*transhipment*) de filmes de PET via Brasil e Israel.

9. Os temas de implementação do Grupo *Ad Hoc* não se confundem com aqueles suscitados pelos Membros no Conselho Geral na etapa pré-Seattle. Em termos sistêmicos, implementação significava a aplicação incompleta do conjunto de regras acordadas ao final da Rodada Uruguai. Em antidumping, implementação era o esclarecimento de como deveriam ser operacionalizados vários dispositivos do Acordo Antidumping, dada a falta de clareza quanto à aplicação de vários deles.

era a elaboração de recomendações sobre temas do Acordo Antidumping para os quais poderia haver consenso entre os Membros. Tais recomendações não constituiriam, formalmente, obrigações, sendo apenas orientações de "boas práticas" (*best practice*), destinadas a uniformizar o entendimento sobre certas regras e procedimentos.[10] Na reunião do Comitê de Práticas Antidumping em que foi decidida a criação do GAHI, o Brasil deixou clara sua posição quanto à natureza dos trabalhos do Grupo *Ad Hoc* sobre Implementação:

> The delegate of *Brazil* observed that all Members were on equal footing under the Agreement, and it would not be appropriate to suggest that only past practices of users of anti-dumping measures were adequate to implement the Agreement. Discussion, a transparency exercise, and learning from each other were all positive goals. Going further to develop simple guidelines where minor differences existed might also be a positive outcome. However, whatever the result of the work of the Ad Hoc Group was, it could not, in Brazil's view, affect the rights and obligations that were already in the Agreement. Brazil wanted to make it very clear that the Ad Hoc Group was not embarking on an exercise the results of which would have the same legal status as obligations already set out in the Agreement. Brazil would monitor the work of the Ad Hoc Group, and participate to the best of its ability, but did not want to see a new negotiation of issues that were not agreed during the Uruguay Round negotiations (G/ADP/M/9, parágrafo CLX - grifo no original).

Ao longo dos pouco mais de dez anos de funcionamento do Grupo *Ad Hoc* sobre Implementação, setenta e cinco foram os temas sugeridos para discussão,[11] sendo que quatro foram as recomendações adotadas:

10. A primeira vez que um painel se viu instado a discutir a relevância de uma recomendação para efeitos litigiosos foi em *Thailand – Steel* (WT/DS/122/R, parágrafo 7.87). O ponto central da querela dizia respeito ao período de tempo envolvido no cumprimento do artigo 5.5. Apesar de existir recomendação a respeito (G/ADP/5), o painel atribuiu relevância limitada ao documento. No entanto, em dois painéis envolvendo o Brasil - *EC - Pipe Fittings* (WT/DS/219/R, parágrafo 7.321) e *Argentina - Poultry* (WT/DS/241/R, parágrafo 7.287) - além de *Egypt - Rebar* (WT/DS/211/R, parágrafo 7.128), os panelistas apoiaram-se nas recomendações do Comitê em seus julgamentos. Daí em diante, as recomendações passaram a ter papel mais importante no âmbito do Órgão de Solução de Controvérsias.

11. Na primeira reunião do GAHI, em 30 de abril de 1997 (G/ADP/M/10, parágrafo LXXVII), foi solicitado aos Membros que apresentassem temas que pudessem ser tratados pelo grupo. Foram sugeridos 32 tópicos (G/ADP/W/399), tendo sido retidos 10 deles para discussão (G/ADP/W/401), dos quais 8 acabaram sendo postos de lado. Na reunião de outubro de 1998 (G/ADP/M/13), foi decidido que os Membros subme-

1) *Recommendation concerning the periods of data collection for anti-dumping investigations* (G/ADP/6);

2) *Recommendation concerning the timing of the notification under Article 5.5* (G/ADP/5);

3) *Recommendation concerning the time-period to be considered in making a determination of negligible import volumes for purposes of Article 5.8 of the Agreement* (G/ADP/10); e

4) *Recommendation concerning indicative list of elements relevant to a decision on a request for extension of time to provide information* (G/ADP/7).

Observe-se que apenas seis Membros foram responsáveis pela sugestão de 61 das propostas apresentadas,[12] sendo os EUA – normalmente descritos como favoráveis ao *status quo* das regras multilaterais de defesa comercial – o país a propor o maior número de tópicos. Não se pode perder de vista, naturalmente, que o fato de os EUA demonstrarem disposição em discutir 18 temas não significa que os esclarecimentos almejados fossem compatíveis com aqueles desejados pelo Brasil, por exemplo. De qualquer forma, a participação dos EUA no GAHI denota engajamento num processo que, mesmo destinado ao simples esclarecimento de disciplinas vigentes, poderia resultar, na prática, em ajustes concretos nas práticas das autoridades investigadoras.

Embora o Brasil tenha submetido apenas um documento contendo sugestões de temas – artigos 5.8 (período para a determinação de importações insignificantes) e 11.3 (revisões quinquenais) (G/ADP/AHG/W/123) –, vários dos tópicos apresentados por outros Membros coincidiam com o interesse brasileiro. Além disso, o Brasil sempre teve participação ativa no exercício de transparência do grupo, no qual se instava os Membros a fazer circular documentos detalhando e explicando as práticas nacionais em cada um dos tópicos em exame.[13] É inegável a importância que o Grupo *Ad Hoc* teve depois do en-

teriam nova lista de tópicos de interesse. Foram suscitados 33 temas (G/ADP/W/407/Rev.2), dos quais 6 foram retidos para discussão aprofundada (G/ADP/W/410), sendo que 5 foram posteriormente colocados de lado. Na reunião de outubro de 2002 (G/ADP/M/22), novo processo de identificação de temas foi iniciado, sendo que 10 novos temas foram levantados (G/ADP/W/431), tendo sido 4 deles retidos para discussão (G/ADP/W/433).

12. As estatísticas a respeito são as seguintes: os EUA apresentaram 18 propostas; a CE, 13; a Coreia do Sul, 9; a Turquia, 8; o Chile, 7; e o Japão, 6 propostas.

13. Foram 13 as contribuições escritas do Brasil nesse exercício: 1) artigos 6.9 (*Essential facts*) e 12.2 (*public notice*) do Acordo (G/ADP/AHG/W/18); 2) Regra do menor direito (*lesser duty rule*) e informação confidencial (G/ADP/AHG/W/19); 3) artigos 6.5 (*Treatment of confidential information*), 6.10 (*sampling methods*), 5.6 (*Spe-*

cerramento da Rodada Uruguai, visto tratar-se do mais próximo que se poderia chegar de uma negociação sobre antidumping. Com efeito, até 2002 as atividades do Grupo foram intensas – em 1997, 33 propostas foram submetidas ao Grupo; em 1998, 22; em 1999, 13; em 2000, 28 documentos; em 2001, 15; e, em 2002, 20 propostas –, tendo as quatro recomendações supramencionadas sido adotadas nesse período.

No entanto, diante da simples perspectiva do lançamento da Rodada do Milênio, em 1999, o Brasil já sinalizava que iria:

> pursue these [implementation] issues in another context, that of a Negotiating Round, but that did not preclude that the Group continue to address them as well. However, given the slow progress in the Group to date, Brazil considered it best to pursue such issues in another context (G/ADP/M/15, parágrafo 50).

Efetivamente, o início da Rodada Doha assinalou a redução paulatina da importância do GAHI – em 2003, nove documentos foram submetidos ao Grupo; em 2004, onze; em 2005, cinco; em 2006, duas contribuições; apenas uma proposta em 2007; em 2008, três documentos; e, em 2009, apenas três contribuições escritas –, sendo emblemática a suspensão, em abril de 2004, da negociação da minuta de recomendação sobre o conceito de *condições de concorrência*, presente no artigo 3.3 do Acordo Antidumping. Diante da relevância do assunto – que acabaria sendo objeto de proposta brasileira nas negociações da Rodada –, a explicação para o abandono das discussões reside

---

cial circumstances), 5.5 (*Notification to the exporting Member*) e 6.2 (*Hearings*) do Acordo (G/ADP/AHG/W/46); 4) artigos 6.5 (*Treatment of confidential information*), 6.10 (*Sampling methods*), 5.6 (*Special circumstances*), 5.5 (*Notification to the exporting Member*), 6.2 (*Hearings*), 6.9 (*Disclosure of findings*), 12 (*Public notices*) do Acordo (G/ADP/AHG/W/60); 5) Experiência com a aplicação dos artigos 2.4.2, 6.1, 6.1.1, 6.12 e 9.5 do Acordo (G/ADP/AHG/W/90); 6) Comentários sobre a minuta de recomendação sobre condições de concorrência (G/ADP/AHG/W/102); 7) Respostas às perguntas recebidas sobre a experiência brasileira na aplicação do artigo 2.4.2 (G/ADP/AHG/W/103); 8) Comentários sobre a minuta de recomendação sobre determinações preliminares (G/ADP/AHG/W/104); 9) Sugestão de tópicos para serem discutidos (G/ADP/AHG/W/123); 10) Proposta sobre os parágrafos 7.2 (tratamento especial e diferenciado para países em desenvolvimento) e 7.3 (período de tempo para fins do cálculo das importações negligenciáveis) da *Decision on Implementation-Related Issues and Concerns* (G/ADP/AHG/W/127); 11) Respostas do Brasil a perguntas suscitadas por Canadá, EUA e CE (G/ADP/AHG/W/133); 12) Proposta relativa à minuta de recomendação sobre o período de tempo para efeitos do cálculo das importações insignificantes do artigo 5.8 (G/ADP/AHG/W/145); e 13) artigo 6.7 (*Conduct of verification*) (G/ADP/AHG/W/174).

na falta de motivação das delegações em prosseguir num exercício claramente suplantado pelos trabalhos mantidos no âmbito da Rodada Doha.

A etapa pré-Seattle e os temas de implementação

Tão logo encerrada a Rodada Uruguai, foi-se tornando evidente que nem todos os Acordos estavam sendo implementados de maneira apropriada. Já por ocasião da reunião Ministerial de Cingapura, em 1996, registrou-se, na declaração final, que "implementation thus far has been generally satisfactory, although some Members have expressed dissatisfaction with certain aspects" (WT/MIN(96)/DEC, parágrafo 10). Na segunda reunião Ministerial da OMC, realizada em Genebra, em 1998, foi acordado que "the issues, including those brought forward by Members, relating to implementation of existing agreements and decisions" deveriam ser objeto de recomendações do Conselho Geral (WT/MIN(98)/DEC, parágrafo 9(a)(i)).

Esse crescente desagrado com a implementação parcial dos compromissos acordados por ocasião da Rodada Uruguai fez com que muitos países, sobretudo os PEDs, fizessem circular no processo preparatório para Seattle um número significativo de propostas relacionadas aos temas de implementação.[14] Embora tais temas de implementação de natureza sistêmica não se confundam com os temas de implementação do Comitê – discutidos mais adiante –, diversos tópicos relativos a antidumping constavam igualmente da lista dos temas de implementação sistêmicos.

O Brasil compartilhava a insatisfação com relação à implementação incompleta dos compromissos da Rodada Uruguai.[15] Uma das áreas em que o Brasil desejava perseguir esclarecimentos era, precisamente, a de antidumping. Os interesses brasileiros eram os seguintes:

> 1) Provisions of the AD Agreement should be improved, with a view to prevent the imposition of arbitrary or primarily protectionist measures. The provisions to be revisited should include, inter alia, (i) the criteria, methodology, and procedures of the reviews specified in the Agreement (expeditious review for new exporters, final review, reviews upon request), (ii) the definition of the product motivating the investigation, (iii) the determination of the margin of dumping, (iv) the imposition and collection of duties, (v) the "cumulation" clauses.

14. A lista das 802 propostas apresentadas entre agosto de 1998 e novembro de 1999 encontra-se no documento JOB(99)/4797/Rev.3, de 18 de novembro de 1999.

15. O Brasil apresentou três documentos sobre implementação na etapa pré-Seattle: WT/GC/W/269, relacionado a antidumping; WT/GC/W/270, sobre subsídios; e WT/GC/W/271, sobre TRIMs.

> 2) The provisions of Article 15 shall be detailed in order to become more comprehensive, operational and mandatory.
>
> 3) When investigating dumping of imports from a developing country, the use of the "lesser duty" rule shall be made mandatory.
>
> 4) Article 17 of the Agreement shall be modified to allow Members to effectively challenge, under the Dispute Settlement Understanding, any aspect related to the implementation of the Agreement or to a specific anti-dumping measure. In particular, Panels shall be authorized (a) to fully assess whether or not the investigating authorities properly established and evaluated the facts of a specific case; and (b) to determine conformity of a measure based on the Panel's own interpretation of relevant provisions of the Agreement (WT/GC/W/269).

O conjunto dos temas de implementação foi compilado na minuta de Declaração levada para Seattle (JOB(99)/5868/Rev.1, de 19 de outubro de 1999), naquele que ficou conhecido como *Mchumo Text*, em razão do sobrenome do presidente do Conselho Geral à época.

Com o fracasso da reunião ministerial de Seattle e a impossibilidade de se lançar nova rodada multilateral de negociações comerciais, não restou aos Membros senão centrar as atenções nos tópicos de implementação. Por um lado, tratava-se do mais próximo de uma negociação sem que uma rodada formal fosse lançada. Por outro, essa agenda permitia aos PEDs lutarem pela correção dos desequilíbrios que se vinham acumulando desde a criação da OMC em termos do cumprimento das obrigações acordadas pelos Membros na ocasião. Deve-se ter presente, contudo, a insuficiência de se contar com os temas de implementação para atender aos interesses dos PEDs, em geral, e aos do Brasil, em particular. A esse respeito, o Ministro Celso Amorim – Representante Permanente do Brasil junto aos Organismos Internacionais sediados em Genebra à época – assinalou:

> some issues could, in principle, be tackled in the implementation discussions now under way. It is unlikely, however, that deeper concerns in sensitive areas such as anti-dumping, subsidies and agriculture might be properly addressed without the context of broader negotiations. This would justify, from the point of view of developing countries, the quest for a new round, with two provisions: (i) that it takes into account the development needs of developing countries and (ii) that it is well prepared.[16]

16. Celso Amorim, The WTO from the perspective of a developing country, *Fordham International Law Journal*, New York, v. 24, n. 1&2, p. 105, nov.-dec. 2000.

Não se deve perder de vista ainda a pressão da opinião pública especializada e da sociedade civil organizada, contrárias ao interesse dos países desenvolvidos em fazer avançar o processo de liberalização sem que tivessem sido apropriadamente implementados todos os compromissos negociados na Rodada Uruguai. A situação era particularmente sensível no tocante aos EUA e a outros países desenvolvidos, interessados em incluir na pauta negociadora da OMC questões ambientais e trabalhistas, que se somariam aos temas cuja inclusão na agenda das negociações comerciais multilaterais já vinha sendo discutida desde a primeira reunião ministerial da OMC: os chamados "temas de Cingapura" (investimentos, compras governamentais, facilitação de comércio e política da concorrência).[17]

No tocante a antidumping, a preparação para a reunião ministerial de Doha significou uma conjugação de esforços de vários países para incluir o tema no mandato negociador amplo a ser acordado pelos Ministros, de modo a permitir a negociação do conjunto dos temas de implementação na matéria. A principal dificuldade eram os EUA, com grande resistência até para contemplar a inclusão de antidumping no mandato.

A reunião ministerial de Doha e as expectativas na área de antidumping

Tendo por base as diferentes perspectivas e os distintos interesses internos em antidumping, o lançamento de uma rodada ampla de negociações constituía, para o Brasil, oportunidade ímpar para proceder a ajustes diversos na linguagem do Acordo Antidumping. Por um lado, permitiria acomodar as preocupações do setor empresarial nacional, vítima dos abusos e da arbitrariedade por parte de autoridades investigadoras estrangeiras. Por outro, ainda que não necessariamente em oposição aos interesses do setor privado exportador, estava o DECOM, que, na qualidade de órgão responsável pela aplicação do Acordo Antidumping no Brasil, tinha por objetivo refinar as disciplinas do Acordo sem, contudo, torná-las inaplicáveis.

Assim, do ponto de vista brasileiro, a preparação para a reunião ministerial de Doha significava, na área de antidumping, reunir-se aos demais países demandantes nos esforços de obtenção de um mandato ministerial para os temas de implementação, em contraposição à posição dos EUA e do Canadá de rejeição sumária de discussões sobre antidumping de qualquer natureza.

17. Garry Horlick passa em revista o desenrolar da reunião ministerial em Seattle e o seu desfecho, e analisa como as questões relativas a antidumping foram tratadas na ocasião (Garry Horlick, Reactions to Seattle. Antidumping at the Seattle Ministerial: with tear gas in my eyes, *Journal of International Economic Law*, Oxford, v. 3, n. 1, p. 178-183, 2000).

As propostas de implementação defendidas pelo Brasil na área de antidumping permaneciam sendo aquelas elencadas no documento divulgado durante a preparação para Seattle (WT/GC/W/269).[18] Ademais, o Brasil não tinha dificuldades para apoiar propostas relativas à elevação do *de minimis*, tanto para a margem de dumping como para o volume de importações considerado significativo, no caso de PEDs (WT/GC/W/200). As propostas apresentadas por outros países, tais como Japão (WT/GC/W/240), Malásia (WT/GC/W/205), Colômbia (WT/GC/W/315), Egito (WT/GC/W/324) e Romênia (WT/GC/W/319), se não beneficiavam diretamente o País, ao menos não prejudicavam nossos interesses.

Diante da expectativa de que Doha poderia ser o palco de lançamento da Rodada multilateral de negociações que não pôde ser lançada em Seattle, em 1999, os países com visões próximas quanto aos problemas e às insuficiências do Acordo Antidumping trataram de somar esforços para assegurar a inclusão de antidumping no mandato negociador a ser acordado pelos Ministros.[19] Àquela proximidade natural no campo técnico verificada no Comitê de Práticas Antidumping ao longo da segunda metade dos anos 1990 somava-se, portanto, coincidência de interesses políticos no âmbito do lançamento de uma Rodada ampla de negociações.

A liderança informal desse grupo era do Japão, país que, historicamente, enfrentava sérios problemas com a aplicação de direitos antidumping por

18. Ademais, não se pode perder de vista que, em 2000 e 2001, o Brasil era parte reclamante em cinco disputas comerciais envolvendo medidas de defesa comercial aplicadas por outros países: 1) *Mexico - Provisional Anti-Dumping Measure on Electric Transformers* (DS216), iniciada em 20 de dezembro de 2000; 2) *United States - Countervailing Duties on Certain Carbon Steel Products from Brazil* (DS218), iniciada em 21 de dezembro de 2000; 3) *European Communities - Anti-Dumping Duties on Malleable Cast Iron Tube or Pipe Fittings from Brazil* (DS219), iniciada em 21 de dezembro de 2000; 4) *United States - Anti-Dumping Duties on Silicon Metal from Brazil* (DS239), iniciada em 18 de setembro de 2001; e 5) *Argentina - Definitive Anti-Dumping Duties on Poultry from Brazil* (DS241), iniciada em 7 de novembro de 2001. Vários dos aspectos em litígio relacionavam-se, em algum grau, a temas de implementação suscitados pelo Brasil e por outros Membros.

19. Além das negociações mandatadas de serviços (artigo XIX.1 do GATS) e agricultura (artigo 20 do Acordo de Agricultura), o tema que naturalmente estava presente nas mentes de todos, ainda que sem mandato específico, era a redução tarifária dos bens não agrícolas. Sobretudo os EUA, mas também a CE, não tinham interesse em incluir regras, dado que quaisquer eventuais alterações no Acordo Antidumping muito provavelmente terminariam por reduzir o espaço para discricionariedade na aplicação das medidas de defesa comercial por parte das respectivas autoridades investigadoras.

parte das autoridades investigadoras estadunidenses. Ao Japão somaram-se, desde a primeira hora, Brasil, Canadá, Chile, Colômbia, Coreia do Sul, Nova Zelândia, Noruega, Suíça, Tailândia e Turquia, sendo que México e Israel foram convidados a integrar a coalizão informal depois de sua criação, já em fevereiro de 2002.[20] Tendo em vista a discordância de princípio quanto à própria premissa teórica do Acordo Antidumping, Hong Kong e Cingapura tinham resistências, no começo da Rodada, a sequer aceitar mandato para negociar alterações no Acordo, tendo-se juntado aos *Friends of Antidumping Negotiations* (FANs) apenas no decorrer de 2002.

Em documento datado de 27 de fevereiro de 2001, o Japão apresentou uma compilação das propostas sobre antidumping já submetidas pelos Membros, tendo a primeira reunião dos FANs tido lugar no dia 27 de abril de 2001, na Missão japonesa, com o objetivo de assegurar a inclusão de antidumping na Rodada que se pretendia lançar em novembro, no Catar.

No dia 10 de julho de 2001, o Embaixador Alejandro Jara, Representante Permanente do Chile, informava aos demais Membros da OMC "the existence of an informal group of countries that seeks to have Anti-Dumping (AD) on the agenda of the negotiations that would hopefully be launched in Doha" e, *as spokesperson of the group*, convidava todos os Membros interessados a se juntarem na discussão de um "brief paper on our views on the possible direction of AD negotiation". Para o agrupamento, as negociações sobre antidumping deveriam:

a) aim at improving, clarifying and strengthening the rules governing the application of antidumping measures within the existing framework of the Agreement;
b) address specific concerns about the application of the existing rules;
c) ensure that antidumping measures are applied to remedy injurious effects of dumping;
d) address problems in ensuring that the applications of the rules are both fair and consistent and not overly burdensome;
e) ensure transparency and provide procedural fairness for all parties in the proceedings;

20. É curioso notar o apoio tempestivo dado pela Suíça à bandeira japonesa, visto que o Japão não possui legislação de defesa comercial e tampouco apresenta histórico de problemas com relação a direitos aplicados contra exportadores suíços. Por essa razão, não se pode deixar de atribuir objetivos políticos à participação suíça nos FANs relacionados à Rodada como um todo. Ilustra essa hipótese o fato de que dos Membros do G-10 (Japão, Coreia do Sul, Noruega, Suíça, Israel, Taipé Chinês, Islândia, Liechtenstein e Ilhas Maurício), os seis primeiros eram Membros dos FANs.

f) clarify, where appropriate, ambiguities in existing rules arising out of decisions by panels and the appellate body; and

g) take into account the interests of developing countries and give special regard for their situation as provided for in Article 15 of the Agreement.

Antidumping na Rodada Doha

O resultado do esforço comum dos países demandantes foi positivo. Ainda que os termos da Declaração Ministerial de Doha tenham sido relativamente vagos e algo contraditórios no tocante a antidumping, o fato é que se logrou assegurar duplo mandato para negociar o tema, tanto no parágrafo 12 quanto no parágrafo 28 do documento.

O *parágrafo 12* da Declaração Ministerial versou sobre os tópicos de implementação. Nele, duas instruções foram estabelecidas: tratou-se, na alínea "a", daqueles temas constantes da Decisão Ministerial independente (WT/MIN(01)/17), a serem negociados sob os mandatos específicos emanados da Declaração de Doha. Com vistas a limitar o escopo das propostas a serem objeto de deliberação na área de antidumping, foram extraídos da lista dos *outstanding implementation issues* que vinham sendo discutidos ao longo de 2001[21] apenas quatro tópicos, que constaram dos parágrafos 7.1 a 7.4 da Decisão; na alínea "b" foram incluídos todos os demais itens de implementação, com a instrução de serem analisados nos órgãos subsidiários da OMC até o final de 2002.

Dos quatro parágrafos sobre antidumping contidos na Decisão sobre Implementação, três são destinados a coibir abusos de cunho protecionista na aplicação de medidas. No parágrafo 7.1, acordou-se a necessidade de atenção especial quando da reabertura de investigações sobre os mesmos produtos originários dos Membros objeto de uma investigação concluída nos últimos 365 dias sem a aplicação de direitos. No tocante ao parágrafo 7.2, manteve-se a indicação, conforme proposto pelo Brasil, de dar caráter obrigatório ao tratamento especial e diferenciado (S&D) aos PEDs. Reconhecendo, contudo, a necessidade de esclarecimentos adicionais para alcançar tal objetivo, concedeu-se ao Comitê de Práticas Antidumping o poder de formar um Grupo de Trabalho sobre Implementação para elaborar, em 12 meses, recomendações apropriadas. Prazo idêntico foi também reiterado pelo parágrafo 7.3 ao mes-

21. O documento JOB(01)/152/Rev.1, de 27 de outubro de 2001, compilou a lista de temas de implementação contidos no projeto de Declaração Ministerial encaminhado para Seattle, datado de 19 de outubro de 1999 (JOB(99)/5868/Rev.1) e os demais temas levantados pelos Membros ao longo de 2000 e 2001.

mo grupo de trabalho para a elaboração de recomendação sobre o período de tempo a ser utilizado na determinação do volume de importações de produtos com dumping. Por fim, o parágrafo 7.4 remetia ao artigo 18.6 do Acordo Antidumping, retomando a instrução dada ao Comitê para, igualmente em 12 meses, elaborar procedimentos para aprimorar o mecanismo de revisão anual e de relato ao Conselho Geral das recomendações elaboradas, tendo em conta os objetivos do próprio Acordo.[22]

Fruto de cuidadosa redação, o *parágrafo 28* é propositalmente vago, a fim de equilibrar o interesse dos demandantes em reformar o Acordo Antidumping e a dificuldade dos representantes dos EUA em aceitar linguagem que pudesse ser lida pelo Congresso norte-americano como uma limitação à soberania do país para se proteger do comércio desleal. Tenha-se presente, a respeito, os termos da *Trade Promotion Authority* (TPA) que acabara de ser aprovada, à época, pela Câmara dos Representantes, ratificando a tendência conservadora da instituição na área de defesa comercial.[23] Reza o mencionado parágrafo da Declaração Ministerial:

> In the light of experience and of the increasing application of these instruments by Members, we agree to negotiations aimed at clarifying and improving disciplines under the Agreements on Implementation of Article VI of the GATT 1994 and on Subsidies and Countervailing Measures, while preserving the basic concepts, principles and effectiveness of these Agreements and their instruments and objectives, and taking into account the needs of developing and least-developed participants. In the initial phase of the negotiations, participants will indicate the provisions, including disciplines on trade distorting practices, that they seek to clarify and improve in the subsequent phase. In the context of these negotiations, participants shall also aim to clarify and improve WTO disciplines on fisheries subsidies,

22. A instrução merece destaque, pois, diferentemente de vários acordos da OMC, o Acordo Antidumping não tem preâmbulo ou considerações iniciais, o que virtualmente impossibilita interpretação única quanto aos objetivos do Acordo. O Código da Rodada Kennedy foi o último diploma legal na matéria a conter tal texto preambular.

23. O texto do TPA, no que se refere a regras de defesa comercial, é o seguinte: "(9) preserve the ability of the United States to enforce rigorously its trade laws, including the anti-dumping and countervailing duty laws, and avoid agreements which lessen the effectiveness of domestic and international disciplines on unfair trade, especially dumping and subsidies, in order to ensure that United States workers, agricultural producers, and firms can compete fully on fair terms and enjoy the benefits of reciprocal trade concessions".

taking into account the importance of this sector to developing countries. We note that fisheries subsidies are also referred to in paragraph 31.

Ficou reconhecida a necessidade de negociações para esclarecer e aperfeiçoar as disciplinas do Acordo Antidumping e assegurou-se que as "necessidades dos países em desenvolvimento e dos países de menor desenvolvimento relativo" seriam consideradas nas discussões sobre regras na OMC. A preocupação norte-americana, reiterada no TPA, em evitar mudanças substantivas do Acordo que resultariam em alterações de monta na legislação norte-americana de defesa comercial, foi devidamente contemplada: "preserving the basic concepts, principles and effectiveness of these Agreements and their instruments and objectives". A aposição dessa ressalva visava a sustentar a interpretação de que vários dos *tirets* contidos na Compilação de Temas Remanescentes de Implementação (JOB/(01)/152/Rev.1, de 27 de outubro de 2001), não restritos à implementação ou esclarecimentos de regras dos acordos, mas destinados a revisões do próprio texto do Acordo Antidumping, não poderiam ser admitidos nas negociações por falta de mandato específico.

A criação do Grupo Negociador de Regras (GNR) foi anunciada pelo Presidente do Conselho Geral em 1.º de fevereiro de 2002, na primeira reunião do Comitê de Negociações Comerciais, instância negociadora máxima da Rodada. Quatro foram os tópicos incluídos na agenda negociadora do GNR: acordos regionais, antidumping, subsídios e subsídios à pesca. A primeira reunião do GNR foi realizada em 11 de março de 2002, sob a presidência de Tim Groser, Embaixador da Nova Zelândia e posteriormente presidente da Sessão Especial do Comitê de Agricultura. Mais quatro reuniões foram realizadas ao longo de 2002 e outras cinco durante o primeiro semestre de 2003 (não houve reunião do GNR durante o segundo semestre de 2003).[24] Com relação ao escopo das negociações antidumping, não houve, à época, discordância entre os Membros quanto ao fato de os temas de implementação estarem cobertos pelo mandato negociador do grupo, ficando sob a responsabilidade de cada um decidir como introduzir o tema nas discussões.[25] No tocante ao conteúdo das propostas a serem submetidas pelos Membros, Groser sugeriu:

24. No ano de 2004, o GNR reuniu-se em sete ocasiões; em 2005, igualmente em sete oportunidades; no ano seguinte, quatro foram as reuniões, todas no primeiro semestre; no ano de 2007, houve oito reuniões; e finalmente, em 2008, cinco reuniões.

25. "On outstanding implementation-related issues in the rules area, there is consensus among the participants that these issues are an integral part of the negotiations to be undertaken by the Group: this follows from any clear reading of the Ministerial Declaration" (TN/RL/M/1, parágrafo 4).

> although he was not proposing either "hard" or "soft" guidelines, (...) the Group's work would be greatly assisted if all proposals contained, *inter alia*, certain key categories of information. First, proposals should identify the proponents of the proposal, so participants know to whom to address requests for clarification or for bilateral consultations. Second, proposals should indicate the type of change sought (e.g., clarification, interpretation, new provision). Finally, proposals should contain a detailed rationale (TN/RL/M/1, parágrafo 6).

Principais atores e seus interesses[26]

Os primeiros documentos a circular ao longo de 2002 foram fundamentais para que os principais atores das negociações antidumping delimitassem seus interesses específicos. Naturalmente, com o passar dos anos, assistiu-se à alteração do perfil de certos Membros – tendo alguns reduzido sua participação ou recalibrado sua lista de interesses específicos.

De perfil relativamente discreto, a *Argentina* raramente vai além de contribuições tópicas e esporádicas, de caráter técnico. Já a *Austrália*, país com tradição na aplicação de medidas de defesa comercial, deixou claro, em diferentes ocasiões, não ser demandante em matéria de antidumping, embora tenha manifestado interesse no aprimoramento de diferentes aspectos do Acordo. Apesar da significativa convergência com as posições brasileiras, a exceção fica por conta da regra do menor direito, cuja obrigatoriedade, para as autoridades investigadoras australianas, deveria ficar circunscrita apenas à *consideração quanto ao uso*, e não à aplicação propriamente dita, da disciplina. Ainda que suas posições estejam dispersas em diversas propostas, as linhas gerais defendidas pelos australianos em matéria de antidumping podem ser encontradas no documento TN/RL/W/86.

Desde os primórdios da Rodada, o *Egito* revelou-se a principal fonte de resistência ao aperfeiçoamento do Acordo Antidumping. A argumentação egípcia baseia-se no fato de que, apesar de o país ser vítima de ações antidumping, teria a ganhar com a manutenção das atuais regras. O Egito refutou, assim, praticamente todas as iniciativas dos FANs. Apesar da posição contrária ao refinamento de importantes disciplinas do Acordo, a delegação egípcia nunca se furtou a manifestar seu interesse em três aspectos específicos: a) conversão cambial (artigo 2.4.1); b) atraso material (nota de rodapé número 9 do Acordo Antidumping); e c) ameaça de dano material (artigo 3.7).

26. O perfil apresentado aqui se refere exclusivamente às negociações sobre antidumping e não prejulga a atuação e os interesses das delegações nas demais áreas em negociação no GNR.

Embora tenha sido parte da coalizão informal dos FANs para a inclusão de antidumping no mandato de Doha, a partir de meados de 2003 a *Nova Zelândia* deixou de participar das reuniões do agrupamento, em virtude da divergência quanto ao radicalismo das posições dos FANs e do fato de a atuação do grupo estar voltada excessivamente à prática norte-americana, desconsiderando os efeitos das mudanças sugeridas para outras autoridades investigadoras.

Membro dos FANs desde sua criação, a *Turquia* sempre apresentou perfil semelhante ao do Brasil nas negociações antidumping, dado seus interesses como usuária de medidas de defesa comercial e vítima dos abusos na aplicação do Acordo. Além disso, a participação turca no GNR, ainda que discreta, notabilizou-se pelo equilíbrio das posições e pela solidez da argumentação. Não causa surpresa, portanto, que a Turquia não só auxiliasse a delegação brasileira a conter os arroubos da ala radical dos FANs, como compartilhasse visão crítica muito próxima à do Brasil sobre a atuação do agrupamento.

A *China* constitui uma das grandes incógnitas das negociações sobre antidumping. Embora tenha feito circular proposta negociadora cuja convergência com os pleitos brasileiros é significativa, a delegação chinesa não chegou a engajar-se propriamente em discussões substantivas, mesmo quando convidada a participar de reuniões restritas convocadas pelo presidente do GNR. Quando de suas intervenções esporádicas, a China vinculava seus pleitos ao tratamento especial e diferenciado em favor dos países em desenvolvimento. Tendo em vista que muitas das propostas divulgadas por EUA e CE visavam a atacar a falta de transparência dos novos aplicadores de direitos antidumping – a Índia e a China, sobretudo –, causa surpresa o perfil excessivamente discreto da delegação chinesa. Mesmo em encontros bilaterais ou em contatos informais extraplenário, a interlocução era pouco proveitosa, inclusive em razão da elevada rotatividade dos delegados chineses enviados a Genebra.

Embora se tenha tornado o maior aplicador de direitos antidumping nos últimos anos, além de os exportadores indianos serem crescentemente alvo da aplicação de direitos, a participação da *Índia* no GNR mostrou-se um tanto irregular. Em que pese ao interesse indiano, na etapa pré-Doha e nos dois primeiros anos da Rodada, nos temas de implementação, sobretudo aqueles relacionados ao tratamento S&D, a participação da Índia não só se foi tornando mais discreta com o passar dos anos, como também demonstrou clara mudança de ênfase, ficando adormecidos os pleitos relacionados ao tratamento especial e diferenciado e aos temas de implementação. No que toca à obrigatoriedade da regra do menor direito, entretanto, a Índia – juntamente com o Brasil e o Japão – tornou-se um dos Membros mais ativos na matéria, contribuindo decisivamente com propostas detalhadas e com conhecimento técnico associado à aplicação da disciplina.[27]

Embora se tenha somado à coalizão informal liderada pelo Japão antes mesmo do lançamento da Rodada, o *Canadá* nunca pôde ser considerado Membro pleno dos FANs. Até 2004, os canadenses limitavam-se a participar das reuniões dos FANs como espécie de observadores, para, a partir daí, irem deixando de comparecer aos encontros. Essa posição ambígua deve-se às convergências - no tema da revisão quinquenal, por exemplo - e às divergências - na obrigatoriedade da regra do menor direito, entre outras - com relação às posições do agrupamento. Apesar das coincidências de pontos de vista em temas de interesse comum, o Canadá nunca apôs assinatura nos documentos do agrupamento, preferindo fazer circular propostas individualmente, muito em razão da discordância canadense quanto ao *modus operandi* dos FANs, visto como excessivamente radical e nem sempre sólido do ponto de vista técnico. Por fim, deve-se ter presente que o interesse primordial do Canadá no GNR voltava-se às negociações de subsídios e medidas compensatórias.

A *Comunidade Europeia* (CE) constitui, seguramente, o ator mais complexo e multifacetado das negociações de antidumping. Na Rodada Uruguai, os quatro Membros com maior peso específico nas negociações de antidumping eram EUA, CE, Japão e Canadá. Tendo em vista que os interesses de EUA e do Japão eram praticamente simétricos - o primeiro favorável à manutenção do *status quo* do Código Antidumping; e o segundo defensor de reforma substantiva das regras -, coube à CE, em larga medida, atuar como mediadora do embate de interesses entre japoneses e norte-americanos. E foi precisamente esse papel central que os europeus procuraram reeditar na Rodada em curso, não tendo sido outra a razão para a criação do *Middle Group*, tratado mais adiante. Historicamente um dos maiores usuários de medidas antidumping, a proliferação de novos países aplicadores de direitos passou a constituir preocupação primordial da CE, especialmente pela conjugação entre números elevados de investigações e falta de transparência, características das autoridades investigadoras chinesa e indiana, segundo o ponto de vista europeu. Embora demandante declarada de refinamentos no Acordo Antidumping, a atuação europeia nem sempre se mostrou condizente com o perfil autoatribuído: a participação comunitária deixava claro que a ambição ia até o limite dado pela legislação europeia em vigor, além de se restringir apenas à sua lista de

27. Uma análise do perfil da Índia no tocante a antidumping pode ser obtida em Prakash Naranayan, Anti-dumping in India - Present state and future prospects. *Journal of World Trade*, London, v. 40, n. 6, p. 1081-1097, 2006.

prioridades.[28] Com relação aos FANs, a CE sempre se mostrou muito crítica, acusando o agrupamento de ser excessivamente radical e despreparado para a sustentação, no plano técnico, de suas propostas.

Mais do que simples coordenador dos FANs, o *Japão* pode ser considerado como um dos atores centrais nas negociações sobre antidumping. É Membro do QUAD e participante dos mais ativos nas negociações antidumping durante a Rodada Uruguai; contando com o apoio de dois escritórios de advocacia para assessorar a delegação nipônica – e, por extensão, os FANs – na elaboração de documentos; líder incontestado dos países demandantes de alterações do Acordo; tem volume de exportações elevado; e, cientes da diversidade de interesses envolvidos na Rodada Doha como um todo, recaiu sobre os japoneses a função de liderança nas discussões sobre antidumping, procurando calibrar ambição, solidez e viabilidade das propostas. Não parece apropriado, portanto, incluir o Japão na categoria de países que têm interesse em propor alterações visando tão somente a dificultar a utilização do Acordo. À medida que a Rodada vai-se aproximando das etapas cruciais, o Japão passou, claramente, a desvincular-se do radicalismo que Noruega, Coreia do Sul, Chile e Hong Kong insistiam em impingir aos documentos dos FANs, intensificando os contatos diretos entre Tóquio, Washington e Bruxelas e tratando de estreitar a coordenação com delegações como as do Brasil e da Índia.

Embora agrupados em torno de causa comum, os membros dos *FANs* sempre estiveram longe de constituir um grupo homogêneo. A Suíça, por exemplo, sequer possui legislação de defesa comercial, e sua participação explica-se, em larga medida, pelos interesses estratégicos em outras áreas de negociação da Rodada. Já a Noruega – assim como os demais atores da ala radical dos FANs, Coreia do Sul, Chile, Taipé Chinês e Hong Kong – nunca escondeu seu real interesse em promover qualquer alteração no Acordo que o torne mais difícil de ser aplicado. Em razão de sua experiência na aplicação de direitos antidumping, o Brasil – assim como a Turquia – sempre procurou fazer com que o agrupamento adotasse posições mais equilibradas politicamente e, sobretudo, mais sólidas do ponto de vista técnico. O Japão, por sua vez, ocupava o difícil papel de manter elevado o perfil demandante do agrupamento, sem, contudo, permitir a perda de credibilidade da agremiação. De fundamental importância no começo da Rodada, a coalizão informal vai perdendo sua relevância prática com o passar dos anos, vitimada pela dificuldade da ala radical em permitir a calibragem política e técnica das propostas do agrupamento.

28. Regras mais estritas para as revisões, especialmente as quinquenais; transparência; regra obrigatória do menor direito; interesse público; economia de custos; e *swift control mechanism*.

Os *EUA* constituem, sem sombra de dúvidas, o principal ator das negociações sobre antidumping. Ainda que várias sejam as razões para o epíteto, a mais importante é, sem dúvida, a notória resistência do Congresso norte-americano a quaisquer alterações do Acordo Antidumping que reduzam a capacidade das autoridades investigadoras estadunidenses de adotar medidas antidumping. É o que se depreende dos diversos projetos de lei submetidos por senadores e congressistas, como, por exemplo, a proposta dos Senadores Larry Craig (Republicano, Idaho) e John Rockfeller (Democrata, West Virginia) de que:

> the United States should not be a signatory to any agreement or protocol with respect to the Doha Development Round of the World Trade Organization negotiations, or any other bilateral or multilateral trade negotiations, that: (A) adopts any proposal to lessen the effectiveness of domestic and international disciplines on unfair trade or safeguard provisions, including proposals: (ii) mandating that trade remedy duties reflect less than the full margin of dumping or subsidization.[29]

O mesmo espírito contido nesses projetos de lei pode ser encontrado em várias comunicações encaminhadas por congressistas ao Secretário do Departamento de Comércio e ao Representante Comercial dos EUA. Veja-se, por exemplo, comunicação datada de 27 de maio de 2005, em que 22 congressistas advertem o Executivo norte-americano: "We are writing to emphasize the importance of ensuring that U.S. trade remedy laws are in no way weakened in ongoing Rules Negotiations as part of the WTO Doha Development Agenda ('DDA')".

Mas o interesse no uso protecionista dos instrumentos de defesa comercial nos EUA não se reduz ao Congresso norte-americano. Em documento interno de 2 de março de 2006, o "Comitê de Apoio às Leis Comerciais Norte-Americanas" (*The Committee to Support U.S. Trade Laws*) - organização que congrega companhias, associações comerciais, sindicatos, trabalhadores e indivíduos comprometidos com a preservação e aprimoramento das leis comerciais dos EUA – cobrava do Executivo norte-americano a divulgação de propostas negociadoras no GNR destinadas a "contrabalançar" os interesses favoráveis a mudanças no Acordo Antidumping. Entre os tópicos sobre os quais os EUA deveriam fazer circular contribuições escritas estavam as legalizações da prática da zeragem e da Emenda Byrd.

---

29. Disponível em: <http://www.govtrack.us/congress/billtext.xpd?bill=sc109-55>. Acesso em: 15 fev. 2012.

No entanto, a generalização quanto à falta de interesse nas negociações de antidumping impede a identificação de importantes matizes da atuação estadunidense.[30] Diferentemente da CE, a participação dos EUA sempre foi de bastante clareza quanto aos seus propósitos nas discussões sobre antidumping. Ainda que os objetivos com relação a importantes temas em negociação fossem diametralmente opostos aos do Brasil, por exemplo, não se pode deixar de reconhecer que os EUA nunca se furtaram a trabalhar bilateralmente na identificação de possíveis áreas de convergência nos itens mais controversos.

Tampouco seria apropriado descrever os interesses norte-americanos como restritos a temas menores – transparência e ajustes procedimentais, na maioria dos casos. Em primeiro lugar, porque as propostas sobre circunvenção, zeragem, revisões de novos exportadores e recolhimento de direitos podem ser objeto de diferentes adjetivos, menos o de pouco ambiciosas. Em segundo lugar, várias dessas propostas sobre aspectos menos óbvios ou relacionados a procedimentos constituem questões de grande relevância para qualquer investigação. Tenha-se presente, a propósito, a proposta conjunta do Brasil e dos EUA sobre a identificação das partes interessadas numa investigação antidumping (TN/RL/GEN/89). Sobre os FANs, a principal crítica norte-americana era com o evidente despreparo de vários Membros do agrupamento com relação às tecnicalidades envolvidas nas propostas avançadas pelo grupo, apontando que os FANs estariam confundindo quantidade de detalhes técnicos com aumento da clareza dos dispositivos do Acordo Antidumping. No tocante ao Brasil especificamente, os EUA nunca esconderam seu respeito pelas posições nacionais, pelo papel do país dentro dos FANs e pela liderança entre os demais PEDs.

Propostas negociadoras

Tão logo criado o GNR, as delegações trataram de fazer circular suas primeiras propostas negociadoras.[31] Como não poderia deixar de ser, essas

30. Não se deve perder de vista que a plataforma negociadora dos EUA resulta de um amálgama de interesses muito distintos. Responde, certamente, aos diversos – e poderosos – *lobbies* de congressistas comprometidos com a proteção dos interesses de segmentos industriais norte-americanos. Essa vinculação com os interesses de tais grupos internos não deve ser simplificada a ponto de torná-la a única componente da posição norte-americana. As autoridades investigadoras estadunidenses, em especial o Departamento do Comércio, têm também seus interesses institucionais, que não necessariamente coincidem com aqueles da indústria doméstica, que têm lógica própria.

31. Apresentados sob o código TN/RL/W. A partir de julho de 2004, os documentos passaram a ser divulgados igualmente sob a série TN/RL/GEN. A lista completa dos documentos consta do Anexo IX.

primeiras contribuições eram bastante genéricas, próximas, muitas vezes, de declarações de princípio ou de natureza política. Os documentos versavam simultaneamente sobre diversos tópicos, e não necessariamente continham detalhamento do tipo de sugestão para a alteração do Acordo, embora em alguns casos a mera referência ao assunto já fosse indicativa do resultado almejado.

Entre fevereiro de 2002 e junho de 2011, circularam 433 propostas negociadoras formais (254 da série TN/RL/W e 179 da série TN/RL/GEN),[32] englobando as quatro áreas em negociação no GNR. Desse total, 236 propostas versaram sobre antidumping (133 da série TN/RL/W/* e 103 da série TN/RL/GEN/*) sendo que os FANs lideram a lista de maiores patrocinadores de documentos: 62 propostas. O agrupamento é seguido pelos EUA, com 41 contribuições; o Egito alcança a marca de 21 documentos; e a Austrália fez circular 19 documentos sobre antidumping. Tendo antidumping por tema, o Brasil apôs assinatura em 41 propostas do agrupamento, além de outras 11 propostas apresentadas apenas pelo Brasil ou com o apoio de copatrocinadores que não os FANs. No que se refere exclusivamente a antidumping, o Brasil é o sexto país em número de propostas no GNR.

Lançada a Rodada, os membros dos FANs deram início – individualmente, num primeiro momento – ao exercício de identificar áreas de interesse para negociação. Diante do elevado grau de coincidência dos tópicos de interesse dos membros dos FANs, foi elaborada, em 2002, lista de prioridades do agrupamento contendo os 33 tópicos que viriam a orientar a preparação de suas propostas negociadoras. Os primeiros documentos elaborados pelo agrupamento (TN/RL/W/6, TN/RL/W/10 e TN/RL/W/29) – referidos como de "primeira geração" – significaram uma delimitação preliminar dos temas de interesse dos FANs. A partir daí, o grupo passou a fazer circular propostas de "segunda geração", nas quais cada tópico era analisado pormenorizadamente. Diante da complexidade dos trabalhos, às vésperas da Reunião Ministerial de Cancún, apenas seis das áreas prioritárias já haviam sido objeto de documentos revisados.

O período que vai do lançamento da Rodada até setembro de 2003 caracterizou-se pelo exercício de identificação das áreas de interesses das diferentes delegações. Analisando-se as 142 propostas que circularam no período,[33] percebe-se que praticamente todos os artigos do Acordo foram apontados por algum Membro como potencial objeto de refinamento. Apesar disso, o baixo

32. Não estão sendo contabilizados os documentos informais (*JOBs*) nem revisões ou *addenda* a documentos já apresentados.

33. No documento TN/RL/W/143, o Secretariado elaborou uma compilação das propostas submetidas desde o início da Rodada até agosto de 2003.

grau de detalhamento técnico das propostas não favorecia a que os negociadores identificassem os aspectos cruciais dos problemas. Tratou-se, assim, de etapa caracterizada primordialmente por declarações de interesse mais do que de propostas negociadoras propriamente ditas. E foi precisamente a necessidade de passar da fase de identificação de temas (*identifying issues*) para a busca de soluções (*seeking solutions*) que foi capturada no parágrafo sobre as negociações de regras contido na minuta de Declaração Ministerial levada a Cancún.[34]

No tocante aos FANs, é preciso ter presente que o grau mais generalista do debate facilitava a elaboração de propostas conjuntas, porquanto sempre era possível encontrar redação de consenso para os documentos. Ademais, o fato de o Japão contar com o auxílio de dois escritórios de advocacia permitia ao grupo contar sempre com minutas novas e revisadas para cada tópico em exame.[35]

De Cancún a Hong Kong

Com o fracasso da reunião ministerial de Cancún, a Rodada entrou, a partir de meados de setembro de 2003, em ritmo de espera, marcado pelo intenso esforço capitaneado por EUA e CE de desacreditar o G-20 e lançar a culpa pelo desenlace da reunião nesse novo ator que viria a mudar, definitivamente, a dinâmica das negociações na OMC.[36]

34. "We instruct the Negotiating Group on Rules to accelerate its work on anti-dumping and subsidies and countervailing measures, including fisheries subsidies, with a view to shifting its emphasis from identifying issues to seeking solutions. We note the progress that has been made in the negotiations on improving transparency in Regional Trade Agreements and encourage the Group to reach a provisional decision soon on its work on transparency and to accelerate its work on the clarification and improvement of RTA disciplines under existing WTO provisions, taking into account the developmental aspects of RTAs" (JOB(03)/150/Rev.2, de 13 de setembro de 2003).

35. O apoio dos advogados tinha igualmente um lado negativo: tendo em vista que sua especialidade era a defesa dos interesses de exportadores e dado seu desconhecimento das condicionantes políticas de uma negociação multilateral, não raro as minutas deixavam de levar devidamente em consideração detalhes técnicos que, do ponto de vista da autoridade investigadora encarregada de conduzir uma investigação, eram fundamentais. Se essas deficiências não tinham chegado a prejudicar a atuação dos FANs até Cancún, a situação foi-se mostrando bastante distinta a partir de 2004, quando as deficiências técnicas e o radicalismo das propostas trouxeram à tona as diferentes perspectivas dos participantes do agrupamento, e abriram espaço para críticas certeiras de outras delegações em plenário.

36. Flávio Damico, *O G-20 de Cancún a Hong Kong: interações entre as diplomacias pública e comercial.* Tese (LI Curso de Altos Estudos) – Instituto Rio Branco, Brasília: Ministério das Relações Exteriores, 2007.

Em 26 de novembro de 2003, a CE fez circular documento de avaliação sobre o cenário negociador pós-Cancún. Nele, é dedicado um parágrafo a regras como um todo, embora a linguagem utilizada seja algo hermética e pobre em referências explícitas a antidumping. A CE reiterava "to have basic economic interest in stronger disciplines that will reduce the scope for the rise in protectionist and trade distorting measures that we have witnessed in recent years", numa alusão implícita à revisão de disciplinas do Acordo Antidumping. A menção de que os "EU trade defense mechanisms have always applied stricter criteria and have included stricter provisions than those of other WTO Members" sugeria crítica velada aos abusos dos EUA na aplicação das regras de antidumping, embora não fosse possível descartar tratar-se de mais uma referência crítica aos novos usuários de medidas antidumping. Os europeus citavam a regra do menor direito por eles aplicada como disciplina mais rigorosa, escapando da tentação de "countering a trade distortion with another trade distortion".

Em que pese o documento comunitário e as alusões vagas aos temas de regras, o fato de os tópicos sob os auspícios do GNR não terem estado no centro do impasse de Cancún explica o ambiente de certa tranquilidade que marcou as negociações de antidumping no final de 2003. Para os FANs, essa ausência de atividades formais permitiu ao grupo efetuar numerosas reuniões internas, com vistas a elaborar novas e detalhadas propostas, que deveriam servir para alimentar as discussões no GNR tão logo retomados os trabalhos.[37] Os intensos debates eram proveitosos, visto que cada elemento das propostas era dissecado e discutido à exaustão. Tal dinâmica mostrava-se fundamental não apenas para assegurar uma certa equiparação de conhecimento entre os principais participantes do grupo, mas também para fazer com que os documentos resultantes estivessem à altura do "teste do plenário". No entanto, o reverso de tal período sabático era uma certa dispersão do agrupamento, pois vários delegados se permitiam insistir mecanicamente em posições de princípio, sem preocupação com o consenso.

Tendo esse cenário como pano de fundo, as deliberações sobre partes afiliadas resultaram numa das propostas mais técnicas e complexas produzidas pelo agrupamento (TN/RL/W/146). Mais do que o tema em si – tão somente um dos aspectos, nem sequer dos mais importantes, do cálculo da margem de dumping –, o que estava em jogo era a capacidade de os FANs produzirem

37. A primeira reunião prevista do GNR após Cancún (dias 7 e 8 de outubro de 2003) foi adiada, inicialmente, para o final de outubro, e, posteriormente, para o começo do ano seguinte. Por fim, a primeira reunião do GNR pós-Cancún teve lugar apenas em março de 2004.

documento propositivo, tecnicamente sólido, sobre um aspecto de elevada complexidade. Não se deve perder de vista que uma das principais críticas ao agrupamento era a inconsistência técnica das propostas, motivada, na maioria das vezes, pelo excessivo viés pró-exportador das propostas.[38] Em realidade, o documento constituiu verdadeiro divisor de águas para o agrupamento: em primeiro lugar, mostrou com clareza o quanto os advogados contratados pelo Japão poderiam embrenhar-se em detalhes técnicos, sem que se dessem conta do grau de irrealismo das contribuições em termos de sua operacionalização. Em segundo lugar, marcou o momento em que o Brasil passaria a ter sérias dificuldades com o tecnicalismo desmesurado das minutas, sem contar o evidente e excessivo viés pró-exportador das mesmas. A partir daí, tornar-se-ia cada vez mais trabalhoso, e demorado, encontrar redações de consenso para diversas partes das minutas em preparação. Em terceiro lugar, inaugurou período em que a coesão dos FANs – e sua própria existência – passou a depender, em larga medida, da habilidade pessoal do negociador nipônico Naoshi Hirose em equilibrar as visões antagônicas do agrupamento. Por um lado, as posições da ala radical dos FANs coincidiam, plenamente, com os interesses exportadores japoneses. Por outro lado, o Japão tinha a noção exata da importância do Brasil na Rodada (especialmente em razão do G-20) e no agrupamento (em função do conhecimento técnico e da prática na aplicação do Acordo). A partir de então, o Japão e o Brasil passariam a reunir-se bilateralmente, para aparar as arestas e definir as grandes linhas das propostas, cimentando o que viria a ser a principal aliança do Brasil nas negociações antidumping.

O ano de 2004

Embora Cancún não tenha produzido documento oficial, o parágrafo sobre regras presente na minuta de declaração ministerial acabou balizando a

38. Embora a primeira discussão da proposta tenha gerado reações positivas, o debate posterior sobre a versão TN/RL/GEN/19 do documento foi bastante negativa. Apesar da convergência de opiniões quanto à relevância do tema, tanto na definição do conceito de afiliação – desnecessária e injustificadamente restritiva, segundo os críticos –, quanto nos testes posteriores para avaliar se as transações entre partes afiliadas podem, ou não, ser consideradas *arm's length*, o documento foi criticado. Uma das deficiências da proposta, apontada pela CE, estava na parte referente ao *constructed export price*: a transação objeto da análise não poderia ser a transação entre a exportadora e a importadora afiliada, visto que, com a utilização de preços de transferência, poderia ser considerada equivocadamente "de mercado" quando, em realidade, teria sido feita a preços de dumping. Para detectar essa situação, a transação objeto da investigação deveria ser a primeira venda da importadora afiliada no mercado importador.

dinâmica do GNR em 2004 e marcando o início da etapa de busca de soluções para os problemas identificados na etapa anterior.

Diante da impossibilidade de implementar renovado ambiente de discussão com base nas cerca de 160 propostas submetidas até então, o presidente do GNR à época, o embaixador mexicano Pérez Motta, sugeriu aos Membros reapresentar as propostas já apresentadas, retendo, nas novas versões, apenas as partes efetivamente propositivas dos documentos. Para tratar dessas novas contribuições, o GNR passaria a trabalhar em sessão informal. Tal arranjo, contudo, não impediria os Membros de continuar a submeter propostas de natureza mais política ou genérica, que continuariam a ser discutidas em modo formal. Inaugurava-se, assim, uma dinâmica dual no GNR: a primeira baseada em discussões informais de textos mais técnicos e a segunda com base em propostas mais genéricas, tratadas em sessão formal.[39]

Bastou, entretanto, que a primeira reunião nesse formato ocorresse – em abril de 2004 – para que, na reunião seguinte – em junho – os EUA manifestassem preocupação com a dificuldade encontrada pela opinião pública especializada – especialmente a norte-americana – em acompanhar, com o desejado grau de detalhamento, os debates técnicos realizados no âmbito do GNR.

Em jantar realizado no dia 8 de junho de 2004, EUA, Egito, CE e Japão, juntamente com Pérez Motta – acordaram alterar as regras da OMC relativas à circulação de documentos e tornar públicas as propostas apresentadas para a sessão informal do GNR, uma vez que, divulgadas sob o código *JOB*, eram de natureza restrita. O Brasil, ciente da relutância dos EUA e da CE em fazer circular, como documentos oficiais, as propostas de agricultura, objetou ao arranjo, não só pela seletividade dos enfoques europeu e norte-americano com respeito à transparência, mas também pelo fato de o Japão ter falado em nome dos FANs – e comprometido o grupo – sem que os participantes lhe tivessem conferido mandato para tanto. Após intensas consultas informais, acordou-se que as propostas submetidas a sessão informal do GNR no formato *JOB* seriam igualmente divulgadas – *ipsis litteris* – como documentos formais, mas com código específico: estava criada a série TN/RL/GEN/*. Inaugurava-se, ainda, método bastante confuso de divulgação de documentos. A série TN/RL/W/* – criada no começo da Rodada – mantinha-se, devendo ser utilizada para que os Membros apresentassem documentos genéricos ou de princípio, que seriam passados em revista na sessão formal do GNR; já a série *JOB* – que conteria

39. A diferença fundamental entre sessões formais e informais na OMC é que as discussões formais são registradas em atas. A principal vantagem de uma sessão informal é permitir que as delegações possam discutir aspectos técnicos com maior liberdade.

apenas a parte propositiva das propostas TN/RL/W/* apresentadas - permaneceria de circulação restrita e seria destinada às sessões informais do GNR; por fim, a recém-criada série TN/RL/GEN/* - cópia fiel dos *JOB* - atenderia aos critérios horizontais de transparência da OMC para se tornar pública.

Embora relacionado a um simples aspecto procedimental, o episódio sinalizou importante rearranjo do equilíbrio de forças nas negociações do GNR. Tal qual já havia ocorrido nas negociações agrícolas - com a criação do G-20 e a liderança brasileira - e na Rodada como um todo - com a participação do Brasil no G-5, agrupamento que capitaneava as negociações do Acordo-Quadro de 2004 -, o Brasil passou a ser reconhecido como ator de primeira grandeza nas negociações sobre antidumping. Evidenciava-se, assim, a exaustão do processo de tomada de decisão restrito à tríade EUA/CE/Japão, característico das negociações antidumping na Rodada Uruguai.

Analisado o ano de 2004 em sua totalidade, não restam dúvidas de que as discussões entraram numa fase mais técnica e detalhada. Ao todo, o GNR manteve sete reuniões ao longo do ano e foram apresentadas 51 propostas relativas a antidumping.

Para os FANs, contudo, foi o período em que suas propostas atingiram o menor grau de realismo em termos da operacionalização das disciplinas sugeridas, seja em razão dos custos financeiros e/ou de mão de obra exigidos, seja em virtude da elevada complexidade técnica envolvida. Confrontados com tais propostas, CE, EUA, Canadá e Nova Zelândia - quatro Membros cujas delegações eram chefiadas por negociadores egressos da Rodada Uruguai e que tinham larga experiência na condução de investigações de defesa comercial - adotavam posição defensiva e, de certo modo, cômoda, limitando-se a apontar as inconsistências dos documentos. Se é certo que tal dinâmica causou certa perda de credibilidade dos FANs, não é menos verdade que tais discussões sobre aspectos teóricos e práticos tiveram importante papel em assegurar uma equiparação do conhecimento técnico entre os negociadores das principais delegações.

O ano de 2005

O ano de 2005 foi marcado pela renovação da dimensão política das negociações de antidumping, em razão da realização, em dezembro, da VI Reunião Ministerial da OMC, em Hong Kong. De forma previsível, a grande questão a perpassar as reuniões do GNR e as mentes dos negociadores era o conteúdo do "pacote de regras" a ser submetido à apreciação dos Ministros. À preocupação com a substância propriamente dita, somavam-se a dificuldade oriunda da inexistência de modalidade nas negociações de regras - ou seja, é limitado o recurso a uma aproximação gradual do resultado almejado - e a relação desse pacote de regras com os demais temas em negociação na Rodada. Além dessa onipresente preocupação de fundo, vários outros acontecimentos marcaram o ano de 2005 no GNR.

Grupo Técnico Informal para a Harmonização de Questionários (GTI)

Em sessão informal realizada no dia 21 de fevereiro de 2005, acordou-se a criação do único órgão subsidiário do GNR: o Grupo Técnico Informal para a Harmonização de Questionários e Prazos para Verificações *in loco* (GTI). Embora qualquer parte envolvida numa investigação antidumping saiba das dificuldades associadas ao correto preenchimento dos questionários de uma investigação, a criação do GTI atendeu a um anseio específico da CE, relacionado à redução dos custos de investigações antidumping.[40] A preocupação da Comunidade Europeia era de que a falta de harmonização dos procedimentos das verificações *in loco* e a ausência de padronização dos questionários enviados para exportadores e para a indústria doméstica tornavam mais difícil a cooperação das empresas, haja vista a dificuldade com a preparação adequada e com a prestação correta das informações solicitadas.[41]

O caráter altamente técnico e especializado do exercício de harmonização dos questionários e procedimentos para verificações *in loco* não recomendava a realização de tais discussões no plenário do GNR. Assim, com o apoio generalizado das delegações, o Embaixador uruguaio Guillermo Valdez Valles, que havia assumido a presidência do GNR em meados de 2004, criou o GTI – formalmente vinculado ao GNR, ao qual deveria reportar-se –, aberto a todos

40. Tema que já havia sido objeto da proposta europeia TN/RL/W/138, copatrocinada pelo Japão.

41. A qualidade e acurácia dos dados submetidos às autoridades investigadoras têm importância capital em qualquer investigação antidumping. Diante de dados incompletos ou errados, não resta à autoridade investigadora alternativa senão recorrer a dados de outras fontes para completar a base de informações sobre as quais a investigação deve ser conduzida. Trata-se do recurso aos "fatos disponíveis" (*facts available*), objeto de incontáveis desentendimentos entre as partes de uma investigação. Mais controversa do que o recurso aos fatos disponíveis é a imputação de atitude não cooperativa a um exportador, porquanto seria facultado às autoridades investigadoras o uso de *adverse facts available*, isto é, dados francamente desfavoráveis à parte não cooperativa, com o intuito de desencorajar tais atitudes. Registre-se, todavia, que inexiste no Acordo Antidumping o conceito de *adverse facts available*. Trata-se de uma extrapolação do espírito da última frase do parágrafo 7 do Anexo II do Acordo: "It is clear, however, that if an interested party does not cooperate and thus relevant information is being withheld from the authorities, this situation could lead to a result which is less favourable to the party than if the party did cooperate".

os Membros interessados. O delegado europeu Hannes Welge foi convidado para presidir os trabalhos na qualidade de *Friend of the Chair*.

A primeira reunião realizou-se no dia 14 de abril de 2005, contando com a presença das delegações de Argentina, Austrália, Brasil, Canadá, Chile, China, CE, Coreia do Sul, Egito, Estados Unidos, Hong Kong, Índia, Japão, México, Nova Zelândia, Peru, Tailândia, Taipé Chinês e Turquia. Dado que o objetivo era organizar os trabalhos diretamente a partir da experiência das autoridades investigadoras dos principais usuários do Acordo Antidumping, os participantes foram exortados a compartilhar, por via eletrônica, seus modelos de questionário.[42]

Os trabalhos foram organizados com base num documento sinóptico, em que se colocaram, lado a lado, seis exemplos de questionários, representativos dos principais enfoques na matéria.[43] Foram escolhidos para constar da compilação os questionários das autoridades investigadoras dos seguintes Membros: Brasil, Índia, China, Nova Zelândia, EUA e CE.[44] A metodologia de trabalho empregada consistiu em repassar, uma a uma, cada pergunta dos seis exemplos da compilação, num processo que, apesar de altamente técnico e demorado, mostrou-se útil e acertado. O exercício tinha por objetivo, num primeiro momento, discutir e esclarecer as práticas de cada um dos Membros identificados na compilação.

Curiosamente, a preocupação de Hannes em não prejulgar o *status* ou o objetivo final dos trabalhos – o que poderia, imaginava-se, desestimular a participação dos EUA, tida como fundamental – acabou tornando-se fonte de tensão constante. O principal receio dos EUA era com a eventual tentativa de se tornarem de aplicação obrigatória os resultados do GTI. Assim, sem preten-

42. A mera disponibilização dos 19 questionários em formato eletrônico e o trabalho de compilação elaborado pelo Secretariado já constituiu, por si só, resultado positivo e útil para os Membros. Para orientar os trabalhos, foi utilizado o modelo de questionário publicado no livro de Judith Czako, Johann; Human e Jorge Miranda, *A handbook on anti-dumping investigations*, Cambridge: Cambridge University Press, 2003.

43. Foram incluídos não apenas os questionários aos exportadores, mas igualmente as *cover letters*, a parte introdutória do questionário, as *deficiency letters*, o glossário de termos e os questionários enviados aos importadores e à indústria doméstica.

44. Para aquelas autoridades investigadoras cujos formulários só eram processados em idioma pátrio – como era o caso do Brasil –, as traduções submetidas seriam tratadas como versões não autorizadas, apenas para referência do grupo. Ademais, tendo em vista que os questionários são específicos a cada investigação e sujeitos a ajustes, nenhuma delegação teve de comprometer-se formalmente com a precisão da versão encaminhada ao Secretariado.

der alcançar formalmente o consenso a respeito de uma redação aceitável para todos em cada pergunta, Hannes tratou de simplesmente aplainar as diferenças de linguagem e de enfoque em cada tópico, abrindo caminho para possível texto comum.[45]

Outra fonte de atritos dizia respeito ao idioma dos questionários e à exigência de tradução das respostas. Ainda que não fosse o objetivo do GTI alcançar consenso, já que não se tratava de instância negociadora, era significativa a pressão dos países anglófonos e de todos aqueles cuja legislação interna permitia o uso de documentos em língua distinta do idioma oficial para que países como o Brasil passassem a enviar questionários em inglês – e não na língua nacional – para os exportadores, aceitando igualmente respostas em inglês. Tendo em vista, no caso brasileiro, tratar-se de preceito legal interno que ultrapassa os limites de uma negociação sobre defesa comercial, nunca foi possível ao Brasil aceitar que documentos em idioma estrangeiro integrassem os autos de um processo de investigação antidumping, sob pena de não estarem aptos a produzirem efeitos legais no país.

Consultas plurilaterais

Na mesma reunião do GNR em que foi criado o GTI, em fevereiro de 2005, o Japão lançou as bases do que viria a ser a instância de discussão mais importante para as negociações sobre antidumping: as consultas plurilaterais. Apesar do bom trabalho realizado até então, seria necessário imprimir ritmo mais acelerado às discussões e fomentar oportunidade para debates mais interativos e concentrados, de maneira a identificar convergências e divergências entre as posições dos Membros.[46] Possivelmente em razão da expectativa de

45. Duas outras preocupações, de menor monta, afloravam de quando em vez: o prazo para a conclusão dos trabalhos do GTI e a objeção dos participantes em deixar que o GTI se transformasse em grupo negociador. Quanto ao primeiro aspecto, a finalização da Rodada era o referencial natural para o encerramento das atividades, embora não houvesse impedimento para a continuação dos trabalhos em etapa posterior, caso o exercício fosse considerado útil por todos. Com relação à segunda preocupação, várias das questões examinadas mostravam-se, efetivamente, a um passo de uma negociação efetiva. Por exemplo, a discussão do glossário era muito próxima de uma negociação sobre a definição de conceitos do Acordo; da mesma forma, discutir os prazos para a realização de investigações *in loco* poderia conflitar com os dispositivos do artigo 6.1.1 do Acordo.

46. O recurso a consultas restritas já vinha sendo empregado nas negociações agrícolas. Na hipótese de se acordarem as modalidades agrícolas na reunião Ministerial de Hong Kong, tornava-se evidente que seria muito difícil obter um resultado

influenciar mais ativamente os debates, até mesmo os EUA apoiaram a sugestão japonesa.

A primeira consulta plurilateral substantiva foi realizada no dia 12 de abril de 2005.[47] De forma algo surpreendente, a reunião acabou sendo mais importante pelo fato de ter inaugurado novo procedimento negociador no âmbito do GNR do que pelas discussões técnicas aprofundadas acerca do documento dos FANs sobre determinação de dano (TN/RL/GEN/38).[48] A razão para que o desenrolar da reunião não tenha correspondido às expectativas foi o fato de a CE ter-se valido da ocasião para dar uma demonstração de força e credenciar-se para o papel do algodão entre cristais das negociações antidumping. Juntamente com a criação do *Middle Group* – objeto da próxima seção –, a estratégia da CE – ou, melhor dito, do negociador europeu no GNR – era criar as condições para reeditar o equilíbrio de forças da Rodada Uruguai, em que cabia à CE o papel informal de mediadora entre os interesses opostos dos EUA e do Japão.

É forçoso reconhecer, no entanto, que, apesar da tensão criada, os negociadores de CE, Nova Zelândia e Canadá souberam identificar e explorar as várias limitações já diagnosticadas pelo Japão e pelo Brasil na proposta dos FANs. O Brasil vinha alertando repetidamente o agrupamento, quando de suas discussões internas, do descompasso entre as partes explicativa e propositiva dos documentos. Não era raro que a proposta de alteração do texto legal fosse razoável, ao mesmo tempo em que as explicações associadas se encontravam eivadas de imprecisões, quando não descoladas das sugestões legais a que faziam referência. Sabedores dessas deficiências, tanto o Brasil quanto o Japão estavam preparados para complementar as propostas dos FANs por meio de esclarecimentos orais. No caso da proposta em tela, porém, a contundência com que o delegado da CE atacou o documento obrigou os delegados brasileiro e japonês a defenderem *ipsis litteris* o documento, ficando impedidos de fomentar uma discussão circunstanciada a seu respeito.

---

equivalente em antidumping sem a realização de um processo de consultas restritas similar ao da Sessão Especial do Comitê de Agricultura.

47. Estiveram presentes 13 delegações: Canadá, Japão, EUA, CE, Índia, China, Brasil, Argentina, Hong Kong, Chile, Egito, Nova Zelândia e Austrália.

48. "A sugestão de que 'injury' fosse o primeiro tópico a ser discutido nesse novo formato atendeu a duas considerações centrais por parte do Brasil e do Japão: a) assegurar debates substantivos sobre um tema de inegável importância; e b) evitar que, mediante a escolha de tema excessivamente controverso, os EUA não se engajassem nas discussões."

Superado o mal-estar da primeira reunião, as consultas seguintes criaram, pela primeira vez desde o começo da Rodada, ambiente efetivamente negociador, com discussões técnicas concentradas e intensas. Ainda que os debates não resultassem necessariamente em convergência de posições, permitiam, todavia, aos negociadores identificar e explorar os verdadeiros problemas por detrás das posições oficiais. As discussões realizadas por ocasião das consultas eram ricas do ponto de vista técnico, mas a natureza de tais encontros – restritos, desprovidos de tradução e sem registro em ata – restringiu apenas aos delegados nelas presentes a oportunidade de acompanhar os debates e de registrar em minúcias as deliberações.

A partir da consulta plurilateral de vinte e oito de setembro de 2005, Valles informou que passaria a recorrer à figura de facilitadores, cuja missão seria auxiliar os debates técnicos, explorando possíveis convergências. Escolhidos em bases *ad hoc*, os facilitadores não teriam por função substituir a figura de Valles, não estando, assim, autorizados a negociar texto legal em nome do presidente do GNR. Ainda que o desempenho dos facilitadores tenha sido irregular, sua importância era inegável, visto ocuparem, em larga medida, a função de orientadores técnicos e políticos do presidente do GNR. Não é por outra razão que o Brasil sempre sustentou que a escolha dos facilitadores não poderia recair exclusivamente sobre representantes de países desenvolvidos, como ocorreu entre setembro de 2005 e maio de 2006.[49]

Middle Group

A criação do *Middle Group* constituiu elemento-chave na estratégia comunitária de se colocar no centro do tabuleiro das negociações sobre antidumping.

49. Durante esse período, apenas cinco haviam sido os facilitadores: Naoshi Hirose, do Japão; Hannes Welge, da CE; Ronald Lorentzen, dos EUA; Bruce Cullen, da Nova Zelândia; e Gilles LeBlanc, do Canadá. Welge, LeBlanc e Cullen haviam participado das negociações da Rodada Uruguai, sendo que Welge e Cullen tinham grande experiência em condução de investigações antidumping. Hirose e Lorentzen não apenas eram os representantes dos dois principais países com interesse em antidumping, como tinham grande conhecimento técnico. Ainda que essa escolha fosse, até certo ponto, considerada natural pelos delegados, ia causando crescente desconforto o fato de Valles restringir-se apenas aos representantes do QUAD e da Nova Zelândia. Os FANs estavam insatisfeitos pelo fato de a escolha privilegiar excessivamente o ponto de vista das autoridades investigadoras; os PEDs tinham dificuldade pelo fato de não haver nenhum representante de países em desenvolvimento no grupo; e, do ponto de vista do equilíbrio de forças da Rodada como um todo, a ausência de representantes da Índia e do Brasil retirava a legitimidade dos facilitadores e das decisões que eles e Valles pudessem vir a tomar. A primeira vez que um representante do Brasil se tornou facilitador foi em 8 de maio de 2006, no tema circunvenção.

Do ponto de vista europeu, a negociação sobre antidumping reduzia-se a três atores, tal qual na Rodada Uruguai: os EUA, numa ponta do espectro de posições, contrários a qualquer alteração mais profunda do Acordo que os obrigasse a alterar sua prática consolidada; o Japão, no outro extremo, favorável, se possível, a uma alteração substantiva do Acordo; e, a meio caminho, a CE, a quem caberia o papel de fiel da balança. Se até 2004 a dinâmica das discussões no GNR era marcada pelo embate entre FANs e EUA, a entrada em cena do novo negociador da CE, Hannes Welge, representou oportunidade para que os europeus começassem a sinalizar para os EUA um endurecimento real das negociações – em contraposição ao endurecimento irrealista dos FANs – ao mesmo tempo que colocaria limites a esse irrealismo das posições do agrupamento liderado pelo Japão. Para assegurar que não haveria interferência nesse projetado equilíbrio de forças, era fundamental para a CE exercer certo controle sobre os outros Membros com peso suficiente para fazer valer seus pontos de vista, especialmente aqueles com reconhecida experiência na aplicação do Acordo. Eram eles: Brasil, Canadá, Austrália, Turquia e México.[50]

Movida por esse objetivo, a CE convidou o Brasil, no final de 2004, a integrar um grupo informal que, formado por países com consolidada experiência em investigações antidumping, se contraporia aos FANs e imprimiria ao debate no GNR nível mais elevado. O grupo seria constituído, num primeiro momento, por CE, Austrália, Nova Zelândia, Brasil, Canadá e Turquia, tendo o México sido convidado a integrar-se aos demais participantes posteriormente.[51] Embora a Índia tenha tido sua participação cogitada, o convite nunca chegou a ser efetuado, em virtude daquilo que a CE percebia como sendo uma incapacidade dos indianos em "produzir" resultados. Era o objetivo da CE que o grupo não fosse excessivamente institucionalizado, de maneira não só a evitar

50. Apesar de serem atualmente os dois principais aplicadores de direitos antidumping, a Índia e a China sempre tiveram tratamento distinto, em razão de seus padrões técnicos para imposição de direitos antidumping não serem considerados satisfatórios (número elevado de investigações, rapidez dos processos e pequeno número de investigadores). São referidos, um tanto depreciativamente, como os "novos usuários".

51. Não se pode deixar de notar a curiosa presença da Nova Zelândia nesse grupo. A razão está, em larga medida, no fato de o negociador neozelandês e chefe da autoridade investigadora de seu país, Bruce Cullen, ser, como Hannes, um egresso da Rodada Uruguai. O Canadá, embora tivesse peso suficiente para estar presente em qualquer agrupamento dessa natureza, também dispunha de um negociador da Rodada Uruguai, Gilles LeBlanc. Sempre houve, assim, certa aliança informal entre os três negociadores, unidos por uma autoconferida precedência na interpretação do que "teria sido efetivamente acordado" na Rodada Uruguai.

que posições individuais impedissem a apresentação de documentos conjuntos, como também permitir que países com posições semelhantes pudessem se juntar tão logo consolidada a identidade do *Middle Group* e sua capacidade de contribuir e influenciar os rumos dos debates.

No dia 10 de abril de 2005, o *Middle Group* reuniu-se pela primeira vez para deliberar sobre aspectos substantivos. Oito foram os temas selecionados a partir do interesse manifestado pelos participantes: 1) *Reviews* (sugerido por Brasil, Canadá, CE, México, Nova Zelândia e Turquia); 2) *Lesser Duty Rule* (LDR) (Austrália, Brasil, CE e Turquia); 3) definição de *like product/product under consideration* (Austrália, Brasil e Canadá); 4) *Circumvention* (CE, México e Nova Zelândia); 5) *Zeroing* (México e Nova Zelândia); 6) *Cyclical industries* (Canadá); 7) *Initiation panels* (CE); e 8) *Transparency* (Turquia).

Num diapasão muito distinto daquele que havia orientado as atividades do agrupamento em seus primórdios – discussões técnicas, ainda que inconclusivas –, a última reunião do *Middle Group* em 2005 esteve voltada para questões políticas, associadas à preparação para a Reunião Ministerial de Hong Kong. Ainda que o momento justificasse ênfase política nas reflexões, ficou evidente que a CE buscava fazer com que os participantes não apenas concordassem com uma alegada inexorabilidade de definir lista de temas prioritários em antidumping – algo já descartado pelos Membros em ocasiões anteriores –, como também referendassem o rol comunitário como o único *centro de convergência* politicamente viável. A maneira como as reuniões vinham sendo conduzidas contribuíram para alimentar a impressão de que a CE se estava valendo do *Middle Group* para manter certo controle sobre os Membros que, à parte do Japão e dos EUA, teriam condições de influenciar o rumo dos debates no Grupo Negociador de Regras. O desconforto resultante dessa utilização do *Middle Group* para fins outros que não a simples oportunidade de discutir questões técnicas decretou, na prática, o fim do *Middle Group*, que ainda se reuniria, uma última vez, em março de 2006.

Assim, em seu sétimo encontro, o *Middle Group* chegava a um melancólico fim. Em seu epitáfio consta que se tratou de notável iniciativa, cujo potencial era reconhecido por todos. A excessiva instrumentalização política de seus idealizadores acabou levando, porém, à sua autodestruição.

A reunião ministerial de Hong Kong

A dinâmica das negociações durante o ano de 2005 foi marcada pela expectativa quanto aos resultados – em termos da Rodada como um todo – que poderiam ser obtidos na VI Reunião Ministerial da OMC, prevista para realizar-se em dezembro, em Hong Kong. Embora não escapasse a ninguém a dificuldade envolvida na empreitada, o objetivo central era bastante claro:

acordar as modalidades de NAMA e de agricultura, com vistas a completar o processo iniciado com o *Framework* de 2004 e permitir que as negociações entrassem em sua fase final.

Tendo em vista essa expectativa, não causa surpresa o fato de existir significativa diferença entre as visões técnica e política das negociações sobre antidumping, ao ponto de fomentarem avaliações críticas sobre os negociadores de antidumping, que, ciosos de seu espaço, buscavam em Hong Kong um pacote de regras cujo teor ignora as necessidades políticas da Rodada como um todo. Além disso, não passava despercebida a discrepância existente entre a imagem que se fazia das negociações em Regras no nível político (*nothing is happening*) e o relato do que estaria ocorrendo no nível técnico (*everything is fine*). A realização de uma reunião ministerial, contudo, era o momento em que deveriam ser reconciliados ambos os pontos de vista da negociação.

A elaboração da minuta relativa a antidumping por Valles apresentava duas ordens de desafios: uma substantiva e outra procedimental. Numa primeira aproximação, a questão da substância resumia-se à decisão de quais seriam os temas e os ajustes de linguagem contemplados na minuta do presidente, escolha essa que definiria o nível de ambição das negociações sobre antidumping. Naturalmente, o nível de ambição em antidumping deveria guardar equivalência com o nível de ambição geral da Rodada, determinado, em larga medida, pelo resultado das negociações em NAMA e agricultura. Os desafios surgiam no momento de "traduzir" essas considerações de ordem geral em decisões específicas quanto à inclusão, ou não, de cada um dos temas técnicos discutidos no GNR na minuta do presidente.

Nesse processo, dificuldade particular residia no fato de a ambição do texto de antidumping não depender exclusivamente dos temas incluídos na minuta; outra variável crucial era o grau de detalhamento da nova linguagem. Quanto mais precisa e detalhada a nova disciplina, mais "dentes" ela teria, isto é, maior seria a ambição do texto. Assim, concomitantemente com a decisão sobre *o que* incluir na minuta, estava a definição do *grau de detalhamento* da linguagem a ser sugerida.

O desafio seguinte encontrava-se na própria dinâmica das negociações antidumping na Rodada Doha. Se na Rodada precedente a fase crucial das negociações se deu diretamente sobre as sucessivas minutas de texto legal – o que permitiu que a ambição do resultado fosse sendo calibrada a cada nova versão, mediante o aprofundamento ou o enxugamento das regras –, na presente Rodada avançou-se muito na discussão técnica das propostas, mas não havia nada que pudesse servir de orientação para os negociadores quanto à forma pela qual cada tema iria entrar na composição da minuta de Valles.[52] Diante dessa incerteza quanto ao grau de detalhamento dos temas, tornava-se difícil vislumbrar o conteúdo da minuta; da mesma forma, sem definição do conteúdo da minuta, tornava-se complicado decidir sobre o grau de detalhamento do texto.

A superação de tal impasse – e a clareza quanto ao universo do que estava sendo negociado efetivamente em antidumping – só poderia ocorrer, assim, com a divulgação do texto do presidente do GNR, quando seria possível avaliar – cotejando-se *conteúdo* e *grau de detalhamento* simultaneamente – a ambição do texto e sua relação com a ambição da Rodada como um todo. A variável-chave passava a ser, portanto, a minuta de Valles, cuja apresentação estava umbilicalmente ligada ao desenrolar das negociações em agricultura e NAMA. Tendo em vista a importância das modalidades para a definição do grau de ambição em NAMA e agricultura, tornava-se natural a vinculação entre o acordo sobre modalidades e a apresentação do texto de Valles. Novamente, a instrumentalização dessa ideia-força mostrava-se menos simples do que o esperado.

A razão era o *momentum* diferenciado entre as negociações de acesso a mercados e as de marcos legais. No caso de NAMA e agricultura, a conclusão das modalidades praticamente encerraria as negociações relativas à ambição das duas áreas. Restaria apenas o intenso trabalho técnico de preparar as novas listas com os compromissos dos Membros no tocante às tarifas e aos tetos para os subsídios agrícolas. No caso de antidumping, a divulgação da primeira minuta do presidente constituiria, a um só tempo, a delimitação do universo negociador – que corresponderia, em certa medida, à definição da ambição das negociações – e o início efetivo do processo de negociação – cujo resultado, em termos do detalhamento das disciplinas, poderia alterar completamente o nível de ambição final do texto de antidumping.

Ora, diante da possibilidade de que o grau de detalhamento das regras pudesse alterar significativamente o nível de ambição das negociações antidumping, surgia um descompasso entre o significado da conclusão das modalidades de NAMA e agricultura e a apresentação do texto de Valles. No primeiro caso, poder-se-ia considerar que ambas as negociações já estariam

52. Basta ter presente que, na Rodada Uruguai, o primeiro anteprojeto de Acordo em antidumping foi apresentado em meados de 1990, sendo que *breakthroughs* em agricultura e NAMA só ocorreram anos depois – respectivamente, o acordo de *Blair House* entre EUA e CE, em novembro de 1992, e o entendimento do QUAD alcançado na reunião de Cúpula do G-7 em Tóquio, em julho de 1993.

substantivamente encerradas; no segundo, estar-se-ia apenas dando início efetivo à negociação.

Uma vez mais, a questão não se resumia a uma mera diferenciação de *momento*. Havia uma importante questão em jogo: existindo acordo dos Membros quanto ao pacote de NAMA e agricultura (o que pressuporia que todos estavam satisfeitos ou haviam sido obrigados a aceitar os *trade-offs* envolvidos), qual seria o estímulo para que os países fortemente conservadores na área de defesa comercial aceitassem prosseguir com as negociações de antidumping? Em termos mais precisos, estando os EUA satisfeitos com os ganhos em acesso a mercados de bens agrícolas e não agrícolas e com as concessões em matéria de subsídios, por que razão aceitariam negociar pacote minimamente ambicioso em antidumping? Ou seja, era impossível desvincular completamente a conclusão das modalidades e o acordo com relação a texto de antidumping já em avançado estágio de elaboração. Para que um documento dessa natureza pudesse surgir simultaneamente com as modalidades, entretanto, já deveria haver um elevado grau de clareza entre os negociadores do GNR quanto aos termos da minuta de Valles, o que se revelava complicado, pelos motivos já expostos.

Esse era, em síntese, o dilema basilar das negociações sobre antidumping.[53]

À medida que se aproximava a data-limite de 30 de abril de 2006 para a conclusão das modalidades, mais claro ia ficando para as principais delegações do GNR que tão importante quanto a substância daquilo que Valles iria incluir em sua minuta era o processo de preparação do texto e o momento de sua circulação. Havia consenso entre os Membros de que o texto de Valles deveria constituir *a* base – e não *uma* base – das negociações. Esse compromisso seria fundamental, a fim de que o documento do presidente, tão logo apresentado, não fosse alvo de interminável processo de aceitação/rejeição parcial por parte das delegações. No entanto, comprometimento por parte do G-6 em aceitar o texto de Valles só poderia ocorrer caso os seis Membros tivessem alguma indicação dele sobre aquilo que o documento conteria e o que seria deixado de lado.[54] Sem orientação mínima do presidente do GNR sobre como os cinco temas centrais de antidumping – regra obrigatória do menor direito, prática

53. Havia, ainda, a dificuldade oriunda de a avaliação sobre a ambição do pacote de regras ser feita a partir de critérios subjetivos, influenciados pelo fato de o analista estar mais próximo do nível técnico das negociações ou mais ligado ao panorama sistêmico da Rodada como um todo.

54. A referência ao comprometimento do G-6 se justifica por tratar-se de condição necessária – ainda que não suficiente – para que o texto de Valles fosse aceito como a base das negociações.

da zeragem, revisões quinquenais, interesse público e revisões – seriam tratados na minuta, seria problemático para as delegações formarem suas opiniões sobre o nível de ambição em antidumping e cotejá-lo com aquele das modalidades de NAMA e agricultura.

Ter uma boa ideia daquilo que a minuta iria conter – isto é, antes de ser formalmente apresentada – era igualmente fundamental para permitir eventual correção de rumos caso Valles estivesse equivocado em seu julgamento quanto ao ponto de equilíbrio de seu documento. Essa precaução não derivava de dúvidas quanto à capacidade de julgamento do Embaixador uruguaio, mas devia-se ao fato de que, uma vez apresentado o texto, tornar-se-ia muito mais difícil alterá-lo substantivamente, especialmente para inserir tópicos eventualmente omitidos. Uma vez colocado sobre a mesa, o texto do presidente tornar-se-ia, muito provavelmente, o teto em termos de ambição das negociações.

O processo de preparação

Nesse cenário de incertezas e visões díspares, Valles e as delegações engajaram-se no processo de elaborar e refinar a minuta de declaração ministerial sobre regras que contivesse orientação política específica sobre as quatro áreas negociadas sob os auspícios do GNR. Em linhas gerais, não havia discordância de que a decisão ministerial em Regras contivesse três partes: 1) uma detalhada descrição factual do processo negociador no GNR. Semelhante ao informe de julho de 2005 (TN/RL/13). Nela, Valles discorreria sobre processo e sobre os temas objeto de discussões detalhadas, dando indicações mais ou menos genéricas sobre aspectos técnicos dos temas debatidos; 2) um cronograma relativo à apresentação de seu texto legal e de suas subsequentes revisões. Os Ministros poderiam deixar claro que essa instrução cobriria as quatro áreas do mandato negociador e que, uma vez apresentados os textos (nos primeiros meses de 2006), as negociações passariam a se dar diretamente sobre eles; 3) orientação política específica. Em antidumping, área em que as discussões haviam evoluído mais em termos de detalhamento, os Ministros poderiam dar indicações concretas sobre os resultados que se alcançariam para determinado grupo de temas. Os temas que surgiam como naturais candidatos eram: *lesser duty rule*; *zeroing*; *sunset reviews*; *transparency*; *circumvention*; *reviews* e *initiation*. O número exato de temas e o tipo de instrução que os Ministros dariam para cada um teriam de ser ajustados à luz dos avanços em NAMA e agricultura.

As múltiplas consultas mantidas por Valles evidenciaram uma série de princípios compartilhados pelos Membros: 1) concordância de que Regras não era apenas uma entre tantas outras partes do *single undertaking*, estando intimamente relacionada às negociações de acesso a mercados; 2) os trabalhos estavam caminhando a contento, embora isso não fosse suficiente para que se lograsse terminar as negociações ao final de 2006, como imaginado à época; 3) a ideia de uma lista de prioridades causava desconforto a várias delegações, inclusive de Membros demandantes, que entendiam ser prematura e contraproducente a iniciativa; 4) embora estivesse claro que um simples informe com o estado das discussões não seria suficiente, não havia clareza quanto ao escopo e ao grau de especificidade da orientação política que deveria ser solicitada aos Ministros; 5) concordância para indicações concretas quanto a procedimentos (texto do presidente nas quatro áreas do mandato, elaborado a partir das contribuições dos países) e datas para orientar as negociações em 2006; 6) necessidade fundamental de equilíbrio entre os resultados almejados para as quatro áreas do mandato (nenhuma área estaria sendo retirada da mesa de negociação); 7) não renegociação do parágrafo 28 do mandato de Doha; e 8) aprofundamento, aceleração e conclusão das negociações ao final de 2006.

O resultado desses trabalhos foi incluído no Anexo D da minuta de Declaração Ministerial levada a Hong Kong (TN/RL/W/195). Em seu tópico mais importante, os Ministros instruíam Valles a preparar – com suficiente antecedência para permitir a conclusão da Rodada ao final de 2006, em paralelo com as demais áreas da negociação – minutas de textos legais de antidumping e subsídios que deveriam constituir *a* base das negociações em seu derradeiro estágio.

Diante das profundas e substantivas controvérsias em agricultura e NAMA e do risco de a reabertura dos tópicos relativos a regras resultar em texto de pior qualidade, o Anexo D foi a única entre as cinco principais áreas negociadoras (regras, agricultura, NAMA, serviços e temas de desenvolvimento) que não sofreu alteração substantiva durante a reunião em Hong Kong. O único momento em que a integridade do texto se viu ameaçada foi quando a Venezuela decidiu encaminhar ao presidente da Conferência, o Ministro John Tsang, de Hong Kong, carta solicitando a reabertura do Anexo D para a inclusão de parágrafo independente sobre tratamento especial e diferenciado na área de antidumping, entre outras sugestões.[55] Tendo em vista que a iniciativa venezuelana não se resumiu a regras (outras quatro cartas foram endereçadas ao Ministro Tsang, versando sobre outras matérias), não houve nada que os FANs, ou os demais Membros, pudessem fazer do ponto de vista das discussões técnicas sobre regras.

55. "In this sense, we reject the *Annex D* as it turns aside the spirit, objective and reason of the Doha Mandate on rules, which claims to take into account the needs of developing and least developed countries." (Carta da delegação venezuelana ao Ministro John Tsang, datada de 16 de dezembro de 2005.)

De Hong Kong à primeira versão do anteprojeto

Sob o signo da Declaração Ministerial de Hong Kong e da data-limite de trinta de abril de 2006 para o acordo sobre as modalidades em NAMA e agricultura, as negociações no GNR entraram em momento decisivo. A opinião generalizada era a de que seria necessário acelerar as discussões, de maneira a habilitar Valles a produzir a primeira minuta do Acordo em algum momento entre o final de abril e os últimos dias de julho de 2006. Para tanto, Valles instava as delegações a fazer circular propostas negociadoras sobre as áreas faltantes até abril, no máximo, estimando ser improdutivo que novos temas fossem introduzidos a partir de então. Os meses de maio a julho serviriam para processos de consultas de diferentes naturezas, a fim de que as minutas fossem apresentadas ao final de julho, antes do recesso de verão na Europa. O segundo semestre de 2006 seria utilizado para as negociações de texto legal e o refinamento dos documentos.

Em linha com o renovado ímpeto negociador, Valles tratou de imprimir novo caráter às consultas plurilaterais, determinando a participação de oito Membros fixos - EUA, Brasil, CE, Índia, China, Japão, Egito, Canadá e Nova Zelândia - e mais três ou quatro Membros *ad hoc*. O objetivo não declarado de Valles - e de algumas delegações importantes, cientes de que o número elevado de delegações nas consultas não se vinha mostrando adequado - era limitar a presença dos FANs, especialmente aqueles radicais, que dificultavam o andamento das consultas.[56] Com relação ao *momentum* para a circulação do

56. Embora a avaliação fosse procedente, a implementação das novas regras nem sempre foi fácil ou inteiramente justa, visto que o ônus de servirem como variável de ajuste recaía exclusivamente sobre os FANs. Assumindo-se que o objetivo era promover uma discussão técnica circunstanciada entre os principais atores, era forçoso reconhecer que a presença de 12 Membros era ainda muito elevada. Ademais, algumas delegações questionavam abertamente o fato de Egito, China e Nova Zelândia serem convidados como Membros fixos. Na opinião dessas delegações, o Egito era chamado porque, sendo mais conservador do que os EUA, servia de álibi para os norte-americanos; a Nova Zelândia era convidada muito em razão do fato de o negociador, Bruce Cullen, ser egresso da Rodada Uruguai, e, portanto, figura conhecida; a China, por sua vez, fazia-se presente tão somente por razões políticas - tendo em vista que muitas das alterações no Acordo pretendidas pelos EUA tinham a China como alvo, era a intenção norte-americana assegurar que os chineses estivessem presentes em todas as discussões, de maneira a evitar que, ao final da Rodada, a China não concordasse com o pacote de antidumping sob a alegação de que nunca fora consultada. Na prática, contudo, a China intervinha muito pouco, sem mencionar que, a cada reunião, o chefe da delegação, vindo de Pequim, era diferente, impossibilitando a identificação de interlocutor fixo e confiável.

anteprojeto, as diversas consultas que tiveram lugar entre março e começo de junho indicaram que Valles deveria, a partir da reunião do GNR entre os dias 19 e 30 de junho, iniciar uma fase de consultas de ordem política, relacionadas ao conteúdo da futura minuta de acordo, de maneira a que fosse possível apresentá-la em meados de julho.[57]

Apesar de as principais delegações estarem de acordo quanto ao processo negociador no GNR, começava a causar certa apreensão, entre várias delegações, a impressão de que os objetivos das consultas plurilaterais haviam mudado. Por um lado, a escolha dos documentos para as plurilaterais recaía quase em sua totalidade nas propostas dos EUA, da CE, do Canadá e do Egito, sob o argumento, velado, de que as propostas dos FANs careciam de qualidade técnica suficiente e apresentavam radicalismo incompatível com o momento negociador e o objetivo das consultas. Por outro lado, o número de documentos selecionados era crescente, dificultando – e mesmo impedindo – discussão técnica aprofundada de cada proposta, característica precípua das consultas em seus primórdios. Ainda que por razões não necessariamente coincidentes, criava-se a impressão entre várias delegações de que as consultas estavam servindo, em certa medida, para legitimar a eventual inclusão das propostas dos EUA e da CE, sobretudo, na minuta a ser elaborada por Valles.[58]

A transição das negociações para uma etapa que se acreditava ser final influenciou a atuação das delegações e dos agrupamentos informais. Era inegável, nesse sentido, a metamorfose que os FANs vinham experimentando, capitaneada pelo Japão. Ao longo de 2005 começaram os primeiros sinais de que o Japão estava tratando de adensar seus contatos com EUA e CE, não apenas em Genebra, mas também em Washington e em Bruxelas. Embora esse pro-

57. O objetivo era assegurar que as delegações pudessem ter tempo de avaliá-lo adequadamente antes da pausa de verão. Várias delegações (CE, Noruega e Japão, por exemplo) eram mesmo da opinião de que *early July* seria o momento mais adequado para a apresentação da minuta. Até mesmo os EUA afirmavam não ter objeções a que Valles estabelecesse *extremely thorough consultations* em que fosse indicado como pretendia tratar (isto é, incluir ou excluir) os temas em discussão. A exigência, contudo, compartilhada pelas demais delegações, era quanto à clareza sobre esse processo, que deveria conduzir à elaboração do anteprojeto.

58. Para exemplificar, duas das propostas da CE incluídas nas consultas do final de abril – exame da política de defesa comercial (TN/RL/GEN/110) e a outra sobre um grupo independente de especialistas (TN/RL/GEN/109) – não tinham exatamente o perfil de serem temas com elevado conteúdo técnico. Já a proposta do Brasil sobre as revisões do artigo 11.2 (TN/TL/GEN/117), esta sim com elevada complexidade técnica e com implicações fundamentais para as discussões das revisões dos artigos 11.3 e 9.3, foi ignorada.

cesso não se desse a expensas dos FANs, ficava claro que os japoneses iam incorporando cada vez mais considerações estratégicas em seu modo de atuação, associadas à Rodada como um todo e aos possíveis contornos de um pacote em antidumping politicamente aceitável. Nesse contexto em que era chamado a tratar da conformação de um pacote politicamente viável para antidumping, o Japão via aumentar a dificuldade para conciliar esse papel político sistêmico com a defesa intransigente da plataforma dos FANs. O resultado era que, estando o Japão – assim como o Brasil – empenhado em discutir os contornos de um pacote equilibrado em antidumping com o presidente do GNR e com outras delegações-chave, os FANs iam paulatinamente sendo afastados do centro do tabuleiro negociador.

Essa marginalização dos FANs não passava despercebida pela ala radical do agrupamento, inquieta com o perfil discreto das posições do grupo. Diante dessa situação, Hong Kong foi gradualmente assumindo papel mais protagônico, convocando reuniões por sua iniciativa e procurando imprimir linha de atuação mais agressiva aos FANs, inclusive mediante a elaboração de declarações conjuntas do grupo.[59] Movida pelo temor de se ver excluída do centro do debate, a ala radical decidiu que o agrupamento deveria ser mais ativo; para tanto, passou a trabalhar em propostas que mantivessem elevado o nível de ambição, na crença de que propostas radicais iriam credenciá-la a tomar parte de discussões mais restritas.

Para Brasil e Japão, a situação era ambígua. Por um lado, esforçavam-se para mostrar à ala radical os efeitos colaterais dessa estratégia intransigente de alto perfil. Procuravam, sutilmente, indicar que tais posições eram inadequadas para conseguir soluções de compromisso, e que o simples fato de não serem endossadas por Brasil e Japão já condenaria, de antemão, as propostas ao ostracismo. Por outro lado, o radicalismo dos FANs credenciava, convenientemente, as sugestões do Brasil e do Japão como o ponto de equilíbrio no espectro de interesses.

A CE mantinha sua estratégia de mostrar-se como o fiel da balança, capaz de arbitrar o ponto de equilíbrio entre os interesses conflitantes de Japão e EUA, sendo que o centro de gravidade almejado coincidiria – previsivelmente

59. Por exemplo, no começo de 2006 já estava claro para o Japão e para o Brasil que a relação custo-benefício de continuar a defender o prazo máximo de 5 anos para a duração de qualquer direito antidumping era negativa, sendo mais produtivo tratar de obter a elaboração de regras estritas para a revisão de um direito por prazo superior a 5 anos. Demonstrando ausência de sensibilidade política, Taipé Chinês insistiu, sem sucesso, em que os FANs copatrocinassem proposta insistindo no limite absoluto de 5 anos (TN/RL/W/204).

– com sua lista de temas prioritários. Para alcançar seus objetivos, tratava de intensificar os contatos informais extraplenário com os demais facilitadores, o presidente do GNR e o Diretor da Divisão de Regras.

Com relação aos EUA, é necessário analisar separadamente as manifestações públicas dos negociadores e sua atuação longe dos holofotes. Publicamente, a retórica não denotava nenhuma originalidade, com os representantes estadunidenses repisando sua oposição a alterações de monta do Acordo ou a outras mudanças que os obrigassem a reformular seu sistema de defesa comercial. Em reuniões de trabalho, entretanto, os delegados dos EUA mostravam-se mais abertos a explorar as filigranas técnicas dos principais temas em discussão, não se furtando a refletir sobre possíveis maneiras de acomodar os diferentes interesses envolvidos.

Quanto a Valles, é forçoso reconhecer seu esforço em evitar confrontos desnecessários e contraproducentes entre os principais atores. Também era do seu interesse evitar elevar o perfil das negociações antidumping precipitadamente, o que poderia gerar reações fortes do Congresso dos EUA, reduzindo a já estreita margem de manobra dos negociadores norte-americanos. No entanto, mais do que escolha inteiramente racional, tal cautela era resultado igualmente da falta de clareza generalizada quanto à melhor forma de avançar os trabalhos.

Diante da perda do prazo de 30 de abril de 2006 para que fossem acordadas as modalidades de NAMA e agricultura e do ritmo lento dos trabalhos nas semanas subsequentes, as esperanças de obter renovado – e fundamental – impulso político direcionavam-se para a reunião de Chefes de Estado e Governo do G-8, que se realizaria em São Petersburgo entre os dias 15 e 17 de julho de 2006. E, efetivamente, os dignitários lá reunidos instruíram seus negociadores a intensificar os trabalhos, de maneira a concluir as modalidades em um mês – ou seja, até a data de 16 de agosto. Efetivamente, os países do G-6 trataram de se reunir, já no dia 23 de julho, em Genebra, em nível ministerial, imbuídos da missão de abrir caminho para se alcançarem as modalidades. Mais uma vez, contudo, as esperanças não se confirmaram e, a despeito das instruções diretas dos mandatários máximos do G-8, não foi possível avançar as discussões. Assim, no dia 24 de julho, Lamy anunciava, no TNC, a suspensão da Rodada por tempo indeterminado (JOB(06)/231, de 24 de julho de 2006). No entanto, diante das evidências de que a suspensão havia-se tornado contraproducente, ao disseminar a impressão na imprensa e na opinião pública de que a Rodada estava condenada ao fracasso, Lamy, tendo como fato novo apenas a expressiva vitória do Partido Democrata nos EUA, anunciou, no dia 16 de novembro de 2006, a retomada formal da Rodada.

No tocante a Regras, a retomada dos trabalhos só se deu no começo de fevereiro de 2007, com a realização da primeira reunião do GNR desde a suspensão da Rodada, em julho do ano anterior. Tendo em vista que o nó górdio das negociações estava muito distante dali, a reunião teve como principal objetivo marcar a retomada das discussões sobre antidumping. As quatro propostas substantivas na agenda do encontro foram pouco mais do que pretexto para reunir as principais delegações envolvidas com as tratativas de antidumping e recordar que o assunto permanece em pauta nas negociações da Rodada Doha. Não se registraram avanços significativos nos aspectos técnicos das discussões sobre antidumping ao longo de 2007. Exceto pela polêmica proposta dos EUA, repisando sua defesa da legalidade da prática da zeragem (TN/RL/GEN/147), as palavras do presidente do GNR, ao final de novembro de 2007, ratificam a falta de avanços substantivos em regras: "However, we have now reached a point of diminishing returns in our Negotiating Group and more importantly, we now face the challenge of starting a new phase" (TN/RL/W/213).

Primeiro anteprojeto

Tendo, em Hong Kong, os resultados ficado aquém das expectativas em razão da impossibilidade de se acordarem as modalidades; não tendo havido, nos dois anos seguintes, evolução significativa em agricultura - que abriria naturalmente caminho para uma minuta em antidumping; e considerando os riscos associados a uma paralisação, *de facto*, do processo negociador como um todo, a estratégia de circulação de uma minuta de projeto de antidumping apenas após a conclusão das modalidades de NAMA e agricultura foi alterada e, em 30 de novembro de 2007, a primeira versão do anteprojeto de um novo Acordo Antidumping foi apresentada (TN/RL/W/213).

Embora um documento dessa natureza gere, inevitavelmente, reações enérgicas, elas não foram oriundas dos EUA, que se limitaram a manifestar seu profundo desapontamento com importantes aspectos do texto de Valles. Já o Subsecretário-Geral de Assuntos Econômicos e Tecnológicos (SGET) do Ministério das Relações Exteriores, Embaixador Roberto Azevêdo, classificou o documento como um "major step backwards for world trade" (*WTO Reporter, December* 5, 2007). Na primeira reunião do GNR após a circulação do texto de Valles, a intervenção feita pelo Representante Permanente do Brasil em Genebra foi contundente:

> I must say that Brazil is extremely disappointed with your consolidated draft text. We consider it to be a step backwards compared with the present Anti-Dumping and Subsidies Agreement. I am saying this because there are many aspects in your text, Ambassador Valles, that raises serious concerns

to us. (...) Throughout the text, it is remarkable that proposals discussed at the Negotiating Group were not reflected in a balanced way. The views of few Members were disproportionately incorporated into the text, to the detriment of the interests of the majority of the Membership, particularly developing countries.

Em síntese, não cabem dúvidas de que um texto dessa natureza depende visceralmente do julgamento e da avaliação daquele que tem a responsabilidade de produzi-lo. Tampouco se pode pretender que exercício dessa natureza produza opiniões coincidentes ou apenas manifestações de aprovação. Diante do cabedal de opções técnicas à disposição de Valles, pode-se especular sobre possíveis alternativas capazes de assegurar texto mais representativo dos diversos interesses envolvidos, sem que fosse necessário abrir mão do realismo político fundamental para qualquer documento desse tipo. Mais do que simples julgamento da minuta de novembro de 2007, esse exercício mostra-se essencial para identificar maneiras de evitar que as futuras revisões do texto padeçam das mesmas deficiências.

O ano de 2008

A ausência de avanços concretos em NAMA e agricultura em 2008 teve reflexos, como não poderia deixar de ser, no GNR, cujas deliberações permaneceram em claro compasso de espera ao longo do ano. Nas palavras do próprio Valles:

> First, few if any delegations believe that my first Chair's texts struck a proper balance. Second, *little if any progress has been made since I tabled those texts to find an alternative balance around which Members could converge.* Third, it seems to me that Members at this stage would prefer that I pursue a bottom-up approach and that I adequately reflect the actual negotiations among Members. I should therefore start providing draft legal language in those areas where we could find consensus and in areas where convergence could be potentially achieved. This is the only way to provide all delegations with the assurances they need that their positions are not prejudiced by revised texts. Thus, it should not be expected that my new texts will offer any magic solutions in the many areas where Members' positions differ dramatically and where the alternatives remain as delegations originally tabled them, i.e., very far apart (TN/RL/22, 17 de julho de 2008 – grifo nosso).

A estagnação da Rodada como um todo não impediu, contudo, que a primeira minuta apresentada por Valles, em novembro de 2007, fosse acumulando críticas diversas. Premido, portanto, pela necessidade de evitar a paralisia das tratativas no GNR – que poderia reforçar uma percepção de colapso da Rodada como um todo –, o Embaixador uruguaio decidiu, em maio, divulgar documento de trabalho (TN/RL/W/232) em que compilava todas as sugestões de linguagem feitas pelos Membros para os diversos dispositivos do Acordo Antidumping e os comentários feitos sobre sua minuta. O que terá sido basicamente um artifício para manter a dinâmica negociadora acabou por se revelar importante decisão estratégica: com um documento de tal natureza, Valles logrou trazer novamente à mesa negociadora todas as preocupações suscitadas pelos Membros que ele havia, em seu anteprojeto, deixado de contemplar. Assegurava, assim, que: a) o *draft* apresentado em novembro de 2007 permanecia sendo o referencial fundamental das negociações; b) o perfil das deliberações sobre antidumping não estava sendo elevado prematuramente junto ao Congresso norte-americano; e c) permanecia em aberto a definição do centro de gravidade do espectro de posições, porquanto nenhuma proposta negociadora havia sido formalmente descartada.

Em 18 de dezembro, entretanto, o quadro se alterou novamente, tendo Valles apresentado a primeira revisão do seu anteprojeto de acordo (TN/RL/W/236), cuja característica principal foi a supressão das sugestões de linguagem para os tópicos considerados controversos. Nos casos da prática da zeragem, da regra do menor preço e da regra do menor direito, a iniciativa foi positiva do ponto de vista dos interesses brasileiros, visto que, na primeira versão do documento, as mudanças propostas legalizavam a zeragem e eliminavam o princípio de que a aplicação das regras do menor preço e do menor direito era desejável. No entanto, ao voltar atrás nas sugestões de linguagem para esses tópicos, Valles ter-se-á visto, muito provavelmente, na contingência de "equilibrar" o seu texto, retrocedendo em tópicos sensíveis para os norte-americanos. Daí sua decisão de eliminar as alternativas textuais oferecidas para tópicos como revisão quinquenal e definição do produto sob investigação, temas de interesse direto do Brasil e cuja maturidade das reflexões já indicara áreas de convergência suficientes para que o texto do presidente contemplasse linguagem específica.

Ao fazer *tabula rasa* da distinção entre temas intrinsecamente controversos e tópicos que necessitavam de refinamentos linguísticos e discussões complementares, Valles acabou por apresentar minuta revisada com linguagem apenas para os temas de escassa complexidade e divergência de posições. Embora seja possível argumentar que o atual documento do presidente do GNR não faz nada mais do que retratar a carência de efetivo processo negociador em antidumping, não se pode deixar de observar que a sua natureza – minuta formal do presidente do GNR contendo sugestões de alteração do Acordo Antidumping – acaba por chancelar a baixíssima ambição das negociações sobre a matéria. Não surpreenderá a dificuldade que os países demandantes terão para fazer os EUA aceitarem a inclusão de linguagem nas áreas em que Valles retrocedeu e decidiu tão somente registrar a existência de opiniões conflitantes.

No dia 21 de abril de 2011, o presidente do GNR, Embaixador Dennis Francis, de Trinidad e Tobago, apresentou nova versão do texto consolidado (TN/RL/W/254). No entanto, pouquíssimos avanços foram incorporados. Em suas próprias palavras:

> In this area, I have chosen to prepare a revised legal text. This should not be understood to mean that I perceive significant signs of convergence on the major "political" issues. To the contrary, it is noticeable that the new text contains the same twelve bracketed issues as the 2008 Chair text. The 2008 Chair text on anti-dumping does however contain extensive un-bracketed language on a wide range of technical but nevertheless important issues, and our work over the past two plus years has pointed to a few areas where useful changes to that language might be warranted. In short, therefore, arguably a new text on anti-dumping can usefully reflect some limited progress, and in any event it can serve to give a clear idea of where things stand.

Considerações finais

Em que pese o papel central do dossiê agrícola na Rodada Doha, a complexidade, a importância e o histórico das negociações sobre antidumping ao longo das rodadas recomendam cautela na avaliação do tema no quadro das tratativas lançadas em 2001. O fato de as atenções terem-se voltado, até o momento, para as discussões sobre o comércio agrícola e o de bens, não deve ser interpretada necessariamente como sinal de que o assunto perdeu sua natureza polêmica ou de que será possível finalizar a presente Rodada sem discussões aprofundadas sobre: a) antidumping; b) os demais temas negociados no Grupo Negociador de Regras; e c) os *trade offs* que muito provavelmente se conformarão entre antidumping e subsídios – incluindo os subsídios à pesca – entre si, assim como entre esses temas e os demais em negociação. Ainda que possa haver ajustes no nível de ambição da Rodada como um todo, esses ajustes terão que ser "traduzidos" em termos dos resultados a que se poderá chegar no tocante aos temas do GNR. E, em razão de eventuais "compensações" que países-chave se poderão ver obrigados a demandar para aceitar os resultados da Rodada, não se deve descartar prematuramente a hipótese de que as negociações antidumping ainda poderão ser objeto de acirradas discussões.

4 – Subsídios e medidas compensatórias no sistema multilateral de comércio

Ana Carolina Meneghetti Peres

Se a abertura propiciada pela liberalização comercial amplia os mercados potenciais a determinada mercadoria, parece natural, e até mesmo legítimo, que os Estados busquem auxiliar os atores privados sob sua jurisdição na manutenção e ampliação da participação dos produtos nacionais nas trocas internacionais.

É comum observar, na prática, ações dos Membros da OMC que se opõem à lógica da não intervenção estatal e acabam por influenciar não somente os fluxos de circulação de mercadorias no mercado internacional, mas também a própria produção de bens, que não seriam produzidos caso as forças de mercado atuassem livremente.

É este o caso que se observa, por exemplo, na concessão de subsídios pelos governos nacionais aos diversos atores privados das trocas internacionais. Por meio de aportes diretos de recursos, investimentos do erário público, isenções de tributos e tarifas, bem como pela abertura de linhas de créditos específicas para determinadas atividades econômicas, a ingerência estatal na economia interna e na vida das empresas instaladas em seu território pode influenciar as vantagens comparativas do país em questão.

Ocorre que o desenvolvimento "natural" das vantagens comparativas por meio da atuação das forças de mercado é, justamente, o cenário que as regras multilaterais de livre comércio buscam promover. Por tais motivos, é com grande receio que o Sistema Multilateral de Comércio observa os fatos e constrói a disciplina sobre os subsídios governamentais que, por afetarem as economias nacionais, em última análise, acabam também por atingir todo o mercado global.

O presente artigo se debruça sobre o papel das regras multilaterais que disciplinam a concessão dos subsídios pelos Membros da OMC e os remédios à disposição daqueles Membros cujos interesses são afetados por produtos subsidiados. A Seção 1 resgata o juízo de valor feito pela teoria econômica do comércio internacional e pelas políticas nacionais sobre os subsídios, com foco principal nos subsídios a bens não agrícolas. A Seção 2 estabelece as bases históricas do tratamento dispensado pelas regras do Sistema Multilateral de Comércio ao tema. Por fim, a Seção 3 expõe – em linhas gerais e naquilo que não se sobrepõe à matéria similar no antidumping – a disciplina da matéria tal como ela hoje se configura juridicamente.

1. Os subsídios sob o olhar da Teoria Econômica do Comércio Internacional

A lógica por trás do Sistema Multilateral de Comércio é essencialmente liberal. Seguindo as teses econômicas liberais, e na linha de política liberal que prega a mínima intervenção do Estado na economia, os países participantes do Sistema Multilateral de Comércio deveriam evitar quaisquer decisões ou atos que porventura viessem a influenciar artificialmente tanto a produção de bens no seu mercado interno quanto a própria circulação de bens no mercado internacional.

Isso porque a influência das políticas nacionais sobre os fluxos internacionais é considerada causadora de distorções e, se os subsídios distorcem o comércio, podem ameaçar os benefícios decorrentes da liberalização tarifária negociada. Nesse sentido, a lição de Jackson:

> (...) there may be some policies relating to subsidization that are connected to national government's general approach to its economic system. Entrepreneurs in a market economy, such as that of the United States, often say that they can compete against "fair imports", but they cannot compete against a foreign government's treasury. What they mean, partly, is that and additional layer of risk is involved in competing in a world trade environment when other than market and profit-maximizing considerations of foreign firms are motivating those firms' exports. If the motivation is some sort of policies carried out by the foreign government, the importing country's entrepreneurs say that this is unfair and tends to reduce the efficacy of the importing country's economic system when that system is geared toward a free-market orientation (1998, p. 283-284).

Apesar das controvérsias entre as opiniões de governos e economistas sobre os efeitos dos subsídios, uns acreditando tratar-se de práticas legítimas de política industrial, outros apenas de proteção para empresas e setores ineficientes, o fato é que a concessão de subsídios vai de encontro à lógica geral do Sistema Multilateral de Comércio, baseado nas teorias das vantagens comparativas e da especialização.

Do ponto de vista do mercado internacional, a concessão de subsídios compensa os custos que normalmente seriam suportados pelos produtores, permitindo que estes, em um primeiro momento, pratiquem preços mais baixos do que aqueles praticados pelos produtores não subsidiados. Isto aumenta artificialmente a participação do produtor subsidiado no mercado.

Assim, a concessão de subsídios pode causar, em um determinado mercado, as mesmas distorções que tarifas e restrições quantitativas. Pela lógica liberal, subsídios devem ser eliminados para que se possam atingir os benefícios propagados pelo livre comércio.

Essa abstenção de intervenção econômica por parte dos governos, contudo, não é o que se observa de fato. Os governos nacionais acabam sempre intervindo na economia, geralmente inspirados por objetivos de distribuição de renda interna, de promoção de indústrias consideradas cruciais à economia, de incentivos ao avanço tecnológico no parque industrial nacional ou por motivos de balança de pagamentos. Quando tais políticas governamentais afetam os padrões de comércio e investimentos internacionais, podem dar lugar ao surgimento de disputas comerciais entre os países.

Não são poucos os países e segmentos econômicos internos que advogam que a existência de subsídios pode ser uma política governamental desejável, principalmente quando praticada para compensar a existência de fatores negativos e distorções existentes dentro da economia nacional. Nesse sentido, Hoeckman e Kostecki ilustram que:

> Tax-subsidy schemes may be an appropriate means of offsetting externalities or distortions associated with overvalued exchange rates or labor market rigidities if these problems cannot be dealt with directly. They may also be used to redistribute income (2001, p. 169-170).

Entretanto, para uma alocação mais eficiente dos recursos que resultam dessa forma de intervenção estatal, são condicionantes necessários, por um lado, o diagnóstico correto dos problemas econômicos nacionais e, por outro, que a política escolhida seja executada de forma apropriada. Na prática, contudo, os governos costumam falhar em suas ações tanto quanto os próprios mercados, especialmente por estarem mais suscetíveis aos interesses dos grupos mais organizados da economia.[1]

---

1. É o que alertam Hoeckman e Kostecki mais adiante: "in most of these cases the rationale for subsidies is the existence of distortions created by market failures or other government policies. However, as is well known, if the source of the problem is policy-induced, the case for a subsidy is very much a second-best one – the appropriate action is to target the source of the problem. More often than not subsidy policies

Assim, seja por inspiração do Estado intervencionista, ou mesmo em virtude de concessões feitas a *lobbies* econômicos internos, os diversos governos nacionais acabam criando maneiras não necessariamente bem elaboradas de intervir na economia nacional. Ainda que a intenção do subsídio seja estimular o mercado interno de determinado país, não há dúvidas de que essa prática governamental acaba por gerar efeitos extrafronteiriços e, consequentemente, no comércio internacional.

Examinando especificamente a questão dos subsídios às exportações, Krugman demonstra que, independentemente de quais sejam os motivos que levam à intervenção estatal nas economias nacionais, a intervenção governamental na economia por meio de subsídios aumenta artificialmente a produção e tem por consequência lógica criar um excedente a ser exportado. Concedido explicitamente com o intuito de aumentar as exportações de determinado país, um subsídio à exportação por si só leva ao encarecimento do produto no mercado interno. Nas palavras do economista estadunidense:

> Subsídios à exportação, assim como as tarifas, criam uma diferença entre os preços nos quais os bens são comercializados no mercado mundial e seus preços dentro do país. (...) Um subsídio às exportações dá aos produtores um incentivo para exportar. Assim, será mais lucrativo vender no exterior que na economia local, a não ser que o preço da economia local seja superior, portanto tal subsídio eleva o preço dos bens exportados dentro do país (2001, p. 114).

Do ponto de vista da distribuição internacional da renda, ao aumentarem as exportações a preços mais baratos e encarecerem o produto no mercado interno, os subsídios elevam o preço relativo interno do bem exportado. Consequentemente, os subsídios acabam por ter efeito nos termos de troca de determinado país.

Na teoria econômica, os termos de troca são definidos pela razão entre o preço do bem que o país exporta e o preço do bem que o mesmo país importa. Assim, quanto maior o preço de suas exportações em relação ao preço de suas importações, maiores os termos de troca de determinado país, e consequentemente, maior é o bem-estar dentro desse país.

---

are driven by rent-seeking interest groups, not by clearly identified market failure. The stricter disciplines that where negotiated in the Uruguayan Round are therefore likely to be beneficial. Export subsidies may be optimal from a national perspective, but are distortionary for the world as a whole, can easily be captured by private interests seeking rents, and are difficult to target at a well defined distortion or market failure" (2001, p. 175-176).

Já uma redução nos termos de troca implica também a redução do bem--estar econômico no país. É esse o efeito de um subsídio às exportações. Ao diminuir os preços de suas exportações e aumentar os preços relativos internos, o país que concede incentivos dessa espécie piora os termos de troca do país e melhora os termos de troca do estrangeiro.

A interessante conclusão da teoria econômica é que os termos de troca do estrangeiro, para onde são enviados os bens subsidiados, melhoram às custas do país que concede o subsídio, ficando os países receptores de produtos subsidiados claramente em melhor situação. Ao mesmo tempo, o país que concede o subsídio perde com a deterioração de seus termos de troca e pelas distorções causadas por sua política.

Assim, analisando-se estritamente as consequências econômicas dessa prática para o país que concede um subsídio à exportação, conclui-se que elas nunca têm sentido. Krugman afirma que:

> De fato, é difícil encontrar uma situação na qual os subsídios às exportações sirvam ao interesse nacional. O uso de subsídios à exportação como ferramenta de política econômica normalmente tem mais relação com as peculiaridades das políticas de comércio do que com a lógica econômica (2001, p. 116).

Já no país que recebe produtos importados a preços subsidiados, a ideia de que esses produtos estrangeiros são benéficos para os consumidores nacionais não é disseminada. Quando os governos estrangeiros são acusados por promoverem vendas subsidiadas, a reação popular e a resposta política mais frequentes são condenar essas vendas por concorrência desleal. E isto se dá em função dos efeitos da distribuição de renda no país que recebe o produto subsidiado: se é fato que uma grande quantidade de consumidores se beneficia em função de produtos mais baratos, os trabalhadores e industriais dos setores que concorrem com esses produtos estrangeiros subsidiados não ficam nem um pouco satisfeitos.

Apesar de trabalhadores e industriais serem um grupo significativamente inferior ao número total de consumidores de determinado país, também é certo que geralmente se trata de grupos mais organizados que os consumidores, sendo, portanto, mais eficientes na tarefa de elevar suas reivindicações à consideração dos governos nacionais em busca de proteção contra a concorrência internacional "desleal".

Com relação aos subsídios, como se verá mais adiante, a OMC prevê a possibilidade de seus Membros se valerem de proteção contra os efeitos nefastos trazidos por produtos importados subsidiados no estrangeiro à indústria nacional a partir da aplicação de medidas compensatórias. Por meio dessa possibilidade, os países que considerarem que suas indústrias estão sofrendo dano material em função de importações que se beneficiam de subsídios podem impor medidas compensatórias.

Segundo Hoeckman e Kostecki, existem duas explicações possíveis para justificar a resposta às políticas de subsídios estrangeiras por meio de medidas compensatórias: a primeira é a eliminação do efeito danoso das políticas dessa natureza na indústria doméstica; a segunda é a tentativa de induzir os governos estrangeiros a mudar a sua política de subsídios.

Não obstante, segundo o entendimento dos autores, a primeira explicação não teria mérito econômico, uma vez que a imposição de medidas acaba por piorar a situação geral do país que recebe os produtos subsidiados.[2]

Já o segundo argumento, de inibir políticas estrangeiras de concessão de benefício, possui certo mérito econômico. Mesmo que no curto prazo uma medida compensatória reduza o bem-estar, a ameaça da imposição de medidas compensatórias pode induzir os governos estrangeiros a não subsidiar, o que implica reduzir as distorções causadas por essa prática em escala mundial.

É certo, contudo, que a validade dessa afirmativa dependerá dos efeitos que a medida compensatória unilateral possa incutir nas exportações subsidiadas: se o custo para o governo em manter os subsídios for maior que o benefício que surge da utilização dessas políticas, sua manutenção não faz sentido. Não obstante, a falta de atratividade das políticas de subsídios pode não ocorrer se o mesmo estes forem efetivamente utilizados para corrigir falhas no mercado, ou forem oferecidos em função de razões outras que não as econômicas.

É interessante notar que a efetividade das medidas compensatórias dependerá da capacidade do país que as impõe de afetar os termos de troca do país que subsidia. A imposição de medidas compensatórias por economias com pouca representatividade nas trocas de determinado país tende a não desencorajar a utilização de uma política de subsídios. Conforme a Lição de

2. "The first rationale has little economic merits, as the imposition of import barriers (CVDs) distorts the decisions of consumers, and will generally reduce the welfare of the country taking action. A subsidy granted to a foreign firm will generally only be one aspect of the industrial policy that is applied by a foreign government. Such governments may also pursue direct and indirect tax policies, engage in investments in infrastructure, and so forth. Given the difficulty of determining the real 'general equilibrium' effect of any kind of foreign industrial policy, it will always be very difficult, if not impossible, to determine the appropriate counter action" (Hoeckmn e Kostecki, 2001, p. 332).

Hoeckman e Kostecki: "Small countries are unlikely to be able to have an impact on the subsidizer's exporters that are large enough to induce them to pressure their governments not to impose the subsidy" (2001, p. 332).

Portanto, do ponto de vista da teoria econômica do comércio internacional, não faz sentido nem um país exportador conceder subsídios a seus produtores, nem um país importador de produtos subsidiados impor medidas compensatórias a essas importações em razão dos subsídios concedidos no exterior.

Mesmo baseadas na *rationale* de evitar distorções no fluxo comercial internacional e procurar constranger os países estrangeiros a não concederem subsídios, a literatura econômica não parece encontrar um sentido para a imposição de medidas compensatórias a partir do ponto de vista interno do país aplicador das medidas.

De fato, Hoeckman e Kostecki afirmam que a imposição de medidas compensatórias é "equivalent to throwing good money after bad" (2001, p. 331). Isso porque todo subsídio equivale a uma transferência de fundos de um governo estrangeiro para os consumidores do país importador do produto subsidiado. Se forem impostas medidas compensatórias sobre essas importações, a economia do país importador estará em uma situação pior do que se nada for feito.

Assim, apesar de medidas compensatórias poderem beneficiar a indústria doméstica, elas são equivalentes a um imposto de importação para o restante da economia: os consumidores perdem o benefício do subsídio estrangeiro e, no mercado interno, os preços podem vir a ser elevados.

É interessante observar, contudo, que não existe obrigação dos Membros da OMC de manterem legislação regulamentando medidas compensatórias, mas, salvo a via multilateral pelo Órgão de Solução de Controvérsias da OMC, não podem tomar qualquer outra atitude em relação às importações subsidiadas de outros Membros.

Geralmente, os governos nacionais buscam evitar a utilização de medidas compensatórias para reagir a um surto de importações de produtos subsidiados. Isso ocorre em virtude da existência de outros instrumentos de defesa do interesse dos produtores domésticos cuja implementação é mais fácil, como aqueles previstos no Acordo Antidumping.[3] Além disso, como a imposição de

3. As medidas antidumping têm por foco uma atividade privada, enquanto as medidas compensatórias buscam justamente compensar os efeitos de política de governo sobre o comércio internacional. Nesse sentido: "It should be noted that, by way of contrast with dumping matters, in the case of subsidies, we are almost always talking about government action, rather than individual enterprise action" (Jackson, 1998, p. 280).

medidas compensatórias implica, inexoravelmente, um juízo de valor explícito sobre a política de um país estrangeiro, pode existir o temor de que o início de uma investigação de subsídios para a futura imposição de medidas compensatórias possa levar à retaliação por meio de abertura de investigações de mesma natureza em contrapartida.

Não obstante as conclusões da teoria econômica do comércio internacional, o comportamento tanto dos países que concedem subsídios como daqueles países que importam esses produtos subsidiados é paradoxal.

Por mais perniciosos que sejam os efeitos dessa prática para o mercado interno, os países que subsidiam seus produtores defendem a continuidade dessa política econômica. E, por outro lado, diante de produtos estrangeiros subsidiados que acabam por beneficiar, em última análise, seus próprios consumidores, os países cujas indústrias competem com produtos subsidiados seguem considerando a manutenção de normas que autorizem a aplicação de medidas compensatórias convenientes.

São essas inconsistências que mantêm o interesse no estudo da disciplina normativa aplicável à concessão de incentivos governamentais e às medidas que os governos tomam contra a importação de produtos assim beneficiados. Passa-se, portanto, à análise histórica do tratamento jurídico dispensado pelo Sistema Multilateral de Comércio para ambas as disciplinas.

2. Evolução histórica da disciplina sobre subsídios e medidas compensatórias

A disciplina multilateral sobre o tratamento de subsídios e medidas compensatórias deve ser analisada a partir do artigo XVI do GATT 1994 – que recebeu no ordenamento jurídico da OMC o GATT 1947 e suas alterações posteriores – e no próprio Acordo sobre Subsídios e Medidas Compensatórias.

Este *acquis* é fruto de uma evolução da disciplina ao longo das Rodadas de negociações multilaterais comerciais. Primeiramente, será examinada a disciplina construída ao longo dos anos no próprio artigo XVI do Acordo Geral; e, em um segundo momento, a elaboração mais específica efetuada no Código da Rodada Tóquio.

2.1 A Carta de Havana

Nas discussões para a elaboração da Carta de Havana, entre 1947 e 1948, podem ser identificados os primeiros traços dedicados à disciplina dos subsídios na esfera internacional.

Em 1946, o texto proposto pelos EUA distinguia entre subsídios à produção e subsídios à exportação e propunha regimes distintos para cada um deles.

Conforme a proposta americana, que posteriormente foi refletida no artigo 25 da Carta de Havana,[4] a concessão de subsídios à produção seria permitida, desde que cumpridos os requisitos de notificação à Organização Internacional do Comércio e de oferecimento de consultas aos demais Membros.

A proposta previa também exceção especial para programas de sustentação de preços agrícolas e restrições quantitativas necessárias para mantê-los, posteriormente refletida no artigo 27 da Carta de Havana. Essa proposta não sofreu oposição dos negociadores britânicos, cujo interesse era manter certos níveis de subsídios à produção agrícola.

Segundo a proposta americana, os subsídios à exportação de quaisquer produtos seriam proibidos,[5] à exceção daqueles concedidos no caso de produtos com *chronic oversupply*. Obviamente, dentro dessa exceção estariam enquadrados os casos de subsídios concedidos a produtos agrícolas pelos EUA. Outras minutas da Carta de Havana também previam explicitamente normas em favor de tratamento especial para subsídios a produtos primários em determinadas circunstâncias. À época, o conceito de produtos primários englobava, mas não se resumia a, produtos agrícolas.

Várias foram as críticas à proposta americana. Para alguns países, a distinção entre subsídios à exportação e à produção nacional seria artificial, já que ambos poderiam causar distorções. Muitos países em desenvolvimento, no entanto, viam na proposta a permissão para que os países desenvolvidos concedessem subsídios exatamente naqueles produtos em que os primeiros eram competitivos, e se opuseram ao texto. Seria apresentada, inclusive, uma proposta que previa disciplina mais estrita para o tema.

---

4. "If any Member grants or maintains any subsidy, including any form of income or price support, which operates directly or indirectly to maintain or increase exports of any product from, or to reduce, or prevent an increase in, imports of any product into its territory, the Member shall notify the Organization in writing of the extent and nature of the subsidization, of the estimated effect of the subsidization on the quantity of the affected product or products imported into or exported from its territory and of the circumstances making the subsidization necessary. In any case in which a Member considers that serious prejudice to its interest is caused or threatened by any subsidization, the Member granting the subsidy shall, upon request, discuss with the other Member or Members concerned, or with the Organization, the possibility if limiting the subsidization" (UN, 1948).

5. Esta proibição também foi repetida na Carta de Havana, que em seu artigo 26(1) dispôs: "No member shall grant, directly or indirectly, any subsidy on the export of any product, or establish or maintain any other system, which subsidy or system results in the sale of such product for export at a price lower than the comparable price charged for the like product to buyers in the domestic market (...)" (UN, 1948).

A Carta de Havana, no entanto, nunca entrou em vigor.[6]

2.2 O GATT 1947

A primeira disciplina internacional estabelecida à concessão de subsídios foi posta pelas disposições provisórias do artigo XVI do GATT 1947, que assim dispunha em seu parágrafo 1:

> Se uma Parte Contratante concede ou mantém uma subvenção qualquer, inclusive qualquer forma de proteção das rendas ou sustentação dos preços que tenha diretamente ou indiretamente por efeito elevar as exportações de um produto qualquer do território da referida Parte Contratante ou de reduzir as importações do mesmo no seu território, dará conhecimento, por escrito, às Partes Contratantes, não somente da importância e da natureza dessa subvenção, como dos resultados que possam ser esperados sobre as quantidades do ou dos produtos em questão por ele importados ou exportados e as circunstâncias que tornam a subvenção necessária. Em todos os casos em que fique estabelecido que uma tal subvenção causa ou ameaça causar um prejuízo sério aos interesses de outra Parte Contratante, a Parte Contratante que a concedeu examinará, quando solicitada, com a ou com as Partes Contratantes interessadas ou com as Partes Contratantes, a possibilidade de limitar a subvenção (BRASIL, 1948).[7]

6. Nem a Organização Internacional do Comércio foi instituída, nem a Carta de Havana foi ratificada por um número suficiente de Partes Contratantes. Contendo disposições sobre desenvolvimento econômico e reconstrução, política comercial, práticas comerciais restritivas e acordos intergovernamentais sobre produtos de base, a pauta abrangida pela Carta de Havana era ampla em demasia, além de recheada de exceções, lacunas e ambiguidades, o que explica, entre outros fatores, a falta de entusiasmo de seus signatários.

Segundo Corrêa (2001, p. 48), a falta de entusiasmo na criação da Organização Internacional do Comércio pode ser atribuída a uma das disposições inseridas no Estatuto da Organização, que permitia aos signatários adotar qualquer política comercial sob a justificativa de geração ou preservação de empregos. A válvula de escape seria muito conveniente aos países que se encontravam em processo de reconstrução no Pós-Guerra, mas prejudicaria aqueles com economia mais ajustada.

Em 1950, o governo Democrata de Truman declarou que não mais buscaria a aprovação da Carta de Havana pelo Congresso Americano, composto por maioria republicana que dificultava a aprovação do texto. Sem os EUA, a Organização se esvaziou (Jackson, 1998, p. 38).

7. No original em inglês: "If any contracting party grants or maintains any subsidy, including any form of income or price support, which operates directly or indirectly to increase exports of any product from, or to reduce imports of any product into, its territory, it shall notify the CONTRACTING PARTIES in writing of the extent and

Observe-se que, no texto original do artigo XVI do GATT 1947, foi introduzida apenas a obrigação de transparência. Não houve qualquer proibição mais eficaz à concessão de subsídios pelos governos nacionais. Tratou-se, portanto, de regulamentação menos rígida que a contida na Carta de Havana, que previa a proibição do uso de subsídios para manter os níveis correntes de importações e exportações.

Ademais, todos os subsídios, destinados à exportação ou não, foram submetidos a um mesmo regime disciplinar. Ao contrário das provisões da Carta de Havana, o GATT 1947 não introduziu qualquer distinção em relação a setores aos quais os subsídios se destinavam - agrícola ou não agrícola - ou em relação à tipologia dos subsídios – à produção ou à exportação.

No que se refere às obrigações dos países em relação aos subsídios que mantinham, as Partes Contratantes acordaram que à matéria se aplicava apenas uma obrigação de notificação dos subsídios oferecidos, com a possibilidade do oferecimento de consultas àquelas Partes Contratantes que se sentissem prejudicadas.

Veja-se que o oferecimento de consultas, nesse caso, restou condicionado à existência de uma determinação de prejuízo sério (*serious prejudice*) aos interesses da Parte Contratante afetada. Porém, em nenhum momento o GATT 1947 atribui a quaisquer das Partes Contratantes competência para chegar a essa determinação de prejuízo grave. Tratou-se, assim, de um texto mais ambíguo que o contido no artigo 25 da Carta de Havana. A Carta, porém, em muitos momentos foi utilizada para interpretar o texto do artigo XVI, de forma que prevaleceu o entendimento segundo o qual o próprio país que se considerava prejudicado deveria chegar a essa conclusão.

A implementação das obrigações impostas às Partes Contratantes ainda foi dificultada pela falta de definição do conceito de subsídio. A concessão de subsídios só era potencialmente limitada pelo eventual recurso de outras Partes Contratantes ao mecanismo de solução de controvérsias previsto no artigo XXIII do GATT 1947, que tratava da proteção de concessões e vantagens obtidas com a liberalização comercial, permitindo a utilização de retaliação.

---

nature of the subsidization, of the estimated effect of the subsidization on the quantity of the affected product or products imported into or exported from its territory and of the circumstances making the subsidization necessary. In any case in which it is determined that serious prejudice to the interests of any other contracting party is caused or threatened by any such subsidization, the contracting party granting the subsidy shall, upon request, discuss with the other contracting party or parties concerned, or with the CONTRACTING PARTIES, the possibility of limiting the subsidization" (WTO, 2002).

O recurso era cabível no caso de uma Parte Contratante considerar que uma qualquer vantagem sua resultante, direta ou indiretamente, do GATT 1947 estava sendo anulada ou reduzida, ou que um dos objetivos do Acordo estava sendo dificultado.[8]

Além da instituição de um regime uniforme para o tratamento dos subsídios, o texto original do GATT 1947 previu, em seu artigo VI, a possibilidade de aplicação de medidas compensatórias unilaterais pelas Partes Contratantes que se sentissem prejudicadas, desde que estimado o valor do subsídio garantido e demonstrada a existência de dano à indústria doméstica.[9]

Porém, essas previsões não representaram qualquer constrangimento significativo à concessão de subsídios pelas Partes Contratantes, e não foram registradas quaisquer limitações à concessão de subsídios por nenhum país como resultado de consultas sob o artigo XVI.A.1. Nas palavras de Desta: "it was perfectly lawful to grant subsidies to the prejudice of other Contracting Parties and then decline to take corrective measures even after the injurious nature of the practice has been determined, no matter by who" (2002, p. 327).

Diante desse quadro, é de se compreender que, desde cedo, prevaleceu o sentimento de que a inexistência de disciplinas rígidas tanto sobre os subsídios quanto sobre a possibilidade de imposição de medidas compensatórias poderia comprometer os resultados pretendidos pelo esforço multilateral de

8. Nesse contexto, cabe destacar a importância da manutenção do equilíbrio entre concessões e obrigações efetuadas mediante os acordos multilaterais de redução tarifárias na disciplina de todas as matérias incluídas no sistema multilateral. Conforme esclarece Benitah, "the legal machinery of the GATT 1947 system aimed primarily at a balance of benefits between signatories. In case of a disturbance to this balance, through a measure in conflict or not with a specific provision, a party could invoke the need for restoring this balance" (2001, p. 18).

9. "3. Nenhum direito de compensação será cobrado de qualquer produto proveniente do território de uma Parte Contratante importado por outra Parte Contratante, que exceda a importância estimada do prêmio ou subsídio que, segundo se sabe, foi concedido direta ou indiretamente à manufatura, produção ou exportação desse produto no país de origem ou de exportação, inclusive qualquer subsídio especial para o transporte de um produto determinado. A expressão 'direito de compensação' significa um direito especial cobrado com o fim de neutralizar qualquer prêmio ou subvenção concedidos, direta ou indiretamente, à manufatura, produção ou exportação de qualquer mercadoria. (...) 6.(a) Nenhuma Parte Contratante perceberá direitos 'anti-dumping' ou direitos de compensação à importação de um produto do território de uma outra Parte Contratante, a menos que ela determine que os efeitos do 'dumping' ou da subvenção, segundo o caso, é tal que cause ou ameace causar um prejuízo importante a uma produção nacional estabelecida, ou que retarde sensivelmente a criação de um ramo da produção nacional" (BRASIL, 1948).

liberalização comercial. A partir desse entendimento, já em 1955 deu-se início à revisão da disciplina dos subsídios, entre outras matérias.

2.3 A Emenda de 1955

Em 1955, a partir das negociações da segunda Rodada Genebra, o quadro normativo da disciplina de subsídios começou a se transfigurar. Naquele ano, como resultado dos trabalhos da Sessão de Revisão do GATT 1947, estabelecida em 1954, diversas Partes Contratantes acordaram e ofereceram à adesão uma declaração contendo o texto legal que posteriormente foi incorporado ao GATT 1947 pelo Protocolo de Emenda ao Preâmbulo e Partes II e III do GATT. A partir dessa emenda, ao artigo XVI foi adicionada a Seção B, na tentativa de disciplinar a concessão de subsídios à exportação.

A Seção B adicionou quatro novos parágrafos ao artigo XVI, numerados de 2 a 5, além de introduzir notas interpretativas à disciplina ali consagrada. Em reação à percepção de que a concessão de subsídios, principalmente aqueles destinados à exportação, adquiriam proporções cada vez maiores, ameaçando as conquistas da liberalização comercial, o artigo XVI.B.2 genericamente, reconheceu que:

> a outorga, por uma Parte Contratante, de uma subvenção à exportação de um produto pode ter conseqüências prejudiciais para outras Partes Contratantes, quer se trate de países importadores ou de países exportadores; que pode provocar perturbações injustificadas nos seus interesses comerciais normais e opor obstáculo à realização dos objetivos do presente Acordo (BRASIL, 1948).[10]

A Seção B foi o primeiro passo da legislação multilateral no sentido de condenar a concessão de subsídios à exportação, apesar de ainda ser tímida ao estabelecer que estes poderiam (*may*) perturbar o comércio e prejudicar a consecução dos objetivos do GATT 1947. As Partes Contratantes ainda não haviam entrado em acordo quanto aos efeitos nocivos dos subsídios, já que inexistia um cenário político favorável à proibição de subsídios.

A Seção B também não contou com um consenso entre as Partes Contratantes sobre o conceito de subsídio. Para tentar superar as dificuldades resultantes dessa lacuna, foi acordada uma lista descritiva não exaustiva de práticas que seriam consideradas subsídios no sentido do artigo XVI.B, ou

10. "(...) the granting by a contracting party of a subsidy on export of any product may have harmful effects for other contracting parties, may cause undue disturbance to their normal commercial interests and may hinder the achievement of the objectives of this agreement" (WTO, 2002).

seja, subsídios à exportação. Foram incluídas entre estas práticas pagamentos diretos à exportação, créditos a exportação ou garantias à exportação em valores inferiores ao custo de mercado. Hoje, essa lista figura na normativa aplicável à matéria, agora no Anexo I do Acordo sobre Subsídios e Medidas Compensatórias resultante da Rodada Uruguai.

Em termos práticos, a Seção B ressuscitou a classificação existente na Carta de Havana: foram estipuladas disciplinas especificas por setor, distinguindo entre produtos primários e não primários,[11] além de introduzidas regras e obrigações específicas para os subsídios à exportação, diferenciadas daquelas já aplicáveis aos demais subsídios.

2.3.1 Produtos primários

O conceito de produtos primários introduzido pela Nota Adicional à Seção B do artigo XVI, parágrafo 2, dispunha:

> (...) a "primary product" is understood to be any product of farm, forest or fishery, or any mineral, in its natural form or which has undergone such processing as is customarily required to prepare it for marketing in substantial volume in international trade (WTO, 2002).

O conceito, portanto, incluiu os produtos agrícolas. Apesar da exigência de que o produto primário estivesse em sua "forma natural" ou fosse submetido a "processamento usualmente necessário para comercialização em volume substancial no comércio internacional", o estudo dos casos levados à consideração da solução de controvérsias do GATT 1947[12] leva a crer que as Partes Contratantes compreenderam em sentido lato o conceito de produto primário agrícola, nele incluindo bens que passavam por processamentos complexos, como farinha de trigo, açúcar refinado e macarrão. De fato, na controvérsia

11. É provável que esta distinção setorial tenha afastado os países em desenvolvimento dos compromissos propostos na emenda. Conforme Benitah (2001, p. 37), a emenda de 1955 foi aceita somente por países industrializados, e sua vigência foi condicionada a um acordo suplementar. Somente em 1962 uma declaração contendo as obrigações do artigo XVI:4 foi aberta à assinatura de todas as Partes Contratantes.

12. *France – Assistance to Exports of Wheat and Wheat Flour*, Relatório (L/924 – 7S/46) adotado em 21 de novembro de 1958, *EEC – Subsidies on Export of Wheat Flour*, Relatório do Painel (SMC/42) de 21 de março de 1983, não adotado; *EC – Refunds on Exports of Sugar*, Relatório do Painel (L/4833 – 26S/290) adotado em 6 de novembro de 1979; *EC – Refunds on Exports of Sugar – Complaint by Brazil*, Relatório do Painel (L/5011 – 27S/69) adotado em 10 de novembro de 1980.

EC - Pasta,[13] o painel observou que nenhuma das partes questionou a classificação de macarrão como produto primário.

No que se refere aos produtos primários, o parágrafo 3 do artigo XVI. B[14] instituiu duas obrigações. Primeiramente, as Partes Contratantes deveriam procurar evitar (*should seek to avoid*) a utilização de subsídios. No entanto, caso isso não fosse possível, a segunda obrigação determinava que a sua aplicação não se desse de maneira a garantir uma "parcela mais do que razoável" do mercado mundial em comparação a um "período de referência anterior", levando em consideração "fatores especiais" que possam ter afetado ou estejam afetando o comércio do produto.

Observe-se nesse texto legal a utilização de normas baseadas em efeitos,[15] uma característica muito própria da normatividade aplicável ao Sistema Multilateral de Comércio. A estrutura das normas baseadas em efeitos implica a utilização de conceitos gerais não definidos no texto legal, mas que restam abertos ao preenchimento pela interpretação a ser efetuada quando da aplicação da lei.

---

13. *EEC - Subsidies on Export of Pasta Products* (SCM/43), de 19 de maio de 1983. Relatório não adotado.

14. "Em consequência, as Partes Contratantes deveriam se esforçar no sentido de enviar a concessão de subvenções à exportação de produtos base. Contudo, se uma Parte Contratante consegue diretamente ou indiretamente, sob uma forma qualquer, uma subvenção que tenha por efeito aumentar a exportação de um produto de base originária de seu território, esta subvenção não será concedida de tal maneira que a mencionada Parte Contratante detenha então uma parte mais do que razoável do comércio mundial de exportação do mesmo produto, tendo em vista à participação das Partes Contratantes no comércio deste produto durante um período de referência anterior, assim como todos os fatores especiais que possam ter afetado ou que possam afetar o comércio em questão" (BRASIL, 1948). No original em inglês: "Accordingly, contracting parties should seek to avoid the use of subsidies on the export of primary products. If, however, a contracting party grants directly or indirectly any form of subsidy which operates to increase the export of any primary product from its territory, such subsidy shall not be applied in a manner which results in that contracting party having more than an equitable share of world export trade in that product, account being taken of the shares of the contracting parties in such trade in the product during a previous representative period, and any special factors which may have affected or may be affecting such trade in the product " (WTO, 2002).

15. Benitah distingue dois tipos de normas: aquelas que proíbem determinadas condutas, a que chama de *per se rules*, e as normas que proíbem determinada conduta somente se a ela produzir determinados efeitos não desejados. Como são baseadas na razoabilidade ou não de determinada conduta, Benitah chama a estas últimas de *rule of reason* (2001, p. 11).

Assim, conceitos de difícil definição introduzidos pela Seção B do artigo XVI tiveram seu conteúdo esclarecido somente a partir de contenciosos levado a cabo pelo sistema de solução de controvérsias no GATT 1947.

Nos casos *EC - Sugar*, apresentados respectivamente pela Austrália e pelo Brasil em 1978 e 1979, o Painel relacionou o conceito de "parcela mais do que razoável" com a ideia de deslocamento da exportação de outros países, levando em conta os acontecimentos no mercado mundial. Nos mesmos painéis, o "período de referência" considerado para a análise da conquista da parcela mais do que razoável foi definido como os três anos calendários mais recentes para os quais as condições de mercado pudessem ser consideradas normais.

Com relação à necessidade de consideração de "fatores especiais", ainda que este conceito, intrinsecamente, exigisse uma análise casuística, pode-se exemplificativamente apontar a análise do termo pelo Painel em *EC - Wheat Flour*. No caso, foram considerados como fatores especiais os embargos impostos pelos EUA em função de razões políticas na análise do mercado internacional de farinha de trigo, e que afastariam os subsídios europeus como causa da distorção do mercado.

As notas interpretativas introduzidas pela emenda de 1955 excluíram das obrigações de evitar a concessão de subsídios a produtos primários os esquemas desenvolvidos tanto para estabilizar o preço desses produtos aos consumidores, como para assegurar a renda dos produtores.[16]

16. Nota 2 ao parágrafo 3 do artigo XVI.B: "Um sistema destinado a estabilizar, seja o preço interno de um produto de base, seja a receita bruta dos produtores nacionais deste produto, independentemente dos movimentos dos preços de exportação, que tem, por vezes, como resultado, a venda desses produtos de exportação a um preço inferior ao preço comparável pedido aos compradores do mercado interno para o produto similar, não será considerado como uma forma de subvenção à exportação no sentido do parágrafo 3, se as Partes Contratantes estabelecem: (a) que esse sistema teve igualmente por resultado, ou é concebido de maneira a ter por resultado, a venda desse produto de exportação a um preço superior ao preço comparável pedido aos compradores do mercado interno para o produto similar; (b) e que esse sistema, por força da regulamentação efetiva da produção ou por qualquer outra razão, é aplicado ou concebido de tal maneira, que não estimule indevidamente as exportações ou que não ocasione nenhum outro prejuízo sério para os interesses de outras Partes Contratantes. Não obstante a determinação das Partes Contratantes na matéria, as medidas tomadas em execução de um tal sistema serão submetidas às disposições do parágrafo 3, assim que o seu financiamento esteja assegurado na totalidade ou em parte, por contribuições das coletividades públicas além das contribuições dos produtores a título do produto em causa" (BRASIL, 1948). No original em inglês: "A system for the stabilization of the domestic price or of the return to domestic producers of a primary product independently of the movements of export prices, which results at times in

Para que essa exceção se configurasse, foram estabelecidas duas condições. Primeiro, o programa deveria resultar, ou ser concebido de maneira a resultar, em exportação de produto a preços superiores aos preços comparáveis cobrados pelo produto similar vendido no mercado interno. Segundo, o subsídio deveria operar, ou ser concebido para operar, de maneira a não estimular indevidamente as exportações ou prejudicar seriamente os interesses da outra Parte Contratante. Caso essas condições fossem cumpridas e, de qualquer maneira, se esses subsídios fossem financiados a partir de fundos governamentais,[17] eles voltariam a se enquadrar na norma do parágrafo 3 do artigo XVI.B, e sua utilização deveria ser evitada pelas Partes Contratantes.

É de se destacar que, à exceção da menção aos fundos governamentais, esta nota introduzida pela emenda de 1955 se assemelhava ao parágrafo 7 do artigo VI do GATT 1947,[18] que também tratou de produtos primários, porém

the sale of the product for export at a price lower than the comparable price charged for the like product to buyers in the domestic market, shall be considered not to involve a subsidy on exports within the meaning of paragraph 3 if the Contracting Parties determine that: (a) the system has also resulted, or is so designed as to result, in the sale of the product for export at a price higher than the comparable price charged for the like product to buyers in the domestic market; and (b) the system is so operated, or is designed so to operate, either because of the effective regulation of production or otherwise, as not to stimulate exports unduly or otherwise seriously to prejudice the interests of other contracting parties. Notwithstanding such determination by the Contracting Parties, operations under such a system shall be subject to the provisions of paragraph 3 where they are wholly or partly financed out of government funds in addition to the funds collected from producers in respect of the product concerned" (WTO, 2002).

17. A menção a fundos governamentais na nota ao artigo XVI faz sentido na medida em que se considere que, até 1955, o Sistema Multilateral de Comércio ainda não contava com o conceito de subsídios como uma prática governamental. Assim, era necessário o esclarecimento para que programas de sustentação de preço e renda oferecidos a partir de fundos privados não fossem considerados como subsídios.

18. "Um sistema destinado a estabilizar o preço nacional ou os lucros dos produtores nacionais de um produto de base, independentemente dos movimentos dos preços de exportação, que resulta, por vezes, na venda do produto de base a preço inferior ao preço comparável da mercadoria similar cobrado dos compradores do mercado interno, deve ser presumido como não causador de prejuízo substancial no sentido do parágrafo 6.º se se decide mediante consulta entre as Partes Contratantes substancialmente interessadas no produto em causa: (a) que o sistema tem resultado também na venda desse produto para exportação a preço mais alto que o preço comparável do produto similar pedido aos compradores no mercado interno, e (b) que o sistema funciona, seja por causa da regulação eficaz da produção ou por outro motivo,

no contexto de aplicação de medidas compensatórias. Apesar disso, enquanto o artigo VI já presumia que os programas de sustentação de preços e renda não causavam dano material, na nota explicativa 2 ao artigo XVI.B.3, introduzida em 1955, a presunção é a de que esses programas não se caracterizariam propriamente como subsídios à exportação.[19]

Assim, enquanto a regra do parágrafo 3 do artigo XVI apenas tolerava a prática de subsídios à exportação de produtos primários sob certas circunstâncias, a nota 2 representou um retrocesso e excluiu programas de estabilização de preços ao consumidor e de promoção da renda dos produtores da caracterização como subsídios à exportação.

2.3.2 Produtos não primários

No que se refere aos produtos não primários,[20] a Seção B determinou, em seu parágrafo 4,[21] que, a partir de 1.º de janeiro de 1958, ou o mais breve

---

de modo que não estimula, indevidamente, exportações, nem traz outros prejuízos sérios aos interesses de outras Partes Contratantes" (BRASIL, 1948). No original em inglês: "A system for the stabilization of the domestic price or of the return to domestic producers of a primary commodity, independently of the movements of export prices, which results at times in the sale of the commodity for export at a price lower than the comparable price charged for the like commodity to buyers in the domestic market, shall be presumed not to result in material injury within the meaning of paragraph 6 if it is determined by consultation among the contracting parties substantially interested in the commodity concerned that: (a) the system has also resulted in the sale of the commodity for export at a price higher than the comparable price charged for the like commodity to buyers in the domestic market, and (b) the system is so operated, either because of the effective regulation of production, or otherwise, as not to stimulate exports unduly or otherwise seriously prejudice the interests of other contracting parties" (WTO, 2002).

19. Assim, conforme esclarece Desta: "In other words, a scheme that satisfies the common conditions of becoming a stabilization system under both provisions remains such a scheme, and benefits from the presumption of not causing material injury under paragraph 7 even though it is financed, wholly of partly, out of government funds" (2001, p. 128-129).

20. A definição de "produto não primário" é encontrada pela definição *a contrario sensu* do que seja "produto primário".

21. "Além disso, a partir de 1.º de janeiro de 1958, ou o mais cedo possível depois desta data, as Partes Contratantes cessarão de conceder direta ou indiretamente qualquer subvenção, de qualquer natureza que ela seja, à exportação de todo produto que não seja produto de base, que tenha por resultado reduzir o preço de venda na exportação desse produto abaixo do preço comparável cobrado aos consumidores do mercado interno para o produto similar. Até 31 de dezembro de 1957, nenhuma Parte

possível após aquela data, cessasse a concessão de subsídios à exportação de qualquer produto não primário que resultasse em sua exportação a preço inferior àquele cobrado no mercado nacional. Logo, nos mesmos termos do artigo 26.I da Carta de Havana, a emenda introduziu no sistema multilateral o teste conhecido como *bi-level pricing* ou *dual pricing*.

Como visto, essas práticas eram, com algumas ressalvas, permitidas para produtos primários. Mas, mesmo em relação aos subsídios a produtos não primários, pela leitura do artigo XVI seria possível argumentar que sua utilização era tolerada desde que passassem no teste do *bi-level pricing*.

Não obstante, como visto na Seção 1 deste artigo, pela lógica econômica a concessão de subsídios à exportação leva necessariamente à venda de produtos no mercado externo a preços inferiores aos praticados no mercado interno. Desse modo, todo subsídio levaria necessariamente ao *dual pricing*. Indiretamente, poder-se-ia chegar à conclusão de que, na prática, não deveria mais subsistir qualquer subsídio a produto não primário a partir dos prazos determinados pela emenda de 1955.

Entretanto, eram consideráveis as dificuldades de pôr em prática essa "proibição". A emenda de 1955 dispunha que essa disciplina entraria em vigor em 1.º de janeiro de 1958, ou o mais cedo possível após aquela data. Porém, somente a *standstill provision*[22] do parágrafo 4 do Artigo XVI.b – que proibia a extensão do escopo de qualquer programa de subsídios além do nível existente em 1.º de janeiro de 1955 até o final de 1957 – foi prorrogada cinco vezes e perdurou até 1967. Ademais, a emenda de 1955 se aplicava apenas a 17 países, a maioria deles desenvolvidos. O efeito prático da pseudoproibição aos subsídios a produtos não primários, portanto, foi bastante mitigado.

Posteriormente, vários países, tais como EUA, Austrália e Reino Unido, impuseram reservas ao texto da emenda de 1955. Conforme Desta, a reserva

---

Contratante estenderá o campo de aplicação de tais subvenções além do nível existente em 1.º de janeiro de 1955, instituindo novas subvenções ou estendendo as subvenções existentes" (BRASIL, 1948). No original, em inglês: "Further, as from 1 January 1958 or the earliest practicable date thereafter, contracting parties shall cease to grant either directly or indirectly any form of subsidy on the export of any product other than a primary product which subsidy results in the sale of such product for export at a price lower than the comparable price charged for the like product to buyers in the domestic market. Until 31 December 1957 no contracting party shall extend the scope of any such subsidization beyond that existing on 1 January 1955 by the introduction of new, or the extension of existing, subsidies" (WTO, 2002).

22. Segundo o *Dictionary of trade policy terms*, o compromisso *standstill* é "an undertaking not to impose new or more restrictive measures after a certain date, usually de date on which the undertaking was made" (Goode, 2004, p. 328).

posta pelos EUA tinha mais o caráter de uma cláusula interpretativa, na medida em que ditava:

> with the understanding that this declaration shall not prevent the United States, as part of its subsidization of exports of a primary product, from making a payment on an exported processed product (not itself a primary product) which has been produced from such a primary product, if such payment is essentially limited to the amount of the subsidy which would have been payable on the quantity of such primary product (2002, p. 108-109).

Segundo o mesmo autor (2002, p. 109), países que não fizeram nenhuma reserva expressa à emenda de 1955 reportaram práticas de concessão de subsídios a insumos agrícolas contidos em produtos processados, como a Comunidade Europeia e a Suíça. Assim, na prática, o efeito dos subsídios a uma grande gama de produtos industrializados poderia ser camuflado como subsídios concedidos aos componentes primários.

2.4 O Código de Subsídios da Rodada Tóquio

A Rodada Tóquio veio com a expectativa de revisar todo o Sistema Multilateral de Comércio, e foi a primeira a ter por enfoque principal a disciplina das barreiras não tarifárias.

Dessa Rodada de negociações, encerrada em 1979, resultou, entre outros, o Acordo sobre a Interpretação e Aplicação dos artigos VI, XVI e XXIII do GATT 1947, comumente conhecido como o Código de Subsídios. Assim, um único texto legal reuniu disciplinas específicas sobre os subsídios concedidos pelos Signatários do Código (artigo XVI), sobre a resposta unilateral dessas disciplinas aos efeitos causados às suas indústrias domésticas por esses subsídios (artigo VI), e sobre as ferramentas multilaterais à disposição dos Signatários prejudicadas pela concessão de subsídios (artigo XXIII).

Um dos aspectos a ser destacado é o fato de que o Código de Subsídios, assim como os demais códigos resultantes da Rodada Tóquio, foi um diploma plurilateral, valendo somente entre aqueles países que expressamente o aceitaram ou a ele acederam. Assim, a partir de 1979, existiram paralelamente no comércio internacional duas disciplinas aplicáveis aos subsídios e às medidas compensatórios: o Código de Subsídios, aplicável a 25 Signatários, contendo a disciplina que se verá adiante; e as regras anteriormente analisadas, que seguiram em vigor para as demais Partes Contratantes do GATT 1947 não signatárias do Código de Subsídios.

Também na negociação do Código de Subsídios foi frustrada a tentativa de consenso sobre o conceito de subsídios. Manteve-se, contudo, a lista ilustrativa daqueles programas que seriam considerados subsídios à exportação.

Na parte introdutória do Código, os signatários, ao mesmo tempo que reconheceram a legitimidade da concessão dos subsídios pelos governos para promover importantes objetivos da política nacional – espelhando assim a posição europeia sobre a matéria –, reconheceram também que os subsídios poderiam ter efeitos danosos sobre o comércio e a produção, o que garantiu aos EUA a legitimidade das práticas unilaterais que vinha adotando em oposição às importações subsidiadas no estrangeiro.[23] Toda a essência do Código se desenvolveu entre essas duas premissas, com o objetivo de não interferência na concessão de subsídios associada à minimização, tanto quanto possível, dos seus efeitos nefastos.

De maneira geral, o Código estabeleceu regras substantivas mais restritas, especialmente em subsídios à exportação, em troca da obrigatoriedade na análise do dano à indústria doméstica antes da aplicação de medidas unilaterais, bem como de regras de devido processo e transparência na investigação.

Novamente, o Código não chegou a condenar expressamente o uso de subsídios, mas simplesmente tentou assegurar que seu uso não afetasse de maneira adversa os interesses de outros Signatários. Se isso ocorresse, o Código continha mecanismos por meio dos quais aqueles Signatários afetados adversamente pelos subsídios poderiam buscar o alívio necessário.

Em relação aos subsídios, o artigo 7 do Código mantinha as obrigações de notificação e consultas já existentes no artigo XVI do GATT 1947. No que se refere às obrigações impostas aos Signatários em relação à manutenção de subsídios à exportação, o artigo 8 introduziu o compromisso de não utilização dos mesmos de maneira inconsistente com o Código.

23. "Recognizing that subsidies are used by governments to promote important objectives of national policy,

Recognizing also that subsidies may have harmful effects on trade and production" (GATT, 1979).

No Brasil, o Código Tóquio somente foi promulgado por meio do Decreto 93.962/1987. O Decreto reproduz nos *consideranda* do Acordo apenas parte da primeira sentença anteriormente mencionada: "Reconhecendo que subsídios são utilizados por governos para promover importantes objetivos ao comércio e à produção" (BRASIL, 1987).

Já o artigo 9[24] proibiu expressamente os subsídios à exportação concedidos a produtos não primários, eliminando as condicionantes relativas ao teste de *bi-level pricing* e a demonstração de qualquer relação causal com outros "fatores especiais".

Quando tratou de produtos primários, o próprio Código de Subsídios restringiu a proibição aos subsídios à exportação. Nesse sentido, o artigo 9 expressamente exclui da proibição aqueles subsídios à exportação sobre *certain primary products*, e não sobre todos os produtos primários. De fato, em reflexo à crise do petróleo de 1973, a Rodada Tóquio alterou a Nota Adicional à Seção B, parágrafo 2, excluindo os minerais da definição de produtos primários. Basicamente, após essa modificação, o conceito passou a abrigar somente produtos agrícolas, de maneira que apenas estes foram excluídos da proibição introduzida na disciplina plurilateral.[25]

O detalhamento da disciplina dos subsídios à exportação de certos produtos primários – ou seja, aos produtos agrícolas – foi estabelecido no artigo 10. Para além de uma obrigação de envidar os melhores esforços introduzida pela emenda de 1955, no texto do artigo 10 os Signatários concordaram em não conceder (*not to grant*) subsídios à exportação de maneira a garantir às suas exportações uma "parcela mais que razoável" do mercado mundial em comparação à sua própria parcela em um "período de referência anterior".

Tendo em vista os contenciosos já existentes sobre a matéria, o Código de Subsídios procurou trazer, em seu artigo 10.2, definições mais precisas à disciplina dos produtos agrícolas, trazendo elaborações sobre os conceitos de "par-

24. "Os signatários não outorgarão subsídios à exportação de produtos outros que não certos produtos primários" (BRASIL, 1987). No original em inglês: "Signatories shall not grant export subsidies on products other than certain primary products" (GATT, 1979).

25. É de se ressaltar que persistiu a polêmica sobre os bens derivados de produtos agrícolas que haviam sido submetidos ao "processamento usualmente requerido" para a sua industrialização. Pode-se argumentar, contudo, pela lógica restritiva do Código, que o mesmo teria estendido a proibição aos produtos processados a partir de produtos agrícolas. Esse entendimento foi confirmado pelo entendimento da maioria dos painelistas no caso *EEC – Subsidies on Export of Pasta Products*, onde a controvérsia já foi examinada tendo em vista as negociações da Rodada Tóquio. Conforme narra o documento intitulado *Analysis of the drafting history of article XVI and of the work of past panels and working parties as regards subsidies on agricultural products*, distribuído no Comitê de Comércio Agrícola em 1983: "Another Panel established under the Subsidies Code, noted in the matter before contended that pasta was a primary product. The Panel 'was of the opinion that pasta was not a primary product but was a processed agricultural product'" (GATT, 1983, p. 39).

cela mais que razoável" (*more than equitable share*) – associando-o ao de desvio de comércio (*displacement*), como fizeram os painéis até então – e "período de referência" (*representative period*). Mas a timidez na definição mais concreta dos conceitos que caracterizavam os subsídios à exportação em relação aos estabelecidos pela emenda de 1955 levou Desta a afirmar que "the changes introduced concerning export subsidies on agricultural products where nothing more than the use of new words retelling old stories" (2002, p. 148).

No entanto, a importância do Código Tóquio para a disciplina da matéria é inegável, a ponto de ser citado pela Declaração de Punta del Este, que, ao se referir sobre as negociações sobre subsídios e medidas compensatórias, determinou que estas:

> shall be based on a review of Articles VI and XVI and of the MTN Agreement on Subsidies and Countervailing Measures with the objective of improving GATT disciplines relating to all subsidies and countervailing measures that affect international trade (GATT, 1986).

No que se refere a subsídios outros que não à exportação, os Signatários assumiram, a partir do artigo 11, o compromisso de evitar causar dano aos interesses dos demais Signatários. Pela primeira vez, portanto, reconheceu-se que os subsídios domésticos também poderiam causar dano, instituindo-se a obrigação de evitar causá-lo. A partir de Tóquio, reconheceu-se que subsídios outros que não aqueles à exportação não seriam ilegais, já que nenhuma norma os proibia, mas seriam considerados acionáveis caso produzissem certos efeitos comprovados pelo país que se sentisse prejudicado.

O Código trouxe, ainda, o procedimento a ser seguido para a solução de controvérsias que surgissem sobre a matéria, a partir das consultas previstas no artigo 12. Conforme se vê do parágrafo 4 do artigo, tratando-se de subsídios à exportação, o Signatário prejudicado deveria provar a existência e a natureza do subsídio em questão, demonstrando tratar-se de subsídio proibido. No caso de subsídios outros que não à exportação, o mesmo dispositivo previa que o Signatário que solicitasse consultas deveria trazer prova de anulação ou redução das concessões e vantagens obtidas com a liberalização comercial – conforme já previsto no artigo XVIII do GATT 1947 –, de dano à indústria doméstica ou de prejuízo grave aos seus interesses – estas duas últimas situações introduzidas pelo Código.

Em reflexo às preocupações sobre comércio e desenvolvimento – introduzidas no GATT 1947 com a Parte IV a partir da Rodada Kennedy –, o Código de Subsídios buscou, em seu artigo 14, trazer exceções em benefício dos países em desenvolvimento, como a não extensão a eles da proibição de conceder subsídios à exportação (14.2) e a não presunção de que seus subsídios à exportação causassem efeitos adversos aos demais Signatários (14.4), entre outros.

Não obstante, cabe lembrar que a disciplina sobre subsídios do artigo XVI.B do GATT 1947 assegurava tratamento diferenciado para subsídios agrícolas e não agrícolas, o que havia levado a maioria dos países em desenvolvimento a não assinar a declaração de 1955. Assim, a permissão contida no Código Tóquio aos países em desenvolvimento, para a concessão de subsídios à exportação para produtos não agrícolas apenas deu caráter normativo a uma situação que já existia de fato.

Ademais, o artigo 14.5 estabelecia que os países em desenvolvimento poderiam vir a adotar compromissos de redução de subsídios, o que muitas vezes eram compelidos a fazer principalmente pelos EUA, em troca do compromisso destes em relação a uma análise de dano antes da aplicação de medidas compensatórias. Segundo Benitah:

> This clause became particularly significant in instances where the United States requested certain developing countries not only to sign the Tokio round Subsidies Code, but also to commit themselves under Article 14.5. Otherwise, the Unites States reserved its right (envisaged in article 19.9 of the Code) not to be bound by this Code towards these countries (2001, p. 37).

Na prática, portanto, países em desenvolvimento que não assumiam o compromisso de redução de subsídios ficavam à mercê de ações unilaterais retaliatórias americanas.

No que se refere às medidas compensatórias, sempre é válido lembrar que o Código sobre Subsídios e Medidas Compensatórias negociado na Rodada Tóquio foi fruto da vontade dos países atingidos pelas medidas compensatórias americanas, que gostariam de ver os EUA adotarem um teste de dano, anteriormente não exigido pela legislação estadunidense, em vigor em função da *grandfather clause*.[26] Em linhas gerais, as disposições sobre medidas com-

26. A história das medidas compensatórias no GATT 1947 mais ou menos reflete a história da utilização do instrumento pelos EUA. A legislação americana sobre medidas compensatórias não previa o teste de dano à indústria doméstica antes do *Trade Act* de 1974. Como a legislação anterior ao GATT 1947 dos Países Signatários se beneficiava da *grandfather clause*, que garantia que as regras multilaterais apenas se aplicariam naquilo que não fossem contrárias à legislação em vigor dos países signatários, até 1974 os EUA impunham medidas compensatórias sem proceder a qualquer análise de dano à indústria doméstica.

pensatórias do Código Tóquio se repetem no Acordo firmando na Rodada Uruguai e serão examinadas na disciplina aplicável àquele.

2.5 *Subsídios e medidas compensatórias na Rodada Uruguai*

A Rodada Uruguai, concluída em 1994, trouxe grandes inovações sobre a matéria de subsídios e medidas compensatórias. Dois pontos a serem citados são a exclusão temporária dos produtos agrícolas do escopo do Acordo sobre Subsídios e Medidas Compensatórias - ASMC,[27] bem como a introdução, pela primeira vez na história do Sistema Multilateral de Comércio, de um conceito de subsídios, estabelecendo a distinção entre suas diferentes modalidades.

Ao contrário da Seção B do artigo XVI e do Código de Tóquio, ao qual, como visto, as Partes Contratantes podiam ou não se engajar, o ASMC integrou o *single undertaking* constituído pelo conjunto dos acordos resultantes da Rodada Uruguai, obrigando, portanto, todos os Membros da OMC.

Nos mesmos moldes do Código de Tóquio, o ASMC da Rodada Uruguai teve por objetivos estabelecer regras para evitar a utilização de subsídios para anular ou reduzir as concessões feitas com a liberalização tarifária, bem como regulamentar o uso de direitos compensatórios por Membros que busquem compensar os efeitos danosos de produtos estrangeiros subsidiados.

3. Acordo sobre Subsídios e Medidas Compensatórias

O ASMC avançou no equilíbrio entre, por um lado, a necessidade de consenso sobre um conceito mínimo do que constituiria subsídio que não poderia ser utilizado e, por outro, assegurar que as medidas tomadas pelos países importadores para evitar as distorções causadas por programas de subsídios estrangeiros fossem aplicadas se forma abusiva.

3.1 *Conceito de subsídio*

Em sua Parte I, o artigo 1 introduziu no Sistema Multilateral a definição de subsídio, abrigando dois elementos distintos: a) uma contribuição financei-

27. A matéria dos subsídios agrícolas restou temporariamente a cargo da disciplina do Acordo sobre Agricultura, também resultante das negociações da Rodada Uruguai. Os dispositivos pertinentes a subsídios do Acordo Agrícola não serão analisados no presente estudo. Primeiramente, porque o objeto do presente trabalho circunscreve-se à disciplina geral dos Subsídios e Medidas Compensatórias, tratando-se a matéria dos subsídios agrícolas de exceção temporária à regra geral. Segundo, em função da caducidade da chamada "cláusula da paz", que justamente excluía os subsídios agrícolas da disciplina geral aplicável à matéria. Sobre o tema, recomendam-se as obras de Desta e Reis, citadas na bibliografia deste trabalho.

ra por parte do governo (ou qualquer entidade pública) ou qualquer forma de sustentação de renda ou preço; e b) que confira um benefício ao recipiendário.

A presença desses dois elementos na definição de subsídio – contribuição financeira e benefício – expressava o resultado de um embate de décadas. De um lado, os EUA entendiam que a característica essencial do subsídio é a vantagem que uma medida governamental confere a quem recebe o incentivo. A Europa, por sua vez, insistia que a ideia de subsídio estava intimamente associada à noção de *charge on the public account*, isto é, seu foco era a transferência de fundos públicos para um particular. A definição finalmente incorporada pelo Acordo trouxe a combinação das duas perspectivas.

Embora abrangente, a simples existência da definição reduziu, em termos práticos, o escopo da disciplina multilateral, pois foram excluídas quaisquer outras medidas governamentais que não possam ser classificadas como subsídio. Não obstante, qualquer envolvimento do governo em programas de apoio à produção ou exportação pode caracterizar a existência de uma contribuição financeira governamental. É o que propõe Desta, ao afirmar que:

> The nature of this government involvement varies from case to case. It is important, however, that when only a non-governmental actor is directly involved, the government should be the source either of the funds or of the authority, or both (2002, p. 164).

Assim, apesar do envolvimento do governo ser essencial para a caracterização de um subsídio, não é necessário que a contribuição financeira seja a suas expensas.

Ao lado da contribuição financeira governamental, a sustentação de preços foi mantida na definição de subsídios. É interessante observar que, após o advento da OMC, o conceito de sustentação de preços nunca foi objeto de análise pelo Órgão de Solução de Controvérsias, e a sua inserção no Acordo é pouco explorada pela doutrina. Apesar disso, o conceito de sustentação de preços faz referência ao artigo XVI do GATT 1947, conforme modificado pela emenda de 1955. A sua introdução no Acordo, portanto, deu-se mais para assegurar a continuidade do sistema do que introduzir qualquer novidade substancial que vá além da referência à contribuição financeira.

No que se refere à exigência de comprovação de um benefício ao produtor que recebe o subsídio, os painéis após 1995 apontaram que este requisito restaria cumprido quando a contribuição financeira resultasse na criação de alguma forma de vantagem competitiva comercial no mercado de exportação para o produto em tela em favor do recipiendário.[28] Para chegar à conclusão sobre a existência de uma vantagem competitiva comercial, seria necessário proceder a uma comparação entre a situação criada pela contribuição financeira e a situação existente de fato no mercado.

3.2 Especificidade

Na Parte I, em seu artigo 2, o ASMC adotou expressamente o conceito de especificidade. Assim, a partir do seu advento, a OMC passou a se preocupar apenas com a concessão de subsídios considerados específicos, quais sejam aqueles concedidos a "empresa ou setor ou grupos de empresas ou grupos de setores", inclusive aquelas localizadas em regiões geográficas delimitadas.

A especificidade é um conceito-chave no ASMC. Subsídios não específicos não são acionáveis, podendo ser concedidos livremente pelos governos dos Membros da OMC. Assim, a especificidade delimita o alcance da disciplina e, assim, impede que se sancionem diversas práticas oficiais horizontais, como políticas públicas direcionadas à saúde, à educação e ao aprimoramento da infraestrutura de determinado país.

Como visto na Seção 1 desse artigo, a inclusão do critério da especificidade vem ao encontro da teoria econômica do comércio internacional, que aceita a proposição de que, em mercados livres e competitivos, a alocação mais eficiente de recursos em uma economia é obtida mediante o livre funcionamento da lei da oferta e da procura. Nesse quadro conceitual, o subsídio é entendido como uma medida que discrimina a favor de um ou alguns dos participantes do mercado, que recebem uma vantagem exclusiva. Assim, o subsídio específico distorce o mercado, pois permite a seus beneficiários obter recursos que não poderiam ser utilizados por outros setores na mesma economia, com a consequente redução da eficiência.

O Órgão de Solução de Controvérsias da OMC, ao analisar o caso *US – Subsidies on Upland Cotton*,[29] lança luzes sobre qual abrangência deve ter um

28. É o que sustenta o Painel no caso *Canada – Measures Affecting the Export of Civilian Aircraft*, Relatório do Painel (WT/DS70/R) adotado em 14 de abril de 1999, p. 176: "In order to determine whether a financial contribution (in the sense of Article 1.1(a)(i)) confers a 'benefit', i.e., an advantage, it is necessary to determine whether the financial contribution places the recipient in a more advantageous position than it would have been the case but for the financial contribution". A decisão do Painel foi confirmada no Relatório do Órgão de Apelação (WT/DS70/R) adotado em 2 de agosto de 1999.

29. *US – Subsidies on Upland Cotton*, Relatório do Painel (WT/DS267/R) adotado em 8 de setembro de 2004.

subsídio para não ser considerado específico. Isso ocorrerá quando o subsídio for *broadly available and widely used*. Embora sucinta, a explicação é suficiente para esclarecer o principal aspecto: não especificidade não significa, necessariamente, a utilização do mesmo pela totalidade de empresas e setores. Isto é, para que um subsídio seja considerado não específico, não é necessário que seja concedido a absolutamente todas as empresas ou setores existentes na jurisdição da autoridade outorgante, bastando que esteja à disposição de todas.

Esse requisito reflete a própria premissa política por trás da regulamentação dos subsídios: o entendimento de que qualquer programa de apoio governamental que é disponibilizado horizontalmente para todas as esferas da economia por si só não distorce o comércio ou a alocação de recursos, e portanto não se submete à disciplina multilateral.

Ressalte-se ainda que a especificidade não é condição para a existência de subsídio, mas sim para que as regras do ASMC sejam a eles aplicadas. Assim, somente tem relevância para o sistema multilateral o subsídio específico. Os subsídios não específicos se inserem na categoria de subsídios não acionáveis, que não se submetem às disciplinas da Parte II (subsídios proibidos), da Parte III (subsídios acionáveis) ou da Parte V (medidas compensatórias) do ASMC.

3.3 *Tipos de subsídios*

No que se refere à categorização dos subsídios, o Acordo adotou o que se conhece como uma aproximação tipo semáforo (*traffic light approach*). Assim, diz-se que o subsídio pode ser proibido (categoria vermelha), acionável (amarela) ou não acionável (verde). As categorias de subsídios são definidas de acordo com seus efeitos adversos sobre o comércio: os primeiros sempre causariam distorções ao comércio; os segundos potencialmente as causariam; e os terceiros causariam pouca ou nenhuma distorção. Os subsídios que não se enquadram na categoria verde estão sujeitos à sanção unilateral ou multilateral na medida em que causem distorções.

3.3.1 *Subsídios não acionáveis*

A começar pela caixa verde, a categoria dos subsídios não acionáveis abrange aqueles subsídios cujo impacto no fluxo do comércio internacional é considerado mínimo. Eles são de dois tipos e têm sua disciplina especificada na Parte IV do ASMC.

O primeiro tipo abrange os subsídios não específicos a uma empresa ou indústria ou a um grupo de empresas ou indústrias. Ou seja, são aqueles que, por exclusão, não se enquadram no requisito estipulado pelo artigo 2 do

Acordo. Apesar de todo subsídio não específico ser não acionável, nem todo subsídio não acionável era não específico, ao menos até o ano 2000.

O segundo tipo de subsídio específico não acionável era disciplinado no artigo 8.2. Em linhas gerais, esse segundo tipo abrangia: assistência a atividades de pesquisa e desenvolvimento; assistência a regiões em desvantagem; bem como assistência concedida com vistas a promover adaptações de plantas existentes a novas exigências de ordem ambiental, conforme as condições dispostas nos literais do Anexo 8.2. Deve-se destacar, contudo, que os subsídios arrolados no artigo 8.2 somente eram não acionáveis por um período de 5 anos após a assinatura do Acordo. A extensão da validade da categoria, segundo o artigo 31, foi condicionada a uma decisão positiva nesse sentido pelo Comitê de Subsídios e Medidas Compensatórias da OMC. Como nenhum consenso foi atingido, a categoria expirou em 1.º de janeiro de 2000, e todos os subsídios não acionáveis arrolados no artigo 8.2 são hoje considerados acionáveis.

Em relação aos subsídios não acionáveis, nenhuma medida unilateral (medidas compensatórias) poderia ser utilizada pelo Membro que se sentisse prejudicado por sua concessão. Na via multilateral, e em relação aos casos previstos no artigo 8.2, na eventualidade de causarem efeitos adversos graves (*serious adverse effects*), os subsídios não acionáveis poderiam ser questionados pelo Membro afetado por meio de consultas com o Membro que o concedia no Comitê de Subsídios.

3.3.2 Subsídios proibidos

Em relação aos subsídios proibidos, o artigo 3, na Parte II do ASMC, ampliou a disciplina multilateral sobre a matéria. A definição de subsídios à exportação, já proibidos desde o Código de Tóquio, foi introduzida na nota de rodapé 5, relativa ao artigo 3.1. Essa norma estabeleceu que o subsídio, para ser considerado vinculado à exportação, deve cumprir o conceito de subsídio e ainda ser condicionado, por lei ou de fato, ao desempenho exportador. Com algumas alterações, foi mantida, ainda, a lista ilustrativa de subsídios à exportação, incorporada como Anexo I.

O subsídio à exportação de direito foi definido como aquele em que a garantia do subsídio é feita explicitamente condicionada ao desempenho exportador em um instrumento legal. É o de mais fácil comprovação em sede multilateral, bastando comprovar a existência e conteúdo do subsídio por meio das palavras da legislação relevante, expressa ou implicitamente.

Já o subsídio à exportação de fato caracteriza-se por não ter base legislativa para a sua existência, só podendo ser demonstrado pela avaliação dos fatos.

Em todos os casos, compete ao Membro que alegar a existência do subsídio o ônus de comprová-la pelo meio mais adequado.

Além dos subsídios à exportação, o ASMC inova ao introduzir a proibição da concessão de subsídios vinculados ao uso de produtos nacionais em detrimento do uso de produtos importados. É o caso do chamado subsídio de conteúdo local ou de substituição de importações.

A inclusão dessa nova categoria é, na verdade, uma extensão do princípio geral da não discriminação de produtos conforme sua origem, consagrada no Princípio do Tratamento Nacional, constante do artigo III do GATT 1947. O estabelecimento de preferências por produtos nacionais implica discriminação dos produtos no que se refere à sua origem, o que viola o Tratamento Nacional. Isto, por si só, justificaria uma ação multilateral contra essa prática com base no artigo III. Apesar disso, com a inclusão da proibição no ASMC, permite-se a utilização da solução de controvérsias mais acelerada nesses casos, tendo em vista a disciplina específica trazida em seus dispositivos.

No que se refere à *rationale* da inclusão desses dois tipos na categoria dos subsídios proibidos, Hoeckman e Kostecki destacam que:

> at least one common element appears clearly between these two classes of prohibited subsidies: both are directly related to global market in the sense that a country, by doing the former, tries to ("unfairly") raise its competitive position in the imports into its territory. As such, they are practices whose trade distortive effects can be felt on the international market rather directly (2002, p. 174).

Também com base no potencial para causar distorções ao comércio que esses subsídios proporcionam, o ASMC estabeleceu presunção *juris et de jure* de que os subsídios proibidos são específicos, o que os encaixa na categoria de subsídios acionáveis para fins de utilização de medidas compensatórias por parte dos países que recebem importações de produtos subsidiados.

3.3.3 Subsídios acionáveis

A categoria amarela dos subsídios acionáveis, prevista na Parte III do ASMC, é mais bem definida por exclusão, já que é composta por aquelas medidas que não são proibidas, nem não acionáveis, mas contra as quais pode-se tomar providências unilaterais, por meio de medidas compensatórias, ou pode-se recorrer à solução de controvérsias da OMC, dependendo da comprovação de seus efeitos adversos[30] sobre o comércio.

---

30. Para serem submetidos à via multilateral de solução de controvérsias, deve-se comprovar que os subsídios acionáveis causam efeitos adversos nos termos do artigo 5

Geralmente, os subsídios acionáveis são subsídios domésticos, e não se pode afirmar que sejam proibidos em si. Ao contrário, são legais, desde que outros Membros não sofram efeitos adversos contra os seus interesses, nos termos dos artigos 5 e 6. A ocorrência de determinados efeitos, contudo, legitima os Membros afetados a tomarem certas medidas previstas no próprio ASMC.

3.4 As medidas compensatórias

No que se refere às medidas compensatórias, o ASMC trouxe alguns requisitos materiais à sua imposição, assim como esmiuçou os requisitos procedimentais na condução de investigações para a aplicação de medidas compensatórias. Esses requisitos foram dispostos na Parte V do ASMC e discorrem sobre a análise das importações que se beneficiam de subsídios acionáveis ou proibidos, do dano à indústria doméstica e do nexo causal entre estes.

O procedimento de investigação para a imposição de medidas compensatórias guarda grande semelhança com o procedimento para a imposição de direitos antidumping, sendo que algumas das diferenças existentes entre os dois remédios são ressaltadas em artigo próprio da presente obra.

As medidas compensatórias podem ser utilizadas tanto contra subsídios proibidos como contra subsídios acionáveis. Somente podem ser aplicadas medidas compensatórias em decorrência de investigação iniciada e conduzida de acordo com os dispositivos da Parte V do ASMC. O objetivo principal da medida compensatória é proteger a indústria doméstica do produto similar da competição desleal de produtos subsidiados. Logo, é direito da indústria doméstica, conforme conceito disposto no artigo 16, solicitar a abertura da investigação.

Apesar disso, em circunstâncias especiais – e sempre com base em prova suficiente da existência do subsídio, do dano e da relação causal entre um e outro elemento – pode ocorrer a abertura *ex officio* de investigação. Se não houver prova suficiente dos requisitos materiais, ou em casos em que o Acordo atribui certa insignificância aos efeitos dos subsídios – seja porque o montante de subsídios é *de minimis*,[31] seja porque o volume das importações é insignificante –, a investigação deve ser encerrada.

O Acordo dispõe que a conclusão das investigações deve se dar em 1 ano, e no máximo em 18 meses em circunstâncias especiais. Mas, nesse meio tem-

---

do Acordo, quais sejam: a) dano à indústria doméstica de outro Membro; b) anulação ou redução das concessões e vantagens obtidas com a liberalização comercial; e c) prejuízo grave aos interesses de outros Membros.

31. O artigo 11.9 do Acordo considera *de minimis* o montante de subsídio inferior a 1 % *ad valorem*.

po, é possível aplicar medidas provisórias, após determinação preliminar da existência dos requisitos que justificam a sua aplicação. A realização de determinação preliminar não é obrigatória, mas proporciona aos governos e partes privadas estrangeiros a oportunidade de oferecerem compromissos de preços, encerrando assim a controvérsia de forma consensual.

A medida compensatória é um direito a ser cobrado quando da entrada da mercadoria no país, e não pode ser aplicada como uma restrição quantitativa. Caso não seja justificada mediante o procedimento investigativo que lhe deu causa, a medida compensatória viola as concessões tarifárias consolidadas, conforme os dispositivos do artigo II, e a Cláusula da Nação mais Favorecida, artigo I, ambos do GATT 1947.

Levando em consideração o interesse dos exportadores e dos países envolvidos, há na disciplina das medidas compensatórias do Acordo uma série de obrigações de devido processo e de notificação para o Membro que leva a cabo uma investigação. Existe, por exemplo, o dever de oferecer consultas ao país de origem das importações subsidiadas antes do início da investigação. Concluídos os trabalhos investigativos, o país que conduziu a investigação comprovando os requisitos materiais pode aplicar medida a menor do que a margem de subsídios, mas nunca maior.

3.5 O remédio multilateral

Deve-se ressaltar, contudo, que as medidas compensatórias só são efetivas quando a utilização do subsídio implica a exportação do produto do país que subsidia para aquele que recebe as exportações subsidiadas, causando dano à indústria doméstica. Nos outros casos de efeitos adversos, o país prejudicado pode recorrer à solução de controvérsias multilateral sob a alegação prejuízo grave a seus interesses, ou anulação e redução dos benefícios advindos das concessões tarifárias.

O Acordo prevê, ainda, disciplina específica para a solução de controvérsias multilaterais, com procedimentos mais céleres que aqueles previstos no Entendimento sobre Solução de Controvérsias da OMC. A via multilateral prevista no Acordo envolve prazos mais curtos e requer dos painéis maior especificidade em suas recomendações finais.

3.6 Países em desenvolvimento

A diferença existente na disciplina de subsídios para países desenvolvidos e países em desenvolvimentos diminuiu consideravelmente a partir da Rodada Uruguai. A proibição do uso de subsídios à exportação foi estendida para todos os Membros da OMC, enquanto na disciplina anterior os países em desenvolvimento eram livres para utilizar subsídios à exportação de bens industriais.

As únicas regras de maior efetividade em benefício dos países em desenvolvimento se referiam a prazos mais dilatados para a adequação ao novo regime imposto pelo ASMC – prazos estes que hoje já se encontram transcorridos –, bem como a patamares de insignificância ligeiramente mais elevados no que se refere à disciplina de medidas compensatórias.

4. Conclusões

À luz da teoria do comércio internacional, os subsídios concedidos pelos países afrontam a lógica econômica que inspirou a construção do Sistema Multilateral de Comércio, baseado na livre circulação de mercadorias e no princípio da não discriminação e seus desdobramentos.

Já do ponto de vista exclusivo dos países engajados no comércio internacional, nem a concessão de subsídios à exportação ou à produção nacional, nem a aplicação de medidas compensatórias, a fim de proteger a indústria doméstica da concorrência de produtos subsidiados, têm sentido econômico.

Apesar disso, seja em cumprimento a objetivos econômicos traçados em função de inspirações políticas nacionais, seja em atenção à pressão interna dos agentes econômicos diretamente afetados, os países seguem insistindo tanto na concessão de subsídios a seus produtores como na manutenção de normativa que discipline a aplicabilidade de medidas compensatórias para a proteção do mercado interno diante da "concorrência desleal" de produtos subsidiados em seu país de origem.

Portanto, mais por razões de fato do que em função da lógica econômica, faz sentido a existência de regras internacionais que busquem disciplinar tanto a concessão de subsídios como as medidas unilaterais compensatórias utilizadas pelos países contra produtos que se beneficiam de subsídios.

Ao longo da história do Sistema Multilateral de Comércio, a conformação das normas jurídicas aplicáveis à disciplina sempre foi fruto da dialética existente entre duas razões de Estado: uma inspirada na mínima intervenção estatal - contrária à concessão de subsídios e defensora da utilização de medidas compensatórias - e outra no estado social - que vê nos subsídios um instrumento necessário à consecução do desenvolvimento da sociedade e, em última análise, do bem-estar da população. É da confrontação entre essas duas concepções de governo que resultam as regras que definem quais subsídios são proibidos ou permitidos na esfera internacional, bem como as normas que disciplinam a aplicação de medidas compensatórias a partir de procedimentos que garantam práticas de transparência, ampla defesa e contraditório.

Por um lado, regras sobre a concessão de subsídios constrangem os Membros da OMC a intervir pontualmente em suas economias e os incentivam a optar por políticas de incentivo horizontais, evitando distorções prejudiciais não só ao comércio internacional como ao bem-estar geral da economia nacional. De outra parte, regras claras e procedimentos mais transparentes sobre a utilização de medidas compensatórias não só democratizam o acesso a esses instrumentos pelos setores privados nacionais, como também propiciam à sociedade em geral um meio mais apropriado de fiscalização da intervenção do Estado na economia.

É possível afirmar que, historicamente, as disciplinas aplicáveis à matéria evoluíram, inspiradas tanto nas negociações internacionais quanto nas decisões prolatadas em sede de solução de controvérsias. Por outro lado, o aumento exponencial das trocas comerciais ao longo dos anos sinaliza que a existência de conflitos acerca da matéria tende a crescer, revelando outras situações em que as regras atualmente existentes sejam insuficientemente claras ou satisfatórias à composição das controvérsias. A evolução da disciplina dos subsídios e medidas compensatórias, portanto, seguirá sendo necessária.

É de se ressaltar, contudo, que as medidas compensatórias são medidas de defesa comercial menos utilizadas pelos Membros da OMC. Tal fato pode ser explicado pela dificuldade em comprovar a existência de um subsídio; pela complexidade que envolve o cálculo do montante de subsídios – complexidade esta justificada pelos inúmeros formatos que um subsídio pode assumir –; mas principalmente pelo fato de envolver questionamentos sobre políticas governamentais no estrangeiro.

Bibliografia

BENITAH, Marc. *The law of subsidies under the GATT/WTO System*. London: Kluwer Law International, 2001.

BRASIL. Decreto n. 93.962, de 22.01.1987. Promulga o Acordo Relativo à Interpretação e Aplicação dos Artigos VI, XVI e XXIII do Acordo Geral sobre Tarifas Aduaneiras e Comércio (...). *DOU* de 23.01.1987, p. 1.143.

_____. Lei n. 313, de 30.07.1948. Autoriza o Poder Executivo a aplicar provisoriamente o Acordo Geral sobre Tarifas Aduaneiras e Comércio (...). *DOU* de 03.08.1948, p. 11.189.

CORRÊA, Luís Fernando Nigro. *O Mercosul e a OMC*: regionalismo e multilateralismo. São Paulo: LTr, 2001.

DESTA, Melaku Geboye. *The law of international trade in agricultural products: from GATT 1947 to the WTO Agreement on Agriculture*. Haia: Kluwer Law International, 2002.

GATT. *Agreement on Interpretation and Application of Articles VI, XVI and XIII of The General Agreements on Tarifs and Trade* (Subsidies Code), 1979. Disponível em: <gatt.stanford.edu/page/home>.

_____. *Analysis of the drafting history of Article XVI and of the work of past panels and working parties as regards subsidies on agricultural products*, 1983 (AG/W/4). Disponível em: <gatt.stanford.edu/page/home>.

_____. *Punta del Este Declaration*, Ministerial Declaration of 20 September 1986. Disponível em: <www.sice.oas.org/trade/Punta_e.asp>.

GOODE, Walter. *Dictionary of trade policy terms*. 4. ed. Cambridge: Cambridge University Press, 2004.

HOECKMAN, Bernard e KOSTECKI, Michel. *The political economy of the world trading system: the WTO and beyond*. 2. ed. Toronto: Oxford University Press, 2001.

JACKSON, John H. The world trading system. Law and policy of international economic relations. 2. ed. Massachusetts: The MIT Press, 1998.

KRUGMAN, Paul R. e OBTSFELD, Maurice. *Economia internacional:* teoria e política. 5. ed. São Paulo: Makron Books, 2001.

REIS, Marcelo Simões dos. *Comércio internacional de produtos agrícolas, um regime orientado pela dicotomia norte-sul?*. Dissertação de Mestrado em Direito das Relações Internacionais. Brasília: Centro Universitário de Brasília, 2005.

WTO. *The legal texts:* the results of the Uruguay Round of multilateral negotiations. Cambridge: Cambridge University Press, 2002.

5 – Algumas diferenças entre os Acordos Antidumping e de Subsídios e Medidas Compensatórias[1]

Luciana Fonseca Damasceno Vieira

O objetivo do presente artigo é examinar algumas diferenças entre os textos dos Acordos Antidumping e de Subsídios e Medidas Compensatórias, no que refere às normas a serem seguidas para abertura e durante processo de investigação para imposição de um direito antidumping ou medida compensatória.

O Acordo Antidumping (AAD) e o Acordo de Subsídios e Medidas Compensatórias da OMC (ASMC) fazem parte do GATT 1994 e são respostas a práticas de comércio tidas como desleais pelos Membros da Organização Mundial de Comércio, a saber: dumping por parte de empresas exportadoras e subsídios concedidos por entidades governamentais, respectivamente.

Os dois Acordos contêm uma série de disposições idênticas, principalmente no que diz respeito aos procedimentos a serem observados pelas autoridades durante a investigação. Entretanto, existem diferenças entre os textos. Algumas refletem as diferenças entre os conceitos de dumping e subsídio, enquanto outras poderiam desaparecer.

Comparando as definições de dumping e subsídio, o AAD define *dumping* como a venda de um produto em outro país a um preço abaixo de seu "valor normal", isto é, se o preço de exportação do produto exportado de um país para o outro for menor que seu preço de venda no mercado interno do país exportador, durante uma transação comercial normal, considera-se que a empresa exportadora está praticando dumping. Já o ASMC define *subsídio* como uma contribuição financeira ou uma política de garantia de preço ou renda concedida por um *governo* a empresas em seu território. Um é uma prática

1. Refere-se apenas à Parte V do Acordo de Subsídios e Medidas Compensatórias (procedimentos a serem seguidos para aplicação de medida compensatória contra importações subsidiadas).

empresarial e outro uma política de governo e, embora não haja semelhanças entre os conceitos de dumping e subsídios, ambos podem ser considerados como práticas desleais de comércio, principalmente levando em conta os efeitos adversos que podem gerar.

Entre os pontos dos Acordos Antidumping e de Subsídios e Medidas Compensatórias que refletem as diferenças entre a natureza pública do subsídio e a privada do dumping, temos a inclusão do Acordo sobre Agricultura entre as normas a serem observadas em uma investigação de direitos compensatórios. O Acordo de Subsídios estabelece que direitos compensatórios só podem ser aplicados a partir de investigações abertas e conduzidas nos termos do próprio Acordo e do Acordo sobre Agricultura, pois este trata dos subsídios agrícolas.[2] O Acordo sobre Agricultura permitiu, durante seu período de implementação, o uso de subsídios à exportação em produtos primários,[3] desde que fossem cumpridos compromissos para sua redução estabelecidos no Acordo.[4] O período de implementação do Acordo sobre Agricultura, para fins deste *waiver*, foi de 9 anos a partir de sua entrada em vigor em 1995. O Acordo Antidumping não comtempla normas específicas relativas aos produtos agrícolas

Outro ponto é a definição do preço de exportação quando um produto não é exportado diretamente do país de origem para o país importador. O Acordo Antidumping estabelece que o preço de exportação a ser comparado com o valor normal é o preço de exportação do país intermediário para o país de importação, exceto quando seja um caso apenas de trânsito por este país. No caso do ASMC, o preço de exportação é sempre o preço de saída do país onde foi produzido o produto, já que o governo de um país intermediário dificilmente se interessará em conceder subsídios a uma produção fora de seu

---

2. Artigos 1 do AAD e 10 do ASMC.

3. Acordo sobre Agricultura: "*Article 1*: f) 'implementation period' means the six-year period commencing in the year 1995, except that, for the purposes of Article 13, it means the nine-year period commencing in 1995; *Article 13*: During the implementation period, notwithstanding the provisions of GATT 1994 and the Agreement on Subsidies and Countervailing Measures (referred to in this Article as the 'Subsidies Agreement'): (...) (c) export subsidies that conform fully to the provisions of Part V of this Agreement, as reflected in each Member's Schedule, shall be: (i) subject to countervailing duties only upon a determination of injury or threat thereof based on volume, effect on prices, or consequent impact in accordance with Article VI of GATT 1994 and Part V of the Subsidies Agreement, and due restraint shall be shown in initiating any countervailing duty investigations; and (ii) exempt from actions based on Article XVI of GATT 1994 or Articles 3, 5 and 6 of the Subsidies Agreement".

4. Artigos 8 a 13 do Acordo sobre Agricultura.

território. No caso do AAD, o que interessa é o preço de saída do país que está sendo investigado, seja ele produtor ou não.[5]

A natureza pública da concessão de subsídio também aparece na exigência de consultas com o governo do país exportador antes da abertura da investigação feita pelo Acordo de Subsídios. O Acordo Antidumping apenas exige que o governo do país exportador seja notificado de que as autoridades investigadoras dispõem de uma petição devidamente instruída.[6]

No que se refere à possibilidade de suspensão ou encerramento da investigação sem a imposição de direito provisório ou definitivo por meio de acordos voluntários entre as partes, os dois Acordos preveem que a autoridade investigadora e o exportador, envolvidos em uma investigação de dumping ou de subsídio, podem negociar acordos voluntários de revisão de preços visando à eliminação dos efeitos do dumping ou subsídio sobre as exportações sob investigação. Entretanto, o Acordo de Subsídios adicionalmente prevê que o processo pode ser suspenso ou encerrado caso o governo do país exportador, por ser o concedente do benefício, se comprometa a eliminar ou reduzir os subsídios concedidos ao produto em questão.[7]

Mesmo no caso de acordos voluntários com as empresas exportadoras, o Acordo de Subsídios determina que estes não podem ser negociados ou aceitos sem a aprovação do governo do país exportador, pois ele é uma das partes investigadas. O Acordo Antidumping não faz essa exigência, pois apesar de o governo ser parte interessada, nesse caso seu papel é institucional e não como parte investigada. O Acordo Antidumping prevê que a investigação pode ser encerrada sem a aplicação de direito caso as empresas exportadoras se comprometam a ajustar seus preços de modo a eliminar o dano à indústria doméstica, sem exigir a anuência governamental do país exportador.[8]

Em uma última tentativa de conseguir uma solução negociada entre governos antes da imposição do direito compensatório, o Acordo de Subsídios reforça a necessidade de se esgotarem as consultas com o governo do país exportador, dando nova oportunidade para retirada do subsídio ou subsídios em questão.[9] O Acordo Antidumping não trata dessa possibilidade.

Outra diferença entre os acordos está ligada apenas indiretamente à natureza pública do subsídio e se justifica se reconhecermos o papel do Estado

5. Artigos 2.5 do AAD e 11.8 do ASMC.
6. Artigos 5.5 do AAD e 11.5 do ASMC.
7. Artigos 8.1 do AAD e 18.1 do ASMC.
8. Artigos 8.1 e 8.2 do AAD e 18.1 e 18.2 do ASMC.
9. Artigo 19.1 do ASMC.

no desenvolvimento econômico de um país. Os acordos estabelecem diferentes patamares para o encerramento de uma investigação sem a imposição de um direito. De acordo com o AAD, a investigação deve ser encerrada caso a margem de dumping, encontrada em relação às exportações daquela origem, seja inferior a 2% do preço de exportação ou o volume importado com dumping de determinado país responder por menos de 3% das importações totais do produto, a não ser que o conjunto desses países responda por mais de 7% das importações totais do produto. Já o Acordo de Subsídios estabelece o percentual de subsídios *de minimis* para encerramento da investigação sem a imposição de direito como inferior a 1% do preço de exportação e não quantifica o volume mínimo de importação com subsídio necessário para manter a investigação contra aquele país exportador, embora mencionando que uma investigação deve ser encerrada contra determinada origem ou origens quando o volume importado daquele país for insignificante, sem estabelecer um percentual mínimo a ser observado.[10]

Entretanto, o reconhecimento pelos Membros da OMC do importante papel que os subsídios podem ter no desenvolvimento econômico dos países em desenvolvimento fez com que fossem incluídas no Acordo de Subsídios regras mais lenientes para o encerramento de investigações sobre importações desses países sem imposição de direito. Para as exportações originadas de países em desenvolvimento, a margem de subsídios para encerramento da investigação sem direito pode ser de até 2% do preço de exportação, e o volume mínimo de importações é considerado insignificante se inferior a 4%, individualmente, ou 9%, coletivamente, do total importado. Além disso, o Acordo prevê que, no caso em que a origem sejam países de menor desenvolvimento relativo,[11] a margem de subsídios para encerramento da investigação sem direito pode ser de até 3% do preço de exportação.

---

10. Artigos 5.8 do AAD e 11.9 do ASMC.

11. ASMC: "Annex VII: Developing Country Members Referred To In Paragraph 2(a) of Article 27

The developing country Members not subject to the provisions of paragraph 1(a) of Article 3 under the terms of paragraph 2(a) of Article 27 are: (a) Least-developed countries designated as such by the United Nations which are Members of the WTO. (b) Each of the following developing countries which are Members of the WTO shall be subject to the provisions which are applicable to other developing country Members according to paragraph 2(b) of Article 27 when GNP per capita has reached $1,000 per annum (68): Bolivia, Cameroon, Congo, Côte d'Ivoire, Dominican Republic, Egypt, Ghana, Guatemala, Guyana, India, Indonesia, Kenya, Morocco, Nicaragua, Nigeria, Pakistan, Philippines, Senegal, Sri Lanka and Zimbabwe". "(68) The inclusion of deve-

Isto é, no Acordo de Subsídios, as exportações dos países desenvolvidos estão sujeitas a critérios mais rigorosos para o encerramento de investigação sem a imposição de medidas compensatórias (margem de subsídios abaixo de 1%) que os países em desenvolvimento (margem de subsídios abaixo de 2%) e os de menor desenvolvimento relativo (margem de subsídios abaixo de 3%), sugerindo uma maior tolerância da OMC em relação ao uso de meios artificiais de inserção no mercado internacional como meio de ajudar a promover o desenvolvimento econômico em áreas menos desenvolvidas. O mesmo ocorre com o volume mínimo de importação com subsídio/dumping necessário para manter a investigação. O Acordo Antidumping não faz distinção relativamente ao nível de desenvolvimento econômico.

Os procedimentos descritos até agora demonstram diferenças entre os Acordos Antidumping e de Subsídios resultantes, em princípio, do duplo papel que o governo do país exportador tem, durante uma investigação de subsídios, como representante do País Membro da OMC e signatário do Acordo e como concedente do subsídio e, portanto, parte investigada. Na investigação antidumping, sua participação é apenas institucional, como parte interessada mas não investigada. Outras diferenças entre os dois textos poderiam, entretanto, ser harmonizadas por introduzirem diferenças que, em princípio, não se justificam.

Entre as normas que poderiam ser transpostas do Acordo Antidumping para o de Subsídios, ou vice-versa, está a definição de *indústria doméstica*. O Acordo de Subsídios estabelece que a autoridade investigadora pode excluir de sua definição de indústria doméstica em uma investigação empresas domésticas importadoras não só do produto alegadamente subsidiado de uma origem ou origens específicas, como também de "produto similar *de outros países*" (*allegedly subsidized product or like product from other countries*). O Acordo Antidumping só menciona a exclusão de empresas importadoras do produto alegadamente objeto de dumping (*allegedly dumped product*), isto é, podem ser excluídas apenas as empresas que importam dos países sob investigação, enquanto o Acordo de Subsídios menciona também a possibilidade de exclusão de empresas nacionais que importam produtos similares de outras origens. Embora ambos os Acordos definam produto similar,[12] em tese, como um produto igual ao investigado, a exclusão de empresas que importam *de*

loping country Members in the list in paragraph (b) is based on the most recent data from the World Bank on GNP per capita."

12. "Ao longo desse Acordo, a expressão 'produto similar' será interpretada como um produto idêntico, isto é, similar em todos os aspectos ao produto sob investigação, ou, na falta deste, outro produto que embora não similar em todos os aspectos, tenha

outras origens da definição de indústria doméstica pelo Acordo de Subsídio não parece ter justificativa.

Como os dois acordos estabelecem que uma investigação para determinar a existência, grau e efeito de um alegado subsídio ou dumping só pode ser iniciada por meio da apresentação de uma petição pela, ou em nome da, indústria doméstica,[13] sendo necessário um grau mínimo de apoio por parte dos produtores nacionais do produto a ser investigado para que as peticionárias sejam consideradas como representativas, a limitação do escopo da definição de indústria doméstica pode facilitar a abertura de uma investigação.[14] Seria, por exemplo, mais fácil abrir uma investigação de subsídios do que de dumping, pois a possibilidade de exclusão de mais uma categoria de empresas do grupo das que devem ou não apoiar a petição para abertura de uma investigação pode facilitar a obtenção do percentual mínimo de apoio por parte da indústria doméstica exigido para abertura de uma investigação.[15]

No que se refere à imposição de uma medida provisória, o Acordo de Subsídios determina que ela tome a forma de uma garantia. O Acordo Antidumping estabelece sua cobrança em forma de recolhimento de um direito ou, preferencialmente, uma garantia sob a forma de depósito ou fiança bancária. Adicionalmente, o Acordo Antidumping prevê que a autoridade pode optar por uma suspensão de valoração aduaneira (*Withholding of appraisement*), na qual a alfândega só registra as importações realizadas a partir daquela data para uma cobrança futura dos direitos. Essa modalidade pode ser usada desde que os montantes de tributação normal e direito antidumping sejam anotados e que sejam aplicadas as mesmas normas válidas para outras modalidades de direito provisório.[16] O Acordo de Subsídios não prevê o uso da suspensão de valoração aduaneira, pois também não aponta a efetiva cobrança do direito provisório como uma das alternativas de imposição. O recolhimento do direito cria a necessidade de devolução de valores pagos a mais ao se encerrar a investigação e determinar o direito definitivo.[17] Caso o AAD deixe de considerar o recolhimento do direito como modalidade de medida provisória, a exemplo do ASMC, esse problema seria eliminado sem prejuízo

características próximas àquelas do produto sob investigação" (artigos 2.6 do AAD e 15.1 do ASMC, nota 46).

13. Artigos 5.1 do AAD e 11.1 do ASMC.
14. Artigos 5.4 do AAD e 11.4 do ASMC.
15. Artigos 4.1 do AAD e 16.1 do ASMC
16. Artigos 7.2 do AAD e 17.2 do ASMC.
17. Artigos 10.3 do AAD e 20.3 do ASMC.

de sua finalidade, já que a decisão de importar continuaria influenciada por esse possível ônus.

Quanto à vigência da medida provisória, os Acordos também contêm disposições distintas sem um motivo aparente. Os dois limitam a vigência do direito provisório a um período de 4 meses; entretanto, o Acordo Antidumping permite que, a pedido de exportadores representando um percentual significativo das exportações sob investigação, a autoridade investigadora estenda a vigência para até 6 meses. Caso a autoridade esteja examinando a possibilidade de aplicar um direito inferior à margem de dumping, o Acordo Antidumping permite que esses períodos sejam estendidos para 6 e 9 meses, respectivamente. O Acordo de Subsídios não prevê a possibilidade de prorrogação do direito provisório, reduzindo a possibilidade de serem examinadas diferentes alternativas, tais como aplicação de um direito definitivo inferior à margem de subsídio mas suficiente para neutralizar o dano, ou mesmo um acordo de preços que evitaria a imposição do direito.[18]

Os Acordos também diferem quanto ao uso da melhor informação disponível (*best information available*). Tanto o Acordo Antidumping quanto o de Subsídios estabelecem que, caso seja recusado acesso a qualquer informação necessária ao bom andamento da investigação, a autoridade investigadora poderá basear sua determinação preliminar ou final na melhor informação disponível. Entretanto, o AAD lista em seu Anexo II alguns parâmetros regulando o uso da melhor informação disponível pela autoridade investigadora, procurando garantir que, embora a informação usada não seja a melhor, ela seja confiável. O Acordo de Subsídios não contém nenhuma diretriz sobre o assunto. Apenas autoriza o seu uso sem especificar em que circunstâncias seu uso é aceitável e não viola os direitos das partes investigadas. A transposição do Anexo II do Acordo Antidumping traria regras mais claras para o uso desse recurso nas investigações de subsídios.[19]

A fase de imposição do direito definitivo também contém diferenças que poderiam ser harmonizadas. Antes da imposição do direito, o Acordo de Subsídios estabelece que as autoridades investigadoras devem levar em consideração manifestações de outras partes interessadas domésticas que possam ser afetadas pela medida.[20] Essas outras partes devem incluir consumidores diretos ou industriais do produto exportado.[21] O Acordo Antidumping não

18. Artigos 7.4 do AAD e 17.4 do ASMC.

19. Artigos 6.8 do AAD e 12.7 do ASMC.

20. Artigo 19.1 do ASMC.

21. "Para fins deste parágrafo, a expressão 'partes interessadas domésticas' deve incluir consumidores diretos e industriais do produto importado sob investigação" (artigo 19.2 do ASMC, nota 50).

prevê explicitamente qualquer tipo de participação ativa de consumidores, que a rigor também serão afetados pela medida antidumping.[22]

Quanto à determinação da margem de dumping, o Acordo Antidumping exige como regra geral que seja calculada uma margem de dumping individual para cada exportador conhecido do produto sob investigação,[23] enquanto o Acordo de Subsídios não menciona explicitamente a necessidade de cálculo de margem de subsídios individual. No caso do Acordo de Subsídio não há obrigação explícita de impor o direito por fornecedor/exportador do produto, exceto no caso de fornecedores que tenham feito algum tipo de acordo (renúncia ao subsídio) para evitar a imposição do direito sobre suas exportações.[24] Apesar disso, o ASMC estabelece o direito de qualquer exportador não investigado por motivo outro que a negativa de cooperar a uma revisão "acelerada" para a determinação de um direito individual,[25] o que pode significar implicitamente que os exportadores investigados já tinham um.

A aplicação de qualquer medida antidumping ou compensatória pressupõe que houve dano causado pelas exportações de determinadas empresas exportadoras a um preço artificial seja por decisão empresarial da própria empresa seja pelo uso de subsídios acionáveis disponibilizados pelo seu governo. Portanto, a imposição de medida compensatória está diretamente ligada ao benefício auferido pela empresa, e não ao disponibilizado, seu efeito sobre as exportações e destas sobre o mercado interno importador. A quantificação do subsídio implica individualizar o montante do subsídio por empresa exportadora investigada.

E, finalmente, o Acordo Antidumping estabelece que exportadores ou produtores que não tenham exportado durante o período de investigação têm direito a uma revisão "acelerada" para a determinação de um direito individual para sua empresa e estabelece que durante a referida revisão, não pode ser cobrado direito dessas empresas, embora a autoridade possa pedir uma garantia, a fim de assegurar o pagamento caso o direito aplicado seja imposto retroativamente até a data da abertura da revisão. Já o Acordo de Subsídios estabelece o direito de qualquer empresa exportadora que não tenha sido investigada por qualquer razão outra que a recusa de cooperar pedir uma revisão "acelerada" a fim de ter um direito individual estabelecido; entretanto, é omisso quanto à cobrança ou garantia durante a revisão.[26]

22. Artigo 9.1 do AAD.
23. Artigo 6.10 do AAD.
24. Artigo 19.3 do ASMC.
25. Artigos 9.5 do AAD e 19.3 do ASMC.
26. Artigos 9.5 do AAD e 19.3 do ASMC.

Portanto, na comparação entre os textos dos Acordos Antidumping e de Subsídios, observa-se que alguns procedimentos a serem seguidos para a abertura e ao longo das investigações para aplicação de um direito antidumping ou antissubsídio não podem ser unificados devido ao duplo papel do governo do país exportador na investigação de direitos compensatórios, como concedente do subsídio e, portanto, parte investigada, e seu papel institucional como representante de um País Membro da OMC. Além disso, a OMC reconhece que os subsídios são um meio válido de ajuda a países menos desenvolvidos e por isso foram incluídos no Acordo de Subsídios normas que estabelecem tratamento especial e diferencial para Países Membros em desenvolvimento.

Entretanto, vários procedimentos previstos em cada um dos dois Acordos podem ser harmonizados, tornando as regras de investigação para imposição tanto de direitos antidumping quanto de medidas compensatórias mais claras.

Bibliografia

DESTA, Dr. Malaku Geboye. *The law of international trade in agricultural products - from GATT 1947 to the WTO Agreement on Agriculture*. The Hague/Norwell (MA): Kluwer Law International, 2002.

STANBROOK, Clive e BENTLEY, Philip. *Dumping and subsidies: the law and procedures governing the imposition of anti-dumping and countervailing duties in the European Community*. The Hague/Norwell (MA): Kluwer Law International, 1996.

WTO. Documentos do Grupo negociador de Regras da OMC (disponíveis em: <www.wto.org>):

- TN/RL/W/19 de 7/10/2002 (paper by Brazil)
- TN/RL/GEN/93 de 18/11/2005 (paper by European Community)
- TN/RL/W/240 de 2/7/2009 (Difference between the anti-dumping agreement and counterpart provisions of the agreement on subsidies and countervailing measures)

______. *Interpretação e aplicação do Acordo sobre Implementação do Artigo VI do GATT 1994 - Acordo Antidumping*. Disponível em: <http://www.wto.org/english/res_e/booksp_e/analytic_index_e/anti_dumping_e.htm>. Acesso em: 15 fev. 2012.

______. *Interpretação e aplicação do Acordo sobre Subsídios e Medidas Compensatórias*. Disponível em: <http://www.wto.org/english/res_e/booksp_e/analytic_index_e/subsidies_e.htm>. Acesso em: 15 fev. 2012.

6 – Salvaguardas no sistema multilateral de comércio

Ana Carolina Meneghetti Peres

O objetivo comum dos Membros da OMC que justifica a existência de uma regulamentação do comércio internacional é o de livrar o fluxo comercial dos impedimentos impostos pelas fronteiras e pelos próprios governos, tomando-se como verdadeira a premissa de que a liberalização dos mercados nacionais para o comércio internacional - por meio da redução de barreiras comerciais - contribui para o desenvolvimento da economia mundial.

Na prática, são comuns ações dos Membros da OMC que se opõem à lógica da não intervenção estatal e acabam por influenciar as obrigações assumidas pelos países junto ao Sistema Multilateral de Comércio e os fluxos de circulação de mercadorias no mercado internacional.

Muitas ações governamentais atingem fluxo de comércio indiscutivelmente leal. Algumas dessas ações são previstas nas próprias normas do Sistema Multilateral de Comércio e tomadas por meio da participação de todos os seus Membros. Assim, a renegociação dos compromissos tarifários primeiramente assumidos pelas Partes Contratantes quando da assinatura do Acordo Geral sobre Comércio e Tarifas (GATT) de 1947 já era autorizada no mesmo Acordo pelos artigos XXVIIIbis (negociações multilaterais de grande escala); XXXIII (negociações decorrentes da acessão de novas Partes Contratantes); XXVIII(1) (renegociações a cada três anos), XXVIII(5) (reserva de direitos de modificar tarifas fora das oportunidades anteriores) e XXVIII(4) (negociações em circunstâncias especiais). Todas essas situações, contudo, implicam a modificação permanente das tarifas negociadas junto aos demais parceiros comerciais do Sistema Multilateral de Comércio. O GATT 1947 ainda previu a possibilidade de retaliação no artigo XXVIII(3) e da solicitação de *waiver* do artigo XXV(5), quando, por votação de dois terços de pelo menos metade dos Membros da atual OMC podem ser excetuadas as obrigações assumidas por determinado Membro.

O GATT 1947 previu também outras medidas excepcionais de cunho unilateral. É o caso, por exemplo, das restrições de balança de pagamentos dos artigos XII e XVIII, que explicitamente autorizam países em desenvolvimento a implementar programas e políticas de desenvolvimento econômico que objetivam elevar a qualidade de vida da população, além de regras mais lenientes para o estabelecimento de uma determinada indústria.

Por fim, as medidas excepcionais que interessam ao presente artigo estão previstas originalmente no artigo XIX do GATT 1947 e, atualmente, encontram-se disciplinadas em Acordo específico. Trata-se das salvaguardas aplicadas unilateralmente para enfrentar surtos de importações decorrentes das obrigações consagradas no Acordo Geral. Ressalte-se, porém, que sempre que um Membro da OMC está insatisfeito com as consequências de uma negociação tarifária, existe uma pluralidade de oportunidades para modificá-la prevista no próprio Acordo. As salvaguardas gerais do artigo XIX são apenas uma dessas oportunidades.

Salvaguardas são a expressão normatizada mais fiel das correntes protecionistas existentes no âmbito interno de todas as economias nacionais. O presente artigo tem por objetivo retomar o quadro histórico do tratamento da matéria no âmbito do Sistema Multilateral de Comércio e delinear as normas atualmente estabelecidas pelo artigo XIX do GATT 1947 e pelo Acordo sobre Salvaguardas da OMC.

1. Evolução histórica da disciplina multilateral das salvaguardas

As medidas de salvaguardas existentes foram originalmente inspiradas em instrumentos da política comercial dos Estados Unidos da América (EUA).

Segundo Jackson (1998, p. 179) a era moderna das medidas de salvaguardas data do programa americano de acordos comerciais recíprocos[1] de 1934. Referido ato continha uma "cláusula de escape" por meio da qual uma barreira tarifária temporária poderia ser imposta às importações quando fosse observado aumento destas e pudesse ser demonstrada a existência de dano à industria nacional concorrente. Uma cláusula semelhante foi introduzida no Acordo com o México de 1943, que disciplinava:

> If, as a result of unforeseen developments and the concession granted on any article enumerated and described in the Schedules annexed to this Agreement, such article is being imported in such increased quantities and under such conditions as to cause or threaten serious injury to the domestic producers of like or similar articles, the Government of either the country shall be free to withdraw the concession, in whole or in part, or to modify it to the extent and for such time as may be necessary to prevent such injury.

1. *US Reciprocal Trade Agreement Act.*

Quando do lançamento das negociações multilaterais em 1947, o Presidente Truman promulgou uma ordem executiva determinando que fosse incluída uma cláusula de escape similar em todos os acordos comerciais assinados no programa americano de acordos comerciais recíprocos.

Assim, regras muito similares à disciplina constante do acordo com o México foram introduzidas nos textos preparatórios ao GATT 1947 nas reuniões de Nova York e Genebra, no âmbito do artigo XIX, intitulado Medidas de Emergência para o Caso de Importação de Produtos Especiais.

Posteriormente, quando da elaboração da Carta de Havana de 1947, o artigo 40 da Organização Internacional do Comércio (OIC) trazia também em seu corpo disciplina sobre o tema.[2] Cumpre destacar, no entanto, que a nota

---

2. Dispunha a redação do artigo 40 da Carta de Havana:

"Article 40: Emergency Action on Imports of Particular Products

1. (a) If, as a result of unforeseen developments and of the effect of the obligations incurred by a Member under or pursuant to this Chapter, including tariff concessions, any product is being imported into the territory of that Member in such relatively increased quantities and under such conditions as to cause or threaten serious injury to domestic producers in that territory of like or directly competitive products, the Member shall be free, in respect of such product, and to the extent and for such time as may be necessary to prevent or remedy such injury, to suspend the obligation in whole or in part or to withdraw or modify the concession.

(b) If any product which is the subject of a concession with respect to a preference is being imported into the territory of a Member in the circumstances set forth in sub-paragraph (a), so as to cause or threaten serious injury to domestic producers of like or directly competitive products in the territory of a Member which receives or received such preference, the importing Member shall be free, if that other Member so requests, to suspend the relevant obligation in whole or in part or to withdraw or modify the concession in respect of the product, to the extent and for such time as may be necessary to prevent or remedy such injury.

2. Before any Member shall take action pursuant to the provisions of paragraph 1, it shall give notice in writing to the Organization as far in advance as may be practicable and shall afford the Organization and those Members having a substantial interest as exporters of the product concerned an opportunity to consult with it in respect of the proposed action. When such notice is given in regard to a concession relating to a preference, the notice shall name the Member which has requested the action. In circumstances of special urgency, where delay would cause damage which it would be difficult to repair, action under paragraph 1 may be taken provisionally without prior consultation, on the condition that consultation shall be effected immediately after taking such action.

3. (a) If agreement among the interested Members with respect to the action is not reached, the Member which proposes to take or continue the action shall, never-

interpretativa do mesmo artigo 40[3] não refletiu no texto do GATT 1947. A nota determinava que as medidas tomadas com base no artigo 40 não deveriam discriminar as importações de qualquer Membro da OIC. Desde então, as Partes Contratantes do GATT interpretaram o artigo XIX de forma consistente com as revisões feitas na Conferência de Havana.

2. O GATT 1947

2.1 O artigo XIX

O artigo XIX do GATT introduziu a disciplina geral das Medidas de Emergência para os casos de importação de produtos especiais e se aplica às medidas de salvaguardas até os nossos dias, vez que foi incorporado sem modificações ao *acquis* legal da OMC.

---

theless, be free to do so, and if such action is taken or continued, the affected Members shall then be free, not later than ninety days after such action is taken, to suspend, upon the expiration of thirty days from the day on which written notice of such suspension is received by the Organization, the application to the trade of the Member taking such action, or, in the case envisaged in paragraph 1 (b), to the trade of the Member requesting such action, of such substantially equivalent obligations or concessions under or pursuant to this Chapter the suspension of which the Organization does not disapprove.

(b) Notwithstanding the provisions of sub-paragraph (a), where action is taken without prior consultation under paragraph 2 and causes or threatens serious injury in the territory of a Member to the domestic producers of products affected by the action, that Member shall, where delay would cause damage difficult to repair, be free to suspend, upon the taking of the action and throughout the period of consultation, such obligations or concessions as may be necessary to prevent or remedy the injury.

4. Nothing in this Article shall be construed

(a) to require any Member, in connection with the withdrawal or modification by such Member of any concession negotiated pursuant to Article 17, to consult with or obtain the agreement of Members others than those Members which are contracting parties to the General Agreement on Tariffs and Trade, or

(b) to authorize any Member which is not a contracting party to that Agreement, to withdraw from or suspend obligations under this Charter by reason of the withdrawal or modification of such concession".

3. A nota adicionada ao artigo 40 da Carta de Havana dispunha:

"ad Article 40

It is understood that any suspension, withdrawal or modification under paragraphs 1 (a), 1 (b) and 3 (b) must not discriminate against imports from any Member country, and that such action should avoid, to the fullest extent possible, injury to other supplying Member countries".

O texto do seu parágrafo 1.º previu que se, em consequência da evolução imprevista das circunstâncias e por efeito dos compromissos que uma Parte Contratante tenha contraído em virtude do GATT, compreendidas as concessões tarifárias, um produto fosse importado no território da referida Parte Contratante em quantidade por tal forma acrescida e em tais condições que causassem ou ameaçassem causar prejuízo sério aos produtores nacionais de produtos similares ou diretamente concorrentes, seria facultado a essa Parte Contratante, na medida e durante o tempo que fossem necessários para prevenir ou reparar esse prejuízo, suspender, no todo ou em parte, o compromisso assumido em relação a esse produto, ou retirar ou modificar a concessão.

O artigo XIX.1.a, portanto, estabeleceu os requisitos necessários para a aplicação de medidas de salvaguardas. Primeiramente, deveria ser constatada a existência de aumento das importações que caracterizasse um surto. O GATT 1947 não explicitou se esse surto seria observado na forma de um crescimento absoluto ou relativo de importações. Mas após a Carta de Havana, um relatório adotado pelas Partes Contratantes em 1948[4] consagrou o entendimento de que o aumento das importações incluía os casos em que ocorresse crescimento relativo das importações.

Posteriormente, esse entendimento foi cristalizado na redação do Acordo sobre Salvaguardas, de maneira que um surto de importações que justifique a aplicação de salvaguardas pode constituir um aumento real das importações – ou o que o Acordo chama de "aumento em termos absolutos" – ou um aumento relativo à produção doméstica, mesmo que a quantidade absoluta importada não aumente.

Além disso, o GATT 1947 não estabeleceu os critérios objetivos a serem analisados para a determinação de ocorrência do prejuízo sério ou da ameaça de prejuízo sério. Cumpre ressaltar que o título do artigo XIX faz referência a uma ação de emergência, o que conduz à interpretação de que medidas de salvaguardas somente podem ser utilizadas em circunstâncias estritas e excepcionais.

O artigo XIX também lançou as bases para a definição do universo de produtores que deve ser analisado para a constatação da existência de prejuízo grave, definindo-os em seu parágrafo 1.º como os produtores nacionais do produto similar ou diretamente concorrente. A referência a produto diretamente concorrente é conceito mais amplo que o de produto similar, como se verá mais adiante.

4. O relatório consta do documento GATT/CP.2/22/Rev.1. Ver GATT, 1948.

Para autorizar o recurso às salvaguardas, o aumento das importações deve derivar simultaneamente da evolução imprevista das circunstâncias e dos compromissos que uma Parte Contratante tenha contraído em virtude do GATT 1947. Veja-se que o artigo XIX não se restringe à possibilidade de suspensão das concessões tarifárias negociadas, mas dispõe também que o aumento das importações pode resultar de outras obrigações assumidas multilateralmente. Nesse caso, o GATT 1947 permitiu a suspensão daquelas obrigações, além da modificação ou retirada de concessões. Um exemplo dessa circunstância seria a suspensão do compromisso de Eliminação Geral de Restrições Quantitativas, previsto no artigo XI do Acordo Geral. Assim, se o cumprimento desse dispositivo, por meio da retirada de determinada restrição quantitativa, levasse a um aumento de importações, poder-se-ia caracterizar a possibilidade de aplicação de salvaguardas.

O artigo XIX.I.b previu a possibilidade de aplicação de salvaguardas em nome de terceiros países quando a importação cause ou ameace causar prejuízo sério aos produtores do produto similar diretamente concorrente estabelecidos no território de uma Parte Contratante que se beneficia ou se beneficiava de uma preferência tarifária.[5]

O artigo XIX.2 estabeleceu uma série de requisitos procedimentais prévios à adoção de medidas de salvaguardas, tais como o aviso por escrito às demais Partes Contratantes e a concessão de oportunidades de consultas com aquelas que tenham interesse substancial como exportadoras do produto. O mesmo artigo previu, ainda, a possibilidade de adoção de medidas provisórias sem consultas prévias, em circunstâncias críticas, em que qualquer prazo acarretasse um prejuízo difícil de reparar, com a condição de que consultas fossem realizadas imediatamente após a sua aplicação. Sykes ensina que:

> The objective of paragraph 2, although the text does not say so explicitly, is to encourage the affected parties to reach a mutually satisfactory arrangement

5. Dispõe o artigo XIX.1.b do GATT 1947: "Se uma Parte Contratante tiver feito uma concessão sobre uma preferência e que o produto ao qual esta se aplica venha a ser importado no território dessa Parte Contratante nas circunstâncias enunciadas na alínea (a) do presente parágrafo, de tal forma que essa importação determine ou ameace determinar um prejuízo sério aos produtores do produto similar ou de produtos diretamente concorrentes, estabelecidos no território da Parte Contratante que se beneficia ou se beneficiava da referida preferência, esta poderá apresentar um requerimento à Parte Contratante importadora, que ficará então livre de suspender, no todo ou em parte, o compromisso tomado ou retirar ou modificar a concessão, na medida e pelo tempo necessário para prevenir ou remediar tal prejuízo".

for "compensation" prior to the withdrawal of a concession under Article XIX (2006, p. 12).

Portanto, o objetivo dessas consultas prévias é permitir uma negociação prévia entre a Parte Contratante que pretende se valer de salvaguardas e aquelas que serão potencialmente afetadas pelas medidas, não necessariamente para evitar a aplicação da salvaguarda, mas visando à busca do reequilíbrio das concessões e obrigações de cada uma delas em face do GATT 1947.

O artigo XIX.3 estabelece que, caso as consultas não resultem em um acordo sobre as medidas, nada impedirá a Parte importadora de adotar as medidas em questão ou de continuar a sua aplicação. Trata-se, portanto, de medida unilateral, que não exige a concordância das demais Partes. Porém, a redação original do artigo XIX.3 previu que a aplicação unilateral de medidas de salvaguardas autorizava as Partes atingidas a aplicarem retaliações, desde que as Partes Contratantes, em conjunto, não desaprovassem a retaliação.

Segundo Sykes, a existência da ameaça de retaliação em outros setores não envolvidos diretamente na aplicação das salvaguardas em tese motivava uma negociação engajada prévia à aplicação de medidas em busca de compensações. Ao contrário das salvaguardas, a retaliação é discriminatória, atingindo apenas o país que aplica a medida de salvaguardas. Por outro lado, como obstáculo à realização de acordos de compensação, os resultados das negociações que visavam à modificação das concessões dos países envolvidos no caso, assim como as salvaguardas, deveriam ser estendidas a todas as Partes Contratantes do GATT 1947 em virtude do Princípio de Nação Mais Favorecida, o que poderia motivar o país aplicador das salvaguardas a não se engajar de boa-fé nas negociações que visavam ao estabelecimento de compensações.

2.2 A (não) aplicação do artigo XIX

Nos primórdios do GATT 1947, os usuários mais frequentes do mecanismo de salvaguardas eram Austrália, EUA, Canadá e Comunidade Europeia. Não obstante, reconhece-se que de fato a proteção de determinados setores da economia atingidos pela concorrência de produtos estrangeiros se dava prioritariamente por meio de medidas de área cinzenta.[6]

6. As medidas de área cinzenta englobam o que a doutrina convencionou chamar de Acordos de Comércio Ordenado (Orderly Marketing Arrangements - OMA), Acordos de Restrição Voluntária (Voluntary Restraints Agreements - VRA), Acordos de Restrições de Exportações (Export Restraint Agreements - ERA) ou Restrições Voluntárias de Exportações (Voluntary Export Restraints - VER).

A doutrina define as medidas de área cinzenta como aquelas aplicadas sem observância das regras previstas do artigo XIX. Apesar da falta de estatísticas precisas sobre as sua utilização ao longo dos anos, a doutrina é unânime em apontar o seu uso generalizado pelas Partes Contratantes do GATT 1947.[7]

De maneira geral, a doutrina explica a disseminação das medidas de área cinzenta nos primórdios do GATT 1947 com base nas dificuldades impostas pelas próprias regras do sistema multilateral para a utilização de salvaguardas.

Suponha-se o caso em que determinado ramo da indústria doméstica que concorre com as importações estivesse sendo prejudicado pelas exportações provenientes de apenas uma ou duas Partes Contratantes. Ainda que a aplicação de medida contra essas origens apenas fosse suficiente para garantir alívio à indústria doméstica, a necessária observância ao artigo I do GATT obriga à aplicação de salvaguardas de forma não discriminatória.

A aplicação de forma não discriminatória de salvaguardas levaria à obrigação do país importador de oferecer consultas sobre concessões para países que sequer estivessem prejudicando a indústria doméstica, tendo que posteriormente estender essas concessões a todas as demais Partes Contratantes.

Por outro lado, caso não concordasse com as modificações de suas concessões, o país importador deveria submeter outro setor produtivo doméstico a eventual retaliação daqueles países que se sentissem prejudicados pela aplicação da medida de salvaguardas. Assim, na lição de Sykes:

> (...) formal safeguard measure could embroil importing nations in thorny negotiations with supplier countries that were not even perceived to be an important source or the "problem". There was thus some natural pressure to prefer trade restrictions that targeted the most successful exporting nations and left the rest alone (2006, p. 21).

Jackson acrescenta que, com a gradual liberalização tarifária propiciada pelas Rodadas de negociações que se seguiram ao GATT 1947, o nível geral das tarifas já declinara bastante, de maneira que cada vez se tornava mais difícil aos países que se valiam de medidas de salvaguardas efetivamente compensar aquelas Partes Contratantes atingidas por meio de concessões alternativas (1998, p. 194).

---

7. Stewart ensina que acordos de restrição de exportações foram utilizados para cobrir áreas substantivas do comércio, tais como automóveis, eletroeletrônicos, produtos siderúrgicos, agrícolas e calçados. No caso do setor têxtil, as restrições voluntárias de exportação foram inclusive consagradas no âmbito multilateral, com a assinatura em 1994 do Acordo sobre Têxteis e Vestuário (1993, p. 1726).

De maneira geral, o uso das medidas de área cinzenta poderia também ser associado ao poder de retaliação do país exportador. Se um mesmo bem fosse importado da Comunidade Europeia e de um país em desenvolvimento, a aplicação de salvaguardas gerais levaria o país importador a ter que negociar com os dois. É fato, contudo, que caso essas negociações fossem infrutíferas, o poder de retaliação das Comunidade Europeia seria maior que o do país em desenvolvimento, por exemplo. Portanto, para um dado país pode ser melhor ser seletivo na hora de proteger sua produção doméstica, o que levaria à opção por uma medida de área cinzenta.

Na medida de área cinzenta o país exportador aceita a restrição porque, se aplicadas salvaguardas com base no artigo XIX, é provável que não terá como retaliar significativamente, ou, então, com as salvaguardas, não terá controle sobre as cotas, controladas pelo país importador. A medida de área cinzenta é normalmente aceita, portanto, para que o país exportador pelo menos se beneficie da renda da cota.

De outra parte, a própria dificuldade de levar adiante casos no sistema de solução de controvérsias do GATT 1947, cujos resultados podiam ser bloqueados pela Parte perdedora pela regra do consenso, levava alguns países a se desviarem das regras e engajarem-se em negociações com seus principais fornecedores para a imposição de medidas de área cinzenta.[8]

As dificuldades de aplicação da disciplina contida no artigo XIX do GATT, bem como a preocupação dos países em desenvolvimento com relação não só ao uso indiscriminado de salvaguardas, mas principalmente de medidas de área cinzenta, contra suas exportações levaram à inclusão do tema na Declaração Ministerial de 1973, que deu origem à Rodada Tóquio.

2.3 As negociações sobre salvaguardas na Rodada Tóquio

Apesar de seus resultados não terem engendrado qualquer modificação na disciplina multilateral de salvaguardas, a análise das negociações sobre o tema na Rodada Tóquio interessa na medida em que estas refletem diretamente nas negociações da Rodada Uruguai.

8. O único caso levado à solução de controvérsias do GATT 1947 sobre o tema salvaguardas foi *US – Hatter's Fur* (*Report on the withdrawal by the United States of a Tariff Concession under Article XIX of the General Agreement on Tariffs and Trade*, Documento GATT/CP/106, de 21 de março de 1951), quando a Tchecoslováquia levou à análise a aplicação de medidas americanas contra as importações americanas de chapéus femininos, sob a alegação que uma mudança nos padrões de moda para chapéus não seria uma evolução imprevista das circunstâncias que favorecesse as importações. O painel decidiu em favor dos EUA.

O debate nas negociações da Rodada Tóquio girou em torno da possibilidade de aplicação seletiva das salvaguardas ou da necessidade de observância ao Princípio da Não Discriminação. Como visto anteriormente, a experiência prática demonstrava que os países relutavam em aplicar medidas de cunho geral quando as importações de um ou poucos países causavam problemas à indústria nacional.

Nas negociações, a Comissão Europeia era a principal entusiasta da aplicação seletiva de medidas, enquanto os países em desenvolvimento, normalmente atingidos pelas medidas de área cinzenta, defendiam a aplicação não discriminatória destas, acompanhados por alguns países desenvolvidos, como a Austrália.

A aplicação discriminatória de salvaguardas poderia premiar nações mais cooperativas e punir aquelas menos dispostas a ceder em negociação visando à aplicação de medidas de área cinzenta. Por outro lado, medidas que selecionassem apenas o maior fornecedor externo poderiam ser suficientes para remediar os efeitos das importações sobre a produção doméstica, atingindo o menor número possível de parceiros comerciais.

Do ponto de vista econômico, os custos do desvio de comércio causado por medidas de salvaguardas e suportados pelos consumidores do país e pelos demais parceiros comerciais é maior nas salvaguardas não discriminatórias do que em uma medida discriminatória. Porém, no contexto de negociações internacionais, exportadores mais significativos, ameaçados pela distorção do comércio, podem levar seus representantes a negociarem medidas que reduzirão esse efeito. Além disso, exportadores com menor participação no mercado, que se beneficiariam do desvio de comércio, tendem a ser menos resistentes a medidas não discriminatórias porque isso implicaria custos mais elevados.

Outros assuntos relevantes nas negociações da Rodada Tóquio foram: a tentativa de flexibilização dos direitos de compensação e retaliação dos países atingidos por medidas de salvaguardas; o papel das medidas de ajuste estrutural da indústria doméstica protegida; regras especiais para países em desenvolvimento; critérios mais precisos para a análise de prejuízo grave, obrigações de notificação e consultas, além do estabelecimento de um mecanismo de vigilância multilateral sobre a adoção de medidas de salvaguardas. Ao final da Rodada Tóquio, somente foi possível atingir consenso sobre o último tema, o que impossibilitou a adoção de um Código de Salvaguardas.

2.4 A Rodada Uruguai

A Declaração Ministerial de 1982 determinou que um acordo abrangente em matéria de medidas de salvaguardas deveria conter os seguintes elementos:

transparência, cobertura da medida, critérios objetivos para ação – incluindo definição de prejuízo grave e ameaça de prejuízo grave; natureza temporária, regressiva e coordenada com ajuste estrutural, compensação e retaliação, além de vigilância multilateral.[9]

Mais uma vez, um dos temas mais contundentes foi o debate entre os defensores da aplicação não discriminatória e aqueles que defendiam a utilização seletiva das medidas, assim como a eliminação de medidas de área cinzenta.

Durante a Rodada Uruguai, muitos países em desenvolvimento, cujas exportações vinham sendo afetadas por medidas de área cinzenta, defenderam uma disciplina mais estrita em prol da consagração da regra da não discriminação na aplicação de salvaguardas. Acreditavam que as salvaguardas formais, assim como as medidas de área cinzenta, os discriminavam. Esse entendimento motivou em grande parte a própria abertura de negociações sobre o tema para a posterior elaboração do Acordo sobre Salvaguardas da OMC. Os EUA, mas principalmente a Comunidade Europeia, preferiam reter uma flexibilidade no uso de salvaguardas com base em sua aplicação seletiva.

Em novembro de 1983, o Diretor do GATT 1947 apontou um grupo independente para analisar os problemas enfrentados pelo sistema internacional de comércio. O grupo, liderado pelo Dr. Fritz Leutwiler, da Suíça, concluiu em 1985 um relatório intitulado *Trade policies for a better future: proposals for action*.[10]

No que se refere às salvaguardas, o relatório trouxe algumas diretrizes importantes, como a necessidade de conformar as medidas de área cinzenta ao GATT 1947, principalmente no que se refere à obrigação de não discriminação; a preferência pela aplicação de tarifas em vez da utilização de restrições

9. "The CONTRACTING PARTIES decide:

1. That, having regard to the objectives and disciplines of the General Agreement, there is need for an improved and more efficient safeguard system which provides for greater predictability and clarity and also greater security and equity for both importing and exporting countries, so as to preserve the results of trade liberalization and avoid the proliferation of restrictive measures; and

2. That to this end, effect should be given to a comprehensive understanding to be based on the principles of the General Agreement which would contain, inter alia, the following elements: (i) Transparency; (ii) Coverage; (iii) Objective criteria for action including the concept of serious injury or threat thereof; (iv) Temporary nature, degressivity and structural adjustment; (v) Compensation and retaliation; and (vi) Notification, consultation, multilateral surveillance and dispute settlement with particular reference to the role and functions of the Safeguards Committee."

10. GATT, 1985.

quantitativas, bem como a necessidade de conexão da aplicação das medidas com o ajuste estrutural do setor protegido.

Ao longo das negociações, um grupo de países em desenvolvimento, incluindo o Brasil, afirmou que a discussão sobre salvaguardas estava ligada ao conceito de *standstill and rollback*,[11] atribuindo grande importância à necessidade de compromissos claros e obrigatórios com relação à introdução de novas medidas restritivas à margem do GATT 1947 e de eliminação das medidas já existentes.

Parte dessa discussão resta refletida no preâmbulo do Acordo sobre Salvaguardas, que traz o objetivo geral dos Membros de melhorar e fortalecer o sistema de comércio internacional, reconhecendo "a necessidade de esclarecer e reforçar as disciplinas do GATT 1994 e especificamente as do seu artigo XIX de restabelecer o controle multilateral sobre as salvaguardas e de eliminar as medidas que escapem a tal controle". O mesmo preâmbulo enfatiza, ainda, a importância do ajustamento estrutural da indústria doméstica e a necessidade de estimular em vez de limitar a concorrência nos mercados internacionais.

Ao final, o Acordo sobre Salvaguardas da Rodada Uruguai resultou no compromisso de proibição de medidas de área cinzenta e de aplicação de salvaguardas de forma não discriminatória, por um lado, e de flexibilização dos direitos dos países sobre compensações e retaliações nos primeiros anos de aplicação das salvaguardas, por outro.

Apesar de a necessidade de ajuste estrutural do setor nacional protegido ter sido explicitamente amarrada à possibilidade de aplicação e prorrogação de medidas de salvaguardas, não prevaleceu o entendimento europeu de que tais ajustes poderiam se dar por meio de intervenção estatal, com a concessão de subsídios ao setor prejudicado pelo aumento das importações.

Também foi aprovado um conjunto de regras aplicáveis aos países em desenvolvimento, bem como foram estabelecidos critérios mais objetivos para a análise de prejuízo grave à indústria doméstica.

---

11. Segundo o *Dictionary of trade policy terms*, o compromisso *standstill* é "an undertaking not to impose new or more restrictive measures after a certain date, usually de date on which the undertaking was made" (Goode, 2004, p. 328). Assim, o compromisso impede o aumento dos níveis de proteção ao longo das negociações. Por outro lado, o compromisso de *rollback* implica o compromisso de trazer todas as medidas inconsistentes com o Acordo em conformidade com as regras multilaterais. Conforme Goode, a cláusula implica em "multilateral or unilateral action taken to remove barriers to trade through the dismantling of existing measures" (2004, p. 299).

3. As regras do Acordo sobre Salvaguardas

Algumas disciplinas básicas de acesso a mercados fazem parte das obrigações contraídas pelos Membros da OMC. Assim, os princípios da Nação Mais Favorecida e do Tratamento Nacional contidos no GATT 1947 e recepcionados pelo GATT 1994 constituem vedação ao tratamento discriminatório entre parceiros comerciais e produtos provenientes destes. Ademais, os Membros da OMC não podem voltar atrás em seus compromissos de liberalização feitos com base na consolidação tarifária. Também foi vedada pelo artigo XI a utilização de proibições de importações ou a imposição de limites ao acesso de produtos estrangeiros ao mercado doméstico.

Além das regras gerais que permeiam todo o GATT 1947, mas principalmente o artigo XIX, a aplicação de medidas de salvaguardas deve atentar para as novas disciplinas introduzidas pelo Acordo sobre Salvaguardas.

3.1 Condições gerais

As condições gerais para a aplicação de medidas de salvaguardas encontram-se no artigo XIX do GATT 1947, posteriormente incorporado ao GATT 1994.

O Acordo sobre Salvaguardas esmiuçou essas condições gerais, estabelecendo, em seu artigo 2, que um Membro só poderá aplicar medidas de salvaguardas a um produto após haver determinado, de conformidade com as disposições enunciadas no Acordo, que as importações daquele produto em seu território tenham aumentado em quantidades tais, seja em termos absolutos seja em proporção à produção nacional, e ocorreram em condições tais que causam ou ameaçam causar prejuízo grave ao setor nacional que produz bens similares ou diretamente concorrentes.

3.1.1 Evolução imprevista das circunstâncias e efeito dos compromissos multilaterais assumidos

Observe-se que a redação do Acordo sobre Salvaguardas não repetiu explicitamente algumas das condições enumeradas no artigo XIX do Acordo Geral, como a necessidade de demonstrar que o aumento das importações é consequência da evolução imprevista das circunstâncias e dos compromissos que uma Parte Contratante tenha contraído em virtude do GATT 1947.

A exigência de que as Partes Contratantes apontassem a ocorrência de acontecimentos imprevistos e o efeito das obrigações assumidas para a aplicação de salvaguardas era levada a sério nos primeiros anos do GATT, como se pode ver no caso *US – Hatter's Fur.*[12] Com o decorrer do tempo, as Partes Contratantes passaram a não mais atentar para esses requisitos, de maneira que o próprio Acordo sobre Salvaguardas negociado na Rodada Uruguai não fez nenhuma menção aos mesmos.

Apesar de alguns doutrinadores afirmarem que a omissão dos requisitos de evolução imprevista das circunstâncias e de efeito dos compromissos assumidos no GATT 1947 teria sido intencional, a jurisprudência do Órgão de Solução de Controvérsias da Organização Mundial de Comércio (OSC) já se manifestou sobre o tema, apontando que o Acordo sobre Salvaguardas não derrogou o texto do Artigo XIX do GATT 1947, que foi inclusive incorporado ao texto do GATT 1994 ao final da Rodada. É fato, contudo, que nos anos posteriores a análise do OSC se debruçou sobre o requisito da evolução imprevista das circunstâncias, porém até o momento não se manifestou sobre os efeitos dos compromissos assumidos multilateralmente.

Nos casos *Korea – Dairy*[13] e *Argentina – Footwear*,[14] o Órgão de Apelação reverteu a decisão do painel e esclareceu que a evolução imprevista das circunstâncias (*unforeseen developments*) deve ser interpretada como a ocorrência de acontecimentos novos após a negociação da concessão tarifária relevante, os quais não seria razoável supor que poderiam ser previstos pelos negociadores do país que fez a concessão ao tempo em que a negociação foi feita.[15]

12. *US – Hatter's Fur* (*Report on the withdrawal by the United States of a Tariff Concession under Article XIX of the General Agreement on Tariffs and Trade*, Documento GATT/CP/106, de 21 de março de 1951).

13. *Korea – Definitive Safeguard Measure on Imports of Certain Dairy Products*, Relatório do Órgão de Apelação (WT/DS98/ABR) adotado em 12 de janeiro de 2000. A Coreia do Sul havia aplicado salvaguardas na forma de quota às importações de laticínios.

14. *Argentina – Safeguard Measures on Imports of Footwear*, Relatório do Órgão de Apelação (WT/ DS121/ABR) adotado em 12 de janeiro de 2000. A Argentina havia aplicado salvaguardas na forma de direitos específicos sobre suas importações de calçados.

15. Os parágrafos 96 de *Argentina – Footwear* e 89 de *Korea – Dairy* fazem referência ao argumento apresentado pelo representante da Tchecoslováquia no parágrafo 9 de *US Hatter's Fur*, que conceituou "*unforeseen development*" como "developments occurring after the negotiation of the relevant tariff concession which would not be reasonable to expect that the negotiators of the country making the concession could and should have foreseen at the time when the concession was negotiated". Outro caso que analisou a questão da mudança imprevista das circunstâncias foi *Argentina – Definitive Safeguard Measure on Imports of Preserved Peaches*, Relatório do Órgão de Apelação (WT/DS 238/ABR) adotado em 15 de abril de 2003.

As decisões tomadas pelo OSC da OMC até o momento consideram que o simples aumento das importações, por si só, não é uma evolução imprevista das circunstâncias. Exemplificativamente, cite-se que, no caso *US - Steel*,[16] o painel aceitou como se enquadrando no conceito os seguintes acontecimentos: a crise financeira asiática, a queda na demanda do aço no exterior devido à dissolução da União Soviética, o crescimento inesperado da economia americana e de sua demanda por aço, bem como a apreciação contínua do dólar.

A demonstração da existência de uma evolução imprevista dos acontecimentos deve ser levada a cabo simultaneamente às demais conclusões da autoridade investigadora que levaram à aplicação das salvaguardas, conforme já decidido no caso *US - Lamb*.[17] Não há, portanto, como justificar *a posteriori* a existência de uma evolução imprevista das circunstâncias.

Na opinião de Sykes (2006, p. 119), quanto maior o tempo decorrido desde a concessão tarifária relevante, maior a probabilidade de que acontecimentos recentes não fossem previsíveis ao tempo da concessão. Tal fato poderia levar à conclusão de que seria mais fácil determinar que certos acontecimentos sejam imprevisíveis se estes ocorrem em um período mais distante da data marco da concessão tarifária. Já se ocorressem novas Rodadas de concessões tarifária, o cronômetro para a determinação da imprevisibilidade da mudança de circunstâncias zeraria, tornando mais difícil a caracterização dessa condição geral.

De outra parte, as mudanças ocorridas na própria dinâmica negociadora podem influenciar na caracterização de circunstâncias imprevistas. Desde as primeiras Rodadas multilaterais de negociações em 1947 até a Rodada Dillon, a dinâmica negociadora adotava uma aproximação setorial, a partir de negociações bilaterais entre principais fornecedores e compradores que, posteriormente, eram estendidas às demais Partes Contratantes. Nesse contexto, é razoável supor que um dado negociador efetivamente tivesse considerado a evolução de cenários distintos para aquele determinado produto antes de concordar em conceder determinada redução tarifária.

Apesar disso, a partir da Rodada Kennedy foi adotada a modalidade de corte linear tarifário, a partir da qual determinado redutor é aplicado horizontalmente sobre toda a pauta tarifária de determinado país. Nessa outra reali-

16. *US - Definitive Safeguard Measures on Imports of Certain Steel Products*, Relatório do Órgão de Apelação (WT/DS248, 249, 251, 252, 253, 254, 258 e 259/ABR) adotado em 10 de dezembro de 2000.

17. *US - Safeguard Measure on Imports of Fresh, Chilled or Frozen Lamb from New Zealand and Australia*, Relatório do Órgão de Apelação (WT/DS 177 e 178/ABR) adotado em 16 de maio de 2001.

dade, já não parece tão razoável esperar que o negociador possa exercitar seu poder de previsão a todos os setores de uma dada economia nacional. Em tese, portanto, a ocorrência de evoluções imprevistas tenderia a ser mais facilmente caracterizável do que à época da redação do artigo XIX do GATT 1947.

3.1.2 Aumento de importações

No que se refere à análise do aumento das importações, a novidade do Acordo sobre Salvaguardas em relação ao artigo XIX do Acordo Geral está na previsão explícita de que essa análise pode levar em consideração, além do crescimento das compras em termos absolutos, seu crescimento relativamente à produção doméstica.

O Acordo não determinou em que período de tempo as importações devem ser analisadas, mas nos casos submetidos ao OSC, os painéis aceitaram análises que compreendessem períodos de 5 anos.[18] Ainda que tendências de aumento devam ser levadas em consideração, o OSC já deixou claro que a linguagem do artigo 2.1 do Acordo sobre Salvaguardas e do artigo XIX 1.a do GATT exige que o aumento das importações deve ser suficientemente recente, inesperado, agudo e significativo, tanto quantitativa quanto qualitativamente, para causar ou ameaçar causar prejuízo grave.[19]

Assim, o aumento das importações deve ser recente e substancial. O Membro não pode manipular o período de tempo em que baseará sua conclusão pelo aumento substantivo de importações, por exemplo, examinando apenas os extremos de uma série temporal. Se a escolha de outro período de tempo demonstrar que essa tendência se modifica, essa determinação pode ser revertida pelo OSC.

3.2 Não discriminação e seletividade

O parágrafo 2 do artigo 2 consagra a obediência à não discriminação ao dispor que medidas de salvaguardas serão aplicadas ao produto importado independentemente de sua procedência.

---

18. A determinação da existência de um aumento nas importações foi abordada nos casos *US - Definitive Safeguard Measures on Imports of Wheat Gluten from the European Communities*, Relatório do Órgão de Apelação (WT/DS166/ABR) adotado em janeiro de 2001, *Argentina - Preserved Peaches* e *US - Steel*.

19. Nas palavras do Órgão de Apelação em *Argentina - Footwear*: "imports must have been recent enough, sudden enough, sharp enough and significant enough, both quantitatively and qualitatively, to cause or threaten to cause 'serious injury'" (parágrafo 131).

Entretanto, cumpre ressaltar que existem casos em que a própria normatividade do Acordo sobre Salvaguardas permite certo grau de seletividade que implica discriminação na aplicação de medidas de salvaguardas.

Assim, as salvaguardas aplicadas na forma de elevação tarifária não poderiam discriminar conforme a origem do produto com base no artigo I do GATT 1947. O mesmo Artigo, contudo, não se aplica às restrições quantitativas, para as quais se aplicam as disciplinas do artigo XIII do GATT, conforme já decidido no caso *US – Line Pipe.*[20] Nesse caso, a Coreia do Sul alegou que a aplicação de cota tarifária pelos EUA não seguiu a obrigação de buscar a distribuição do comércio de acordo com as parcelas que as várias Partes Contratantes teriam esperado receber na ausência da restrição.[21]

Na disciplina multilateral não existe obrigação de alocar cotas entre os países fornecedores, mas se utilizado um método de alocação, existe um grande risco de discriminação. Tanto o artigo XIII do GATT quanto o artigo 5.2.a do Acordo sobre Salvaguardas encorajam a negociação para a alocação das cotas. Essas negociações podem ser difíceis, e nesse caso o texto dos Acordos recomenda a alocação de cotas com base na parcela de cada país sobre as importações durante um período de tempo prévio e representativo.

Não obstante, o próprio artigo 5 prevê, no parágrafo 2.b, exceção que se traduz na oportunidade para a aplicação seletiva de restrições quantitativas em determinadas condições. A aplicação seletiva de medidas de restrição quantitativa só cabe no período original de aplicação de salvaguardas – cuja duração máxima é de 4 anos – e é proibida no caso em que a aplicação da medida se baseou em ameaça de dano. Essa aplicação seletiva, contudo, deve ser submetida à análise no Comitê sobre Salvaguardas.

Outra possibilidade de aplicação seletiva de medidas de salvaguardas refere-se à utilização do instrumento por Membros de uniões aduaneiras e de áreas de livre comércio. Estes podem querer isentar seus parceiros preferen-

20. *US – Definitive Safeguard Measures on Imports of Circular Welded Carbon Quality Line Pipe from Korea*, Relatório do Órgão de Apelação (WT/DS202/ABR) adotado em 8 de março de 2002.

21. Conforme Sykes, a jurisprudência do Órgão de Solução de Controvérsias faz com que os países que se valem de medidas de salvaguardas prefiram a utilização de medidas tarifárias às restrições quantitativas. Segundo o autor: "Line Pipe clearly illustrates how GATT Article XIII adds to a complainant's arsenal in cases where a safeguard measure takes the form of a quantitative restriction or tariff-rate quota, assuming the panel to have been correct in holding that Article XIII applies to safeguard measures. The myriad of additional obligations attached to the use of such measures perhaps explains why tariff measures are far more popular to date" (2006, p. 226).

ciais das medidas que aplicam com base nas obrigações da OMC. Excetuar parceiros preferenciais da aplicação de medidas de salvaguardas é discriminar os demais Membros da OMC, e o Órgão de Solução de Controvérsias já se debruçou sobre a possibilidade ou não de se aplicarem salvaguardas seletivas nesses casos, criando a doutrina do paralelismo.

O paralelismo requer uma correspondência estrita entre as importações investigadas em um procedimento que visa à aplicação de salvaguardas e as importações que são efetivamente restringidas por meio das salvaguardas. Assim, somente é permitido aos Membros excluir do escopo de uma medida de salvaguardas importações de parceiros de uma união aduaneira ou zona de livre comércio se, durante a investigação para a interposição dessa medida, tais importações não foram consideradas na análise do aumento das importações que causa prejuízo grave ou ameaça de prejuízo grave à indústria doméstica. Salvaguardas cuja aplicação excetuou parceiros preferenciais foram analisadas nos casos *Argentina – Footwear, US – Wheat Gluten, US – Line Pipe e US – Steel.* Neste último caso – o único no qual as importações dos parceiros haviam sido excluídas da análise da evolução das importações –, o OSC acrescentou, ainda, que, além de excluir da análise de prejuízo grave e causalidade as importações de parceiros comerciais, estas deveriam ser analisadas como outro fator na análise de não atribuição, de maneira que o seu efeito sobre a indústria doméstica deve ser separado e distinguido dos efeitos das importações incluídas na análise.

Somente após superada a questão do paralelismo ao longo da análise de prejuízo grave o OSC passaria à análise de eventual argumentação sobre o artigo XXIV do GATT 1947 ser ou não uma defesa para a aplicação de salvaguardas seletivas, porém essa análise ainda não foi levada a cabo em sede de discussão sobre salvaguardas.

3.3 Medidas de área cinzenta

O Acordo sobre Salvaguardas inovou ao proibir as medidas de área cinzenta no artigo 11. Segundo o seu parágrafo 1.º, nenhum Membro adotará nem procurará adorar medidas de emergência, tais como definidas no artigo XIX do GATT 1994, com relação a produtos particulares, a menos que tais medidas estejam em conformidade com as disposições do referido artigo e sejam aplicadas em consonância com as disposições do Acordo sobre Salvaguardas.

Mais específico, o literal "b" do mesmo parágrafo determina que nenhum Membro procurará adotar nem manterá restrições voluntárias às exportações, acordos de organização de mercado ou quaisquer outras medidas similares no que diz respeito tanto às exportações quanto às importações.

As medidas proibidas compreendem medidas adotadas por um Membro individualmente ou mediante acordos, arranjos e entendimentos firmados por dois ou mais Membros. O Acordo estabeleceu um período de conformação das medidas dessa natureza, vigentes na data de sua entrada em vigor, para que se adaptassem aos termos desse Acordo ou fossem gradualmente eliminadas. O artigo 11.2 previu os requisitos formais e temporais para a eliminação de medidas em desconformidade com a normativa multilateral, já tendo transcorrido o prazo para os Membros trazerem tais medidas à conformidade do sistema multilateral.

Ainda sobre a proibição de medidas de área cinzenta, o artigo 11.3 prevê a obrigação dos Membros de não estimularem nem apoiarem a adoção ou a manutenção, por empresas públicas ou privadas, de medidas não governamentais equivalentes às medidas a que se refere o parágrafo 1.º.

3.4 *Obrigações procedimentais*

Condição indispensável da aplicação de uma medida de salvaguardas é a condução de uma investigação por meio da qual se determine a existência das condições que autorizam a adoção da medida. O propósito da investigação é determinar se estão presentes as condições que garantem a aplicação de uma medida de salvaguardas.

As obrigações processuais das autoridades nacionais que devem ser observadas nas investigações relativas à aplicação de medidas de salvaguardas se prestam a vários propósitos.

Por um lado, muitas se resumem a requerimentos de devido processo legal, destinados a garantir às partes uma oportunidade de participarem ativamente dos procedimentos que podem levar à adoção de uma medida de salvaguardas, garantindo o contraditório e a ampla defesa. Tais obrigações estão basicamente contidas no artigo 3 do Acordo.[22] O Acordo sobre Salvaguardas incluiu a obrigação de aviso público e de fornecer meios apropriados para que

---

22. No que se refere às obrigações de devido processo legal, o artigo 3.1 do Acordo sobre Salvaguardas determina que:

"1. Um Membro só poderá aplicar uma medida de salvaguardas após investigação conduzida por suas autoridades competentes de conformidade com procedimentos previamente estabelecidos e tornados públicos nos termos do Artigo X do GATT 1994. Tal investigação compreenderá a publicação de um aviso destinado a informar razoavelmente todas as partes interessadas, assim como audiências públicas ou outros meios idôneos pelos quais os importadores os exportadores e outras partes interessadas possam apresentar provas e expor suas razões, e ter ainda a oportunidade de responder a argumentação das outras partes e apresentar suas opiniões, inclusive, entre

as partes interessadas apresentem provas, exponham suas razões, respondam a argumentos das outras Partes e apresentem suas opiniões, inclusive sobre se a medida estaria ou não de acordo com o interesse público. O exercício dessas garantias deve se dar por meios idôneos, exemplificados no Acordo com a realização de audiências públicas.

Algumas obrigações se referem ao compromisso dos Membros da OMC na manutenção do equilíbrio das concessões depois da implementação de uma medida de salvaguardas, proporcionando aos Membros afetados adversamente oportunidade razoável de negociar visando ao alcance de compensações. Para a administração dos mecanismos de notificação, consultas e vigilância da atuação dos países que se valem de medidas de salvaguardas, o Acordo sobre Salvaguardas criou, em seu artigo 13, o Comitê de Salvaguardas sob a autoridade do Conselho para o Comércio de Bens.[23]

No âmbito do GATT 1947, o artigo X(I) determina a obrigação de publicação prévia da normativa legal pertinente aos procedimentos de investigação. Além da obrigação geral de publicação prévia de legislação, existe a obrigação de notificação da legislação específica ao Comitê sobre Salvaguardas, nos termos do artigo 12.6 do Acordo sobre Salvaguardas.

Ainda com relação às obrigações de notificação, o artigo 12.1.a determina que os Membros estão obrigados a notificar imediatamente ao Comitê o início de uma investigação. No caso *Korea – Dairy*, decidiu-se que uma notificação

---

outras coisas, sobre se a aplicação da medida de salvaguardas seria ou não do interesse público.

2. Toda informação que, por sua natureza, seja confidencial ou que tenha sido fornecida com caráter confidencial, será, após a devida justificação, tratada como tal pelas autoridades competentes. Tal informação não será revelada sem autorização por parte de quem a tenha apresentado. Poder-se-á solicitar às partes responsáveis pela apresentação de informação confidencial que forneçam resumos não-confidenciais da mesma ou, se aquelas partes indicarem que tal informação não pode ser resumida, que exponham as razões pelas quais um resumo não pode ser apresentado. Todavia, se as autoridades competentes concluírem que uma solicitação para que se considere uma informação como confidencial não se justifica, e se a parte interessada não deseja torná-la pública nem autorizar sua divulgação em termos gerais ou resumidos, as autoridades poderão desconsiderar a informação em tela, a menos que lhes seja satisfatoriamente demonstrado, por fontes apropriadas, que a informação é correta".

23. Em linhas gerais, o papel do Comitê é monitorar e reportar ao Conselho de Comércio em Bens a execução e operação do Acordo. Deve revisar as notificações dos Membros, determinar o cumprimento das obrigações e procedimentos do Acordo para a aplicação das medidas de salvaguardas, dar assistência às consultas e revisar as propostas de retaliação.

efetuada duas semanas após a abertura da investigação não se caracterizava como imediata. O mesmo se deu em *US – Wheat Gluten*, quando os EUA levaram 16 dias para notificar ao Comitê a abertura da investigação. Apesar disso, restou claro que o cumprimento da obrigação de notificação imediata deve ser observado caso a caso, conforme o ônus para preparar a notificação, considerando, por exemplo, a complexidade da informação e a necessidade de traduções.

No curso da investigação, são previstas obrigações de notificação nos termos do artigo 12.1.a, b e c. Nesses casos, o artigo 12.2 especificamente autoriza o Comitê sobre Salvaguardas a solicitar informação adicional ao país que realiza a notificação.

Por fim, o artigo 12.3 dispõe sobre a necessidade de o Membro que se proponha a aplicar ou prorrogar uma medida de salvaguardas dar oportunidades adequadas para que se realizem consultas prévias com os Membros que tenham um interesse substancial no tema, como exportadores do produto em questão.

3.5 Indústria nacional e produto similar ou diretamente concorrente

A definição da indústria nacional é importante para a aplicação de salvaguardas na medida em que é o bem jurídico que a medida busca tutelar. Conforme o artigo 4.1.c do Acordo sobre Salvaguardas, a indústria nacional engloba o conjunto dos produtores dos produtos similares ou diretamente concorrentes que operem dentro do território de um Membro ou aqueles cuja produção conjunta de produtos similares ou diretamente concorrentes constitua uma proporção substancial da produção nacional de tais bens.

Vê-se, portanto, que essencial para definir a indústria nacional é o conceito de produto similar ou diretamente competitivo. A definição genérica do Acordo sobre Salvaguardas aparece também em outros momentos do GATT 1947. Nem sempre o mesmo conceito tem o mesmo significado em distintas passagens do Acordo Geral. Contudo, tratando-se aqui da comparação de um produto nacional com um produto estrangeiro, algumas conclusões sobre a definição de produto similar para fins do artigo III.4 do GATT (tratamento nacional) parecem se aplicar ao produto similar do artigo 4.1.c do Acordo sobre Salvaguardas de forma parecida.

No caso *US – Asbestos*,[24] o OSC definiu quatro critérios que devem ser examinados para determinar a similaridade entre produtos. Primeiramente,

24. *EC – Measures Affecting Asbestos and Products Containing Asbestos*, Relatório do Órgão de Apelação (WT/DS135/ABR) adotado em 12 de março de 2001.

têm-se as características físicas dos produtos (*physical properties of the products*), seguida da capacidade de os produtos atenderem a um mesmo uso ou uso similar (*the extent to which the products are capable of serving the same or similar end-uses*). O terceiro fator relevante é a percepção do consumidor e o tratamento por este dispensado aos dois produtos (*the extent to which consumers perceive and treat the products as alternative means of performing particular functions in order to satisfy a particular want or demand*). Por fim, a classificação internacional para fins tarifários também pode ser um intrumento a ser utilizado para determinar a existência de similaridade (*the international classification of the products for tariff purposes*).

Tanto produtos similares quanto produtos diretamente concorrentes são substitutos do ponto de vista dos usuários finais. Produtos similares são, contudo, geralmente substitutos mais próximos do que produtos que são diretamente concorrentes, de maneira que o conceito de produto diretamente concorrente é mais amplo que o de produto similar. Assim, tomando-se por exemplo o caso da manteiga e da margarina: os produtos não podem ser considerados produtos similares por suas características físicas ou composição química, mas podem ser considerados produtos diretamente concorrentes, já que são comumente utilizados para a mesma finalidade.

Disso decorre que, por incluir os produtores do bem diretamente concorrente, o conceito de indústria nacional no âmbito do Acordo sobre Salvaguardas é mais amplo que o conceito de indústria doméstica contido nos Acordos Antidumping e de Subsídios e Medidas Compensatórias. Nestes últimos, a indústria doméstica se restringe aos produtores nacionais de produto similar doméstico.

Por fim, no que se refere à análise de prejuízo grave à indústria nacional, o Acordo sobre Salvaguardas já foi interpretado no caso *Argentina – Footwear* no sentido de que o prejuízo grave deve ser estabelecido para uma indústria como um todo, e não para cada segmento do mercado. Na análise da situação da indústria nacional, não devem ser incluídos estágios de produção à jusante da mesma, que deve englobar apenas produtores do produto similar ou diretamente competitivo. Assim, no caso *US – Lamb*, não foi considerada adequada a análise de prejuízo grave que incluía, além dos produtores de carne de carneiro, os criadores de carneiro.

3.6 Prejuízo grave e ameaça de prejuízo

A determinação de existência de prejuízo grave ou ameaça de prejuízo grave está prevista ao longo do artigo 4. Na determinação da existência de prejuízo grave, a autoridade investigadora deve avaliar todos os fatores relevantes de caráter objetivo e quantificável que tenham relação com a situação da indústria nacional, especialmente: o ritmo de crescimento das importações do produto considerado, bem como o seu volume, em termos absolutos e relativos; a parcela de mercado interno absorvida pelas importações em acréscimo; as alterações no nível de vendas, a produção, a produtividade, a utilização da capacidade, os lucros e as perdas; e o emprego.

Diferentemente do que ocorre nos Acordos Antidumping e sobre Subsídios e Medidas Compensatórias, não existe a possibilidade de aplicação de salvaguardas no caso de retardamento sensível na instalação de uma indústria. De fato, em *US – Hatter's Fur*, as Partes Contratantes deixaram claro que qualquer proposta para a retirada de uma concessão tarifária com a finalidade de promover o estabelecimento ou desenvolvimento de produção doméstica de um novo tipo de produto para o qual fornecedores estrangeiros tenham aberto um novo mercado não encontra amparo no artigo XIX, mas deve ser endereçada por outras normas do Acordo Geral, como o artigo XVIII.[25]

Sendo as salvaguardas um instituto excepcional, a ser utilizado em casos de emergência, uma determinação sobre prejuízo grave exige um grau de deterioração dos fatores arrolados no artigo 4.2.a do Acordo sobre Salvaguardas mais elevado do que o exigido, por exemplo, para a determinação de dano material nos casos de investigações visando à aplicação de direitos antidumping e medidas compensatórias. Nesse sentido, Jackson ensina que:

> It is generally thought that the escape-clause standard for injury should be the highest or most difficult to establish, given that the escape clause is designed to respond to situations that do not necessarily involve any unfair action by foreign exporters (1998, p. 190).

Decisões do OSC nos casos *Argentina – Footwear, Korea – Diary* e *US – Lamb* deixam claro que todos os fatores enumerados do artigo 4.2.a devem ser avaliados em uma análise de prejuízo grave. Conforme a lição de Sykes:

> The general lesson is that national authorities must identify and coherently respond to arguments questioning the existence of serious injury. Conclusory dismissal of such arguments, or a failure to address them altogether in the published report, raises a considerable risk that a panel will find a lack of reasoned and adequate basis for the injury finding. National authorities must also make clear how the data on which they rely is reasonably representative

25. "(...) any proposal to withdraw a tariff concession in order to promote the establishment or development of domestic production of a new or novel type of product in which oversees suppliers have opened up a new market is not permissible under Article XIX but should be dealt with under other provisions of the Agreement, such as Article XVIII" (parágrafo 28).

of the domestic industry and address any concerns about this statistical soundness (2006, p. 151).

Por fim, cumpre ressaltar que também nos casos de salvaguardas a jurisprudência do OSC não tem sido nem um pouco conivente com determinações fundadas em ameaça de prejuízo grave, como se pode observar nos casos *Argentina - Footwear, US - Lamb* e *US - Chile Agricultural Products.*[26] Tais precedentes deixam claro que cláusulas gerais imprecisas para a determinação de ameaça de prejuízo grave não conferem discricionariedade ilimitada às autoridades nacionais. Formalmente, estas devem avaliar todos os fatores previstos no texto do Acordo e todos os outros levantados pelas partes ao longo da investigação, fazendo determinações explícitas. Sykes acrescenta, ainda, que as autoridades investigadoras "must clearly demonstrate, in their published reports, that they have carefully considered the arguments put forward by import interests during the investigation, and must respond to them cogently" (2006, p. 155).

3.7 Causalidade

A exigência de existência de nexo de causalidade entre o aumento das importações e o prejuízo grave ou ameaça de prejuízo grave constante do artigo 4.2.b é um dos pontos mais problemáticos constantes do Acordo sobre Salvaguardas.

Os requisitos apontados pelo OSC para examinar se houve uma determinação própria de causalidade foram primeiramente analisados no caso *US - Wheat Gluten,* e em seguida observados no caso *US - Lamb.* O OSC dispôs que uma análise própria da causalidade englobaria três passos. Primeiramente, seria necessário analisar se as autoridades determinaram de maneira própria a coincidência entre uma tendência de crescimento das importações com uma deterioração dos fatores examinados na análise de prejuízo grave. Caso essa coincidência não ocorresse, deveria-se examinar uma explicação adequada, fundamentada e razoável da razão por que, ainda assim, os dados demonstrariam a existência de causalidade. O exame de coincidência analisa a relação temporal entre os movimentos das importações e aqueles observados nos indicadores de prejuízo grave. Essa coincidência seria normalmente evidente quando existe causalidade, apesar de se admitir que em alguns casos pode decorrer um lapso temporal. Onde existe uma coincidência clara, nenhuma

26. *Chile - Price Band System and Safeguard Measures Relating to Certain Agricultural Products*, Relatório do Painel (WT/DS207/ABR) adotado em 3de maio de 2002.

outra análise é exigida da autoridade competente, a não ser a análise de não atribuição.

Em seguida, deveria-se examinar se houve uma determinação sobre as condições de competição entre o produto importado e o nacional, determinando a existência de um nexo de causalidade entre o prejuízo grave e o aumento das importações. Exemplificativamente, o OSC apontou que a análise das condições de competição poderia incluir a busca por elementos de prova de vendas a preços baixos, bem como a correlação entre os preços da indústria doméstica e do produto importado.

Por fim, o OSC observaria se outros fatores relevantes foram examinados e se foi estabelecido que o prejuízo causado por outros fatores não foi atribuído às importações.

No mesmo caso, o Órgão de Apelação determinou, ainda, ser da autoridade investigadora o ônus de identificar todos os possíveis fatores que causam o prejuízo grave. Revertendo a decisão do Painel de que as importações deveriam causar o prejuízo grave por si só (*in and of themselves*), ainda assim o Órgão de Apelação não diminuiu o *standard* de análise que se espera das autoridades investigadora, determinando que estas deveriam separar e distinguir (*separate and distinguish*) o prejuízo causado por outros fatores daquele causado pelo aumento das importações.

O padrão de análise definido pelo OSC, entretanto, é bastante criticado tendo em vista a impossibilidade de se determinar qual fator levou a determinada consequência na indústria doméstica. Mesmo criticando a lógica de causalidade contida no Acordo, Sykes acredita que "by insisting that the effects of capacity utilization be separated and distinguished, the Appellate Body asks national authorities to embark upon an impossible task" (2006. p. 181). Mais adiante, o autor complementa: o requerimento da análise de não atribuição pode ser uma barreira insuperável para a aplicação de medidas de salvaguardas consistentes com as obrigações dos Membros da OMC.

De fato, é possível que o *standard* elevado da análise de não atribuição induza os Membros a novamente se valerem da aplicação de medidas de área cinzenta em detrimento de salvaguardas, como se tem observado com frequência no caso de comércio de produtos têxteis após o fim da validade do Acordo sobre Têxteis e Vestuários, em 2005.

3.8 Medidas permitidas e duração

As medidas previstas no Acordo sobre Salvaguardas se aplicam ao comércio de bens. Além de aplicação das salvaguardas gerais do artigo XIX do GATT e da disciplina do Acordo sobre Salvaguardas, os produtos agropecuários se sujeitam às disciplinas do artigo 5 do Acordo sobre Agricultura da OMC, que dispõe sobre Salvaguardas Específicas.

Algo similar se passou com os produtos têxteis e de vestuário, que também dispunham de um mecanismo de salvaguardas transitórias previsto no artigo 6 do Acordo sobre Têxteis e Vestuários da OMC até 1.º de janeiro 2005.

Na opinião de Brogini (2000, p. 18), contudo, as disposições do Acordo de Salvaguardas deveriam ter aplicação subsidiária em relação às questões não contempladas, respectivamente, pelo ATV ou pelo Acordo sobre Agricultura.

O artigo 5 do Acordo sobre Salvaguardas disciplina a sua aplicação, determinando que salvaguardas somente serão aplicadas na proporção necessária para prevenir ou remediar prejuízo grave e facilitar o ajustamento.

O escopo das salvaguardas é estritamente limitado e determinado pela extensão na qual o prejuízo grave ou ameaça de prejuízo grave podem ser prevenidos ou remediados, o que não é fácil de ser determinado. Geralmente, quando se impõem restrições quantitativas, as salvaguardas normalmente não devem reduzir as importações abaixo da média anual dos três anos representativos para o qual estão disponíveis estatísticas, a não ser que se justifique claramente que um nível diferente é necessário para prevenir ou remediar o prejuízo grave.

No caso *US – Wheat Gluten*, determinou-se que uma medida deve atingir somente a porção do prejuízo grave que é atribuível ao aumento das quantidades das importações. Isto baseou-se em três argumentos. Primeiro, a própria existência do teste de não atribuição do artigo 4.2.b. Afinal, seria ilógico que o Acordo exigisse que os Membros separassem e distinguissem os efeitos prejudiciais de outros fatores e depois permitisse a aplicação de medidas dirigidas ao dano por inteiro. O segundo argumento seria o fato de os Acordos Antidumping e sobre Subsídios e Medidas Compensatórias limitarem os direitos ao nível suficiente para eliminar o dumping ou o subsídio. Assim, não seria lógico haver limites no caso de medidas condenáveis pelo sistema multilateral de comércio e não no caso de medidas contra importações leais. Por fim, o OSC valeu-se do princípio da proporcionalidade das medidas no direito internacional.

Um Membro somente pode aplicar medidas de salvaguardas pelo período de tempo necessário para prevenir ou remediar o dano grave e para facilitar o ajuste da indústria nacional. À época da disciplina exclusiva do artigo XIX do GATT 1947, não existiam limites temporais para a aplicação de salvaguardas. Sob o atual Acordo de Salvaguardas, todas as medidas têm limitação, conforme dispõe o artigo 7, em seus parágrafos 1 a 3.

Como regra geral, salvaguardas são limitadas a quatro anos, a não ser que sejam estendidas por uma única vez por igual prazo. Para a extensão da salvaguarda, hoje o Acordo sobre Salvaguardas exige a ocorrência de uma espécie de revisão. Nos termos do parágrafo 2 do artigo 7, deve haver um procedimento, nos termos dos artigos 2 a 5 do Acordo, por meio do qual se comprove que a medida continua sendo necessária pare prevenir ou remediar o prejuízo grave, e que a indústria nacional está se ajustando. O período total de aplicação das salvaguardas, incluindo o período de aplicação de qualquer medida provisória, não deve exceder oito anos.

O artigo 7.4 determinou a liberalização progressiva das medidas, de maneira que salvaguardas que duram mais de 1 ano devem ser liberalizadas a intervalos regulares. Quando a medida exceder 3 anos, é necessária uma revisão de meio de período para considerar se a medida pode ser suspensa ou se o ritmo de liberalização pode ser acelerado, além de os demais Membros serem autorizados a exercer seus direitos de compensação e retaliação, nos termos do artigo 8.3.

No que se refere à indústria nacional previamente protegida por meio de salvaguardas, o entendimento consagrado no Acordo é de que uma indústria protegida por salvaguardas deve se expor à competição. Portanto, os parágrafos 5 e 6 do artigo 7 dispõem que nenhuma medida de salvaguardas voltará a ser aplicada à importação de um produto já sujeito a uma medida dessa natureza adotada após a data de entrada em vigor do Acordo, pelo menos até que tenha transcorrido período igual àquele durante o qual tenha sido aplicada anteriormente tal medida, e desde que o período de não aplicação seja de no mínimo 2 anos.

Quando um país restringe as importações para proteger seus produtores domésticos para além das obrigações consolidadas junto à OMC, em princípio atinge o equilíbrio das concessões tarifárias, e deve fazer novas concessões em troca para restabelecer esse equilíbrio. O Acordo sobre Salvaguardas, em seu artigo 8, relançou regras sobre compensação e retaliação, tornando a disciplina das salvaguardas mais palatável aos países importadores que pretendem se valer das medidas.

O artigo 8 determina que os países exportadores podem buscar compensações por meio de consultas. Se nenhum acordo for alcançado, o país exportador pode retaliar tomando medidas equivalentes; por exemplo, aumentando tarifas para o país que está usando as salvaguardas.

A partir da vigência do Acordo sobre Salvaguardas, se uma salvaguarda foi baseada na existência de um aumento absoluto de importações, os países exportadores devem esperar três anos após a aplicação da medida para exercer seus direitos de compensação ou pedir retaliações.

No caso de ser utilizada restrição quantitativa, a regra geral é de que tal medida não deverá reduzir a quantidade das importações abaixo do nível de um período recente, que corresponderá à média das importações efetuadas nos três últimos anos representativos para os quais se disponha de estatísticas.

Deve-se ressaltar que, além de remediar o dano, as medidas devem facilitar o ajuste da indústria nacional. Entretanto, o ajuste da indústria nacional, até o momento, não foi abordado no Órgão de Solução de Controvérsias. Outras questões que não foram levadas ao OSC são a determinação de um período representativo para o cálculo da restrição quantitativa, bem como as ocasiões que justificariam a aplicação de uma medida quantitativa mais restritiva.

Em casos críticos, uma medida de salvaguardas provisória pode ser aplicada nos termos do artigo 6, com base em uma determinação preliminar de prejuízo grave. A duração dessa medida provisória é limitada a 200 dias.

3.9 Países em desenvolvimento

Existem no Acordo sobre Salvaguardas cláusulas que tratam especialmente de países em desenvolvimento. De acordo com o artigo 9.1, um Membro somente pode aplicar uma medida para um produto de um país em desenvolvimento se este último fornecer mais de 3% do total das importações do produto ou se os países em desenvolvimento que respondem por menos de 3% das importações, coletivamente, somarem mais de 9% do total das importações do produto em questão.

Quando se trata de conferir proteção a seus setores nacionais, países em desenvolvimento têm ainda a prerrogativa de se valer de período adicional de 2 anos de vigência de medidas de salvaguardas, podendo aplicá-las por até 10 anos, além de ser reduzido à metade o período de espera para a reaplicação de medidas sobre setores anteriormente protegidos.

4. Conclusões

O conjunto de disciplinas consagrado no *aquis* legal da OMC parece restringir os direitos soberanos dos Membros em preservar sua autonomia no que se refere à tomada de decisão relativamente a política comercial internacional. Não obstante, o próprio GATT 1947 e, posteriormente, os textos da OMC reconhecem o direito condicional dos Membros de aplicarem medidas excepcionais para salvaguardar seus interesses econômicos.

Essas medidas excepcionais permitem que, em condições especiais, que os Membros se afastem provisoriamente de obrigações assumidas multilateralmente, principalmente a consolidação tarifária do artigo II e a proibição da adoção de restrições quantitativas do artigo XI, ambos do GATT 1947. Para assegurar que o direito de usar medidas de salvaguardas não diminua a disciplina básica de acesso a mercados, os Membros da OMC definiram as condições e limites para a adoção de medidas de salvaguardas.

A existência das salvaguardas reflete o reconhecimento de que em algumas situações emergenciais definidas pela disciplina multilateral algumas medidas – tarifas acima dos níveis consolidados e restrições quantitativas – estão disponíveis aos Membros para proteger, de forma condicional e temporária, suas indústrias domésticas contra circunstâncias econômicas imprevistas e inesperadas.

Ainda que medidas de salvaguardas não façam sentido do ponto de vista da teoria econômica, são uma válvula de segurança para aliviar pressões protecionistas. Fato é que o instrumento atualmente regulamentado é menos restritivo da corrente comercial do que outros modos de atuação estatal de intervenção no fluxo comercial, como a livre manipulação de tarifas, já que a proteção administrativa apenas é permitida após investigação que concluir pela existência de provas sobre condições estabelecidas em diploma internacional.

Em qualquer caso, a previsão de existência de salvaguardas facilita o não cumprimento de certos compromissos dentro das normas do sistema multilateral de comércio, em ocasiões nas quais os países não os cumpririam de qualquer maneira. Ademais, em tempos de negociações que têm em mente a redução de barreiras tarifárias, a previsão da existência do mecanismo reduz o risco de concessões comerciais do ponto de vista do setor produtivo nacional em circunstâncias de incerteza, facilitando a adesão do governo ao livre comércio.

Se políticas e práticas comerciais liberalizantes não existissem, não seria necessário o estudo das salvaguardas. Somente porque as políticas econômicas internacionais enfatizaram a redução das barreiras tarifárias o tema, como exceção à regra geral das oportunidades comerciais liberais, tem relevância.

O atual Acordo sobre Salvaguardas é a primeira tentativa de um entendimento multilateral sobre a matéria, e portando segue permeado de cláusulas gerais e conceitos indefinidos que representam grandes desafios às autoridades investigadoras e às partes interessadas em procedimentos dessa natureza.

Na tentativa de esclarecer alguns desses pontos obscuros, os entendimentos que emergiram dos casos levados ao Órgão de Solução de Controvérsias tornam excessivamente difícil para os Membros se valerem de salvaguardas que resistam a questionamentos no âmbito multilateral. A incerteza legal associada à aplicação de medidas de salvaguardas apresenta um ônus para qualquer Membro que pretenda se valer delas sem temer sua contestação legal no âmbito multilateral.

O Acordo sobre Salvaguardas traz em si, portanto, uma ironia. Como se viu, o principal motivador das negociações sobre salvaguardas durante a Rodada Uruguai era o desejo de muitas nações de eliminar medidas de área cinzenta, que escapavam à disciplina legal do Acordo Geral. No entanto, medidas de salvaguardas tomadas pelos países dentro das regras do sistema são constantemente julgadas ilegais. O caminho para a adoção da cláusula de escape em conformidade com as regras do sistema multilateral de comércio é árduo, e pode levar os Membros a seguirem adotando atalhos ao arrepio da normativa da OMC para lidarem com surtos de importações que afetem os setores produtivos nacionais.

Bibliografia

BRASIL. Lei 313, de 30.07.1948. Autoriza o Poder Executivo a aplicar provisoriamente o Acordo Geral sobre Tarifas Aduaneiras e Comércio (...). *DOU* de 03.08.1948, p. 11.189.

BROGINI, Gilvan D. *Medidas de salvaguardas e uniões aduaneiras*. São Paulo: Aduaneiras, 2000.

GATT. *Punta del Este Declaration*, Ministerial Declaration of 20 September 1986. Disponível em: <www.sice.oas.org/trade/Punta_e.asp>. Acesso em: 15 fev. 2012.

_____. *Report of Working Party No. 3 on modifications to the General Agreement*. 1948. Disponível em: <http://www.wto.org/gatt_docs/English/SULPDF/90320039.pdf>. Acesso em: 15 fev. 2012.

_____. *Trade policies for a better future: proposals for action*. 1985 (C/133). Disponível em: <gatt.stanford.edu/page/home>. Acesso em: 15 fev. 2012.

GOODE, Walter. *Dictionary of trade policy terms*. 4. ed. Cambridge: Cambridge University Press, 2004.

JACKSON, John H. *The world trading system*. Law and Policy of International Economic Relations. 2. ed. Massachusetts: The MIT Press, 1998.

STEWART, Terence P. *The GATT Uruguay Round*. A negotiation history (1986-1992). Boston: Kluwer Law and Taxation Publishers, 1993.

SYKES, Alan O. *The WTO Agreement on Safeguards, a comentary*. Oxford: Oxford University Press, 2006.

UN. *United Nations Conference on Trade and Employment*: Held at Havana Cuba, from November, 21, 1947, to March, 24, 1948. Final Act And Related Documents, 1948. Disponível em: <www.investmentclaims.com/instruments/Havana%20Charter%201948.pdf>. Acesso em: 15 fev. 2012.

WTO. *Final Act of the United Nations Conference on Trade and Employment: Havana Charter for an International Trade Organization*. Disponível em: <http://www.worldtradelaw.net/misc/havana.pdf>. Acesso em: 15 fev. 2012.

_____. *Ministerial Declaration* WT/MIN(01)/DEC/1, 2001. Disponível em: <www.wto.org>. Acesso em: 15 fev. 2012.

_____. *The legal texts:* the results of the Uruguay Round of multilateral negotiations. Cambridge: Cambridge University Press, 2002.

7 – Confidencialidade e o processo antidumping

DANIELLA VIRGÍNIA GOMES

Introdução

O presente artigo tem por escopo discutir as peculiaridades do Direito Antidumping, os tipos de sigilo existentes no ordenamento jurídico nacional e o tratamento da confidencialidade no Acordo Antidumping e no Decreto 1.602/1995, em face do direito de vista das partes interessadas, de terceiros e do direito de proteção à privacidade das empresas. Antes de entrar nesse vasto assunto, falaremos do fenômeno do dumping, ainda que suscintamente.

A prática do dumping surgiu nas décadas de 1940-1950 com o desenvolvimento do comércio internacional, marcado por forte concorrência e por um aumento exacerbado de práticas desleais por parte de países produtores desenvolvidos.

Ele brotou, assim, no terreno fértil da concorrência entre países desenvolvidos, que pretendiam despejar seus produtos excedentes nos países em desenvolvimento. Entretanto, hoje não é tratado no contexto do Direito da Concorrência, uma vez que o Direito Antidumping compreende o ramo autônomo da Defesa Comercial.

O que é dumping

Qualquer dicionário de inglês registra o significado do verbo *dump* como *descarregar* (lixo), *vender* ou *importar*, a *preço baixo*, *mercadorias supérfluas* ou *invendáveis*. Como forma de concorrência desleal, a palavra "dumping" assume uma conotação de ato ilícito.

Hoje, no âmbito internacional, dumping é compreendido como a venda de produtos ao exterior a preços abaixo do valor normal praticado no mercado interno dos países. É esta a acepção mais corrente, e é essa sua caracterização: prática desleal de comércio com a introdução de um bem no mercado doméstico do país importador a preço de exportação inferior ao valor normal, com sérios prejuízos à indústria doméstica.

O Acordo Antidumping adota uma conceituação jurídica segundo a qual a prática de dumping se configura quando da "oferta de um produto no comércio de outro país a preço inferior a seu valor normal, no caso de o preço de exportação do produto ser inferior àquele praticado, no curso normal das atividades comerciais, para o mesmo produto quando destinado ao consumo no país exportador".

A legislação antidumping

A legislação antidumping trata da proteção da concorrência entre agentes econômicos. O Direito Antidumping, mecanismo de defesa comercial, está amparado no Acordo Geral sobre Tarifas Aduaneiras e Comércio (GATT) de 1994, especificamente no Acordo Relativo à Implementação do artigo VI do GATT. Em nosso ordenamento jurídico pátrio, o Acordo Geral sobre Tarifas Aduaneiras e Comércio (GATT) foi aprovado pelo Decreto Legislativo 30, de 15 de dezembro de 1994, e promulgado pelo Decreto 1.355, de 30 de dezembro de 1994.

A Lei 9.019, de 30 de março de 1995, dispõe sobre a aplicação dos direitos previstos no Acordo Antidumping e no Acordo de Subsídios e Direitos Compensatórios. Por sua vez, as normas que disciplinam os procedimentos administrativos relativos à aplicação de medidas antidumping encontram-se consubstanciadas no Decreto 1.602, de 23 de agosto de 1995.

No âmbito do processo antidumping, a matéria referente ao sigilo das informações fornecidas pelas partes em uma investigação encontra-se regulada no Acordo Antidumping, promulgado pelo Decreto 1.355, de 30 de dezembro de 1994, e no Decreto 1.602, de 23 de agosto de 1995, que regulamenta os procedimentos administrativos referentes à aplicação de medidas antidumping.

O acordo, em seu artigo 6.º, prevê dois tipos de informação sigilosa: a primeira, sigilosa por sua própria natureza; a segunda, sigilosa porque foi fornecida em base confidencial. Em ambos os casos a informação não deverá ser revelada sem autorização específica da parte que a forneceu. É citada como exemplo do primeiro tipo a informação que daria substancial vantagem competitiva a um competidor ou aquela que teria efeito substancialmente negativo sobre a pessoa que a está prestando.

As informações consideradas sigilosas serão tratadas como tais se devidamente fundamentadas, e constituem um processo em separado, devendo um resumo não sigiloso ser apensado aos autos não confidenciais, conforme estabelece a Circular SECEX 59, de 28 de novembro de 2001.

Ocorre que, nos últimos tempos, essa atividade eminentemente técnica, consistente na apuração da existência de dumping, passou a ser alvo de interesse de grandes escritórios de advocacia, que vêm solicitando, com fundamento no Estatuto da OAB, vista desse processo que detém informações confidenciais, sigilosas por sua própria natureza ou ainda informações que só dizem respeito às próprias partes nele implicadas.

Importância do processo antidumping e aplicação da Lei 9.784/1999

A Lei 9.784/1999, que é a Lei Geral do Processo Administrativo Federal, deve ser observada no processo administrativo referente à aplicação de medidas antidumping, de que trata o Decreto 1.602/1995.

Os estudiosos da Defesa Comercial são unânimes no que tange à aplicação dos recursos previstos na Lei 9.784/1999 às decisões de mérito proferidas acerca da matéria. Noronha e Carvalho entendem que, uma vez que os Decretos 1.602/1995, 1.751/1995 e 1.488/1995 não preveem recurso específico contra decisões de mérito proferidas em matéria de Defesa Comercial, deve-se aplicar, subsidiariamente, a Lei 9.784/1999, que regula o processo administrativo no âmbito da Administração Pública Federal.

Segundo esses autores, cabe à Câmara de Comércio Exterior aplicar medidas provisórias e definitivas, assim como processar e julgar o recurso administrativo, uma vez que não há instância superior nesse caso. A partir das alterações trazidas pelo Decreto 3.981/2001, a competência para tanto foi transferida dos Ministérios da Fazenda e do Desenvolvimento para aquele órgão.

É imensurável a relevância de observar o procedimento administrativo estabelecido em lei. Como a Administração somente atua segundo o princípio da legalidade, o procedimento estabelecido deve ser observado, sob pena de ocasionar a nulidade do ato. Além disso, a observância do procedimento dá ao particular a possibilidade de controlar o ato praticado e intervir nele nas hipóteses previstas, conforme o devido processo legal.

Sobre a aplicação da garantia do devido processo legal na seara administrativa, constata Márcia Tamburini[1] que ela se alastrou aos procedimentos travados na Administração Pública. Tais procedimentos devem obedecer rigorosamente aos princípios da legalidade e da moralidade administrativa. Essa garantia constitucional do devido processo legal é hoje um dos princípios vetores das manifestações do Estado contemporâneo e das relações de toda ordem entre o Poder Público, de um lado, e a sociedade e os indivíduos de outro.

1. Márcia Maria Tamburini, *A lei federal n. 9.784/99*, 1. ed., Rio de Janeiro: Lumen Juris, 2005.

Peculiaridades do processo antidumping

Compete à Secretaria de Comércio Exterior (SECEX) a promoção dos processos administrativos referentes à prática de dumping. De acordo com o Decreto 1.602, de 23 de agosto de 1995, que regulamenta o procedimento relativo às medidas antidumping, a solicitação para abertura de investigação a fim de averiguar a existência de dumping poderá partir da indústria doméstica, por petição escrita (art. 18), ou mesmo *ex officio*, por iniciativa do Governo Federal, em circunstâncias excepcionais, quando houver indícios suficientes de prática de dumping e dano à indústria nacional decorrente de tal prática (art. 25).

A petição é então examinada quanto aos requisitos legais, podendo ou não levar ao início da investigação. Em sendo aceita, segue-se, daí em diante, uma série de atos procedimentais, culminando, por fim, na expedição do parecer técnico, no qual são relatados todos os elementos da apuração do objeto, com a correspondente sugestão de aplicação dos direitos ao órgão competente para julgamento, ou de decisão da própria SECEX, para o encerramento do processo, sem aplicação de direito antidumping, caso ausentes os requisitos legais.

Em suma, o Parecer Técnico poderá enveredar para dois caminhos, a saber, o encerramento do processo, quando não houver comprovação suficiente de prática de dumping e do dano dele decorrente, ou mesmo a aplicação de direitos, quando ficarem constatados tais requisitos.

Ato contínuo, havendo determinação positiva de dumping, dano e nexo causal, o processo é então submetido à apreciação da Câmara de Comércio Exterior (CAMEX), Conselho de Governo Interministerial, para a decisão final, haja vista que a competência para a fixação dos direitos antidumping pertence à CAMEX, função esta que lhe foi atribuída pelo art. 2.º, inciso XV, do Decreto 4.732, de 10 de junho de 2003, c/c o art. 64, § 2.º, do Decreto 1.602/1995. Veja-se:

> Art. 64. As determinações ou decisões, preliminares ou finais, relativas à investigação, serão adotadas com base em parecer da SECEX.
>
> (...)
>
> § 2.º No prazo de dez dias contados da data do recebimento do parecer, pelos Ministros de Estado da Indústria, do Comércio e do Turismo e da Fazenda[2] será publicado ato que contenha a *decisão de aplicação de medidas antidumping provisórias, prorrogação das medidas, aceitação ou término de compromissos de preços, encerramento da investigação com aplicação de*

2. Competência transferida à CAMEX por força do Decreto 4.732/2003.

> *direitos, suspensão do direito definitivo, ou o resultado da revisão dos direitos definitivos ou compromissos de preços*" (grifo nosso).
>
> Art. 2.º Compete à CAMEX, dentre outros atos necessários à consecução dos objetivos da política de comércio exterior:
>
> (...)
>
> XV – *fixar direitos antidumping e compensatórios, provisórios ou definitivos, e salvaguardas:* (...)" (grifo nosso).

O processo antidumping não pode receber o mesmo tratamento de qualquer processo administrativo. Trata-se de um processo peculiar, com regência em normas específicas, o que inclui normas internacionais.

Exemplo dessa peculiaridade consiste na metodologia a ser adotada em cada investigação. O Decreto 1.602/1995 não estabelece uma metodologia específica a ser adotada pela autoridade investigadora. Estabelece tão somente a competência da SECEX.

No Direito Comparado, a metodologia do processo antidumping é discricionária, mas não deve ser arbitrária. Acerca da metodologia utilizada no processo de investigação antidumping conduzido nos Estados Unidos, leciona Welber Barral[3] que podem ser indicadas várias situações que demonstram a discricionariedade das autoridades investigadoras.

Espécies de sigilo no ordenamento jurídico brasileiro

O ordenamento jurídico pátrio, ao proteger a intimidade das pessoas físicas e jurídicas, tutela algumas espécies de sigilo, tais como o bancário, o fiscal, o comercial e o de dados.

O sigilo de dados tem previsão no art. 5.º, incisos X e XII, da Constituição Federal de 1988, *in verbis*:

> Art. 5.º Todos são iguais perante a lei, sem distinção de qualquer natureza, garantindo-se aos brasileiros e aos estrangeiros residentes no País a inviolabilidade do direito à vida, à liberdade, à igualdade, à segurança e à propriedade, nos termos seguintes:
>
> (...)
>
> X – são invioláveis a intimidade, a vida privada, a honra e a imagem das pessoas, assegurado o direito a indenização pelo dano material ou moral decorrente de sua violação;
>
> (...)

3. Welber Barral, *Dumping e comércio internacional*, Rio de Janeiro: Forense, 2000.

XII – é inviolável o sigilo da correspondência e das comunicações telegráficas, de dados e das comunicações telefônicas, salvo, no último caso, por ordem judicial, nas hipóteses e na forma que a lei estabelecer para fins de investigação criminal ou instrução processual penal; (...)."

Alexandre de Moraes[4] leciona acerca da garantia do sigilo de dados:

Com relação a esta necessidade de proteção à privacidade humana, não podemos deixar de considerar que as informações fiscais e bancárias, sejam as constantes nas próprias instituições financeiras, sejam as constantes na Receita Federal ou organismos congêneres do Poder Público, constituem parte da vida privada da pessoa física ou jurídica.

Como salienta Celso R. Bastos, "não é possível atender-se tal proteção (intimidade) com a simultânea vigilância exercida sobre a conta bancária ou as despesas efetuadas com cartões de crédito pelo cidadão", pois "a doação feita a um partido político ou a uma seita religiosa (...) poderia ser identificada pelos órgãos fazendários que estariam desvendando uma vontade secreta do benemérito". E continua sua exposição dizendo: "do atraso de pagamento da fatura de um cartão de crédito, ou de uma duplicata por dificuldades financeiras, ou da existência de saldo bancário desfavorável poderia ter ciência a União, se houvesse a quebra do sigilo bancário e creditício, implicando, senão a comunicação a outros órgãos ou a adoção de medidas, ao menos o conhecimento de fatos relevantes e embaraçosos relativos à intimidade".[5]

Quanto ao sigilo bancário, é imperativo salientar que o direito à intimidade é extensível não apenas às pessoas físicas mas também às pessoas jurídicas, no sentido de resguardá-las contra eventuais intromissões na sua própria imagem ante os meios de comunicação de massa e, especificamente, no que concerne a seus dados, constantes em repartições públicas, é vedado levar sua divulgação a terceiros, salvo nos casos expressamente previstos em lei, ou por determinação judicial. A respeito do direito de intimidade das pessoas jurídicas, Juliana Garcia Belloque,[6] em sua obra *Sigilo bancário*, salienta que do direito à intimidade também desfruta a pessoa jurídica, que, "a par do segredo, faz jus à preservação de sua vida interna, vedando-se, pois, a divulgação de informações de âmbito restrito".

4. Alexandre de Moraes, *Direito constitucional*, 16. ed., São Paulo: Atlas, 2004.

5. Celso Bastos, *Estudos e pareceres de direito público*, São Paulo: Revista dos Tribunais, 1963. p. 63.

6. Juliana Garcia Belloque, *Sigilo bancário*, São Paulo: Revista dos Tribunais, 2003, p. 34.

Especificamente do sigilo bancário trata a Lei Complementar 105, de 10 de janeiro de 2001, que no seu art. 1.º reza que "as instituições financeiras conservarão sigilo em suas operações ativas e passivas e serviços prestados".

Por sua vez, o sigilo fiscal tem previsão no art. 198 do Código Tributário Nacional, nos seguintes termos:

> Art. 198. Sem prejuízo do disposto na legislação criminal, é vedada a divulgação, por parte da Fazenda Pública ou de seus servidores, de informação obtida em razão do ofício sobre a situação econômica ou financeira do sujeito passivo ou de terceiros e sobre a natureza e o estado de seus negócios ou atividades.
>
> § 1.º Excetuam-se do disposto neste artigo, além dos casos previstos no art. 199, os seguintes:
>
> I – requisição de autoridade judiciária no interesse da justiça;
>
> II – solicitações de autoridade administrativa no interesse da Administração Pública, desde que seja comprovada a instauração regular de processo administrativo, no órgão ou na entidade respectiva, com o objetivo de investigar o sujeito passivo a que se refere a informação, por prática de infração administrativa.
>
> § 2.º O intercâmbio de informação sigilosa, no âmbito da Administração Pública, será realizado mediante processo regularmente instaurado, e a entrega será feita pessoalmente à autoridade solicitante, mediante recibo, que formalize a transferência e assegure a preservação do sigilo.
>
> § 3.º Não é vedada a divulgação de informações relativas a:
>
> I – representações fiscais para fins penais;
>
> II – inscrições na Dívida Ativa da Fazenda Pública;
>
> III – parcelamento ou moratória.

Assim, em situações excepcionais, o Código Tributário Nacional admite a possibilidade de transmissão de informações fiscais obtidas pela Administração Fazendária, nos termos dos arts. 198, § 1.º, e 199. Entre essas hipóteses há aquela que permite o atendimento à solicitação de autoridade administrativa no interesse da Administração Pública, desde que comprovada a instauração regular de processo administrativo no órgão ou entidade respectiva.

Não é por outra razão que o Departamento de Defesa Comercial deve tratar como sigilosas as informações obtidas junto à Receita Federal para serem utilizadas em processos administrativos de investigação antidumping. O fundamento imediato desse procedimento é a regra expressa no Código Tributário Nacional, que, por seu turno, traduz a garantia constitucional de proteção à intimidade.

Com relação ao sigilo imposto às informações fornecidas pelas empresas, em especial, no ambiente restrito do comércio exterior, relevante se nos afigura trazer à colação o entendimento da Procuradoria Geral da Fazenda Nacional, retratado no Parecer PGFN/CAT 1.897, de 31 de outubro de 1997, que, embora trate da viabilidade do intercâmbio de informações entre os Estados Partes do MERCOSUL, faz afirmação no sentido de que as informações individualizadas relacionadas com transações comerciais (importação e exportação) estão sob o resguardo do sigilo fiscal. Extrai-se do texto desse Parecer, *in verbis*:

> O tema objeto de questionamento – "sigilo fiscal" – não é novo. Esta Procuradoria-Geral tem, em reiterados pronunciamentos, tratado da matéria, principalmente subsidiando resposta do Sr. Ministro da Fazenda a requerimentos de informações provenientes das Mesas das Casas do Congresso Nacional. O entendimento deste Órgão é no sentido de estarem sob o pálio do sigilo fiscal todas as informações, obtidas em razão do ofício, ou seja, no exercício regular da atividade controladora ou fiscalizadora, relativamente à situação econômica ou financeira do sujeito passivo ou de terceiro que com ele transacione, e sobre a natureza e estado de seus negócios, que digam respeito à privacidade e que sejam fornecidas à administração por força de lei. Então, aquelas informações individualizadas relacionadas com transações comerciais, no caso de importadores e exportadores, estariam sob o resguardo do sigilo fiscal.

As informações relativas às operações do comércio exterior ingressam no conhecimento da Administração Pública em razão das normas jurídicas que tornam compulsório para o importador o fornecimento dos dados respectivos. Dessa forma, cria-se para a Administração a obrigação de guardar o sigilo dos fatos assim conhecidos, pois deles se põe na condição de depositária.

Ademais, a publicidade ou a revelação dos fatos a terceiros pode gerar prejuízo para o importador titular do direito ao sigilo, uma vez que as operações de importação e de comércio, em geral, espelham relações firmadas na órbita do direto privado, cujo sigilo funciona como elemento de estratégia, de utilidade legítima, num ambiente de competição e de livre concorrência.

A exegese do artigo 28 do Decreto Antidumping

Vimos que a legislação antidumping se refere à informação sigilosa por natureza e à informação fornecida pela parte em base confidencial. Nesse sentido, estabelece o Decreto 1.602/1995:

> Art. 28. Informação que seja sigilosa por sua própria natureza ou seja fornecida em base sigilosa pelas partes de uma investigação será, desde que bem fundamentada, tratada como tal e não será revelada sem autorização

expressa da parte que a forneceu. As informações classificadas como sigilosas constituirão processo em separado.

§ 1.º As partes interessadas, que forneçam informações sigilosas, deverão apresentar resumo não-sigiloso das mesmas, que permita compreensão razoável da informação fornecida. Nos casos em que não seja possível a apresentação do resumo, as partes justificarão por escrito tal circunstância.

§ 2.º Caso se considere que uma informação sigilosa não traz plenamente justificado esse caráter, e se o fornecedor da informação recusar-se a torná-la pública na totalidade ou sob forma resumida, poderá ser desconsiderada tal informação, salvo se demonstrado, de forma convincente, e por fonte apropriada, que tal informação é correta.

As informações prestadas em base sigilosa não serão reveladas sem autorização expressa da parte que a forneceu. O tratamento confidencial assegura a proteção de informações privadas da empresa. Entretanto, apenas o titular do direito poderá julgar acerca da conveniência e oportunidade de se manter em reserva determinada informação, principalmente dos seus concorrentes.

Esse entendimento guarda amparo na resolução adotada no âmbito do Órgão de Solução de Controvérsias da OMC, que tratou da controvérsia Guatemala v. México. Restou definido que compete ao próprio interessado a iniciativa de solicitar tratamento confidencial a documentos apresentados, de acordo com o artigo 6.º, item 5, do Acordo Antidumping. A decisão foi tomada na Disputa DS 156.[7]

Todavia, outros dados são fornecidos sem confidencialidade, dados estes que podem ser sigilosos por natureza. Podemos citar como exemplo dados que na maioria das vezes são fornecidos pelas empresas sem o caráter confidencial, mas que não estão acessíveis ao público em geral: vendas em toneladas e em valor, capacidade instalada, produção, estoques e preço médio.

A grande questão é a seguinte: o art. 28 do Decreto 1.602/1995 refere-se à informação sigilosa por sua própria natureza. Mas não há definição legal sobre quais seriam essas informações, o que traz sérios problemas na prática.

Para nós, a informação sigilosa por sua própria natureza, a que se refere o artigo 28 do Decreto Antidumping, é a informação protegida por algum tipo

7. Na parte que interessa, a decisão ficou assentada nos seguintes termos: "Guatemala's decision to grant Cementos Progreso's 19 December submission confidential treatment on its own initiative is inconsistent with Article 6.5 of the AD Agreement". Disponível em: <http://www.wto.org/english/tratop_e/dispu_e/cases_e/ds156_e.htm>. Acesso em: 15 fev. 2012.

sigilo previsto no nosso ordenamento jurídico, como é o caso dos sigilos bancário, fiscal, de dados e comercial, já tratados anteriormente.

Assim, de acordo com a legislação antidumping, a informação fornecida pelas partes em base confidencial será acessível apenas à autoridade investigadora. Cabe lembrar que é obrigação da autoridade investigadora zelar para que seja juntado aos autos resumo dessa informação que permita razoável compreensão da matéria, garantindo assim o exercício da ampla defesa e do contraditório. Tal informação não será passada às partes, mas é possível ainda a existência no processo de informação sigilosa por natureza, à qual a parte não deu tratamento confidencial.

Quanto a esta última, surge nova indagação: Se as partes não prestaram tais informações sob base confidencial, não teriam elas aberto mão do sigilo que lhes é assegurado? Com efeito, as partes de fato abriram mão do sigilo quanto às partes da investigação. Mas será que teriam aberto o sigilo para terceiros não participantes do processo? Não haveria uma aparente antinomia entre o princípio da publicidade e o direito à privacidade das empresas, ambos de índole constitucional?

O estudo dos princípios constitucionais, particularmente nas hipóteses de um aparente conflito entre eles, ensejou certas regras que ora abordaremos. Na ponderação entre os princípios, ou seja, diante de um aparente conflito, a solução decorre da regra da predominância do interesse, mas de forma que um princípio não seja totalmente aniquilado pelo outro. A doutrina moderna cita, entre os princípios de hermenêutica constitucional, o princípio da concordância prática ou da harmonização, que é aquele segundo o qual, se "bens jurídicos protegidos pela Constituição estiverem em conflito num caso concreto, deve-se buscar a harmonia entre eles, evitando o sacrifício total de uns em relação aos outros".[8]

Dessa forma, não podemos alijar um direito ou um princípio, mas tão somente avaliar, ponderar e verificar na hipótese qual regra deve preponderar. Pois bem, entre o direito à intimidade das empresas e, num país de livre concorrência como o nosso, a publicidade dos atos e termos do processo, deve prevalecer o direito à intimidade das empresas perante terceiros que não fazem parte do processo. Assim, o processo antidumping deve ser tornado público apenas para as partes da investigação. Ou seja, apenas as partes interessadas e seus representantes legais teriam acesso aos autos.

8. Leo Van Holthe, *Direito constitucional*, Salvador: Podivm, 2006, p. 48.

Conclusão

Com efeito, muitas informações contidas no processo de investigação antidumping contêm dados protegidos por sigilo. Alguns dados são confidenciais, e outros são sigilosos por sua própria natureza, devendo ficar restritos aos participantes da investigação.

Com base na cláusula constitucional da privacidade, assegurada pelos incisos X e XII do art. 5.º da Constituição, já citados, as empresas fornecerão os dados à autoridade investigadora, que é o Departamento de Defesa Comercial da Secretaria de Comércio Exterior, em base confidencial. Não se quer com isso dizer que o sigilo de dados seja uma franquia constitucional de natureza absoluta, até porque já foi registrado pela doutrina e jurisprudência pátrias que não há direito individual desse jaez, considerando a necessidade de relativização do instituto quando da existência de outro direito fundamental a ser resguardado, no caso concreto.

Constitui dever da autoridade investigadora guardar o sigilo das informações sensíveis a que tenha acesso em razão do processo antidumping. Com relação à publicidade, a própria lei determina que exista publicidade no início da investigação, com publicação de circular SECEX sobre as deliberações preliminares, e divulgando as deliberações finais com a publicação de Resolução CAMEX, que indica os fundamentos da decisão tomada, tornando transparente o procedimento de investigação. Ou, na hipótese de encerramento do processo sem aplicação de medida, com a publicação de nova circular SECEX, por intermédio da qual serão tornadas públicas as razões, de fato e de direito, que levaram a essa decisão.

Nesse momento, necessário invocar, novamente, o disposto no art. 28 do Decreto 1.602/1995, que trata das informações sigilosas por natureza. Ou seja, o processo antidumping, além das informações confidenciais, contém dados sigilosos por natureza.

Embora seja legítima a solicitação por advogado, com fundamento no Estatuto da OAB, de ter vista de qualquer processo, a análise das peculiaridades que envolvem o processo antidumping leva a crer que seu conteúdo não pode ser divulgado a terceiros em geral, mas tão somente às partes interessadas no processo. Assim, com espeque na Constituição Federal, que assegura o direito à intimidade, entendemos que o conteúdo do processo antidumping deve ser acessível tão somente aos participantes da investigação.

Bibliografia

BARRAL, Welber. *Dumping e comércio internacional.* Rio de Janeiro: Forense, 2000.

BASTOS, Celso. *Estudos e pareceres de direito público.* São Paulo: Revista dos Tribunais, 1963.

BELLOQUE, Juliana Garcia. *Sigilo bancário*. São Paulo: Revista dos Tribunais, 2003.

BRASIL. Circular SECEX n. 59, de 28 de novembro de 2001. Torna público os seguintes entendimentos relativos à condução das investigações de defesa comercial. *DOU* de 10.12.2001, Seção I.

______. Decreto n. 1.355, de 30 de dezembro de 1994. Promulga a Ata Final que Incorpora os Resultados da Rodada Uruguai de Negociações Comerciais Multilaterais do GATT. *DOU* de 31.12.1994, Seção I.

______. Decreto n. 1.602, de 23 de agosto de 1995. Regulamenta as normas que disciplinam os procedimentos administrativos, relativos à aplicação de medidas antidumping. *DOU* de 24.08.1995, Seção 1.

______. Decreto n. 4.732, de 10 de junho de 2003. Dispõe sobre a Câmara de Comércio Exterior – CAMEX, do Conselho de Governo. *DOU* de 11.06.2003, Seção I, p. 01.

______. Lei n. 9.019, de 30 de março de 1995. Dispõe sobre a aplicação dos direitos previstos no Acordo Antidumping e no Acordo de Subsídios e Direitos Compensatórios, e dá outras providências. *DOU* de 31.03.1995, Seção I.

______. Lei n. 9.784, de 29 de janeiro de 1999. Regula o processo administrativo no âmbito da Administração Pública Federal. *DOU* de 1.º.02.1999, Seção I.

MORAES, Alexandre de. *Direito constitucional.* 16. ed. São Paulo: Atlas, 2004.

NORONHA, Gabriel e CARVALHO, Negrini. *Tratado de defesa comercial: antidumping, compensatórias e salvaguardas.* São Paulo: Observador Legal, 2003.

TAMBURINI, Márcia Maria. *A lei federal n. 9.784/99.* 1. ed. Rio de Janeiro: Lumen Juris, 2005.

VAN HOLTHE, Leo. *Direito constitucional.* Salvador: Jus Podivm, 2006.

8 – O conceito de "partes afiliadas" na definição das condições comerciais normais: aspectos técnicos e as negociações na Rodada Doha

Felipe Hees

Introdução

O cálculo da margem de dumping constitui exercício técnico de elevado grau de complexidade. Dada a necessidade de se observarem determinados critérios para a sua execução, torna-se primordial que as regras sejam compreendidas com clareza, a fim de evitar abusos ou mal-entendidos. O cálculo da margem de dumping em situações em que existem transações comerciais entre uma empresa investigada e suas partes afiliadas constitui exemplo claro em que esclarecimentos se tornam essenciais. A ausência de definições para vários conceitos constantes do Acordo Antidumping constitui fonte de acrimoniosos debates não só com relação ao texto normativo em vigência, mas também nas negociações em curso no âmbito do Grupo Negociador de Regras (GNR) da Organização Mundial do Comércio (OMC).

Uma das maiores fontes de divergências do Acordo Antidumping é, seguramente, seu artigo 2.º. As desavenças se devem a uma multiplicidade de razões. Uma delas é a ausência de definição de partes afiliadas e a falta de previsão quanto ao tratamento a ser concedido às transações efetuadas entre estas. Se, por um lado, tais lacunas conferem às autoridades investigadoras terreno fértil para interpretações abusivas no cálculo do valor normal, por outro podem impedir a identificação de práticas desleais de comércio.

É com o intuito de lançar luz sobre estas questões que o presente artigo tratará dos conceitos de partes afiliadas e de condições comerciais normais. Recuperar-se-á, inicialmente, em brevíssimas linhas, a disputa comercial que trouxe notoriedade ao problema das transações efetuadas entre partes afiliadas no contexto do cálculo do valor normal. Em seguida, procurar-se-á esclarecer a definição e a aplicação de conceitos como os de "partes afiliadas" e "condições comerciais normais", entre outros, a fim de contribuir para o correto entendimento sobre os aspectos específicos em negociação. Por fim, passar-se-á em revista o processo negociador relativo ao tema no âmbito da Rodada Doha.

Antecedentes

Os problemas oriundos da falta de definição de "partes afiliadas" – e as implicações resultantes dessa lacuna – não constitui mero problema teórico. Foi precisamente esse um dos assuntos que fizeram o Japão mover um painel paradigmático na matéria contra os EUA no ano 2000.[1] A origem da insatisfação nipônica estava na aplicação de um direito antidumping pelos EUA, em maio de 1999, contra importações de *hot-rolled flat rolled-carbon-quality steel products*, provenientes do Japão, do Brasil e da Rússia. Em seu relatório final, os painelistas resumiram a disputa, no aspecto em tela, da seguinte maneira:

> 7.61 The DOC's use of facts available in its investigation of the Japanese respondent KSC arose from a different set of facts. In its original questionnaire, the DOC requested that Japanese producers who make sales of subject merchandise through *affiliated* purchasers in the United States provide information concerning resale prices and further manufacturing costs of those *affiliates* to be used in the calculation of a constructed export price pursuant to AD Agreement Article 2.3. KSC made a substantial portion of its sales to its affiliate, California Steel Industries ("CSI"), a company of which KSC owns 50% in a joint venture with the Brazilian company Companhia Vale do Rio Doce ("CVRD"). Although CSI is an affiliate of respondent KSC, CSI was also a petitioner in the anti-dumping investigation. Asserting that it did not control CSI and that it was unable, therefore, to provide the requested resale and further manufacturing data, KSC repeatedly requested of the DOC that it be excused from providing CSI's resale and further manufacturing information, given the unusual circumstance that its affiliate was also a petitioner in the investigation. The DOC, however, concluded that KSC had failed to act to the best of its ability in obtaining this information. As a result, the DOC used adverse facts available as a substitute for KSC's sales to CSI. Specifically for all of KSC's sales to CSI, the DOC assigned the second highest product-specific margin that it had calculated on the basis of KSC's other sales to unaffiliated customers (WT/DS184/R).

1. *United States – Anti-Dumping measures on certain hot-rolled steel products from Japan* (DS184).

O Japão esclarecia ainda que a empresa KSC "did attempt to exercise its rights under the Shareholders Agreement, but was nonetheless unable to obtain the requested information" (WT/DS184/R, parágrafo 7.62).

A posição do Brasil – terceira parte na disputa – coincidia com o ponto de vista japonês:[2]

> 23. The facts surrounding the treatment of all three Japanese respondents – Kawasaki Steel Corporation ("KSC"), NKK Corporation ("NKK"), and Nippon Steel Corporation ("NSC") are remarkable. KSC was punished with the use of "sufficiently adverse" facts available so as to deter similar "uncooperative" behaviour in the future, despite the fact that it was a petitioner, California Steel Inc. ("CSI"), that refused to cooperate with USDOC, not KSC. KSC never had control over CSI's information and it made the reasonable decision that it could not get that information using what it considered appropriate means. Similarly, in the context of this enormous, accelerated investigation, NKK and NSC were punished not for withholding information, but for failing to meet the strict USDOC deadlines with respect to information that affected only a handful of sales, despite their overall cooperative behaviour throughout the investigation. The "punishment" simply does not fit the "crime".
>
> 24. The harsh language contained in the US First Submission with respect to the three Japanese exporters reflects the inflexible and bad faith position of the USDOC throughout the proceeding. The US First Submission tries to paint the respondents as "evasive" and in need of the most basic handholding. But the Panel should always keep in mind the truly *inordinate* amount of information that these respondents did actually submit to the USDOC. The mountain of information submitted belies any notion that NKK or

2. Em sua petição de terceira parte, entretanto, o Brasil, aproveitando-se do caso em exame, expressava toda sua insatisfação com o uso dos "fatos disponíveis" pelas autoridades investigadoras estadunidenses: "A review of prior anti-dumping investigations involving imports only from Brazil demonstrates a consistent trend of applying facts available to Brazilian respondents' margins. Of the 43 final dumping decisions since 1990, USDOC applied adverse facts available (or best information available under the old statute) in nearly half of the decisions (20 of 43) [nota de rodapé omitida]. Reasons varied, including small deficiencies, failure to respond to USDOC's requests for information, withdrawal from the proceeding, deficiencies discovered during verification, and refusing verification. The extent to which USDOC used adverse facts available also varied, ranging from partial facts available for relatively minor deficiencies to total adverse facts available. Significantly, in twelve of these cases, respondents either did not participate in the proceeding or withdrew their participation. The burden and bias of USDOC's investigations have therefore discouraged foreign producers from participating in the process" (WT/DS184/R, página B-5, parágrafo 13).

> NSC acting in an "evasive" manner or that KSC was not cooperating to the "best of its ability". This attack on three private companies that submitted thousands of pages of information and enormous sales databases does not belong in a dispute settlement proceeding before an international tribunal (WT/DS184/R, p. B-7).

Explicação e interpretação dos conceitos

Com vistas a esclarecer o significado e a relevância do conceito de partes afiliadas, é necessário, inicialmente, colocar o artigo 2.º do Acordo Antidumping em perspectiva.[3]

Juridicamente, o dumping está caracterizado quando o preço de exportação de determinado produto é inferior àquele que seria praticado pela empresa – em condições comerciais normais (*ordinary course of trade*) – no mercado interno do país onde está instalada. Reza o artigo 2.1 do Acordo Antidumping:

> For the purpose of this Agreement, a product is to be considered as being dumped, i.e. introduced into the commerce of another country at less than its normal value, if the export price of the product exported from one country to another is less than the comparable price, in the ordinary course of trade, for the like product when destined for consumption in the exporting country.

Para que as autoridades investigadoras possam efetuar a comparação entre esses dois preços, cabe a elas calcular o valor normal (*normal value*) do produto exportado, isto é, o preço hipotético que deveria ser cobrado pelo produto similar (*like product*) no mercado doméstico da empresa investigada, caso prevalecessem as condições comerciais normais.[4] Nas palavras do Órgão de Apelação:

---

3. Essas explicações objetivam apenas delinear a lógica subjacente ao artigo 2.º, de forma a esclarecer o papel da categoria "partes afiliadas" no cálculo da margem de dumping. Por esse motivo, não serão detalhadas as diversas controvérsias relativas a cada um dos conceitos desse dispositivo.

4. É preciso ter claro que o conceito de "normalidade" empregado no Acordo Antidumping não é relacionado àquilo que poderia ser considerado normal do ponto de vista econômico. Por exemplo, economicamente, poderia ser aceitável que uma empresa decidisse expandir sua participação de mercado com relação a determinado produto, mediante a venda a preço abaixo do custo de sua produção. A perda financeira seria mais do que compensada pela margem de lucro na venda de outro produto por ela produzido. Do ponto de vista do Acordo Antidumping, todavia, impera a lógica jurídica, motivada pelo desejo dos países de dispor de instrumento legal capaz de pro-

> Article 2.1 of the *Anti-Dumping Agreement* provides that normal value – the price of the like product in the home market of the exporter or producer – must be established on the basis of sales made "in the ordinary course of trade". Thus, sales which are *not* made "in the ordinary course of trade" must be excluded, by the investigating authorities, from the calculation of normal value. The *Anti-Dumping Agreement* does not define the term "in the ordinary course of trade". (...) Article 2.1 requires investigating authorities to exclude sales not made "in the ordinary course of trade", from the calculation of normal value, precisely to ensure that normal value is, indeed, the "normal" price of the like product, in the home market of the exporter. Where a sales transaction is concluded on terms and conditions that are incompatible with "normal" commercial practice for sales of the like product, in the market in question, at the relevant time, the transaction is not an appropriate basis for calculating "normal" value (WT/DS184/AB/R, p. 51).

O problema é que esse último conceito, essencial para compreender os objetivos dos cálculos do artigo 2.º, é carente de definição no Acordo Antidumping.[5] A única orientação – no que toca à apuração das transações efetuadas em condições comerciais normais – encontra-se no artigo 2.2.1, em que são definidas as circunstâncias nas quais as transações feitas pela empresa investigada podem ser descartadas por terem sido efetuadas a preços abaixo do custo (*sales below cost*). Nas palavras de Durling e Nicely, "(a)rticle 2.2.1 provides an example of sales which can be considered outside the 'ordinary

teger sua indústria doméstica daquilo que, politicamente, se convencionou denominar "práticas desleais de comércio".

5. "The key concept of 'ordinary course of trade', however, is not the subject of a specific provision". (James P. Durling e Matthew R. Nicely, *Understanding the WTO: Anti-Dumping Agreement. Negotiating history and subsequent interpretation*, London: Cameron May, 2002, p. 29). O mesmo problema foi identificado pelo Secretariado da UNCTAD em documento sobre o impacto de direitos antidumping e medidas compensatórias nos países em desenvolvimento: "In the determination of domestic prices, Article 2.2 of the AAD refers to expressions of 'ordinary course of trade' and 'particular market situation'. As these expressions are vague and imprecise, they can be interpreted in different ways. For example, the term 'ordinary course of trade' can be explained as 'ordinary course of trade by reason of prices' (e.g. where prices are below cost), or as 'ordinary course of trade by domestic prices to related customers' (i.e. transfer prices)" (TD/B/COM.1/EM.14/2, p. 15). Não foi outra a motivação dos *Friends of Antidumping Negotiations* (FANs) para submeter a proposta intitulada "Determination of normal value" (TN/RL/GEN/9), propondo o esclarecimento desse conceito. Em razão de divergências quanto aos numerosos e intrincados aspectos técnicos do tema, o Brasil não subscreveu o documento.

course of trade' – below cost sales – but does not provide a clear definition".[6] Não surpreende, portanto, que tal exiguidade de disciplinas enseje abusos de toda sorte por parte das autoridades investigadoras. É exatamente com o objetivo de diminuir o espaço para abusos que Lima-Campos, entre vários especialistas, defende a inclusão no Acordo Antidumping de uma definição para o conceito de "condições comerciais normais".[7]

Apesar de o "custo" ser o único critério explícito no Acordo Antidumping para que as autoridades investigadoras identifiquem as transações feitas em condições comerciais normais, elas não estão impedidas de empregar outros "filtros". Nas palavras de Czako, Human e Miranda:

> Although the AD Agreement does not provide a definition for the term "ordinary course of trade", investigating authorities normally consider that prices between related parties that do not reflect market (arm's length) conditions do not meet this standard. Some investigating authorities assess whether domestic prices to related parties are at arm's length by comparing them to domestic prices to independent parties. This comparison is made in terms of averages. If the differences between the two sets of average prices is significant (...), domestic prices to related parties may be considered as not reflective of arm's length conditions and therefore outside the ordinary course of trade.[8]

Um deles é, precisamente, a avaliação das transações da empresa investigada com fornecedoras e/ou clientes sob o prisma da natureza do vínculo entre elas[9] – *affiliated* ou *related parties*. A hipótese subjacente – a ser testada pelas autoridades investigadoras (*arm's length test*) – é a possibilidade de que, em razão desse vínculo, o valor da transação esteja sub ou superfaturado, o que justificaria sua exclusão para efeitos do cálculo do valor normal.

---

6. Durling e Nicely. Op. cit., 2002, p. 29.

7. Aluisio de Lima-Campos, Nineteen proposals to curb abuse in antidumping and countervailing duty proceedings, *Journal of World Trade*, London, v. 39, n. 2, p. 276, 2005.

8. Judith Czako, Johann Human e Jorge Miranda, *A handbook on anti-dumping investigations*, Cambridge: Cambridge University Press, 2003, p. 150.

9. Clark aponta que "(r)elated parties may or may not make transactions at market prices". Observa, todavia, que "there is a presumption that transactions between related parties are an unreliable basis for establishing normal or foreign market values", e conclui: "one of the principal reasons for increased complexity in antidumping systems is the growing importance of transnational corporations in international trade" (Peter Clark, *A comparison of the antidumping systems of Canada and the USA*, Ottawa: Department of Finance of the Government of Canada, May 1996, p. XII-9).

Visto que quanto mais baixo o valor normal da empresa investigada, menor a possibilidade de que esteja praticando dumping – ou, se estiver, menor será a margem de dumping –, muitas autoridades investigadoras tratam de eliminar o maior número possível de transações efetuadas a "preços baixos", sob o argumento de que, por se tratar de transações entre partes afiliadas, não poderiam compor o cálculo do valor normal, pois teriam sido efetuadas fora das "condições comerciais normais".

Apesar de não expressamente previsto no Acordo Antidumping, esse escrutínio das transações entre a empresa investigada e suas afiliadas, com vistas a verificar sua conformidade com as condições comerciais normais, não é *per se* objeto de divergência.[10] A esse respeito, Durling e Nicely recordam que, no painel *US – Hot-Rolled Steel*, "at issue in this case was the U.S. Department of Commerce's treatment of sales to home market affiliated as 'outside the ordinary course of trade'. Although parties to the dispute generally agreed that sales to affiliates could potentially be deemed outside the ordinary course of trade, the questions in the case were more specific".[11]

Os desacordos surgem na maneira pela qual o teste é executado, porquanto inexiste disciplina no Acordo a respeito. Recorde-se, nesse sentido, que um dos pontos sob disputa em *US – Hot-Rolled Steel* era precisamente "the standard applied by DOC for deeming sales to affiliates as outside the ordinary course of trade – the so-called 'arm's length test'".[12] De acordo com Vermulst, "under this test, the DOC checked whether the weighted average sales prices of domestic sales to an affiliated party was lower than the weighted average sales price to all non-affiliated customers. If it was more than 0.5% lower, the do-

10. Não se deve inferir, a partir daí, a inexistência de discordâncias quanto à definição de partes afiliadas ou ao tratamento a ser conferido às transações entre elas. Num levantamento sobre os problemas associados ao cálculo da margem de dumping em dez diferentes países, entre eles o Brasil, Vermulst e Horlick dissecam os problemas associados ao tópico em tela: "a first issue will be to determine whether parties are in fact related, a second issue ought to be whether their relationship has any influence on the prices charged between them and the third issue is how the authorities should proceed if they determine that the relationship has in fact influenced the prices charged. Although interrelated, the three steps can theoretically be distinguished" (Edwin Vermulst e Garry Horlick, Problems with dumping and injury margin calculations in ten user countries, *Global Trade and Customs Journal*, London, v. 2, n. 1, 2007, p. 2). A prática de nada menos do que sete autoridades investigadoras foi considerada problemática com relação a pelo menos uma das três questões citadas por ambos os autores.

11. Durling e Nicely. Op. cit., 2002, p. 29.

12. Idem, ibidem, p. 29.

mestic party sales concerned were automatically excluded from the calculation of normal value. However, the DOC did not check whether affiliated party sales were higher-priced".[13] No entanto, o Órgão de Apelação julgou equivocado o entendimento estadunidense:

> In our view, the duties of investigating authorities, under Article 2.1 of the *Anti-Dumping Agreement*, are precisely the *same*, whether the sales price is higher or lower than the "ordinary course" price, and irrespective of the reason why the transaction is not "in the ordinary course of trade". Investigating authorities must exclude, from the calculation of normal value, *all* sales which are not made "in the ordinary course of trade". To include such sales in the calculation, whether the price is high or low, would distort what is defined as "*normal* value" (WT/DS184/AB/R, parágrafo 145).

Outra fonte de desentendimentos é a prática de algumas autoridades investigadoras de substituir as transações entre a empresa investigada e suas afiliadas pelas transações das afiliadas com clientes não afiliados.[14] Ao utilizarem transações de etapas mais avançadas no ciclo de produção e venda de uma mercadoria, as autoridades investigadoras acabam por reter transações a preços mais elevados. Cabe ter presente, entretanto, que o Órgão de Apelação considerou legal a utilização de *downstream sales* para efeitos do cálculo do valor normal:

> The text of Article 2.1 is, however, silent as to *who* the parties to relevant sales transactions should be. Thus, Article 2.1 does not expressly mandate that the sale be made by the exporter for whom a margin of dumping is being calculated. Nor does Article 2.1 expressly preclude that relevant sales transactions might be made downstream, between affiliates of the exporter and independent buyers. In our view, provided that all of the explicit conditions in Article 2.1 of the *Anti-Dumping Agreement* are satisfied, the *identity* of the seller of the "like product" is not a ground for precluding the use of a downstream sales transaction when calculating normal value. In

13. Edwin Vermulst, The 10 major problems with the Anti-Dumping Instrument in the European Community, *Journal of World Trade*, London, v. 39, n. 1, p. 105-113, p. 24, 2005.

14. Vermulst (op. cit., 2005, p. 25) dá o exemplo de situação em que as transações entre a empresa investigada e suas afiliadas não estão de acordo com as condições comerciais normais e não existem transações entre a empresa investigada e as não afiliadas: "(p)ossibly for such reasons, some authorities will not in fact exclude sales *transactions* to related parties, but will rather ignore the prices charged between the related parties and instead move down the distribution chain and base normal value on the resale price by the related party to independent customers".

> short, we see no reason to read into Article 2.1 an additional condition that is not expressed (WT/DS184/AB/R, parágrafo 166).

No entanto, para evitar que tal prática acarretasse distorções no cálculo do valor normal, tratou de ressaltar:

> We do not mean to suggest that the identity of the seller is irrelevant in calculating normal value under Article 2.1 of the *Anti-Dumping Agreement*. However, to ensure that prices are "comparable", the *Anti-Dumping Agreement* provides a mechanism, in Article 2.4, which allows investigating authorities to take full account of the fact, as appropriate, that a relevant sale was not made by the exporter or producer itself, but was made by another party. Article 2.4 requires that a "fair comparison" be made between export price and normal value. This comparison "shall be made at the same level of trade, normally at the ex-factory level". In making a "fair comparison", Article 2.4 mandates that due account be taken of "differences which affect price comparability", such as differences in the "levels of trade" at which normal value and export price are calculated (WT/DS184/AB/R, parágrafo 167).

Assim, numa primeira aproximação, evidencia-se que a falta de definição de partes afiliadas dá margem a abusos por parte das autoridades investigadoras, que procuram descartar o máximo de transações efetuadas a preços baixos e usar, em substituição, transações feitas a preços elevados, de maneira a inflar o valor normal.[15]

No entanto, problema possivelmente ainda maior relacionado à falta de definição de partes afiliadas esteja na aplicação do artigo 6.8 do Acordo

15. Daniel Ikenson resume a situação com propriedade: "Investigating authority's capacity to influence the outcome [of the dumping margin calculation] is not limited to issues concerning cost components and price adjustments. Judgments concerning whether a customer or supplier is affiliated with the subject exporter inform subsequent procedures in the antidumping margin calculation programs. Although statutory guidance exists to help investigating authority determine whether a customer or supplier is affiliated, investigating authority still reserves a lot of discretion in making that call. But that is little ambiguity with respect to the implications of labeling a supplier as affiliated. It gives license to investigating authority to use the highest of actual cost, market value, or transfer price to serve as the acquisition cost for the input obtained from the affiliate. In other words, if a supplier is affiliated, the 'major-input rule' allows investigating authority to simply increase the price of that input if one of the other benchmarks is higher than the price actually paid" (Daniel Ikenson, *Abuse of discretion: time to fix the administration of the U.S. antidumping law*, Washington: Cato Institute, Trade Policy Analysis n. 31, 2005, p. 9).

Antidumping quando da determinação do valor normal. Reza o referido dispositivo:

> In cases in which any interested party refuses access to, or otherwise does not provide, necessary information within a reasonable period or significantly impedes the investigation, preliminary and final determinations, affirmative or negative, may be made on the basis of the facts available. The provisions of Annex II shall be observed in the application of this paragraph.

Essa regra – comumente conhecida como *facts available* – é essencial para que as autoridades investigadoras possam calcular a margem de dumping em situações em que não dispõem de todas as informações necessárias, qualquer que seja a razão para a falta dos dados.

Na prática, a disciplina atua como verdadeira espada de Dâmocles: numa leitura conjugada do artigo 6.8 e da última frase do parágrafo 7 do Anexo II do Acordo Antidumping,[16] certas autoridades investigadoras utilizam *facts available* para punir os exportadores não cooperativos[17] mediante o emprego de *adverse facts available*, conceito que, a rigor, é estranho ao Acordo Antidumping. Por meio desse expediente, as autoridades investigadoras se outorgam o direito de pinçar os dados que mais prejudicam o exportador, de maneira a imputar-lhe um valor normal o mais elevado possível.

Por mais que seja necessário para as autoridades investigadoras contarem com instrumento dissuasório da não cooperação,[18] o problema, tal qual se apresenta atualmente, é que os *adverse facts available* são abusivamente utilizados no contexto da determinação do valor normal: as autoridades investi-

16. "It is clear, however, that if an interested party does not cooperate and thus relevant information is being withheld from the authorities, this situation could lead to a result which is less favourable to the party than if the party did cooperate."

17. "Furthermore, when a customer is deemed affiliated, investigating authority can request information pertaining to that customer's resales if it is a reseller. Often the 'affiliated' customer has no interest in providing or obligation to provide those data, yet investigating authority holds the respondent accountable for the information anyway and sometimes uses adverse facts available as a substitute for the missing information" (Ikenson. Op. cit., p. 9).

18. Caso o emprego dos fatos disponíveis seja absolutamente isento, cabe às autoridades investigadoras tão somente preencher as lacunas de informação com os melhores dados disponíveis. Nessa hipótese, poderia haver um indesejado estímulo para que as empresas investigadas decidam esconder informações que lhes são prejudiciais ou adotar atitude não cooperativa, na aposta de que o resultado final lhes será mais favorável do que aquele em que elas teriam cooperado plenamente. A discussão detalhada sobre "fatos disponíveis", contudo, foge do escopo deste artigo.

gadoras tendem a solicitar informações que a empresa investigada não pode fornecer por impedimentos legais e, supostamente legitimadas pelo artigo 6.8 e pelo Anexo II, aplicam os *adverse facts available*. O resultado é que o valor normal resultante aumenta significativamente, incrementando a possibilidade de dumping ou, na maioria dos casos, inflando substantivamente a margem de dumping.

Partes afiliadas e a Rodada Doha

Diante desse pano de fundo, não causa surpresa que o tema de partes afiliadas constasse, desde o começo da Rodada Doha, da lista de tópicos de interesse dos *Friends of Antidumping Negotiations* (FANs). Assim, já em junho de 2002, o agrupamento expunha seu ponto de vista sobre a matéria:

> The current AD Agreement does not specifically address the issue whether home-market sales to affiliates may be included in, or excluded from, the calculation of normal value. Nor does it include any provision regulating transactions involving affiliated suppliers. Moreover there is no appropriate definition of "affiliation" in the AD Agreement. Footnote 11 provides the definition of affiliation in the narrow context of determining the domestic industry. It, however, does not constitute a sufficient basis to define affiliation in the context of normal value because it does not stipulate when and how transaction prices between affiliates may be rejected or adjusted. The lack of clear provisions with respect to determining affiliation and determining when affiliated party transaction prices should be considered unreliable often forces respondents to unnecessarily submit extensive sales and cost data of affiliates and other market data. Moreover, the authorities often apply improper adjustment on normal value, based on alleged "affiliation", even though the affiliation does not distort the transaction prices (TN/RL/W/10).

Tendo presente os abusos efetuados pelas autoridades investigadoras norte-americanas, não eram apenas os FANs a clamar pelo refinamento da disciplina. A China foi igualmente taxativa: "(c)lear guidance should be established under the AD Agreement on the approach to treat transactions between affiliated companies in the context of normal value" (TN/RL/W/66). A Argentina, por sua vez, assinalou: "It would be desirable to establish criteria for the determination of association and the resale price" (TN/RL/W/81). Em síntese, ainda que os demandantes oscilassem entre o desejo de definir partes afiliadas e o objetivo de sugerir regras de como tratar as transações entre partes afiliadas, não restam dúvidas de que o problema enfrentado pelo Japão atingia igualmente exportadores de outros países.

A Austrália e a CE foram as duas delegações que, por meio de questões aparentemente diretas e simples, permitiram que o assunto começasse a ser apreciado em toda sua complexidade. Os europeus questionaram especificamente se o objetivo dos FANs consistia em estabelecer um parâmetro que permitisse às autoridades investigadoras descartar transações entre partes afiliadas. Solicitaram, com indisfarçável ironia, que o agrupamento explicitasse quais seriam as evidências que comprovariam viés do preço de transferência entre as partes afiliadas.[19] Já os australianos incitaram os FANs a discorrer sobre o vínculo entre partes afiliadas e os conceitos de condições comerciais normais e comparação justa (*fair comparison*) (TN/RL/W/23).

Em suas respostas, os FANs resumiram seus objetivos a três pontos: a) parâmetros a serem observados pelas autoridades investigadoras em termos da natureza do vínculo jurídico entre as empresas quando da solicitação de informações sobre a parte considerada afiliada; b) critérios para determinar se o preço de transferência entre as partes afiliadas reflete condições comerciais normais; e c) métodos apropriados para corrigir e ajustar os preços de transferência (TN/RL/W/31). Como se vê, a empreitada era significativa: não apenas introduzir uma definição que, por si só, já seria controversa, mas também aplicá-la no âmbito do cálculo do valor normal, entrando na difícil e controversa seara das condições comerciais normais.

Embora fossem o alvo prioritário das propostas em exame, os EUA se mostraram menos refratários ao debate do que se poderia supor. A sua primeira reação escrita sobe o assunto se deu na forma de uma pergunta, que, inadvertidamente, traía precisamente o tipo de enfoque que os demandantes pretendiam combater. A hipótese implícita no raciocínio norte-americano era a de que, se o preço de qualquer transação entre duas empresas fosse inferior a 10% da média do restante das transações, existiria, necessariamente, vínculo, *de jure* ou *de facto*, entre ambas. A definição de partes afiliadas, portanto, deveria ser suficiente para capturar tal relação de afiliação entre ambas, permitindo desconsiderar tais transações para efeitos do cálculo do valor normal (TN/RL/W/34). Na contribuição seguinte, os EUA começaram a dar mostras de flexibilidade, deixando entrever que poderiam considerar a utilização da nota de rodapé 11 do Acordo Antidumping – com eventual refinamento de linguagem

19. "Are the proponents suggesting the inclusion of a single threshold for shareholding above which transactions between affiliated parties should be discarded? How could – in the proponents' view – 'positive evidence showing that the transfer price between affiliated parties is unreliable' look like?" (TN/RL/W/20).

– no âmbito do artigo 2.3 (que trata do preço de exportação).[20] Finalmente, os EUA decidiram engajar-se construtivamente no debate sobre a definição de partes afiliadas no âmbito do artigo 2.º (TN/RL/W/130), sob a condição de que a definição fosse muito além do mero vínculo legal de controle, como defendiam os FANs.

Passada a reunião Ministerial de Cancún em 2003, as negociações de Regras entraram em período de hibernação, em que a ausência de reuniões do GNR por praticamente 6 meses permitiu aos FANs revisitar sua agenda de prioridades. No entendimento do agrupamento, era inquestionável a necessidade de reanalisar a questão das partes afiliadas e detalhar o funcionamento das novas disciplinas almejadas.

Ainda presos por uma lógica de atuação eminentemente maximalista – em que se tratava de colocar na mesa todos os aspectos de todos os temas de interesse do agrupamento –, os FANs elaboram uma de suas propostas mais complexas do ponto de vista técnico, precisamente sobre o tema das "partes afiliadas" (TN/RL/W/146). Cinco eram os pontos tratados no documento: a) definição de partes afiliadas; b) vendas para partes afiliadas no âmbito do cálculo do valor normal; c) despesas com vendas para partes afiliadas e custos associados ao fornecimento de insumos de partes afiliadas, no âmbito do cálculo do valor normal; d) exportações para partes afiliadas, no âmbito do cálculo do preço de exportação construído; e e) proibição da prática do *collapsing*.[21]

Várias questões foram suscitadas com relação às sugestões avançadas pelos FANs, que devem ser analisadas separadamente. A *primeira* delas dizia respeito a estabelecer se a definição sugerida para o artigo 2.º diferiria – ou não – daquela utilizada na nota de rodapé 11 do artigo 4.1(i).[22] Na mesma linha, o

20. "In proposing discussion of a definition of 'association or compensatory arrangement' under Article 2.3, to what extent do proponents believe that the definition of 'related parties' in Article 4.1 could serve as a useful basis for this new definition? In proponents' view, would any changes be required?" (TN/RL/W/54).

21. Trata-se da prática de estabelecer uma única margem de dumping para duas ou mais partes afiliadas, tratando ambas como se fossem apenas uma só parte na investigação.

22. "For the purpose of this paragraph, producers shall be deemed to be related to exporters or importers only if (a) one of them directly or indirectly controls the other; or (b) both of them are directly or indirectly controlled by a third person; or (c) together they directly or indirectly control a third person, provided that there are grounds for believing or suspecting that the effect of the relationship is such as to cause the producer concerned to behave differently from non-related producers. For the purpose of this paragraph, one shall be deemed to control another when the former is legally or operationally in a position to exercise restraint or direction over the latter."

Canadá questionou, em mais de uma oportunidade, a razão de não se emular a definição do artigo 15.4 do Acordo de Valoração Aduaneira. Os FANs nunca lograram dar respostas definitivas a ambas as perguntas.

O principal ponto de divergência dentro dos FANs, e entre os FANs e a CE e os EUA, dizia respeito ao alcance da definição. Dentro dos FANs, a ala radical (Noruega, Hong Kong, Taipé Chinês, Coreia e Chile) não escondia seu interesse em adotar a definição mais estrita possível, de maneira a que o maior número possível de transações da empresa investigada *não* fosse objeto de escrutínio por parte das autoridades investigadoras. Pensavam, assim, poder influenciar para baixo o valor normal, diminuindo a eventual margem de dumping resultante.[23] Em linha com esse raciocínio, defendiam a definição de partes afiliadas com base em controle (*control*), a partir da definição do *International Accounting Standard* (IAS) número 27.[24] O Brasil não estava de acordo com essa visão. No entendimento brasileiro, as relações entre empresas não podem, nos dias de hoje, ser reduzidas a uma simples verificação de controle acionário majoritário; existem diversas outras formas legais de uma empresa determinar a política de outra sem que detenha, necessariamente, parcela superior a 50% das ações.

A fim de ilustrar a proposta, o Brasil deu dois exemplos de relações entre empresas que, apesar de caracterizarem uma relação que se poderia considerar claramente como "afiliação", não seriam entendidas como tal se considerada a sugestão baseada nos critérios estabelecidos no IAS 27. O primeiro exemplo foi o de uma empresa que possui 25% das ações de outra empresa, sendo que as 75% ações restantes encontram-se pulverizadas. Nesse caso, a empresa detentora dos 25% poderia ter total controle sobre a outra, sem que isso pudesse caracterizar-se como *affiliated party* pela proposta dos advogados japoneses. O segundo exemplo foi o de uma empresa A, distribuidora de um único produto da empresa B e que não distribuiria nenhum outro produto que não o produto da empresa B. Novamente, apesar de fora dos critérios do IAS 27, pareceria haver uma relação de "afiliação" entre ambas, o que poderia justificar análises cautelosas das transações entre as duas por parte da autoridade investigadora.

23. As discussões dentro dos FANs mostravam claramente o desconhecimento de alguns negociadores sobre os preços de transferência, isto é, de situações em que duas empresas registram artificialmente as transações acima do seu preço real, de maneira a transferir lucros, por exemplo.

24. O *International Accounting Standards Body* é uma organização privada e independente, sediada em Londres, cujo objetivo é elaborar padrões internacionais na área de contabilidade e finanças.

Por essa razão, entendia o Brasil a conveniência de se empregar uma definição baseada no conceito de influência significativa (*significant influence*), com base no IAS 24 e no IAS 28. O conceito de influência significativa engloba a dimensão do controle acionário, elencando, ademais, situações em que, mesmo sem deter formalmente tal controle, uma empresa efetivamente controla a outra. A definição proposta pelo Brasil era a seguinte:

> An "affiliated party" shall be any party, which is considered to, directly or indirectly, have significant influence or be significantly influenced by another party, or which is under the common significant influence of a third party. For the purposes of this definition, significant influence is:
>
> (i) the power to govern the financial and operating policies of an enterprise by having:
>
> (a) more than one half of the voting power of an enterprise;
>
> (b) power over more than one half of the voting rights by virtue of an agreement with other investors;
>
> (c) such power under a statute or an agreement;
>
> (d) power to appoint or remove the majority of the members of the board of directors or equivalent governing body; or
>
> (e) power to cast the majority of votes at meetings of the board of directors or equivalent governing body; or
>
> (ii) the power granted through share ownership, statute or agreement to a person or enterprise to participate in the financial and operating policy decisions of another enterprise by having:
>
> (f) representation on the board of directors of such other enterprise;
>
> (g) common directors and/or officers with such other enterprise; or
>
> (h) a contractual relationship (or any other binding obligation) enabling such person or enterprise to unilaterally impose pricing conditions on such other enterprise and resulting on an economic, financial and technological dependence of such other enterprise from such person or enterprise.

No entanto, por razões táticas, o Brasil decidiu subscrever a proposta com a definição de partes afiliadas baseada em controle. A discussão do documento no plenário do GNR, em 16 de março de 2004, foi, de forma previsível, apenas relativamente positiva no tocante à definição de partes afiliadas sugerida pelos FANs. Durante o debate, os EUA reagiram de forma parcialmente favorável à proposta, concordando que o tema das "partes afiliadas" necessitava esclarecimento. Registraram insatisfação, todavia, com o caráter excessivamente legalista e restritivo da definição de partes afiliadas, visto que, da forma proposta, é reduzido o universo de transações passíveis de "escrutínio" por parte das autoridades investigadoras. Mencionaram as situações em que duas empresas são ligadas por laços de família e em que o CEO de uma empresa tem 100% das ações de outra empresa como exemplos de "relacionamento" entre empresas que poderiam justificar análise detalhada das transações por parte da autoridade investigadora. A CE também foi da opinião de que a definição de partes afiliadas constituía tema que merecia ser discutido não apenas do ponto de vista da redução do ônus para investigados e autoridades investigadoras, como também em razão do próprio cálculo do dumping. Da mesma forma que os EUA, demonstraram insatisfação com o grau excessivamente elevado do *threshold* proposto pelos FANs.

Verificava-se, assim, que a CE e os EUA não eram refratários à discussão de uma definição para partes afiliadas. Discordavam, efetivamente, do grau excessivamente restritivo da proposta baseada em controle. Assim, em última instância, o ponto de vista defendido pelo Brasil – de uma definição baseada em *significant influence* – surgia naturalmente como ponto de equilíbrio entre as visões antagônicas.

A *segunda* parte da proposta dos FANs a merecer atenção individualizada foram as sugestões de como as autoridades investigadoras deveriam analisar as transações entre partes afiliadas.[25] O debate sobre uma versão mais detalhada da proposta dos FANs (TN/RL/GEN/19) demonstrou claramente a dificuldade de estabelecer regras prescritivas e estritas em área de grande complexidade técnica. A proposta teve pouca aceitação, apesar de haver convergência de opiniões quanto à relevância do tema. Tanto na definição do conceito de afiliação – tida como desnecessária e injustificadamente restritiva – quanto nos testes posteriores para avaliar se as transações entre partes afiliadas poderiam, ou não, ser consideradas *arm's length*, o documento de FANs foi atacado. Uma das deficiências da proposta, apontada pela CE, estaria na parte referente ao *constructed export price*: a transação objeto da análise não poderia ser a transação entre a exportadora e a importadora afiliada, a qual, com a utilização de preços

25. "No tratamento dessas transações, a proposta prevê que, em cada uma dessas situações, as operações entre partes afiliadas deveriam ser comparadas às operações entre partes não-afiliadas e, caso apresentassem coeficiente de desvio calculado com base em uma banda de preços e um percentual, passariam a ser descartadas pela autoridade investigadora. Esta banda de preços seria calculada com base na média ponderada mais baixa e mais alta das transações entre as empresas que foram caracterizadas como partes não-afiliadas" (José Setti Diaz, Antidumping e salvaguardas. In: Vera Thorstensen e Marcos S. Jank (coord.), *O Brasil e os grandes temas do comércio internacional*, São Paulo: Aduaneiras, 2005, p. 164).

de transferência, poderia ser considerada "de mercado", quando em realidade esconderia um dumping. Para detectar essa situação, a transação objeto da investigação deveria ser, assim, a primeira venda da importadora afiliada no mercado importador.

A *terceira* e última parte da proposta TN/RL/W/146 merece, igualmente, observação específica. Trata-se da sugestão de que a prática de *collapsing* se tornasse proibida (item "e" do documento). A pouca ênfase dada ao tema durante discussão em plenário e a rapidez com que o Japão e os demais FANs abandonaram o tópico denunciavam o quanto o agrupamento era vulnerável a sugestões lançadas pelos advogados que prestavam assessoria ao Japão na preparação das minutas de propostas. Não que os temas fossem desprovidos de mérito ou legitimidade; apenas estavam longe de constituir problema concreto de magnitude tal que justificasse o emprego de capital negociador por parte dos demandantes. Para comprovar essa avaliação, basta ter presente que, na versão mais detalhada da proposta sobre partes afiliadas apresentada em setembro de 2004 (TN/RL/GEN/19), não havia mais qualquer referência a *collapsing*.

As deliberações sobre a versão revisada do documento dos FANs não deixavam espaço para dúvidas de que seria virtualmente impossível avançar tanto na definição do conceito de partes afiliadas quanto no detalhamento de como as autoridades investigadoras deveriam proceder à avaliação das transações entre partes afiliadas. Ademais, o fato de os FANs não terem feito nenhum movimento para acomodar as críticas da CE e dos EUA com relação à definição de partes afiliadas na nova versão da proposta explica o ambiente de crescente má vontade com o pleito do agrupamento. A ambição dos FANs praticamente sepultava as possibilidades de avanço na matéria nos termos do documento TN/RL/W/146.

Diante desse quadro, não restou ao Japão outra alternativa a não ser render-se à necessidade de rever o grau de ambição associado ao tema de partes afiliadas. Em primeiro lugar, colocava-se a questão do *threshold*. A opção pela definição de partes afiliadas com base no conceito de "controle" mostrava-se excessivamente restritiva, sugerindo a conveniência de encampar o conceito de *significant influence* proposto pelo Brasil. Em segundo lugar, restava o problema de qual deveria ser o tratamento concedido às transações entre partes afiliadas. Entre as possibilidades, surgia a que propugnava delinear apenas as diretrizes de como as autoridades investigadoras deveriam proceder, evitando, assim, prescrever metodologia com alto grau de detalhamento.

Tal inflexão na posição japonesa permitiu ao Brasil e ao Japão concentrarem suas atenções em aspectos distintos da temática, abrindo caminho para que ambos apresentassem, já em 2005, duas contribuições distintas, versando cada uma sobre um aspecto do problema. O objetivo maior era aproveitar-se da relativa convergência de opiniões quanto ao mérito de se tratar separadamente a definição de partes afiliadas para efeitos do artigo 2 (cálculo do valor normal), daquela empregada para determinar a obrigação de fornecer dados das partes afiliadas.

A proposta do Japão (TN/RL/GEN/72) utilizava conceito mais estrito, em que as partes afiliadas, para efeitos de solicitação de informações, seriam definidas com base no conceito de controle. A contribuição japonesa restringia-se àquilo que havia sido aspecto crucial na disputa com os EUA no caso *US – Hot-Rolled Steel*: proibir a punição da empresa investigada por não ter conseguido fornecer informações que não poderiam ser por ela obtidas. Por tal razão, sugeriam os japoneses incluir novo parágrafo no artigo 6.º do Acordo Antidumping delimitando o tipo de informações que as autoridades investigadoras poderiam solicitar da empresa investigada. Para o Japão, o novo dispositivo deveria ter a seguinte redação:

> 6.1.4 The authorities may require exporters or foreign producers to submit information of other parties only if such other parties directly or indirectly control, or are controlled by, the exporter or foreign producer; or if the exporter or foreign producer and the other parties are under the common control of a third party. For the purposes of this agreement, "control" is the power to govern the financial and operating policies of an enterprise by having:
>
> (a) more than one half of the voting power of an enterprise;
>
> (b) power over more than one half of the voting rights by virtue of an agreement with other investors;
>
> (c) such power under a statute or an agreement;
>
> (d) power to appoint or remove the majority of the members of the board of directors or equivalent governing body; or
>
> (e) power to cast the majority of votes at meetings of the board of directors or equivalent governing body.

O objetivo, de caráter eminentemente processual e inspirado em decisão do Órgão de Solução de Controvérsias no caso mencionado, era evitar que, caso uma empresa fosse instada a fornecer dados sobre fornecedores que não estivessem sob seu controle acionário, não fossem usados contra ela os *adverse facts available*, por esta não conseguir fornecer as informações solicitadas. Apesar de o Japão ter deixado claro o objetivo do documento, os principais comentários dos demais Membros continuavam a versar sobre a questão da afiliação para fins de cálculo do valor normal, tema objeto da proposta brasileira.

Muito embora a redução do escopo da ambição japonesa e o foco no aspecto central de seu interesse tenham representado claro avanço, o debate sobre a proposta evidenciou a necessidade de ajustes de linguagem e maior precisão conceitual por parte do Japão. Assim, em abril de 2006, os japoneses apresentaram nova versão de sua proposta (TN/RL/GEN/125):

> 6.1.4 The authorities may require exporters or foreign producers to provide necessary information held by other parties if such other parties directly or indirectly control, or are controlled by, the exporter or foreign producer; or if the exporter or foreign producer and the other parties are under the common control of a third party. Even when such other parties do not control, or are not controlled by, the exporter or foreign producer; or if the exporter or foreign producer and the other parties are not under the common control of a third party, the authorities may nevertheless require the exporters or foreign producers to make reasonable efforts to provide necessary information held by other parties, provided that the authorities demonstrate that requiring such efforts is not disproportionate in the light of the balance between the importance of such information to the conduct of the investigation and the difficulty of the exporters or foreign producers to provide such information.
>
> In any case, the authorities may not require the exporters or foreign producers to make such efforts if the following conditions are met:
>
> (I) neither of them holds, directly or indirectly, 20 per cent or more of the voting power of the other or is the largest shareholder of the other; and
>
> (II) no third party holds, directly or indirectly, 20 per cent or more of the voting power of both of them or is the largest shareholder of both of them.
>
> 6.1.4.1 For the purposes of sub-paragraph 1.4, "control" is the power to govern the financial and operating policies of an enterprise by having:
>
> (a) more than one half of the voting power of an enterprise;
>
> (b) power over more than one half of the voting rights by virtue of an agreement with other investors;
>
> (c) such power under a statute or an agreement;
>
> (d) power to appoint or remove the majority of the members of the board of directors or equivalent governing body; or
>
> (e) power to cast the majority of votes at meetings of the board of directors or equivalent governing body.

A principal conclusão das discussões sobre a proposta nipônica foi a concordância quanto a utilizar a influência significativa como referência para testar a confiabilidade das transações no cálculo do valor normal e o controle como critério para definir obrigações com relação ao fornecimento de dados às autoridades investigadoras.

Já a proposta do Brasil (TN/RL/GEN/67) versava sobre a definição de partes afiliadas para efeitos do artigo 2.º e se baseava no conceito de *significant influence* para definir o conceito de partes afiliadas. Tendo presente a reação positiva do plenário quanto à iniciativa de introduzir no Acordo Antidumping definição de partes afiliadas, a proposta brasileira procurava alcançar um meio-termo entre uma definição estrita baseada em "controle" e a simples ausência de definição. Defendia-se, pois, a definição de *significant influence*, equidistante de ambos os extremos do espectro de posições. As reações à proposta brasileira variaram conforme o viés exportador ou aplicador de direitos do Membro. No entanto, apesar dos diversos pedidos de esclarecimentos quanto ao contexto da proposta e à fonte inspiradora da definição de partes afiliadas – os IASs –, não se apuraram objeções de princípio ao enfoque propugnado pelo Brasil. O fato de que tanto os países usuários do Acordo Antidumping quanto aqueles com interesses exportadores terem feito observações algo críticas por motivos opostos (definição muito estrita ou exageradamente ampla, respectivamente) sugere que, em tese, a definição de partes afiliadas da proposta brasileira com base em influência significativa poderia vir a tornar-se uma solução de equilíbrio entre os diferentes interesses do espectro de posições.

Procurando aproveitar-se do *momentum* gerado pelas propostas brasileira e nipônica, Taipé Chinês elaborou documento (TN/RL/GEN/82) que recuperava um tópico descartado por Brasil e Japão: o critério que as autoridades investigadoras devem utilizar para determinar se as transações entre a empresa investigada e sua afiliada foram feitas, ou não, em condições comerciais normais. Apesar de o título da proposta remeter à definição de partes afiliadas, Taipé Chinês pretendia definir o teste que as autoridades investigadoras deveriam fazer para verificar se as transações entre partes afiliadas estariam *at arm's length*. No entanto, a proposta de Taipé Chinês foi bastante criticada pelas diversas imprecisões conceituais e por inúmeras deficiências associadas à operacionalização da metodologia sugerida.

Os anteprojetos do presidente

Em seu *draft consolidated paper* (TN/RL/W/213), apresentado em 30 de novembro de 2007, o presidente do GNR, embaixador Guillermo Valles, sugeriu a introdução de um novo artigo 6.1, que permitiria às autoridades investigadoras requisitarem informações de partes afiliadas às empresas investigadas.[26] Ademais, propunha a adição de um novo subparágrafo 6.8.1, em que seria definido o conceito de controle:

> 6.8.1. Where an interested party substantiates that it does not control [*nota de rodapé 31*: For purposes of this paragraph, one party shall be deemed to control another when the former is legally or operationally in a position to exercise restraint or direction, or to exercise significant influence, over the latter. When considering whether control exists, the authorities may take into account, *inter alia*, direct or indirect shareholdings and any contractual, legal or family relationship between the parties] an affiliated party and that, despite its best efforts, it has been unable to obtain requested information from that affiliated party, the authorities shall consider whether to maintain, modify or withdraw the request, taking into account the importance of the information to the investigation. In the event the authorities decide to maintain the request, whether in the same form or as modified, they shall take such reasonable steps as are available to them to support the interested party's efforts to obtain the information. Where despite the interested party's best efforts, necessary information in the possession of an affiliated party is not supplied, the authorities may base their determinations on the facts available. They shall not, however, deem the interested party to have been non-cooperative.

Ao afastar a presunção de não cooperação das empresas que envidassem os melhores esforços, mas não conseguissem obter informações de partes afiliadas, o texto retomava o entendimento do Órgão de Apelação no caso *US – Hot-Rolled Steel.* Vale ressaltar também que a proposta de interpretação do conceito de "controle" baseava-se no entendimento mais amplo de influência significativa proposto pelo Brasil, superando a interpretação mais restritiva baseada no simples controle acionário.

Em maio de 2008, o presidente do GNR apresentou documento comparativo (TN/RL/W/232) em que compilava todos os comentários referentes às sugestões formuladas ao final de 2007 para o tema das partes afiliadas. Ao esquivar-se de sugerir linguagem consensual, o texto permaneceu como mero repositório de propostas conflitantes, sem que tivesse havido qualquer tentativa de obter um texto de consenso. Finalmente, na primeira revisão do anteprojeto, apresentada em dezembro de 2008 (TN/RL/W/236), o ambiente negociador da Rodada como um todo fez que Valles retrocedesse na quase

26. "6.1 *New* The authorities may request interested parties to supply such information as the authorities reasonably consider may be necessary for the conduct of the investigation, including information in the possession of parties that are affiliated to those interested parties."

totalidade de suas sugestões de linguagem, optando por manter apenas *placeholders* nos tópicos de interesse dos Membros. No caso das partes afiliadas, o anteprojeto que se encontra em discussão apenas indica que o tema permanece em negociação.

Conclusão

A ausência de definição de partes afiliadas e a falta de previsão quanto ao tratamento a ser concedido às transações efetuadas entre essas partes deram origem a numerosas desavenças sobre a interpretação do Acordo Antidumping. Tais lacunas conferem às autoridades investigadoras terreno fértil para interpretações abusivas no cálculo do valor normal. O tema ganhou notoriedade com a disputa comercial entre o Japão e os EUA e, a partir de então, tem constado da agenda do GNR.

De um ponto de vista geral, poder-se-ia considerar que as discussões sobre o assunto atingiram uma etapa em que, por um lado, não podem ser identificadas resistências incontornáveis à inclusão de uma definição para partes afiliadas – sendo que a sugestão apresentada pelo Brasil é aquela com maiores possibilidades de constituir o centro de gravidade da matéria –, nem a que se estabeleça critério para orientar a requisição compulsória de dados relativos às partes afiliadas – como defende o Japão. Por outro lado, permanece ainda significativa a distância entre as delegações com relação à linguagem a ser empregada.

9 – Investigação *in loco* na indústria doméstica

Cláudia Ferraz dos Santos Silveira

Introdução

Realizar investigação *in loco* na indústria doméstica[1] significa ir além do expressamente exigido pelos Acordos da Organização Mundial do Comércio - OMC, tendo em vista que esse procedimento não é obrigatório, particularmente no que diz respeito aos dados da indústria doméstica; além disso, poucos países o utilizam como instrumento de sua política de defesa comercial. Esse procedimento é realizado no âmbito dos processos de defesa comercial, que no Brasil são conduzidos pelo Departamento de Defesa Comercial - DECOM, da Secretaria de Comércio Exterior - SECEX, do Ministério do Desenvolvimento, Indústria e Comércio Exterior - MDIC.

> O termo defesa comercial relaciona-se aos Acordos Antidumping, sobre Subsídios e Medidas Compensatórias e sobre Salvaguardas da OMC, que prevêem a possibilidade de adoção de medidas de defesa da indústria doméstica, seja em decorrência das denominadas práticas desleais (dumping ou subsídios), seja por dificuldades da indústria frente a surtos de importação (salvaguarda) (Faria, 2003, p. 41-42).

No Brasil, o Acordo Antidumping, o Acordo Sobre Subsídios e Medidas Compensatórias e o Acordo sobre Salvaguardas da OMC foram aprovados pelo Decreto Legislativo 30,[2] de 15 de dezembro de 1994, e promulgados

1. Ver definição de indústria doméstica nos seguintes artigos: art. 17 do Decreto 1.602, de 23.08.1995; art. 24 do Decreto 1.751, de 19.12.1995; e art. 6.º do Decreto 1.488, de 11.05.1995.

2. Decreto Legislativo 30, de 15.12.1994 - aprova a Ata Final da Rodada Uruguai de Negociações Comerciais Multilaterais do GATT, as listas de concessões do Brasil na área tarifária (Lista III) e no setor de serviços e o texto do Acordo Plurilateral

pelo Decreto 1.355,[3] de 30 de dezembro de 1994. Assim, as menções a esses Acordos neste artigo serão feitas tomando como referência as versões constantes do mencionado Decreto, que promulgou a Ata Final que incorpora os resultados da Rodada Uruguai de Negociações Comerciais Multilaterais do GATT (*General Agreement on Tariffs and Trade*).

Em razão da não obrigatoriedade de se realizar esse procedimento na indústria doméstica, tal conduta do Brasil tem repercutido positivamente no cenário internacional no âmbito da área de defesa comercial, pois desde a sua criação, em 1995, é prática do DECOM realizar investigação *in loco* na indústria doméstica.

As regras gerais utilizadas pelo DECOM na investigação *in loco* na indústria doméstica se aplicam aos três tipos de investigações previstas nos Acordos da OMC (Antidumping, sobre Salvaguardas e sobre Subsídios e Medidas Compensatórias). No entanto, os comentários deste artigo terão foco principalmente nas investigações *in loco* na indústria doméstica realizadas no âmbito do Acordo Antidumping, tendo em vista que a experiência do DECOM[4] está calcada nesse tipo de investigação.

Procurar-se-á demonstrar neste artigo em que consiste o procedimento de investigação *in loco*, quais são os objetivos, as previsões legais e a natureza dos dados examinados, bem como apresentar-se-á uma breve exposição do contexto no qual está inserido. Destacar-se-á também a relevância da preparação das empresas para executar esse procedimento e a importância do adequado fornecimento da resposta ao questionário do DECOM.

Definição

A investigação *in loco* consiste em visita de técnicos do DECOM à empresa ou às empresas que fazem parte da indústria doméstica em uma investigação de dumping, de subsídios ou de salvaguarda. Esclarece-se que, como regra geral e salvo as especificidades de cada Acordo, a indústria doméstica é constituída pela totalidade dos produtores nacionais do produto similar ou ainda por aqueles cuja produção conjunta constitua parcela significativa da produção nacional.

---

sobre carne bovina. Disponível em: <http://www.mdic.gov.br/sitio/interna/interna.php?area=5&menu=235>. Acesso em: 15 fev. 2012.

3. Disponível em: <http://www.planalto.gov.br/ccivil_03/Decreto/AntigosD1355.htm>. Acesso em: 15 fev. 2012.

4. De 1996 a 2008 o DECOM realizou 228 investigações de dumping, incluindo as revisões, 3 de subsídios e 6 de salvaguardas.

No Brasil, essas investigações, bem como as revisões dos direitos, são processos administrativos[5] disciplinados por decretos específicos. Trata-se de processos conduzidos pelo DECOM,[6] que foi criado em 1995 para ser o órgão governamental responsável pelas investigações da área de defesa comercial no Brasil. Compete a esse Departamento, além de conduzir as investigações, proporcionar apoio ao exportador e participar de negociações internacionais relativas à área de defesa comercial, em colaboração com o Ministério das Relações Exteriores – MRE.

Registre-se que foi utilizada a expressão "indústria nacional" na tradução dada pelo Brasil aos artigos que definem o termo *domestic industry* contido nos Acordos de Subsídios[7] e de Salvaguardas[8] da OMC. Nos decretos que regulamentaram a aplicação dos procedimentos previstos nos referidos acordos, foi utilizada a expressão "indústria doméstica". No caso de Antidumping, tanto a tradução do Acordo[9] da OMC quanto o Decreto utilizaram a expressão "indústria doméstica".

A expressão "indústria nacional" tem sido usualmente utilizada pelo Departamento para se referir à totalidade de produtores nacionais do produto similar em uma investigação ou revisão, enquanto "indústria doméstica" é utilizada para se referir ao conjunto de produtores nacionais que se enquadram nas previsões do art. 17 do Decreto 1.602, de 23.08.1995, do art. 24 do Decreto 1.751, de 19.12.1995, e do art. 6.º do Decreto 1.488, de 11.05.1995, e cujos dados são utilizados na análise de determinação dano de uma investigação ou revisão.

Os decretos que regulamentaram no Brasil a aplicação das previsões contidas nos Acordos da OMC relativos à defesa comercial são:

- Decreto 1.602, de 23 de agosto de 1995 – regulamenta as normas que disciplinam os procedimentos administrativos relativos à aplicação de medidas antidumping;
- Decreto 1.751, de 19 de dezembro de 1995 – regulamenta as normas que disciplinam os procedimentos administrativos relativos à aplicação de medidas compensatórias; e

5. Aplica-se subsidiariamente o disposto na Lei 9.784, de 29 de janeiro de 1999, que regula o processo administrativo no âmbito da Administração Pública Federal.

6. Atribuição conferida pelo art. 20 do Anexo I do Decreto 3.839, de 7 de junho de 2001 (publicado no *DOU* de 08.06.2001).

7. *Agreement on Subsidies and Countervailing Measures, article 16.*

8. *Agreement on Safeguards, article 4, paragraph 1, subparagraph c.*

9. *Agreement on Implementation of Article VI of the General Agreement on Tariffs and Trade 1994, article 4.*

- Decreto 1.488, de 11 de maio de 1995 – regulamenta as normas que disciplinam os procedimentos administrativos relativos à aplicação de medidas de salvaguarda.

No Brasil, a investigação *in loco* na indústria doméstica é precedida da análise da resposta ao questionário elaborado pelo DECOM e do exame das informações complementares e dos esclarecimentos prestados, caso tenham sido necessários. A resposta ao questionário, às informações complementares, bem como a prestação de esclarecimentos cabem às empresas produtoras do produto similar,[10] sendo que nos processos de salvaguarda cabem também aos produtores do produto diretamente concorrente.[11]

A investigação *in loco* não constitui uma auditoria, mas um procedimento minucioso que tem por objetivo confirmar a veracidade das informações recebidas da indústria doméstica ao longo do processo, bem como obter maiores detalhes e esclarecimentos que possam colaborar para a conclusão do processo. Para isso, são examinados os originais dos documentos e os registros contábeis utilizados como fontes das informações prestadas.

A investigação *in loco* não ocorre com o intuito de permitir que sejam apresentadas novas informações que possam alterar de forma substancial os dados fornecidos ao longo do processo. Porém, informações adicionais somente poderão ser aceitas para efetuar pequenas correções.

Previsão legal e prática do DECOM

No Acordo Antidumping[12] e no Acordo sobre Subsídios[13] da OMC há previsões expressas somente para a realização de investigação *in loco* no es-

10. Segundo o parágrafo 8.º do artigo 2.º do Acordo Antidumping, "(...) produto similar ('like product', 'produit similaire') deverá ser entendido como produto idêntico, isto é, igual sob todos os aspectos ao produto que se está examinando, ou, na ausência de tal produto, outro produto que, embora não exatamente igual sob todos os aspectos, apresenta características muito próximas às do produto que se está considerando".

11. O Acordo sobre Salvaguardas ampliou, em relação ao Acordo Antidumping e ao Acordo sobre Subsídios, o conceito de indústria doméstica ao incluir os produtores nacionais dos bens diretamente concorrentes do produto importado que se esteja investigando. Portanto, ao utilizar neste artigo a expressão "produto similar", atentar para o fato que nos processos de salvaguarda também pode se tratar de "produto diretamente concorrente".

12. *Agreement on Implementation of Article VI of the General Agreement on Tariffs and Trade 1994, article 6, paragraph 7*. Na legislação brasileira, consultar parágrafo 9.º do artigo 6.º do Acordo Antidumping.

13. *Agreement on Subsidies and Countervailing Measures, article 12, paragraph 6*. Na legislação brasileira, consultar parágrafo 8.º do art.12 do Acordo sobre Subsídios.

tabelecimento do produtor exportador estrangeiro. No entanto, o Brasil tem realizado, em todos os processos de defesa comercial, investigações *in loco* nas empresas que compõem a indústria doméstica. Registre-se que, embora o Acordo sobre Salvaguardas seja silente a esse respeito, o DECOM também realiza investigações *in loco* na indústria doméstica dos processos conduzidos no âmbito desse Acordo.

A realização desse procedimento na indústria doméstica encontra respaldo no parágrafo 6.º do artigo 6.º do Acordo Antidumping[14] e no parágrafo 5.º do artigo 12 do Acordo sobre Subsídios[15] da OMC. Na legislação brasileira que internalizou esses acordos, os artigos equivalentes são o art 6.º, parágrafo 8.º, do Acordo Antidumping e o art. 12, parágrafo 7.º, do Acordo sobre Subsídios. Nesses artigos está previsto apenas que a autoridade investigadora deverá, ao longo da investigação, certificar-se de que são corretas as informações fornecidas pelas partes e sobre as quais basearão suas conclusões. Os Decretos 1.602, de 23 de agosto de 1995, e 1.751, de 19 de dezembro de 1995, fazem, respectivamente, menção a esse procedimento da seguinte forma:

> *Decreto 1.602, de 23 de agosto de 1995*
>
> Art. 30. Procurar-se-á, no curso das investigações, verificar a correção das informações fornecidas pelas partes interessadas.
>
> (...)
>
> *§ 2.º Caso necessário e factível, poderão ser realizadas investigações nas empresas envolvidas localizadas em território nacional, desde que previamente por elas autorizadas.*
>
> § 3.º Os resultados de investigações, realizadas na forma dos parágrafos anteriores, serão juntados ao processo, reservado o direito de sigilo (grifo nosso).
>
> *Decreto 1.751, de 19 de dezembro de 1995*
>
> Art. 40. Procurar-se-á, no curso da investigação, verificar a correção das informações fornecidas pelas partes e governos interessados.
>
> (...)
>
> *§ 2.º Poderão ser realizadas investigações nas empresas envolvidas localizadas em território nacional, desde que previamente por elas autorizadas.*

---

14. *Agreement on Implementation of Article VI of the General Agreement on Tariffs and Trade 1994, article 6, paragraph 6.*

15. *Agreement on Subsidies and Countervailing Measures, article 12, paragraph 5.*

§ 3.º Os resultados de investigações, realizadas de acordo com o disposto nos §§ 1.º e 2.º deste artigo, serão juntados ao processo, reservado ao direito de sigilo (grifo nosso).

Quando a indústria doméstica é composta por um número elevado de empresas, tornando difícil a realização da investigação *in loco* em todas elas, seleciona-se uma amostra representativa de empresas a serem visitadas. A seleção dessas empresas considera diversos fatores, tais como participação no mercado, especificidades do produto, bem como outras peculiaridades que possam ocorrer em cada investigação. Embora apenas as empresas da amostra sejam objeto de investigação *in loco*, será considerado pelo Departamento, na análise de dano, o conjunto de dados das empresas que compõem a indústria doméstica no processo.

A investigação *in loco* ocorre preferencialmente na unidade da empresa onde se produz o produto similar, tendo em vista a necessidade de conhecer o processo produtivo. Nos casos em que a empresa a ser visitada mantém a contabilidade em local separado da fábrica, averigua-se a possibilidade de a empresa levar para a fábrica da empresa toda a documentação original utilizada na preparação da resposta ao questionário, bem como as pessoas que elaboraram essa resposta. Alternativamente, o Departamento visita ambos os locais.

Atendendo ao previsto no § 2.º do art. 30 do Decreto 1.602, de 23 de agosto de 1995, e no § 2.º do art. 40 do Decreto 1.751, de 19 de dezembro de 1995, o Departamento solicita previamente a autorização da empresa a ser visitada para que seja realizada a investigação *in loco* dos dados apresentados ao longo do processo. Nessa correspondência, o Departamento sugere as datas para realização da investigação *in loco* e solicita a manifestação de concordância da empresa a ser visitada, que pode acatar a sugestão ou indicar outro período, porém não muito distante, tendo em vista os prazos para conclusão do processo.

A equipe investigadora e a duração da investigação *in loco*

Como regra geral, a investigação *in loco* na indústria doméstica tem duração de 4 a 5 dias em cada empresa, e é sempre realizada por no mínimo dois técnicos do DECOM envolvidos em um processo de investigação ou revisão.

No período de visita à empresa, os técnicos devem cumprir todo o plano de trabalho definido no roteiro da investigação *in loco*, registrando em detalhes os passos seguidos, para posteriormente fazer constar de relatório o ocorrido no curso desse procedimento.

Atualmente o corpo técnico do DECOM é composto por pessoas de formações acadêmicas e qualificações profissionais variadas, sendo presente formações nas áreas de direito, economia, ciências contábeis, comércio exterior e engenharia, entre outras. Não há exigência legal de formação acadêmica específica para se trabalhar no Departamento, mas é imprescindível que deter conhecimentos contábeis para a realização da investigação *in loco* e para análise das informações fornecidas pelas empresas no questionário.

É importante destacar que o período de duração da investigação *in loco* é definido tendo em conta o volume e a natureza das informações a serem examinadas, além de ter que se considerar também o fato de depender de recursos do MDIC para cobrir os gastos com passagens e diárias dos técnicos do Departamento no período de realização desse procedimento. Como se verá adiante, as informações verificadas vão desde a análise da aquisição de matéria-prima até o processo de venda do produto, incluindo análise dos canais de venda e distribuição do produto, além de emprego e salários, entre outros.

No plano de trabalho definido para a investigação *in loco*, são escolhidas por amostra, para cada período, as notas fiscais que serão objeto de verificação, tendo por objetivo cobrir todo o período de análise de dano à indústria doméstica, que normalmente é de 5 anos. Nesse período de 4 ou 5 dias de investigação *in loco*, os técnicos têm que examinar informações que servirão para validar os dados dos 5 anos fornecidos pela empresa.

Como os processos de defesa comercial podem, em princípio, ter como objeto de análise produtos de naturezas diversas (químicos, siderúrgicos, agrícolas, têxteis, alimentícios etc.),[16] desde que atendidos os requisitos previstos na legislação, a investigação *in loco* na indústria doméstica também é oportuna por permitir também aos técnicos do Departamento conhecerem em maiores detalhes questões relativas ao produto similar e ao processo produtivo. Esse procedimento é extremamente esclarecedor para a equipe investigadora e agrega conhecimentos que contribuirão para as análises pertinentes ao processo.

Tipo de informação verificada

Nas visitas às empresas procura-se checar a exatidão das informações apresentadas na resposta ao questionário que o DECOM envia às empresas produtoras do produto similar que compõem a indústria doméstica. As informações solicitadas nesse questionário são aquelas previstas nos Acordos como sendo necessárias para a determinação de dano, tais como queda real ou potencial das vendas, dos lucros, da produção, da participação no mercado, da

16. Cite-se como exemplo dessa diversidade de produtos aqueles objeto de algumas das investigações e revisões de dumping iniciadas em 2009: carbonato de bário, cobertores, magnésio em pó, resinas de polipropileno, ímã de ferrite, frascos de vidro, sacos de juta e malhas de viscose.

produtividade, do retorno dos investimentos ou da ocupação da capacidade instalada; fatores que afetem os preços internos; efeitos negativos reais ou potenciais sobre o fluxo de caixa, estoques, emprego, salários, crescimento, capacidade para aumentar capital ou obter investimentos, conforme estabelecido no parágrafo 4.º do artigo 3.º do Acordo Antidumping.[17]

Esse dispositivo do Acordo Antidumping estabelece ainda que essa enumeração de fatores não é exaustiva e que tais fatores não poderão, isoladamente ou em conjunto, ser tomados necessariamente como indicação decisiva do impacto das importações a preços de dumping sobre a indústria doméstica.

Ressalvadas as especificidades, o Acordo sobre Subsídios,[18] parágrafo 4.º do artigo 15, prevê para análise de dano indicadores semelhantes aos do Acordo Antidumping, mas acrescenta que, no caso de agricultura, deve-se avaliar também se houve aumento de custos nos programas governamentais de apoio. O Acordo sobre Salvaguardas,[19] parágrafo 2.º do artigo 4.º, é o que mais se distancia dos dois primeiros, pois lista um número reduzido de indicadores da indústria doméstica a serem considerados na análise de prejuízo grave. Esse Acordo, por exemplo, não prevê expressamente análise de produtividade, salários, nem capacidade de captar recursos ou investimentos.[20]

A relação de fatores apresentada não é exaustiva, e outras informações podem ser solicitadas às empresas, tais como a existência de consumo cativo, de importações do produto investigado realizadas pela indústria doméstica, de vendas a empresas do mesmo grupo e de preço de transferência etc., que podem ser igualmente objeto de investigação *in loco* quando requeridas.

Além desses dados, também são necessárias para a análise de dano informações sobre o produto, sobre a estrutura organizacional da empresa, sobre os registros contábeis e sobre o mercado (processo de vendas, canais de distribuição, formas de concorrência etc.).

Caso metodologias de rateio sejam adotadas pela indústria doméstica para o fornecimento de algum dos dados solicitados no questionário do DECOM, será avaliada inicialmente a razoabilidade do critério e examinada, por ocasião da investigação *in loco*, a exatidão dos números utilizados.

As informações solicitadas no questionário devem ser fornecidas no formato sugerido pelo DECOM, para que seja possível sua verificação e posterior

17. Ver também o § 8.º do art. 14 do Decreto 1.602, de 23.08.1995.

18. Ver também o § 13 do art. 21 do Decreto 1.751, de 19.12.1995.

19. Ver também o art. 7.º do Decreto 1.488, de 11.05.1995.

20. A análise de tais diferenças não constitui objeto deste artigo. Porém, não se pode deixar de notar que tais diferenças possivelmente se relacionam à natureza de cada Acordo.

comparação com os dados fornecidos nos questionários dos exportadores estrangeiros e dos importadores brasileiros. Faz-se necessária especial atenção para o fornecimento das informações referentes ao produto similar, tais como a definição do produto, processo produtivo, características e especificações técnicas, aplicações etc.

É necessário também que a empresa descreva detalhadamente o sistema de codificação de produto utilizado no curso normal de suas operações para produto similar e o correlacione com o código de identificação do produto - COPID,[21] solicitado no questionário do DECOM. Os parâmetros para a construção desse código são definidos pelos técnicos do Departamento envolvidos em uma investigação ou revisão a partir das características do produto descritas pela indústria doméstica na petição de abertura do processo e a partir de informações obtidas por meio de pesquisa dos técnicos.

A elaboração do CODIP é necessária para que as informações relativas ao produto similar, sobretudo relativas às vendas desse produto, sejam comparáveis às informações referentes àquele que se está investigando, tendo em vista que o CODIP também é solicitado nos questionários destinados aos importadores brasileiros e aos exportadores estrangeiros. O objetivo do CODIP é estabelecer um código comum que identifique o produto similar e aquele que se está investigando, em razão de o sistema de codificação de produto divergir de uma empresa para outra. Isso permite que sejam realizadas comparações mais precisas, inclusive com vistas à análise dos efeitos sobre os preços e, se for o caso, do *lesser duty*.

A empresa deve fornecer no questionário do DECOM a totalidade de suas vendas do produto similar no mercado interno ocorridas durante o período de análise de dano. Devem ser informadas todas as notas fiscais de venda para os cinco períodos considerados na análise de dano e de acordo com o solicitado na planilha anexa ao questionário, específica para essa finalidade. Nessa planilha a empresa deve fornecer informações, tais como número e data da nota fiscal, código do produto, CODIP, quantidade vendida, condições de venda, preço unitário bruto, data de recebimento, destino, valor do frete e seguro a depender da condição de venda, valor do ICMS e do IPI, entre outras.

Essas informações são as que mais demandam esforços da empresa, em razão de serem solicitados dados sobre todas as vendas dos cincos períodos de 12 meses a serem considerados na análise e de ser elevado o nível dos detalhes. No entanto, é imprescindível que a empresa forneça essas informações como

21. O código de identificação do produto (CODIP) é representado por uma combinação alfanumérica que reflete as características identificadas no produto.

solicitado no questionário, pois ela é fonte de diversas outras necessárias para que o DECOM possa concluir o processo, tais como o cálculo do preço *ex fabrica*, do volume de vendas e da receita de vendas no mercado interno.

A respeito das informações a serem consideradas no processo, o parágrafo 3.º do Anexo II do Acordo Antidumping menciona o seguinte:

> 3 – Ao formularem-se as determinações, ter-se-ão em conta todas as *informações verificáveis* que tenham sido adequadamente apresentadas e que, portanto, possam ser utilizadas na investigação sem dificuldades excessivas; que tenham sido apresentadas atempadamente e que, quando proceda, tenham sido apresentadas no meio ou na linguagem de computador requerida pelas autoridades. Se uma parte interessada não responde no meio ou na linguagem de computador solicitada pelas autoridades, mas estas determinam que as circunstâncias no parágrafo 2.º foram satisfeitas, a ausência de resposta no meio requerido ou na linguagem de computador requerida não deverá ser considerada como impedimento significativo da investigação (grifo nosso).

É com base nas informações prestadas nas respostas ao questionário, devidamente verificadas, que o Departamento alcançará uma conclusão, afirmativa ou negativa, sobre a existência de dano ou prejuízo grave[22] à indústria doméstica.

Em relação às informações contidas na resposta ao questionário, a primeira análise efetuada pelos técnicos do DECOM é formal e diz respeito à averiguação do envio de todas as informações solicitadas no questionário. Cabe à equipe técnica avaliar se foram fornecidos os esclarecimentos necessários e a adequação dos critérios de rateio adotados. No caso de a indústria doméstica ser constituída por mais de uma empresa, avalia-se também a coerência entre as respostas dessas empresas, particularmente no tocante à adoção de critérios de rateio para fornecimento de dados, uma vez que a determinação de dano à indústria doméstica nesses casos é avaliada em relação ao conjunto dos dados dessas diversas empresas. Quando a indústria doméstica é constituída por várias empresas, cabe ao consultor por elas contratado orientá-las no preenchimento do questionário, a fim de que sejam adotados os mesmos parâmetros no fornecimento dos dados.

22. Ver a definição de dano no art. 14 do Decreto 1.602, de 23.08.1995, e no art. 21 do Decreto 1.751, de 19.12.1995; e de prejuízo grave no art. 6.º do Decreto 1.488, de 11.05.1995.

Assim, ao responderem ao questionário, as empresas devem fazê-lo de maneira clara e precisa, prestando todos os dados solicitados, procurando atender ao requerido da melhor forma possível e apresentando toda e qualquer informação que considerem relevante para a condução do processo, mesmo que não tenha sido expressamente solicitada no questionário. Devem também informar minuciosamente, quando for o caso, as metodologias de rateios utilizadas, e devem atentar para que não sejam adotadas distintas metodologias de rateio para o fornecimento dos dados em cada planilha anexa ao questionário, pois podem ocorrer inconsistências e ser necessários esclarecimentos adicionais à resposta ao questionário.

Há informações que podem ser solicitadas em distintos anexos do questionário. Por exemplo, em determinado anexo, são pedidos a capacidade instalada de produção e o volume de produção para cada período analisado, com vistas a permitir a análise do grau de utilização dessa capacidade ao longo do período considerado. Em outro anexo, é solicitada a formação dos estoques finais da indústria doméstica para cada período analisado, devendo-se, nesse anexo, informar o estoque inicial, a produção, as vendas e o estoque final. A produção informada, para cada um dos cinco períodos de 12 meses analisados, em ambos os anexos deve coincidir. A observância desses detalhes evita a necessidade de fazer pedidos de informações e esclarecimentos à resposta ao questionário, e tende a contribuir para a celeridade do processo.

Embora o questionário do DECOM seja padronizado, cada investigação tem suas particularidades, seja em razão de determinadas características do produto, seja em razão das formas de concorrência no mercado, por exemplo. Portanto, podem ser solicitadas no questionário informações específicas para cada caso, além das explicitamente previstas na legislação.

Todas as informações da indústria doméstica fornecidas no questionário devem ser fornecidas para os períodos[23] determinados para a investigação e devem, em princípio, se referir exclusivamente à linha de produção do produto similar. Nos casos em que a indústria doméstica é constituída por empresas multiprodutoras e que não conseguem fornecer todas as informações

23. Para as investigações de dumping, o art. 25 do Decreto 1.602, de 23.08.1995, estabelece que o período objeto da investigação de existência de dumping deverá compreender os 12 meses mais próximos possíveis anteriores à data de abertura da investigação e que o período de investigação da existência de dano deverá incluir necessariamente o período de investigação de dumping. Dessa forma, o período da investigação dependerá da data de abertura da investigação, qual seja a publicação de Circular SECEX no *Diário Oficial da União* (*DOU*). Para Subsídios, consultar o art. 35 do Decreto 1.751, de 19.12.1995, que contém previsão semelhante à mencionada para o antidumping.

solicitadas no questionário exclusivas para o produto similar, podem ser adotadas metodologias de rateio para o fornecimento de algumas informações. No entanto, em relação a certos indicadores, como aqueles que decorrem de variações de contas patrimoniais, a adoção de rateio pode fornecer dados não representativos, distorcendo e tornando a análise da informação inócua.

Assim, em razão da natureza de determinadas informações, como também das dificuldades encontradas pelas empresas na elaboração de indicadores específicos para o produto similar, têm sido aceitas, como exceção à regra geral, o fornecimento do fluxo de caixa, do retorno sobre investimentos e da capacidade de captar recursos, referentes à empresa como um todo, principalmente nos casos em que a participação do faturamento da linha de produção do produto similar no faturamento total da empresa seja relevante. Embora não haja previsão legal, deve ser considerado o parâmetro indicado no formulário eletrônico do Departamento para análise de petição de dumping. Nesse contexto, o DECOM considera a participação do faturamento das vendas internas do produto similar como relevante quando representa 70%[24] ou mais do faturamento total da empresa.

Isso tem respaldo no parágrafo 6.º do artigo 3.º do Acordo Antidumping[25] e no parágrafo 6.º do artigo 15 do Acordo sobre Subsídios,[26] segundo os quais quando não é possível a identificação individualizada da produção do produto similar, os efeitos das importações objeto de análise serão determinados pelo exame da produção daquele grupo ou gama de produtos o mais semelhante possível, que inclua o produto similar, para o qual se possam obter os dados necessários.

Ainda em relação à adoção de metodologias de rateio, a título de exemplo, pode-se mencionar o fornecimento dos dados de emprego da área de administração e da área de vendas para empresas multiprodutoras, uma vez que os funcionários dessas áreas, em se tratando de empresas multiprodutoras, dificilmente atendem apenas à linha de produção do produto similar. Nesses casos, na resposta ao questionário, a empresa, ao fornecer os dados de emprego, deve informar claramente a metodologia utilizada para alcançar o dado apresentado, para que a equipe técnica possa avaliar a razoabilidade do método utilizado e solicitar, se for o caso, os devidos esclarecimentos e até mesmo a apresentação de outra metodologia.

---

24. Ver nota 41 do formulário eletrônico para pré-análise de petição de dumping. Disponível em: <http://www.desenvolvimento.gov.br/arquivos/dwnl_1196963551.doc>. Acesso em: 15 fev. 2012.

25. No Decreto 1.602, de 23.08.1995, ver art. 15, § 3.º.

26. No Decreto 1.751, de 19.12.1995, ver art. 22, § 3.º.

Nos questionários do Departamento é mencionada expressamente a possibilidade de prestar esclarecimentos sobre o preenchimento e conteúdo do questionário, para isso são informados o endereço eletrônico da investigação e o telefone dos técnicos que acompanharão o processo; no entanto, o fato é que as empresas raramente recorrem ao DECOM para sanarem suas dúvidas e, quando da análise preliminar da resposta ao questionário, são necessários inúmeros pedidos de informações complementares.

O desconhecimento quanto à natureza desse procedimento e da análise empreendida pelo Departamento se reflete na necessidade de correção dos dados reportados e na morosidade do procedimento de investigação *in loco*.

Procedimentos prévios à investigação *in loco*

Definido o período de realização da investigação *in loco*, o DECOM encaminhará à empresa um documento denominado roteiro de investigação *in loco*, para informar a empresa sobre os dados que serão verificados e para orientar sobre os procedimentos que deverão ser seguidos na semana da visita dos técnicos do DECOM. Nesse roteiro também constam as etapas a serem realizadas na investigação *in loco* e a relação dos documentos contábeis e gerenciais que serão provavelmente consultados. Esse documento é encaminhado com suficiente antecedência para que a empresa possa tomar as providências necessárias à execução do procedimento.

O desempenho da investigação *in loco* depende também de se a empresa está preparada para executar os procedimentos necessários à conferência dos dados informados. É importante que todos os funcionários da empresa que trabalharam na elaboração da resposta ao questionário estejam presentes por ocasião da investigação *in loco* para prestar informações ou esclarecimentos necessários. Da mesma maneira, deverão estar separados e organizados os originais dos documentos e os registros contábeis que foram utilizados no fornecimento das informações apresentadas.

O Departamento faz constar expressamente no questionário que todos os dados que a empresa venha a fornecer são passíveis de investigação *in loco* e que deverão ser mantidos todos os livros contábeis, documentos originais e memórias de cálculo utilizados na resposta da empresa, pois toda essa documentação deverá estar disponível para consulta pelos técnicos do Departamento por ocasião do referido procedimento. A empresa deve estar preparada para comprovar todas as informações fornecidas, indistintamente.

Observe-se que quando as empresas não seguem essas orientações aumenta o grau de dificuldade para a realização do procedimento, podendo gerar "retrabalho" para os funcionários da empresa.

A empresa também é informada no roteiro, com vistas a agilizar o procedimento e evitar interrupções desnecessárias, que é indispensável que os trabalhos da investigação *in loco* se desenvolvam em sala reservada, para onde toda a documentação a ser examinada deverá ser deslocada. A equipe investigadora poderá requerer cópias das páginas dos livros, das notas fiscais e de documentos em geral consultados no decorrer do procedimento. Portanto, é conveniente que haja facilidade para a reprodução desses documentos em local próximo à referida sala. Registre-se que todo documento recebido na investigação *in loco* é tratado como confidencial pelo Departamento, uma vez que visa à comprovação de dados já apresentados.

A empresa também é informada de que, caso algum documento em língua estrangeira venha a ser submetido à análise dos técnicos durante o procedimento, e a equipe julgue imprescindível, deverá ser traduzido para língua portuguesa para que possa ser juntado aos autos do processo.

No roteiro também é informado que não são aceitos pelo Departamento planilhas e documentos elaborados pelas empresas com a finalidade específica de servir como fonte de comprovação dos dados fornecidos, não obstante possam ser utilizados como memória de cálculo. A comprovação da informação fornecida ao Departamento deve ser feita em documentos originais da empresa, mantidos segundo a legislação vigente.

Consta no roteiro uma lista de tópicos que abordam cada tipo de dado fornecido pela empresa (produção, vendas, estoques, preços etc.), que serão examinados durante a investigação *in loco*. O roteiro da investigação *in loco* tem caráter ilustrativo e não contempla a totalidade dos dados objeto de análise no processo. A equipe investigadora pode, a qualquer momento da visita, solicitar outros documentos para a comprovação dos dados fornecidos pela empresa, além daqueles definidos no roteiro. A decisão de selecionar, no curso do procedimento, outros itens a serem verificados cabe à equipe investigadora e dependerá da avaliação que os técnicos tiverem do andamento do procedimento e do grau de comprovação dos dados.

Como regra geral, procura-se verificar a totalidade dos dados fornecidos pelas empresas. No entanto, utiliza-se a técnica de amostragem em casos específicos, a depender do volume e da natureza da informação, pois deve ser considerado o prazo que o Departamento dispõe para a realização da investigação *in loco*. Por exemplo, uma vez que o custo de produção comporta elevado número de elementos, podem ser selecionados apenas os mais relevantes.

De qualquer forma, a depender do sistema informatizado de contabilidade adotado pela empresa, mesmo nesses casos é possível a verificação da totalidade ou quase totalidade dos dados fornecidos.

Ressalte-se que, em relação aos dados da indústria doméstica, não se aplicam "fatos disponíveis",[27] nos termos do parágrafo 10.º do artigo 6.º do Acordo Antidumping e nos termos do parágrafo 9.º do artigo 12 do Acordo sobre Subsídios. Se os dados da indústria doméstica fornecidos ao Departamento não forem confirmados na investigação *in loco*, o processo deverá ser encerrado sem julgamento de mérito.

Etapas da investigação *in loco*

De modo breve, apontam-se as seguintes etapas de uma investigação *in loco* na indústria doméstica:

Introdução – apresentação da equipe investigadora e dos procedimentos que deverão ser cumpridos no decorrer da visita; e apresentação dos representantes da empresa que acompanharão a investigação *in loco*. Nesse momento, é dada oportunidade para a empresa apresentar pequenas correções nos dados reportados ao DECOM.

Ao apresentar à equipe pequenas correções, a empresa deve justificar o que gerou o erro e demonstrar como obteve o dado correto. A aceitação cabe ao Departamento, após a conclusão da investigação *in loco* e considerando em que grau os dados da resposta ao questionário foram alterados.

Estrutura organizacional – nesta etapa a empresa deve apresentar breve relato de sua estrutura organizacional, aquisições, investimentos, associações com outras empresas, atividades industriais e comerciais, bem como eventuais mudanças e reestruturações realizadas ao longo do período considerado para a análise de dano. Essas informações devem ser acompanhadas dos respectivos documentos comprobatórios.

Práticas contábeis – a empresa deve apresentar, por escrito, sumário dos livros utilizados na contabilidade, descrição da metodologia de escrituração utilizada no lançamento dos valores relativos às vendas e às despesas, e indicação e comprovação das contas utilizadas na contabilidade para a linha de produção do produto similar.

Vendas – nesta etapa a empresa deve comprovar todas as informações relativas às suas vendas do produto similar fornecidas ao Departamento ao

27. Em língua inglesa, no Acordo Antidumping, *Agreement on Implementation of Article VI of the General Agreement on Tariffs and Trade 1994*, a previsão para fatos disponíveis (*facts available*) encontra-se no item 8 do artigo 6; e, no Acordo sobre Subsídios, *Agreement on Subsidies and Countervailing Measures*, no item 7 do artigo 12. Nos regulamentos brasileiros, a previsão para fatos disponíveis está no § 3.º do art. 27 do Decreto 1.602, de 23.08.1995, e no § 3.º do art. 37 do Decreto 1.751, de 19.12.1995.

longo do processo. Também se verificam, além da quantidade e valores totais de vendas, as deduções da receita bruta (tais como impostos, descontos e abatimentos etc.), notas fiscais, datas de recebimento e pagamento, tributos, fretes, comissões, devoluções etc.

A empresa deve apresentar fluxograma em que seja descrita uma operação de venda desde os primeiros contatos com o comprador até a entrega da mercadoria e respectivo pagamento, incluindo a contabilização nas etapas intermediárias.

Nesta etapa será feita a prova de totalidade, que é o procedimento que procura averiguar se as vendas informadas no questionário correspondem à totalidade das vendas do produto similar realizadas pela indústria doméstica no mercado interno. Para isso, é feita a conciliação dos valores de vendas globais do produto similar e dos demais produtos produzidos pela empresa com os registros contábeis da empresa e por meio de comprovação via sistema contábil informatizado. Comparam-se os valores de vendas registrados na contabilidade com os valores do anexo ao questionário relativo às vendas totais da empresa[28] e com os valores das Demonstrações de Resultados dos Exercícios (DRE) da empresa.

Se cada período de 12 meses da investigação coincidir com o ano civil, e a empresa produzir somente o produto similar, o total da receita de vendas do produto similar corresponderá ao valor constante da DRE da empresa, o que facilitará a execução da prova de totalidade. No entanto, se os períodos da investigação não coincidirem com o ano civil, a empresa deverá apresentar balancetes mensais, ou trimestrais, para que a equipe investigadora possa totalizar os valores para o período investigado e conciliar com a DRE. Se a empresa for multiprodutora, o grau de dificuldade para realização da prova de totalidade dependerá do tipo de sistema contábil informatizado adotado pela empresa e de como a empresa contabiliza o produto similar (se há conta específica para o produto similar). Por exemplo, em alguns sistemas é possível capturar dados definindo um período (abril de 2008 a março de 2009, por exemplo) e uma relação de produtos (códigos de 1 a 10, por exemplo).

Feita a prova de totalidade, ou seja, comprovado que a empresa reportou a totalidade de suas vendas e, em especial, do produto similar, passa-se à segunda etapa da verificação das vendas, qual seja a verificação das operações de

28. Esse anexo do questionário relaciona as vendas totais do produto similar e as vendas totais dos demais produtos da empresa, nos mercados interno e externo, para todo o período analisado. Nesse anexo constam quantidade, faturamento bruto, impostos incidentes, descontos, abatimentos, devoluções (valor e quantidade), bem como outras deduções necessárias para se chegar à receita líquida.

vendas previamente selecionadas, desde o pedido do cliente até o recebimento do pagamento e os respectivos lançamentos contábeis. A seleção dessas operações de vendas é feita a partir do anexo do questionário no qual a empresa deve informar todas as vendas do produto similar, transação a transação, para todos os cinco períodos de 12 meses utilizados na análise de dano.

Registre-se que nessa segunda etapa da verificação das vendas, além das notas fiscais informadas no roteiro, a empresa deve também apresentar as vias originais, e respectivas cópias, de determinada relação de notas fiscais informada pelo DECOM no início da visita, para fins de comprovação das vendas do produto similar. As cópias de todas as notas fiscais informadas no roteiro e de seus respectivos lançamentos já devem estar disponíveis quando do início do procedimento, a fim de não atrasar sua execução.

A verificação das notas fiscais de venda do produto similar no mercado interno escolhidas para conciliação individual pode ocorrer da seguinte forma, por exemplo: para cada nota fiscal selecionada, deve-se apresentar, o original da nota fiscal, o pedido do cliente (quando houver), a página do livro diário com o respectivo lançamento da venda, inclusive dos tributos, os lançamentos, no diário geral, do pagamento do cliente referente à nota fiscal e, por fim, os comprovantes bancários de recebimento do pagamento e conciliação de baixas do período.

Esse procedimento será efetuado para todas as notas fiscais selecionadas para conciliação individual – as informadas previamente no roteiro e as informadas no início da investigação *in loco*. As cópias de notas fiscais deverão estar acompanhadas de cópias das páginas dos livros contábeis que contêm os lançamentos mencionados no exemplo, da venda até a comprovação do pagamento.

A comprovação dos dados é sempre feita por meio do documento original e da consulta aos livros e sistema contábil. As cópias servem tão somente para fins de amostra da equipe investigadora e irão compor o anexo do relatório da investigação *in loco*.

Ocorre também nesta etapa a verificação das "notas fiscais negativas", que dizem respeito às notas fiscais não informadas pela empresa no anexo do questionário relativo às vendas do produto similar da indústria doméstica no mercado interno. A partir da sequência de numeração das notas fiscais reportadas nesse anexo de vendas, o DECOM seleciona intervalos de notas fiscais não listadas no anexo para serem examinadas. O objetivo é verificar, por amostragem, se a empresa deixou de informar alguma venda do produto similar e consequentemente, se todas as vendas do produto similar destinadas ao mercado interno foram reportadas na resposta da empresa ao questionário.

Os intervalos escolhidos pelo Departamento para verificação das "notas fiscais negativas" são informados à empresa no início deste procedimento.

A empresa também deve informar, em anexo específico do questionário, as devoluções relativas às vendas no mercado interno do produto similar, as quais também são objeto de verificação nesta etapa. A empresa deve reportar as devoluções e respectivas notas fiscais originais.

As informações de vendas reportadas pela empresa no anexo relativo às vendas, transação a transação, juntamente com as informações de devoluções, devem coincidir com os valores informados no anexo que reporta os valores globais de vendas da indústria doméstica e com os valores da DRE elaborada especificamente para o produto similar.

Nesta etapa, podem ser consultados Livro-razão Contábil, Diário, Balancetes de Verificação, Balanço Patrimonial, nota fiscal e relatórios gerenciais.

Processo produtivo e produção – a empresa deve descrever o processo produtivo e conduzir os técnicos em uma visita à planta de produção. Nessa etapa ocorre a avaliação dos números apresentados no questionário para a capacidade instalada, a conferência do volume de produção e do estoque.

A empresa deve apresentar explicações sobre a capacidade instalada nominal e a efetiva informada no questionário, demonstrar como foi mensurada e o número de turnos considerados, além de esclarecer se é conjunta com outros produtos, ou seja, se na linha de produção são produzidos outros produtos além do produto similar, e se houve alguma interrupção no processo produtivo ou se foram efetuadas melhorias ou modernização do processo produtivo ao longo do período analisado. Deve também informar qual o limitador dessa capacidade, e se há previsão de expansão.

Dados de capacidade instalada podem constar de documentos técnicos relativos aos equipamentos ou podem, por exemplo, ser obtidos a partir do histórico da produção. A comprovação da quantidade de máquinas pode ser feita por meio de apresentação da relação de bens, máquinas e equipamentos destinados à produção do produto similar. Pode-se, por exemplo, checar a aquisição de máquinas por meio de notas fiscais de compra e a respectiva contabilização no Balancete de Verificação ou no Livro-razão contábil, na conta máquinas e equipamentos.

Para o volume de produção informado no questionário, podem, por exemplo, ser consultados os boletins de produção (consolida os dados obtidos de relatórios preenchidos pelos operadores das máquinas e totalizados ao final de cada dia) e relatórios gerenciais gerados via sistema da empresa.

Estoques – solicita-se no questionário, para cada período investigado, a apresentação dos estoques do produto similar no seguinte formato:

> estoque inicial + produção + importação – vendas no mercado interno do produto similar de fabricação própria – revenda no mercado interno + devoluções (+/-) outras entradas/saídas (considerar consumo cativo, se houver) = estoque final do período.

Deve ser informado o estoque para todos os períodos da investigação, e o estoque inicial de um período deve ser igual ao estoque final do período anterior.

Registre-se que o estoque, assim como os demais dados que se refiram à quantidade, deve ser apresentado na unidade de comercialização usual da empresa e também na unidade que está sendo utilizada na investigação.

Dessa forma, na investigação *in loco* a empresa deve comprovar: o volume de estoque informado no questionário e também esclarecer o nível de estoque considerado usual, como esse nível de estoque foi calculado e em razão de qual indicador (produção, vendas etc.), se existe controle de estoque separado por produto e como foi calculado o volume de estoque do produto similar informado no questionário do DECOM. Para estoques, podem, por exemplo, ser consultados boletim de produção, sistema contábil (de custo, de controle de vendas etc.) e Livro de Inventário.

Custo de produção – a empresa deve apresentar registros originais e outras fontes utilizadas na elaboração dos custos de produção apresentados para o produto similar, com o objetivo de efetuar a conciliação dos itens que compõem a estrutura de custos, tais como: matérias-primas e outros insumos; utilidades; mão de obra (inclui salários, bônus, horas extras, férias, seguro, auxílio-doença, e outros benefícios concedidos); depreciação; e outros custos.

A empresa deve informar também se adquire matérias-primas, insumos ou utilidades de partes relacionadas e, em caso positivo, demonstrar como são formados os preços nessas operações e comprovar os referidos valores.

No questionário do Departamento, a estrutura de custos deve ser informada para cada Código de Identificação do Produto (CODIP) definido no questionário e para cada período da investigação, sendo que, no tocante ao último período (período de investigação da existência de dumping), também deve ser informado mês a mês. Nos casos em que o produto é produzido em mais de uma planta, deve ser informado o custo de produção de cada unidade e o custo médio de todas as unidades de produção.

A depender do tipo de produto, a composição dos custos pode abranger diversos itens, e a verificação, assim como dos demais dados da indústria doméstica, deve também abranger os cincos períodos de 12 meses da investigação. Assim, em razão do elevado número de itens a serem considerados, pode-se utilizar de amostragem para a conferência dos custos. Os critérios para seleção dos itens e dos períodos a serem verificados dependem de cada caso, mas podem, por exemplo, ser considerados os itens com maior participação na estrutura de custo, variações nos preços de insumos, de matérias-prima, de utilidades etc. Isso depende também do sistema contábil que a empresa dispõe e também da existência de alegações relativas ao dano, especificamente no que diz respeito aos efeitos sobre os preços.

Nesta etapa, geralmente se consultam relatórios de custo, Balancetes, Razão Contábi e sistema de custo da empresa.

Evolução do emprego e da massa salarial – a empresa deve comprovar, por meio de registros do Departamento de Pessoal, os dados apresentados para o emprego e massa salarial (salários + encargos sociais e benefícios) da linha de produção do produto similar no período de análise do dano, bem como das demais linhas de produção da empresa. Os dados de emprego das demais linhas são solicitados para efeito de conciliação.

Os dados de emprego devem ser segregados para as seguintes áreas: produção, administração e vendas. Em relação aos empregados da produção, deve-se também separar em diretos e indiretos.

A exemplo dos dados de empregados contratados diretamente pela empresa, deve-se também, quando houver, reportar os dados dos empregados terceirizados existentes durante o período investigado.

Quando a linha de produção não é exclusiva para o produto similar, é usual as empresas utilizarem metodologias de rateio também para o fornecimento do número de empregados e da massa salarial relativa à produção, administração e vendas. Nesses casos, na investigação *in loco*, a equipe técnica avaliará também os números totais que deram suporte aos dados apresentados na resposta ao questionário.

Pode-se consultar folhas de pagamento, CAGED, relatórios gerenciais e balancetes.

Demonstração de Resultado do Exercício (DRE) – comprovação da metodologia utilizada para elaboração da Demonstração de Resultados específica para as vendas do produto similar no mercado interno, no mercado externo e consumo cativo, se houver, e conferência dos valores dessas demonstrações com os respectivos registros contábeis da empresa.

Geralmente se consultam os Balancetes de Verificação e se conciliam estes com a DRE total da empresa.

Fluxo de caixa – comprovação dos valores apresentados nessa demonstração e da metodologia de elaboração, caso seja específica para o produto similar, e conciliação com os respectivos registros contábeis da empresa. O Departamento solicita no questionário o fornecimento do fluxo de caixa elaborado pelo método indireto (concilia o lucro líquido obtido na DRE e o caixa gerado pelas operações), segregado pelo menos em três grupos: das operações, dos financiamentos e dos investimentos, conforme previsto na Lei 11.638, de 28 de dezembro de 2007.

Para verificação dos valores reportados, consulta-se o Balanço Patrimonial, Balancetes e DRE.

Retorno sobre o investimento – comprovação dos valores apresentados e da metodologia de elaboração, caso seja específico para o produto similar, e conciliação com os respectivos registros contábeis da empresa.

Para verificar tais dados geralmente se consulta o Balanço Patrimonial, Balancetes e DRE.

Importações da indústria doméstica, caso se aplique – comprovação do volume e dos valores referentes à importação do produto objeto de análise, realizadas pela indústria doméstica no período de análise do dano. A empresa deve justificar as razões dessas importações e apresentar as declarações de importação, os atos concessórios etc. e respectiva contabilização das informações apresentadas.

Podem ser consultados Razão Contábil, Balancetes de Verificação, nota fiscal e relatórios gerenciais.

As etapas mencionadas são distribuídas nos 5 dias de investigação *in loco*. No primeiro dia da investigação *in loco* é concedida à empresa a oportunidade de apresentar correções dos dados fornecidos ao DECOM ao longo do processo, bem como os esclarecimentos que julgar necessários.

A empresa deve, também no primeiro dia de investigação *in loco*, apresentar à equipe do DECOM os funcionários da empresa que elaboraram a resposta ao questionário e que prestarão as informações à equipe ao longo da visita à empresa. Costuma-se também agendar para o primeiro dia de investigação a apresentação da estrutura organizacional da empresa, do processo produtivo e da sua visão de mercado, bem como a visita às instalações que abrigam o processo produtivo do produto similar.

Na visita à planta de produção, é importante que a equipe do DECOM seja acompanhada por pessoal técnico da empresa, que, além de explicar o processo produtivo, possa responder a perguntas da equipe investigadora, as quais usualmente dizem respeito à capacidade instalada de produção, à similaridade do produto fabricado no Brasil em relação ao importado objeto da investigação, ou mesmo a diferenças ou semelhanças entre o processo produtivo no Brasil e o adotado pelo produtor exportador estrangeiro.

As etapas seguintes irão sendo realizadas à medida que se cumpram as etapas precedentes, até que se finalize esse procedimento. Em casos excepcionais, podem ocorrer alterações na ordem de execução das etapas da investigação, mas não é recomendável, tendo em vista o curto prazo para execução da investigação *in loco* e para não comprometer o plano de trabalho definido no roteiro. Por essa razão, a empresa deve estar preparada para executar, na ordem estabelecida, os procedimentos previstos no roteiro, e também deve estar com todos os documentos separados e organizados, bem como já ter providenciado as cópias daqueles documentos mencionados expressamente no roteiro, tais como as notas fiscais selecionadas para conciliação individual.

A equipe investigadora pode, sempre que julgar necessário, solicitar cópias dos documentos que sejam usados para comprovar os dados fornecidos pela empresa. Essas cópias vão compor os anexos do relatório de investigação *in loco* que será elaborado posteriormente pela equipe e juntado aos autos do processo. Ressalve-se que será sempre respeitado o sigilo dos dados e dos documentos consultados. As cópias de documentos obtidas na investigação *in loco* são tratadas como informações confidenciais, uma vez que visam apenas à comprovação de dados já acostados aos autos do processo.

Resumem-se a seguir alguns documentos que são normalmente consultados numa investigação *in loco*:

- Plano de Contas;
- Diário Geral;
- Livro-razão Geral;
- Diários Auxiliares;
- Livros Fiscais;
- Livro Registro de Inventário;
- Notas Fiscais;
- Balancetes de Verificação;
- Balanços Patrimoniais;
- Demonstrações de Resultados do Exercício; e
- Relatórios Gerenciais.

Nos casos de empresas que possuem sistema contábil informatizado, costuma-se também, na investigação *in loco*, examinar as informações acompanhando o acesso de funcionário da empresa a esse sistema, podendo ser solicitada a impressão de algumas telas específicas.

A investigação *in loco* constitui também oportunidade para obtenção de esclarecimentos a respeito de informações trazidas aos autos pelas demais partes interessadas que tenham relação com os indicadores da indústria doméstica. Pode ocorrer, por exemplo, que outras partes interessadas aleguem que o consumo cativo é a causa do alegado dano sofrido pela indústria doméstica. A equipe investigadora buscará então, no curso do procedimento, obter esclarecimentos sobre a matéria, por exemplo, sobre os critérios para estabelecer o valor de transferência.

Encerrados os trabalhos, será firmada a "Ata da Investigação *in loco*", que informará o cumprimento do plano de trabalho definido no roteiro e que será assinada pelos técnicos do DECOM. Os representantes da empresa que acompanharam a investigação *in loco* também são convidados a assinar a referida ata, que será juntada aos autos do processo, versão reservada.[29]

Relatório de investigação *in loco*

Atendendo ao disposto no § 3.º do art. 30 do Decreto 1.602, de 23.08.1995, e no § 3.º do art. 40 do Decreto 1.751, de 19.12.1995, concluída a investigação *in loco*, a equipe investigadora elaborará um relatório da investigação *in loco* que será juntado aos autos do processo. Todas as cópias de documentos trazidos da investigação *in loco* são tratadas como documentos confidenciais. Isso porque usualmente esses documentos trazem maiores detalhes dos dados apresentados na resposta ao questionário.

Caso no relatório constem informações que devam ser tratadas como confidenciais, será elaborada pela equipe investigadora uma versão não sigilosa desse relatório para ser juntada à versão reservada dos autos do processo, à qual poderão ter acesso todas as partes interessadas.

Nesse relatório constarão os procedimentos seguidos no curso da investigação *in loco*, os dados verificados e os documentos consultados, bem como as correções efetuadas, caso tenham sido necessárias, e os esclarecimentos prestados.

Conclusão

Tendo em vista o apresentado, constata-se que a investigação *in loco* é um procedimento minucioso que procura averiguar a correção e a coerência dos

29. Autos Reservados são aqueles cujo assunto não deve ser disponibilizado ao público em geral, mas cujo teor é posto à disposição de todas as partes interessadas. Ex.: versões não sigilosas dos Pareceres do Decom e das submissões das demais partes interessadas.

dados fornecidos pelas empresas, facultando também à empresa promover, quando for o caso, pequenos ajustes nas informações apresentadas.

Trata-se de um procedimento que necessita que a empresa a ser visitada colabore, preparando-se para receber os técnicos, seguindo as orientações do roteiro e prestando todos os esclarecimentos necessários quando solicitados. O bom desempenho desse procedimento depende também de que a empresa separe e organize toda a documentação que deu suporte à sua resposta ao questionário, bem como solicite às pessoas que elaboraram a resposta que estejam presentes durante a investigação *in loco*.

Vimos que as dificuldades da investigação *in loco* não estão somente na execução do procedimento, mas também na preparação das respostas das empresas ao questionário do DECOM, sobretudo na elaboração dos dados específicos para a linha de produção do produto similar, principalmente demonstrações contábeis, retorno sobre investimentos e capacidade de captar recursos. A experiência sinaliza que um questionário bem respondido auxilia na execução do procedimento, pois a existência de ajustes em demasiado no curso da investigação *in loco* pode comprometer o plano de trabalho definido no roteiro, bem como o prazo de realização.

A empresa deve estar ciente de que, ao solicitar a abertura de um processo de dumping, salvaguarda ou subsídios, ela deverá se preparar para fornecer todas as informações exigidas pela legislação pertinente, sendo que essas informações estarão sujeitas à investigação *in loco*, uma vez que, caso essas informações não sejam confirmadas na investigação *in loco*, o processo será encerrado sem julgamento de mérito.

Embora não exista obrigatoriedade prevista nos Acordos da OMC de realizar a investigação *in loco* na indústria doméstica, o DECOM tem efetuado esse procedimento desde a sua criação, em 1995, o que tem contribuído para garantir mais segurança à decisão sobre a matéria.

A aplicação às empresas que compõem a indústria doméstica das mesmas técnicas utilizadas nas investigações *in loco* realizadas nas empresas produtoras e exportadoras estrangeiras confere condições paritárias à indústria estrangeira, o que ressalta a imparcialidade que norteia a condução dos processos de defesa comercial no Brasil.

Bibliografia

BRASIL. Decreto n. 1.602, de 23 de agosto de 1995. Regulamenta as normas que disciplinam os procedimentos administrativos, relativos à aplicação de medidas antidumping. *DOU* de 24.08.1995, Seção I.

FARIA, Fábio Martins. *A defesa comercial:* origens e regulamentação das medidas antidumping, compensatórias e de salvaguardas. São Paulo: Aduaneiras, 2003.

MINISTÉRIO DO DESENVOLVIMENTO, INDÚSTRIA E COMÉRCIO EXTERIOR. *Defesa comercial:* acordos e legislações. Brasília: MDIC, 2002 (Cadernos DECOM, 2).

_____. *Relatório DECOM:* medidas de defesa comercial, antidumping, compensatórias, salvaguardas. Brasília: MDIC, 2008 (Relatório DECOM, 12).

WTO. Agreement on implementation of article VI of the general agreement on tariffs and trade 1994. *The legal texts.* The results of the Uruguay Round of multilateral trade negotiations. Cambridge: Cambridge University Press, 1999, p. 147-171. Disponível em: <http://www.wto.org/english/docs_e/legal_e/19-adp.pdf>. Acesso em: 15 fev. 2012.

_____. Agreement on safeguards. *The legal texts.* The results of the Uruguay Round of multilateral trade negotiations. Cambridge: Cambridge University Press, 1999, p. 275-283. Disponível em: <http://www.wto.org/english/docs_e/legal_e/25-safeg.pdf>. Acesso em: 15 fev. 2012.

_____. Agreement on subsidies and countervailing measures. *The legal texts.* The results of the Uruguay Round of multilateral trade negotiations. Cambridge: Cambridge University Press, 1999, p. 231-274. Disponível em: <http://www.wto.org/english/docs_e/legal_e/24-scm.pdf>. Acesso em: 15 fev. 2012.

10 – Hechos esenciales – tratamiento en la República Argentina

María Valeria Raiteri

La República Argentina ha incorporado a su ordenamiento jurídico nacional el Acuerdo relativo a la Aplicación del Artículo VI del Acuerdo General sobre Aranceles Aduaneros y Comercio de 1994 mediante la Ley 24.425. Este Acuerdo ha sido reglamentado por el Decreto 1.326/1998 y posteriormente por el Decreto 1.393/2008.

El artículo 6.9 del Acuerdo relativo a la Aplicación del Artículo VI del Acuerdo General sobre Aranceles Aduaneros y Comercio de 1994[1] establece que:

> Antes de formular una determinación definitiva las autoridades *informarán* a todas las partes interesadas de *los hechos esenciales considerados* que sirvan de base para la decisión de aplicar o no medidas definitivas. Esta información *deberá facilitarse* a las partes con tiempo suficiente para que puedan defender sus intereses.

De la lectura del citado artículo se desprende claramente que la disposición allí contenida implica una acción positiva por parte de la autoridad investigadora, obligando a ésta a facilitar activamente los hechos esenciales que conformarán la base sobre la cual dicha autoridad decidirá la aplicación o no de medidas definitivas.

La pregunta obligada a la que conduce este artículo y que toda autoridad investigadora debería hacerse es, qué constituye un hecho esencial. Este tema ha sido tratado por algunos grupos especiales en el marco de la aplicación del Entendimiento de Solución de Diferencias.[2] En este sentido, han coincidido en que un hecho es una cosa que se sabe que ha sucedido, que existe o que es verdad y que no debe ser confundido con la fundamentación o la razón dado que la razón es la causa motivo o justificación. Por lo tanto queda claro que los hechos

1. En adelante Acuerdo Antidumping.

2. Ver Cemento II-Guatemala WT/DS156R; WT/DS189/R Argentina Baldosas Cerámicas; WT/DS241/R (brasil pollos).

esenciales conforman la información fáctica y no el razonamiento. Esto último refiere a que la fundamentación o razonamiento de por qué una información aportada por una parte interesada no será tenida en cuenta, la autoridad investigadora lo hará bajo lo normado en el artículo 6.8 del Acuerdo Antidumping.

Queda claro pues que el objetivo del artículo 6.9 del Acuerdo Antidumping es permitir que todas las partes interesadas tengan una oportunidad equitativa de formular observaciones sobre cuestiones importantes de una investigación tales como los hechos esenciales que serán tenidos en cuenta en la determinación acerca de la existencia de dumping, daño y relación causal. De esta manera de existir errores materiales o interpretaciones erróneas de los hechos, en caso de que existieren, permitiría a las partes que a través de sus alegatos puedan ser comunicados a la autoridad investigadora y tenidos en cuenta por ésta previo a que formule su determinación definitiva.

Ahora bien, nada dice el artículo respecto al modo en que estos hechos esenciales han de ponerse a disposición de las partes interesadas, ni el plazo que ha de darse a las mismas para efectuar las observaciones a fin de defender sus intereses. Al respecto cabe señalar que las prácticas de los Miembros con respecto a la transmisión de información antes de una determinación antidumping difieren.

La República Argentina ha reglamentado el citado artículo tanto en su Decreto 1.326/1998 como en el Decreto 1.393/2008.[3] En ambos Decretos se encuentra previsto la que las partes tengan la posibilidad de examinar la información previo al arribo de una determinación definitiva. Así está establecido en el artículo 20 del Decreto 1.326/1998[4] y en el artículo 18 del Decreto 1.393/2008.[5]

3. En la actualidad se encuentran en curso investigaciones a las que le resulta de aplicación el Decreto 1.326/1998 conforme a lo establecido en el art. 76 del Decreto 1.393/2008 que establece que "Las investigaciones y los exámenes de medidas vigentes iniciados como consecuencia de solicitudes presentadas al amparo del Decreto 1326/98, se regirán por dicho Decreto hasta la conclusión de los mismos". En tanto que el artículo 75 del Decreto1393/2008 establece que "Este presente Decreto entrará en vigor a los *quince* (15) días hábiles de su publicación en el Boletín Oficial y será aplicable a las investigaciones y a los exámenes de medidas existentes, iniciados como consecuencia de solicitudes que e hayan presentado desde la fecha de su entrada en vigor".

4. Art. 20 del Decreto 1.326/1998: "Declarada la clausura del período probatorio, previo al arribo de una determinación definitiva que sirva de base para la decisión de aplicar o no medidas, las partes podrán examinar toda la información disponible por un plazo no menor de *diez* (10) días, con el objeto de que puedan ejercitar la defensa de sus intereses, teniendo como hechos esenciales lo actuado hasta esa instancia".

5. Art. 18 Decreto 1.393/2008: "Declarada la clausura del período probatorio, previo al arribo de una determinación definitiva, la Subsecretaría y la Comisión

El procedimiento en el caso de la Argentina es bifurcado. La Subsecretaría de Política y Gestión Comercial dependiente de la Secretaría de Industria y Comercio, tiene a cargo el procedimiento de investigación. La Subsecretaría a través de la Dirección de Competencia Desleal efectúa las determinaciones de dumping, mientras que las determinaciones de daño y relación causal se encuentran a cargo de la Comisión Nacional de Comercio Exterior, organismo descentralizado en el ámbito de la Secretaría de Industria y Comercio del Ministerio de Industria.

La autoridad investigadora de Argentina pone en conocimiento a las partes interesadas de los hechos esenciales de conformidad con lo establecido en el artículo 6.9 del acuerdo Antidumping y en el artículo 18 del Decreto 1.393/2008. En este último se encuentra previsto que declarada la clausura de la etapa probatoria la Subsecretaría y la Comisión Nacional de Comercio Exterior deben informar sobre los hechos esenciales considerados que sirvan de base para la decisión de aplicar o no medidas definitivas, los que serán puestos a disposición de las partes interesadas quienes contarán con plazo de 10 días hábiles a fin de que puedan efectuar sus alegatos.

De esta manera, una vez que la Subsecretaría de Política y Gestión Comercial ha declarado la clausura de la etapa probatoria, la Dirección de Competencia Desleal notifica a las partes interesadas, informando que se encuentra a disposición el Informe de Relevamiento de lo Actuado con Anterioridad al Cierre de Etapa Probatoria, invitándose a las mismas a que presenten sus alegatos. Dicho informe se encuentra incorporado en el expediente y contiene los hechos esenciales respecto del dumping, que servirán de base para la decisión de aplicar o no medidas. Las partes interesadas toman vista del citado informe y cuentan con un plazo de diez días hábiles a fin de que puedan presentar sus alegatos.

En este informe se efectúa un detalle de la información presentada por cada una de las partes interesadas. Es decir se detalla la información y pruebas presentadas por los importadores, exportadores y el gobierno del país exportador. En el caso que hayan participado los exportadores se detalla exactamente que información se tomará, cuáles serán los ajustes considerados, tanto respecto del valor normal como del precio de exportación. Asimismo se incluyen todas las notificaciones que se hayan efectuado a las partes interesadas inclusive las efectuadas en el marco del artículo 6.8 del Acuerdo Antidumping.

informarán sobre los hechos esenciales considerados que sirvan de base para la decisión de aplicar o no medidas definitivas, los que serán puestos a disposición de las partes interesadas por un plazo de *diez* (10) días hábiles a fin de que puedan efectuar sus alegatos. Las presentaciones realizadas con posterioridad no serán tenidas en cuenta".

Si se han realizado verificaciones in situ se hace también referencia a dichas verificaciones, formando parte del informe de hechos esenciales. Finalmente se señala el margen de dumping determinado.

Ahora bien, una vez que se reciben los alegatos, estos son analizados. Si de las observaciones surgiera la necesidad de efectuar alguna modificación tanto al Valor normal ajustado como al precio de exportación ajustado, estas se efectúan. Si por el contrario la autoridad investigadora entiende que dichas observaciones no son procedentes explica en el informe de determinación definitiva porque las mismas no serán tenidas en cuenta.

En el caso de la Comisión Nacional de Comercio Exterior[6] el Informe Sistematizado de Hechos Esenciales[7] (ISHE), conforme el artículo 6.9 del Acuerdo Antidumping, constituye para este organismo, la recopilación y sistematización de aquella información que contiene los hechos que resultan esenciales al momento de emitir la Determinación Final de Daño.

El mismo consta de las principales actuaciones relacionadas con el caso, un análisis del Producto Importado objeto de Investigación como de su Similar Nacional, los argumentos de daño expuestos por las partes, un análisis detallado del Mercado Nacional e Internacional, como así también la información cuantitativa, con su correspondiente desarrollo de las metodologías utilizadas en la construcción de los indicadores correspondientes a la rama de producción nacional y a las importaciones.

Cabe destacar que dada la etapa procesal en la cual el mencionado informe es elaborado, la información allí volcada se encuentra previamente verificada por el equipo técnico de la CNCE.[8] Dicho equipo verificador se encuentra conformado por un Contador, un Ingeniero, un Economista y un Abogado. Estos Informes de Verificación forman parte del ISHE.

El ISHE una vez elaborado por el equipo técnico, se pone a consideración del Directorio de la CNCE, para su aprobación y a través de un memo de Directorio se instruye la incorporación del mismo al expediente. Dicha incorporación es notificada al las partes acreditadas para que luego de tomar vista del mismo, realicen sus alegatos finales sobre la base de las pruebas allí contenidas. Cabe señalar que, si como consecuencia de los alegatos surgiera una

---

6. En adelante CNCE.

7. En adelante ISHE.

8. En todos los casos se realizan verificaciones a la rama de la industria nacional, lo cual no implica que todas las variables y todas las empresas sean sometidas a la verificación *in situ*, sino que se realiza una selección en función de diversos criterios, la relevancia de la variable en el caso, que sus valores resulten atípicos en el contexto de la rama, que hayan sido cuestionados por las partes, entre otros.

modificación sustancial en el análisis efectuado, la Autoridad puede evaluar la necesidad de incorporar un nuevo ISHE a fin de que las partes interesadas puedan efectuar sus observaciones. Asimismo, la CNCE de tomar conocimiento de algún hecho nuevo relevante, evaluará la necesidad de incorporarlo al análisis y de ser necesario ponerlo a disposición de las partes para que emitan sus observaciones al respecto.

Finalmente se señala que la práctica actual en la Argentina es el resultado de la experiencia en la aplicación de estos instrumentos y de la jurisprudencia en el marco de la OMC. La Argentina cumple de esta manera con la disposición del artículo 6.9 del Acuerdo Antidumping garantizando que las partes interesadas puedan ejercer el derecho de defensa de sus intereses en el procedimiento en un marco de transparencia.

11 – A participação do importador brasileiro na investigação de prática de dumping

Flávia Annibelli Baron

Introdução

Em 2008 foram iniciados 28 processos, entre investigações originais e revisões de direitos antidumping no Brasil, o maior número desde o início das atividades do Departamento de Defesa Comercial - DECOM (BRASIL, 2009), o que, segundo as estatísticas da Organização Mundial do Comércio - OMC, coloca o Brasil na segunda posição entre os países que mais iniciaram investigações no segundo semestre de 2008 (WTO, 2009).

Já em 2009, o DECOM encerrou 29 processos de dumping, maior número de investigações e revisões já finalizadas pelo departamento (BRASIL, 2010b).

Entretanto, nota-se que é grande o número de empresas importadoras envolvidas em processos dessa natureza, porém pouco tem sido abordado sobre este tema. Assim, surge a necessidade de analisar, a partir da revisão da bibliografia, da legislação e das estatísticas disponíveis, a participação do importador brasileiro no processo administrativo.

Ressalve-se que a pesquisa realizada com vistas a este artigo considerou tão somente as investigações de dumping originais, não englobando as revisões de direito antidumping.

Para uma melhor contextualização, o trabalho será iniciado por uma breve análise dos conceitos de dumping, dano e nexo causal previstos no Acordo Antidumping. Na sequência, a legislação brasileira será revista com a finalidade de permitir uma visão geral sobre a competência dos órgãos envolvidos no processo de investigação, decisão e cobrança de direitos antidumping.

Com fundamentos no acordo internacional e na legislação pátria, será analisada a participação do importador nos processos administrativos de defesa comercial. Também serão resgatadas as estatísticas de participação de empresas em investigações passadas.

1. O Acordo Antidumping

Inicialmente, cumpre resgatar que o Acordo sobre a Implementação do artigo VI do Acordo Geral sobre Tarifas e Comércio 1994 estabeleceu que medidas antidumping somente poderão ser aplicadas nas circunstâncias previstas no artigo VI do GATT 1994 (WTO, 1994). Conforme o Acordo Antidumping, medidas podem ser aplicadas se uma investigação concluir pela existência de dumping e de dano decorrente de tal prática (WTO, 1994).

O Acordo Antidumping (WTO, 1994) define a prática de dumping como a oferta de um produto no comércio de outro país a preço inferior ao valor normal. Dito de outra forma, o dumping ocorre quando o preço de exportação do produto é inferior àquele praticado no curso normal das atividades comerciais para o mesmo produto quando destinado ao consumo no país exportador.

Czaco, Human e Miranda (2003) consideram o dumping uma prática desleal de comércio, caracterizada pela discriminação de preços, quando o preço de um produto vendido para o país importador é menor que o preço do mesmo produto vendido no mercado do país exportador.

Vermulst (2005) aponta que a definição de dumping inclui quatro importantes conceitos, a saber: valor normal, preço de exportação, condições normais de mercado e produto similar.

Além do dumping, outra condição para a aplicação do direito antidumping é a determinação de dano, que, de forma geral, deverá considerar o volume das importações investigadas e seu efeito sobre os preços de produtos similares no mercado interno, e o impacto de tais importações sobre os produtores nacionais (WTO, 1994).

Na análise de dano serão avaliados indicadores econômicos da indústria, tais como vendas, lucros, produção, participação no mercado, produtividade, retorno dos investimentos, ocupação, capacidade instalada, fatores que afetem os preços internos, amplitude da margem de dumping, fluxo de caixa, estoques, emprego, salários, crescimento, capacidade para aumentar capital ou obter investimentos (WTO, 1994).

Também há a exigência de demonstração de nexo causal entre as importações a preços de dumping e o dano à indústria doméstica. Nesse sentido, deverão ser avaliados outros fatores além das importações a preço de dumping que, eventualmente, possam estar causando dano à indústria nacional, como por exemplo: volumes e os preços de outras importações, contração na demanda ou mudanças nos padrões de consumo, práticas restritivas ao comércio e concorrência entre produtores nacionais e estrangeiros, progresso tecnológico, desempenho exportador e produtividade da indústria nacional (WTO, 1994).

Após essa breve apresentação do Acordo Antidumping, será estudada a legislação correspondente no Brasil.

2. A legislação brasileira

A ata final que incorporou os Resultados da Rodada Uruguai de Negociações Comerciais Multilaterais do GATT foi aprovada pelo Decreto Legislativo 30, de 15 de dezembro de 1994, e promulgada pelo Decreto 1.355, de 30 de dezembro de 1994 (BRASIL, 1994). Dessa forma, o Acordo Antidumping, isto é, o Acordo sobre a Implementação do Artigo VI do Acordo Geral sobre Tarifas e Comércio - GATT 1994, foi incorporado ao ordenamento jurídico nacional.

Após a sua internalização, a Lei 9.019, de 30 de março de 1995, estabeleceu que os direitos antidumping, provisórios ou definitivos, fossem aplicados mediante a cobrança de importância, em moeda corrente do País, correspondente a um percentual da margem de dumping, apurada em processo administrativo (BRASIL, 1995b).

A Lei também estabeleceu a competência da SECEX para apurar a margem de dumping, a existência de dano e relação entre estes. Por sua vez, é da Câmara de Comércio Exterior - CAMEX a competência para fixar direitos provisórios ou definitivos e para eventual suspensão dos direitos (BRASIL, 1995a).

Por sua vez, o Decreto 1.602, de 23 de agosto de 1995, regulamentou as normas que disciplinam os procedimentos administrativos relativos à aplicação de medidas antidumping (BRASIL, 1995a). O mencionado decreto definiu a aplicação de direitos antidumping na importação de produtos objeto de dumping que causem dano à indústria doméstica e, em consonância com o Acordo Antidumping, definiu a prática de dumping como sendo a introdução de um bem no mercado doméstico, inclusive sob as modalidades de *drawback*, a preço de exportação inferior ao valor normal (BRASIL, 1995a).

O regulamento brasileiro descreve o direito antidumping como sendo um montante em dinheiro igual ou inferior à margem de dumping com o fim exclusivo de neutralizar os efeitos danosos das importações objeto de dumping. O direito pode ser calculado e aplicado em forma de alíquotas *ad valorem*, em base CIF (percentual do preço incluindo seguro e frete), ou alíquotas específicas (em dólares estadunidenses e convertidas em moeda nacional), fixas ou variáveis, ou, ainda, a conjugação de ambas (BRASIL, 1995a).

Além dos procedimentos do Decreto 1.602/1995, a investigação de prática de dumping deverá, subsidiariamente, observar o disposto na Lei 9.784, de 29 de janeiro de 1999, que regula o processo administrativo no âmbito da Administração Pública Federal (BRASIL, 1999a).

Ademais, a Circular SECEX 59, de 28 de novembro de 2001, estabeleceu procedimentos sobre a condução das investigações de defesa comercial, a saber: confidencialidade, contagem de prazo e países de economia não predominantemente de mercado (BRASIL, 2001b).

Portanto, conforme a legislação nacional, o DECOM é a autoridade investigadora brasileira que examina pedido de investigação de prática de dumping e recomenda eventual abertura de investigação (BRASIL, 2007). A SECEX, por meio de Circular publicada no *Diário Oficial da União – DOU*, torna público o início de uma investigação (BRASIL, 2010a). Após a abertura da investigação, é o DECOM que conduz o processo administrativo em que o importador poderá participar (BRASIL, 2010a).

Com base no parecer do DECOM (BRASIL, 2010a), o processo poderá ser encerrado sem aplicação de direito, por meio de uma Circular SECEX (BRASIL, 2010a), ou, no caso de uma recomendação positiva, a CAMEX é que poderá fixar os direitos antidumping por meio de uma Resolução (BRASIL, 2003).

Além disso, durante a investigação poderão ser aplicados direitos provisórios, observando os requisitos legais, quando preliminarmente o DECOM determinar a existência da prática de dumping e desde que tal prática cause dano à indústria doméstica (BRASIL, 1995a). Nesse caso, o DECOM (BRASIL, 2010a) recomendará à CAMEX (BRASIL, 2003) a aplicação de medida provisória.

O prazo legal para duração de uma investigação é de 1 ano após a sua abertura, podendo, excepcionalmente, ser prorrogado por mais 6 meses por meio de Circular SECEX (BRASIL, 1995a).

A competência para o recolhimento dos direitos antidumping – provisórios ou definitivos – e para a garantia é da Receita Federal do Brasil, do Ministério da Fazenda. O fato gerador é a internação do produto no Brasil (BRASIL, 1995b).

Em seguida, será analisada a participação do importador no processo.

3. O importador e a investigação antidumping

A investigação antidumping brasileira pode ser dividida nas seguintes fases: antecedentes, abertura da investigação, instrução do processo e recomendação da autoridade investigadora. Este trabalho irá analisar cada etapa na visão do importador brasileiro.

3.1 *Dos antecedentes à abertura da investigação*

O pedido de investigação antidumping é feito pela indústria doméstica, conforme definição do Capítulo IV do Decreto 1.602/1995, ou em seu nome, e deverá ser encaminhado para a autoridade investigadora, no caso o DECOM. A petição deve incluir indícios da prática de dumping, de dano, de nexo causal entre estes, e entre outros requisitos deverá conter a lista dos importadores conhecidos do produto em questão (BRASIL, 1995a).

Após a análise da petição pelo DECOM e de eventuais pedidos de informações complementares, o peticionário é informado sobre se a petição foi considerada devidamente instruída ou definitivamente inepta.

Importante ressaltar que antes da abertura da investigação não há contraditório. Trata-se de obrigação legal da autoridade investigadora, no caso o DECOM, não divulgar a existência de petição. Além do demandante, apenas o governo do país exportador interessado será notificado da existência de petição devidamente instruída (BRASIL, 1995a).

No caso de a petição ser considerada instruída, poderá ainda ser indeferida e o processo arquivado se: não houver elementos de prova suficientes da existência de dumping ou de dano por ele causado que justifiquem a abertura da investigação; a petição não tiver sido feita pela indústria doméstica ou em seu nome; ou se os produtores domésticos, que expressamente apoiam a petição, reúnam menos de 25% da produção total do produto similar realizada pela indústria doméstica (BRASIL, 1995a).

Excepcionalmente, sem a existência de um pedido da indústria doméstica, o governo pode abrir *ex officio* uma investigação, desde que estejam presentes os requisitos de dano, dumping e nexo causal (BRASIL, 1995a).

Cumpridos os requisitos, o DECOM recomenda a abertura de investigação quando se verifica a existência de indícios suficientes de dumping nas exportações para o Brasil do produto de determinada origem, e de dano à indústria doméstica decorrente de tal prática.

3.2 *Da abertura da investigação*

Com base no parecer do DECOM, o início da investigação antidumping é tornado público por Circular SECEX (BRASIL, 1995a). Nesse momento, os importadores conhecidos e as demais partes interessadas identificadas pelo DECOM são notificados e será iniciado o prazo de 20 dias para pedido de habilitação de outras partes que se considerem interessadas, com a respectiva indicação de representantes legais (BRASIL, 1995a).

Cumpre ressaltar que a legislação considera como parte interessada os importadores ou consignatórios dos bens objeto da prática sob investigação (BRASIL, 1995a), no caso as empresas que importaram a mercadoria, originária dos países analisados, durante o período de investigação do dumping definido na Circular SECEX.

O período de investigação de dumping deverá incluir os 12 meses, ou no mínimo os 6 meses, mais próximos à abertura do processo. Por sua vez, o período de investigação de dano não poderá ser inferior a 3 anos e deverá incluir o período de investigação de dumping (BRASIL, 1995a). A prática do DECOM é analisar o período de 5 anos (BRASIL, 2010b).

Além dos importadores, são consideradas partes interessadas: os produtores domésticos do produto similar e a entidade de classe que os representa; a entidade de classe representante dos importadores ou consignatórios dos bens objeto da prática sob investigação; os exportadores ou produtores estrangeiros do referido bem e entidades de classe que os representem; o governo do país exportador do referido bem; e outras partes, nacionais ou estrangeiras, consideradas pela SECEX como interessadas (BRASIL, 1995a).

Após abrir a investigação com base nos dados fornecidos pela indústria domestica, o DECOM irá provocar o contraditório e pedirá informações para as demais partes interessadas.

3.3 Da instrução do processo

O Regulamento Brasileiro (BRASIL, 1995a), assim como o Acordo Antidumping (WTO, 1994), dispõe que as partes interessadas conhecidas serão comunicadas sobre as informações requeridas e poderão apresentar, por escrito, os elementos de prova que considerem pertinentes. Nesse sentido, as partes não são obrigadas a fornecer informações; todavia, na falta de dados ou de não observância de formas ou prazos estabelecidos, poderá ser considerada a melhor informação disponível no processo (BRASIL, 1995a).

Na investigação pátria (BRASIL, 1995a), os importadores, exportadores e produtores nacionais conhecidos receberão questionários e terão 40 dias para restituí-los a partir da data de expedição ou, antes do vencimento do prazo original, solicitar por motivo justificado a dilação do prazo (BRASIL, 2001b). Além disso, há a possibilidade de serem aceitas informações adicionais ou complementares escritas, desde que sejam levados em conta os prazos da investigação (BRASIL, 1995a).

Vermulst (2005) elenca que os questionários enviados aos importadores poderão pedir informações sobre compra e revenda do produto investigado.

A resposta ao questionário do importador, assim como todos os atos e termos processuais, deverá ser escrita e obrigatoriamente no idioma português, e os documentos escritos em outro idioma deverão vir aos autos acompanhados de tradução pública (BRASIL, 1995a). Ademais, a legislação permite à autoridade solicitar ao importador dados em meio eletrônicos (BRASIL, 1995a).

Ademais, as informações e documentos apresentados poderão ser verificados pelo DECOM em investigações *in loco* na empresa importadora, com a devida autorização (BRASIL, 1995a).

O DECOM, após a concordância expressa da empresa com a investigação *in loco*, encaminhará um Roteiro de Verificação detalhando as informações que serão objeto de verificação (FARIA, 2003).

Os resultados da verificação serão juntados aos autos, reservado o direito de sigilo (BRASIL, 1995a).

Assim como o importador, as demais partes interessadas devem observar os prazos e procedimentos para fornecimento de informações (BRASIL, 1995a).

Além disso, visando defender seus interesses, ao longo da investigação as partes interessadas poderão solicitar audiências, nos termos do art. 31 do Decreto 1.602/1995, e pedir, por escrito, vistas das informações públicas constantes do processo (BRASIL, 1995a).

Após a coleta de dados, realização das investigações *in loco* e análise dos dados, o DECOM realizará a audiência final do processo e informará ao importador e às partes interessadas os fatos essenciais sobre julgamento que serão utilizados em seu parecer de determinação final (BRASIL, 1995a). Serão considerados nessa nota técnica os elementos de prova obtidos pelo Departamento e manifestações apresentadas até 10 dias antes da reunião (BRASIL, 1995a).

O importador e as demais partes interessadas serão notificados da realização da audiência com antecedência de 30 dias e poderão indicar seus representantes, habilitados no processo, que estarão presentes à reunião (BRASIL, 1995a). Não há obrigatoriedade de comparecer à audiência final, e a ausência de qualquer parte interessada não será usada em seu prejuízo (BRASIL, 1995a).

As partes interessadas poderão se manifestar oralmente na audiência. Entretanto, as informações somente serão consideradas caso sejam reproduzidas por escrito e juntadas aos autos tempestivamente e na forma legal (BRASIL, 1995a).

Até 15 dias após a realização da audiência, as partes interessadas poderão apresentar as suas manifestações finais (BRASIL, 1995a). Após esse prazo, a instrução do processo é encerrada, e documentos recebidos posteriormente não serão considerados na determinação final (BRASIL, 1995a).

3.4 Da recomendação do DECOM

O DECOM, em seu parecer, irá recomendar a aplicação de direitos antidumping por até 5 anos quando houver uma determinação final de existência de dumping, de dano e de nexo causal entre eles (BRASIL, 1995a). Quando aplicável, será determinada margem individual de dumping para cada um dos exportadores ou produtores do produto sob investigação (BRASIL, 1995a).

Por sua vez, será recomendado o encerramento da investigação sem aplicação de direitos antidumping: se não houver comprovação suficiente da existência de dumping ou de dano dele decorrente; se a margem de dumping for *de minimis* (no caso, inferior a 2%); ou se o volume de importações for insignificante (quando o volume de importações proveniente de determinado país for inferior a 3%, a não ser que os países que, individualmente, respondam por menos de 3% das importações do produto similar pelo Brasil sejam, coletivamente, responsáveis por mais 7% das importações do produto) (BRASIL, 1995a).

Além disso, nos termos do art. 35 do Decreto 1.602/1995, se o exportador assumir voluntariamente compromisso de preço que elimine o efeito prejudicial decorrente do dumping, as autoridades brasileiras poderão suspender os procedimentos sem prosseguimento de investigação (BRASIL, 1995a).

Por fim, o DECOM notificará as partes interessadas após publicação do encerramento da investigação pela SECEX ou CAMEX (BRASIL, 1995a).

Apresentados os procedimentos da investigação, será avaliada a participação do importador brasileiro nas investigações originais de dumping.

4. A participação do importador

Ao procurar verificar o grau de atuação dos importadores brasileiros nos processos administrativos, foram resgatas informações sobre notificação e envio de questionários em investigações originais antidumping e respostas de importadores, conforme os dados disponíveis nos Relatórios DECOM.

Com vistas a comparar a participação dos importadores, foram selecionados os dados disponíveis nos três primeiros (1997, 1998 e 1999) e nos três últimos relatórios disponíveis (2007, 2008 e 2009). Dessa forma, foram consideradas as informações sobre o ano de abertura das investigações, produto, número de importadores notificados e quantidade de respostas obtidas.

Tabela 1 – Participação de Importadores em Investigações Iniciadas entre 1997 e 1999

Abertura/ Ano	Produto	Importadores Notificados	Respostas aos questionários recebidas
1997	Cogumelos conservados	11	3
1997	Esferas de aço	29	5
1997	Ímã de ferrite	10	5
1997	Hidrômetros taquimétricos residenciais	18	3
1997	Tubo para coleta de sangue	4	2
1997	Ferro-cromo alto carbono	4	4
1998	Brocas helicoidais	59	8
1998	Unidades de bombeio	1	1
1998	Policarbonatos em formas primárias	51	11
1998	Garrafa térmica e ampola de vidro para garrafa térmica	160	40
1998	Hidroxietilcelulose não hidrofobicamente modificada (éteres de celulose)	54	38
1998	Tubo de aço sem costura	1	1
1998	Aço inoxidável	112	47
1998	Tubo de plástico para coleta de sangue	1	1
1999	Insulina	2	2
1999	Leite	134	44
1999	MMA	27	15
	Total 1997-1999	**678**	**230**

Fonte: *Relatório DECOM - 1997* (BRASIL, 1999b), *Relatório DECOM - 1998* (BRASIL, 2000) e *Relatório DECOM - 1999* (BRASIL, 2001a).

Conforme as informações da Tabela 1, constatou-se que nas investigações abertas entre 1997 e 1999 houve 678 importadores brasileiros notificados e que foram respondidos 230 questionários.

Tabela 2 – Participação de Importadores em Investigações Iniciadas entre 2007 e 2009

Abertura/ Ano	Produto	Importadores Notificados	Respostas aos questionários recebidas
2007	Resinas de policarbonato	56	24
2007	Índigo blue reduzido	9	6
2007	Filmes de PET	36	13
2007	Cobertores de fibra sintética	20	15
2007	Resinas de policloreto de vinila	47	19
2007	Fios de juta simples	21	7
2007	Acrilato de butila	31	14
2007	Papel supercalandrado base para siliconização	36	29
2008	Fibras de viscose	15	10
2008	Pneus de carga	181	56
2008	Seringas descartáveis	16	8
2008	Pneus de automóveis	122	43
2008	Eletrodos de grafite	51	17
2008	Fios de viscose	79	32
2008	Filmes de BOPP	168	35
2008	Caneta esferográfica	165	46
2008	Calçados	253	78
2009	Cobertores	93	21
2009	Resinas de Polipropileno (PP)	204	76
2009	Frascos de vidro	18	13
2009	Objetos de mesa de vidro	116	24
2009	Malhas de viscose	104	6
2009	Rebitadores manuais	38	12
	Total 2007-2008	**1.879**	**604**

Fonte: *Relatório DECOM – 2007* (BRASIL, 2008), *Relatório DECOM – 2008* (BRASIL, 2009) e *Relatório DECOM – 2009* (BRASIL, 2010b).

Dez anos após o primeiro período analisado, conforme dados da Tabela 2, foi observado o aumento para 1.879 notificações de empresas importadoras com 604 respostas nas investigações abertas em 2007, 2008 e 2009.

E mais, as estatísticas disponíveis fazem referência apenas ao número de importadores e não consideram o volume de produtos objeto de dumping importado pelas empresas.

Apresentadas as informações, será discutida a atuação do importador nas investigações antidumping e sua possível influência na recomendação do DECOM.

5. Discussão

Ao comparar os dados dos triênios analisados, verificou-se que houve participação de praticamente um terço dos importadores notificados em ambos os períodos, sendo 33,9% o percentual de empresas que responderam aos questionários nas investigações abertas entre 1997 e 1999 e 32,1 % entre as iniciadas em 2007 e 2009. Em termos absolutos, o número de empresas importadoras brasileiras atuantes nas investigações antidumping quase triplicou na comparação dos períodos.

Apesar do grande número de interessados, o Acordo Antidumping faz poucas referências à empresa importadora. Os atores mais mencionados no texto são os exportadores, investigados pela prática de dumping, e a indústria doméstica, pelo dano sofrido ou ameaça de dano. No Acordo Internacional, o importador, considerado parte interessada, é citado para fins de determinação de preço de exportação no caso de acordo compensatório com o exportador. Da mesma forma, referência ao importador pode ser encontrada na definição de indústria doméstica em situações em que o produtor nacional também importa o produto investigado ou é parte relacionada de algum importador. Nessas duas situações, o importador poderá ser excluído do conceito de indústria doméstica.

Como foi verificado, o importador será notificado após eventual abertura da investigação, sendo que apenas a indústria doméstica e o governo do país exportador terão conhecimento da existência de pedido de investigação antidumping antes do início da investigação. Além da notificação, o importador irá receber um questionário solicitando informações.

Enquanto o Acordo Antidumping explicita apenas o envio de questionários para os exportadores, a legislação pátria inovou ao mencionar o envio de questionários às partes interessadas conhecidas, à exceção dos governos dos países exportadores. O acordo prevê apenas que a autoridade peça as informações necessárias às partes interessadas. Dessa forma, o regulamento brasileiro vinculou o importador ao prazo de 40 dias para resposta dos questionários.

Além dos dados solicitados no questionário inicial, a autoridade investigadora pode solicitar esclarecimentos adicionais durante a instrução do processo e, desde que sejam levados em conta os prazos da investigação, o importador poderá trazer informações ao processo.

O importador poderá apresentar informações como: volume importado, preço de importação, produto investigado e similar nacional, origem de importações, custos de internação, eventual revenda de produto importado, entre outras.

Como margem de dumping é a diferença entre o valor normal e o preço de exportação, nos casos em que não forem utilizados os questionários dos exportadores, o importador poderá apresentar alternativas para a definição do valor normal e também poderá reforçar as estatísticas oficiais ao apresentar o volume e o valor importado visando à determinação do preço de exportação. Além disso, o conceito de dumping inclui elementos de similaridade de produto e de operações normais de comércio; assim, quando for o caso, o importador poderá trazer informações sobre os temas que poderão resultar em eventuais ajustes no valor normal ou preço de exportação.

Por sua vez, nos indicadores econômicos da indústria que serão analisados para a determinação de dano, o volume de importação da empresa participante estará presente na participação no mercado, na amplitude da margem de dumping e na comparação de preços. Os dados também serão utilizados para constatar se o volume de importação é insignificante, nos termos da legislação.

Ademais, o importador, no exercício do contraditório e da ampla defesa, poderá trazer informações sobre outros fatores que possam estar causando dano à indústria doméstica, tais como: os volumes e os preços de outras importações, contração na demanda ou mudanças nos padrões de consumo, práticas restritivas ao comércio e concorrência entre produtores nacionais e estrangeiros, progresso tecnológico e outros.

Todos os dados trazidos ao processo poderão ser verificados. A investigação *in loco* das informações é mais comum no caso da indústria doméstica e dos exportadores, mas também já ocorreram verificações no importador brasileiro (BRASIL, 2008, e BRASIL, 2010b).

6. Conclusão

É crescente o número de empresas importadoras participantes nos processos administrativos, o que se deve, em parte, ao aumento das investigações antidumping. Nesse sentido, é fundamental incentivar a participação do importador brasileiro nesse processo administrativo para aprimorar a qualidade das informações analisadas pela autoridade investigadora e possibilitar melhor defesa dos interesses das empresas, pois, enquanto a investigação é focada no dano à indústria doméstica causado pelo dumping do exportador, é o importador brasileiro o responsável pelo pagamento dos direitos antidumping.

O Acordo Antidumping e a legislação brasileira preveem uma investigação com grande participação da indústria doméstica, para determinação do dano, e dos exportadores, para apuração da prática de dumping. O importador e as demais partes interessadas podem auxiliar a autoridade investigatória com informações complementares e, durante toda a investigação, promover o contraditório.

Para que as informações sejam consideradas no processo administrativo, deverão ser observados os requisitos formais relacionados a prazos, publicidade e confidencialidade de informações, idioma, representação, entre outros. Assim, é importante que a empresa importadora conheça os procedimentos de uma investigação antidumping para poder atuar de forma correta no processo.

No caso, elementos probatórios, como, por exemplo, os relativos ao valor normal – sugestões de terceiro país e metodologias de cálculos, no contexto de investigações que abranjam países de economias não de mercado –, deverão ser juntadas aos autos do processo no prazo para resposta ao questionário. Informações confidenciais deverão estar plenamente justificadas e acompanhadas de resumo público, e documentos em língua estrangeira deverão vir aos autos do processo acompanhados de tradução pública oficial.

Em relação à determinação do dano e nexo causal, o importador, ao participar do processo, pode corroborar as estatísticas de volume, preço, similaridade de produto, origem das importações, custos de internação, entre outros. Esses dados poderão influenciar o tamanho do mercado a ser analisado, o volume das importações, e auxiliam a comparação de preços do produto importado internado com o preço do produto nacional, que, em determinados casos, pode influenciar no valor do direito antidumping a ser recomendado.

Por sua vez, o volume, o preço e a descrição de produtos importados pela empresa poderão ter impacto no preço de exportação e no cálculo da margem de dumping, nos casos em que os dados dos exportadores não são considerados. Além disso, se o importador vier a ser parte relacionada ao exportador, as informações sobre revenda de produto importado poderão ser usadas para fins de cálculo do preço de exportação. O importador poderá também trazer informações sobre valor normal que poderão ser utilizadas na recomendação da autoridade investigadora.

Os dados trazidos pelo importador poderão diminuir o valor da margem de dumping, o valor do direito a ser cobrado e, no caso de uma margem de dumping inferior a 2%, não haverá aplicação de direito. E mais, no caso de o direito ser calculado e aplicado em forma de alíquotas *ad valorem*, em base CIF, o preço de exportação poderá alterar o percentual recomendado.

Por fim, conclui-se que a participação do importador brasileiro no processo pode influenciar o resultado no processo e, eventualmente, resultar no encerramento da investigação sem aplicação de direitos. Ademais, é fundamental que o importador conheça o processo de investigação para defender seus interesses e, ainda, fornecer corretamente as informações que serão consideradas na decisão do DECOM.

Bibliografia

BRASIL. Decreto n. 1.355, de 30 de dezembro de 1994. Promulga a Ata Final que Incorpora os resultados da Rodada Uruguai de negociações comerciais multilaterais do GATT. *Diário Oficial da União*. Brasília, DF, Seção I, 31 dez. 1994.

_____. Decreto n. 1.602, de 23 de agosto de 1995. Regulamenta as normas que disciplinam os procedimentos administrativos, relativos à aplicação de medidas antidumping. *Diário Oficial da União*. Brasília, DF, Seção I, 24 ago. 1995a.

_____. Decreto n. 4.732, de 10 de junho de 2003. Dispõe sobre a Câmara de Comércio Exterior - CAMEX, do Conselho de Governo. *Diário Oficial da União*. Brasília, DF, Seção I, 11 jun. 2003.

_____. Decreto n. 7.096, de 4 de fevereiro de 2010. Aprova a estrutura regimental e o Quadro Demonstrativo dos Cargos em Comissão e das Funções Gratificadas do Ministério do Desenvolvimento, Indústria e Comércio Exterior, e dá outras providências. *Diário Oficial da União*. Brasília, DF, Seção I, 5 fev. 2010a.

_____. Lei n. 9.019, de 30 de março de 1995. Dispõe sobre a aplicação dos direitos previstos no Acordo Antidumping e no Acordo de Subsídios e Direitos Compensatórios, e dá outras providências. *Diário Oficial da União*. Brasília, DF, Seção I, 31 mar. 1995b.

_____. Lei n. 9.784, de 29 de janeiro de 1999. Regula o processo administrativo no âmbito da Administração Pública Federal. *Diário Oficial da União*. Brasília, DF, Seção I, 01 fev. 1999a.

_____. Ministério do Desenvolvimento, Indústria e Comércio. Departamento de Defesa Comercial. *Relatório DECOM - 1998*. Rio de Janeiro, RJ, n. 2, 1999b.

_____. Ministério da Indústria, do Desenvolvimento, Indústria e Comércio Exterior. Departamento de Defesa Comercial. *Relatório DECOM - 1999*. Rio de Janeiro, RJ, n. 3, 2000.

_____. Ministério da Indústria, do Desenvolvimento, Indústria e Comércio Exterior. Secretaria de Comércio Exterior. Circular SECEX n. 59, de 28 de novembro de 2001. *Diário Oficial [da] República Federativa do Brasil*, Brasília, DF, Seção I, 10 dez. 2001b.

_____. *Relatório DECOM - 2000*. Brasília, RJ, n. 4, 2001a.

_____. *Relatório DECOM - 2007*. Brasília, DF, n. 11, 2008.

_____. *Relatório DECOM - 2008*. Brasília, DF, n. 12, 2009.

_____. *Relatório DECOM - 2009*. Brasília, DF, n. 13, 2010b.

CZACO, Judith; HUMAN, Johann; MIRANDA, Jorge. *A handbook on anti-dumping investigations*. Cambridge: Cambridge University Press, 2003.

FARIA, Fábio Martins. *A defesa comercial: origens e regulamentação das medidas antidumping, compensatórias e de salvaguardas*. São Paulo: Aduaneiras, 2003.

VERMULST, Edwin. *The WTO anti-dumping agreement*: a commentary. Oxford: Oxford University Press, 2005.

WORLD TRADE ORGANIZATION. *Agreement on implementation of article VI of the General Agreement on Tariffs and Trade 1994*. 1994. Disponível em: <http://www.wto.org/english/docs_e/legal_e/legal_e.htm#antidump>. Acesso em: 15 fev. 2012.

_____. *WTO Secretariat reports increase in new anti-dumping investigations*. 2009. Disponível em: <http://www.wto.org/english/news_e/pres09_e/pr556_e.htm>. Acesso em: 1 jun. 2011.

12 – A aplicação do direito antidumping – o conceito de "all others' rate"

MARCO CÉSAR SARAIVA DA FONSECA

Introdução

Como calcular a margem de dumping? Talvez aí esteja o ponto mais controverso e nevrálgico na aplicação do Acordo Antidumping - AAD. O artigo 2 é bastante prescritivo e tenta objetivar ao máximo a sua determinação. Em princípio, a margem de dumpig pode ser determinada comparando-se o valor normal médio ponderado com o preço de exportação médio ponderado, apurados no período de investigação da existência de dumping, ou via comparação valor normal e preço de exportação, transação a transação. Não existe hierarquia entre os dois métodos, podendo as autoridades investigadoras utilizá-los indistintamente.

Um terceiro método previsto no AAD prevê a apuração da margem de dumping a partir de um valor normal médio ponderado comparado com transações individuais de exportação. Contudo, as autoridades investigadoras deverão apresentar explicações indicando por que não era possível o uso dos métodos anteriormente mencionados.

Mas, seja qual for o método utilizado, como dispõe o artigo 9.1, será a margem de dumping o balizador da medida antidumping eventualmente imposta. É nesse contexto que o tema em questão – *all others' rate* – se insere. No entanto, o direito antidumping poderá ser ainda inferior pelo uso da regra do *lesser duty*, reduzindo o impacto de sua aplicação.

1. O conceito de *all others' rate* e sua utilização no AAD

O conceito de *all others' rate* tem gerado discussões acerca dos limites de sua utilização, ou seja, das situações em que se circunscreve a possibilidade de aplicação de uma medida para aqueles produtores e/ou exportadores estrangeiros não incluídos no rol de empresas para as quais a autoridade investigadora calculou uma margem de dumping individualizada.

As autoridades investigadoras não calculam margens de dumping individualizadas para todos os produtores e/ou exportadores situados no território do Membro exportador investigado. As situações que as levam a adotar um determinado procedimento podem variar consideravelmente.

Certas autoridades investigadoras, em razão de dificuldades de operar seus sistemas de defesa comercial, optam por investigar apenas parcela dos produtores e/ou exportadores estrangeiros que exportam o produto objeto da investigação para seu território. Há outras que deliberadamente decidem limitar o número de empresas para as quais individualizam a margem de dumping.

O *all others' rate* se insere nesse tema justamente como consequência desse comportamento das autoridades investigadoras. Inviabiliza-se, pois, o cálculo de direitos antidumping também individualizados para aqueles produtores e/ou exportadores estrangeiros para os quais não foram determinadas margens de dumping individualizadas.

Contudo, é fácil vislumbrar outras situações nas quais o *all others' rate* vem sendo amplamente utilizado. A falta de participação do produtor e/ou exportador estrangeiro na investigação e a aplicação de uma medida antidumping com base nos fatos disponíveis é um exemplo.

Observe-se que nesse caso é facultado à autoridade investigadora não só determinar uma margem de dumping com base nos fatos disponíveis e aplicar o direito antidumping individualizado, mas também aplicar um único direito – *all others' rate* – para todos aqueles produtores e/ou exportadores estrangeiros que não responderam ao questionário remetido pela autoridade investigadora.

Outra utilização frequente desse conceito decorre da interpretação do artigo 9.5 do AAD. Ao tratar de produtores e/ou exportadores que não exportaram o produto sob consideração durante o período da investigação, o AAD dispõe sobre o direito dessas partes a uma revisão sumária, como forma de individualizar a respectiva margem de dumping e, consequentemente, o direito antidumping aplicado.

Portanto, a revisão de novo exportador, como é denominado o procedimento previsto no artigo 9.5 do AAD, pressupõe que os produtores e/ou exportadores que não exportaram o produto durante o período da investigação estariam sujeitos a um direito antidumping geral, ou melhor, ao *all others' rate*.

Deve-se registrar que, à exceção do artigo 9.4, que trata do *all others' rate*, no âmbito dos procedimentos atrelados aos dispositivos do artigo 6.10, discutidos em tópico adiante, o AAD não autoriza expressamente a possibilidade de cobrança de direitos antidumping para os demais produtores e/ou exportadores.

No entanto, não é difícil compreender que a aplicação de *all others' rate* tem uma função essencial para a autoridade investigadora, qual seja inibir eventuais tentativas de burla à aplicação da medida. A simples alteração da razão social de uma empresa produtora e/ou exportadora sujeita a um direito antidumping poderia servir para excluí-la da imposição da medida, comprometendo a eficácia de todo o sistema de defesa comercial.

1.1 O artigo 6.10 do AAD

Como regra geral, o AAD dispõe que cada produtor ou exportador conhecido tem direito a uma margem de dumping individualizada. A primeira sentença do *caput* do artigo 6.10 é categórica nessa disposição. Como consequência lógica, isso significa que cada produtor e/ou exportador estrangeiro eventualmente terá um direito antidumping individualizado.

É certo que essa regra geral do AAD busca limitar a discricionariedade da autoridade investigadora, evitando que a análise, limitada a um ou poucos produtores e/ou exportadores, possa encerrar determinações afastadas da realidade do comércio. Entretanto, a segunda sentença do referido dispositivo flexibiliza sobremaneira a obrigação da autoridade investigadora.

Em face da existência de um extenso número de produtores, exportadores, importadores ou tipos de produtos a autoridade investigadora fica autorizada a limitar seu exame a um número razoável de partes que seja factível analisar. Contudo, o AAD não indica o que poderia ser considerado um "extenso número", nem "número razoável". Portanto, a obrigação aqui contida, quando muito, limita-se a dar transparência à metodologia empregada, aos procedimentos adotados.

A parte final da segunda sentença distingue as duas metodologias passíveis de serem utilizadas para determinar o "número razoável" de partes para as quais é factível determinar margens de dumping individualizadas. A primeira consiste na utilização de amostras estatisticamente válidas. Já a segunda, de operacionalização bem mais simples, no uso do maior percentual do volume de exportação que possa ser razoavelmente investigado.

Também nesta última parte do parágrafo não há nenhuma menção ao que poderia ser considerado como um nível mínimo percentual aceitável, ou ainda qualquer outra definição que dê indicação acerca de parâmetros a serem usados.

Não resta dúvida, no entanto, que a primeira metodologia encerra, em sua operacionalização, maiores dificuldades para as autoridades investigadoras. Primeiramente, cabe à autoridade investigadora demonstrar que a amostra utilizada é estatisticamente válida. Além disso, para determinar o tamanho da amostra é necessário que se considerem elementos como margem de erro e grau de confiança. Dessa forma, parece que, de maneira geral, os Membros da OMC têm preferido utilizar o segundo método para limitar seus exames para determinar margens de dumping individualizadas.

Quanto ao subparágrafo 1, a obrigação prevista no AAD está relacionada a um processo de transparência na seleção das partes interessadas pela autoridade investigadora. Observe-se, porém, que tal dispositivo não a vincula, prevendo que o processo de escolha deverá ser realizado "preferivelmente" em consulta e com o consentimento das partes envolvidas.

O subparágrafo seguinte visa a garantir o direito de uma determinada parte interessada em obter uma margem de dumping individualizada, ainda que o respectivo produtor e/ou exportador estrangeiro não tenha sido incluído na seleção inicialmente efetuada pela autoridade investigadora, bastando para isso submeter tempestivamente a informação necessária.

Contudo, não bastam a vontade e a disposição do produtor e/ou exportador estrangeiro para fazer jus a uma margem de dumping individualizada. A autoridade investigadora poderá, além disso, rejeitar tal submissão, caso o número de produtores ou exportadores seja tão extenso, que exames individuais possam gerar um excessivo ônus para ela, a ponto de comprometer os prazos para a conclusão da investigação.

Como se pode depreender da atual redação do AAD, as autoridades investigadoras que assim desejam acabam por limitar a atuação de algumas partes interessadas, restringindo seus exames àqueles produtores ou exportadores por elas selecionados. O Departamento de Comércio dos EUA – DoC, por exemplo, tem por prática utilizar-se das disposições do artigo 6.10, só determinando margem de dumping individualizada para uma parcela dos produtores ou exportadores do Membro exportador.

1.2 O artigo 9.4 do AAD

Ao tratar da imposição e recolhimento dos direitos antidumping, o AAD prescreve algumas regras a serem observadas na aplicação do referido direito, quando as autoridades investigadoras tiverem calculado as margens de dumping ao amparo das disposições da segunda sentença do artigo 6.10.

Portanto, convém esclarecer que o artigo 9.4 só se aplica a *all others' rate* na hipótese de a autoridade investigadora ter selecionado produtores e/ou exportadores estrangeiros para responder ao questionário, ou seja, esse número de partes a serem investigadas é determinado de antemão. Aquelas autoridades investigadoras que enviam questionários para todos os produtores e/ou exportadores conhecidos não estão vinculadas às disposições deste parágrafo.

A regra ali contida estabelece que o direito aplicado aos produtores e/ou exportadores não investigados pela autoridade do país importador deverá ser no máximo a média ponderada das margens de dumping estabelecidas para aqueles produtores e exportadores selecionados. Tal regra é válida para os sistemas tanto prospectivo quanto retrospectivo de cobrança do direito antidumping.

A bem da verdade, o AAD preocupou-se tão somente em estabelecer um limite máximo para atuação da autoridade investigadora, não prescrevendo nenhum método que deva ser obrigatoriamente seguido na determinação do *all others' rate*.

No que diz respeito ao sistema de valor normal prospectivo, o direito antidumping máximo aplicado aos demais deverá ser a diferença entre o valor normal médio ponderado dos produtores e exportadores selecionados e o preço de exportação de cada um dos produtores e/ou exportadores não examinados pela autoridade investigadora.

Contudo, independentemente do sistema de cobrança adotado no país importador, não deverão ser incluídas nesse cálculo margens de dumping zero, *de minimis*, além daquelas obtidas ao amparo de fatos disponíveis – artigo 6.8 do AAD.

É claro que a limitação quanto ao uso de margens de dumping calculadas com base nos fatos disponíveis visa assegurar ao produtor e/ou exportador não examinado pela autoridade investigadora tratamento mais benéfico que o conferido àquele produtor e/ou exportador que, embora investigado, não tenha logrado êxito em apresentar todas as informações requeridas, ou que tenha optado por não participar da investigação. Não seria justo, por conseguinte, que uma parte à qual não tenha sido dada a oportunidade de apresentar suas informações individuais sofresse as consequências do comportamento de terceiros.

Contudo, importante sublinhar, a aplicação desse dispositivo está longe de encerrar a simplicidade e automaticidade que parecem decorrer de sua interpretação. Na verdade, a sua operacionalização já resultou mesmo em disputas no sistema de solução de controvérsias da OMC. Ao proibir a utilização de margens de dumping calculadas com base nos fatos disponíveis, o AAD não estabeleceu nenhuma graduação. Com isso, algumas autoridades investigadoras entendem que somente as margens de dumping calculadas integralmente com base nos fatos disponíveis estariam excluídas do cálculo previsto no artigo 9.4. Por outro lado, há Membros advogando que qualquer elemento utilizado para o cálculo do valor normal ou do preço de exportação, obtido com base nos fatos disponíveis, seria suficiente para desqualificar tal margem de dumping para fins do mencionado parágrafo.

A obtenção de valor normal e de preço de exportação *ex fabrica* envolve, normalmente, uma série de deduções a partir do preço faturado pelo produtor e/ou exportador estrangeiro. Pode ocorrer que em apenas um desses itens dedutíveis do preço bruto informado a autoridade investigadora tenha recorrido à utilização dos fatos disponíveis. Estaria, pois, a autoridade investigadora proibida de incluir tal margem no cálculo do *all others' rate*?

Em decisão de 2001 envolvendo litígio entre os EUA e o Japão,[1] o Órgão de Solução de Controvérsias da OMC concluiu que o DoC dos EUA violara as

1. US – Hot Rolled Steel – DS 184 – Appellate Body Report – 24 July 2001:

"We turn to the word 'established' in the phrase 'margins established under the circumstances' referred to in Article 6.8.

The essence of the United States' argument is that this word should be read as if it were qualified by the word 'entirely', or 'exclusively', or 'wholly': only where a margin is established 'entirely' under the 'circumstances' of Article 6.8 must that margin be disregarded.

We have noted that Article 9.4 establishes a prohibition, in calculating the ceiling for the all others rate, on using 'margins established under the circumstances referred to' in Article 6.8. Nothing in the text of Article 9.4 supports the United States' argument that the scope of this prohibition should be narrowed so that it would be limited to excluding only margins established 'entirely' on the basis of facts available. As noted earlier, Article 6.8 applies even in situations where only limited use is made of facts available. To read Article 9.4 in the way the United States does is to overlook the many situations where Article 6.8 allows a margin to be calculated, in part, using facts available. Yet, the text of Article 9.4 simply refers, in an open-ended fashion, to 'margins established under the circumstances' in Article 6.8. Accordingly, we see no basis for limiting the scope of this prohibition in Article 9.4, by reading into it the word 'entirely' as suggested by the United States. In our view, a margin does not cease to be 'established under the circumstances referred to' in Article 6.8 simply because not every aspect of the calculation involved the use of 'facts available'.

Our reading of Article 9.4 is consistent with the purpose of the provision. Article 6.8 authorizes investigating authorities to make determinations by remedying gaps in the record which are created, in essence, as a result of deficiencies in, or a lack of, information supplied by the investigated exporters. Indeed, in some circumstances, as set forth in paragraph 7 of Annex II of the Anti-Dumping Agreement, 'if an interested party does not cooperate and thus relevant information is being withheld from the authorities, this situation could lead to a result which is less favourable to the party than if the party did cooperate.' (emphasis added) Article 9.4 seeks to prevent the exporters, who were not asked to cooperate in the investigation, from being prejudiced by gaps or shortcomings in the information supplied by the investigated exporters. This objective would be com-

regras do AAD, entendendo que o artigo 9.4 só permitia que, para determinar a margem de dumping aplicável aos produtores e exportadores não selecionados, fossem utilizadas tão somente aquelas margens de dumping calculadas sem qualquer recurso aos fatos disponíveis. No entendimento do Órgão de Apelação, não havia nenhuma limitação na proibição imposta pelo artigo 9.4 que pudesse indicar que a interpretação sugerida pelos EUA, incluindo a palavra "inteiramente", tivesse fundamento.

Outro aspecto relevante que pode ter reflexos na aplicação do artigo 9.4 refere-se à interpretação do artigo 2.2.2.ii pelo Órgão de Apelação, em que este decidiu que média ponderada dos produtores/exportadores implicava necessariamente a existência de pelo menos dois destes.[2] Portanto, é possível vi-

promised if the ceiling for the rate applied to 'all others' were, as the United States suggests, calculated – due to the failure of investigated parties to supply certain information – using margins 'established' even in part on the basis of the facts available".

2. "In our view, the phrase 'weighted average' in Article 2.2.2(ii) precludes, in this particular provision, understanding the phrase 'other exporters or producers' in the plural as including the singular case. To us, the use of the phrase 'weighted average' in Article 2.2.2(ii) makes it impossible to read 'other exporters or producers' as 'one exporter or producer'. First of all, and obviously, an 'average' of amounts for SG&A and profits cannot be calculated on the basis of data on SG&A and profits relating to only one exporter or producer. Moreover, the textual directive to 'weight' the average further supports this view because the 'average' which results from combining the data from different exporters or producers must reflect the relative importance of these different exporters or producers in the overall mean. In short, it is simply not possible to calculate the 'weighted average' relating to only one exporter or producer. Indeed, we note that, at the oral hearing in this appeal, the European Communities conceded that the phrase 'weighted average' envisages a situation where there is more than one exporter or producer.

The requirement to calculate a 'weighted average' in Article 2.2.2(ii) is, in our view, the key to interpreting that provision. It is indispensable to the calculation method set forth in this provision, and, thus, it is indispensable to the entire provision – which deals only with the mechanics of that calculation. We disagree with the Panel that 'the concept of weighted averaging is relevant only when there is information from more than one other producer or exporter available to be considered.' (emphasis in the original) We see no justification, textual or otherwise, for concluding that amounts for SG&A and profits are to be determined on the basis of the weighted average some of the time but not all of the time. In so interpreting Article 2.2.2(ii), the Panel, in effect, reads the requirement of calculating a 'weighted average' out of the text in some circumstances. In those circumstances, this would substantially empty the phrase 'weighted average' of meaning.

In our view, then, the use of the phrase 'weighted average', combined with the use of the words 'amounts' and 'exporters or producers' in the plural in the text of Article 2.2.2(ii), clearly anticipates the use of data from more than one exporter or producer. We

sualizar que as autoridades investigadoras também podem enfrentar problemas na aplicação desse dispositivo quando houver apenas um produtor e/ou exportador cuja margem tenha sido apurada sem o uso dos fatos disponíveis.

Outro ponto interessante diz respeito ao alcance do *all others' rate*, caso a investigação envolva mais de um país exportador. Como este deve ser calculado? Um para cada país exportador? Apenas um para o conjunto das empresas não incluídas na seleção? Certamente o AAD não fornece nenhuma indicação e, até o momento, não existem decisões do OSC sobre a matéria.

1.3 A experiência brasileira

A prática brasileira tem sido no sentido de não aplicar as disposições do artigo 6.10. Em geral, a autoridade investigadora brasileira envia questionários a todos os produtores e/ou exportadores estrangeiros conhecidos. Ou seja, todos os produtores e/ou exportadores que responderem ao questionário enviado farão jus a uma margem de dumping individualizada e, por conseguinte, a um direito antidumping também individualizado. Contudo, o Departamento de Defesa Comercial passou a utilizar tal metodologia em recentes investigações.

A exceção a essa regra decorre de investigações envolvendo país cuja economia não é considerada como predominantemente de mercado, de acordo com a regra contida no art. 7.º do Regulamento Antidumping Brasileiro.[3] Em tais casos, a aplicação de um único direito antidumping para todas as empresas produtoras e/ou exportadoras tem sido a praxe.

Cabe destacar também que o Regulamento Antidumping Brasileiro, em grande medida, somente reproduz os dispositivos do AAD no que diz respeito ao uso de seleção. Entretanto, o § 2.º do art. 13 daquele contém disposições OMC *plus*, pois impõe à autoridade investigadora a obrigação de a seleção ser realizada somente após consultados produtores e/ou exportadores e obtida sua anuência, limitação esta não existente na legislação multilateral. O AAD apenas indica que tal seleção será realizada preferivelmente depois de consultadas as respectivas partes interessadas.

Um aspecto importante que merece ser destacado diz respeito à atratividade do mercado. No caso brasileiro, como regra, o número de produtores e/ou exportadores envolvidos não é de tal magnitude que torne impossível à autoridade investigadora processar todas as informações recebidas nas respostas

conclude that the method for calculating amounts for SG&A and profits set out in this provision can only be used if data relating to more than one other exporter or producer is available."

3. Decreto 1.602, de 23 de agosto de 1995.

ao questionário. Além disso, há outra consequência decorrente dessa atração do mercado do país importador: a participação na investigação.

Obviamente, o produtor e/ou exportador estrangeiro vai avaliar a relação custo-benefício antes de se engajar em um procedimento longo e custoso. A decisão de responder ao questionário e participar da investigação só ocorrerá quando o resultado indicar que o mercado do país importador é relevante para os negócios da empresa.

Com isso, em muitos casos, ainda que haja um número razoável de produtores e/ou exportadores estrangeiros que tenham recebido o questionário relativo à investigação, o número de resposta que a autoridade investigadora brasileira recebe tende a ser reduzido. Ou seja, muito deles preferem sujeitar-se a determinações com base nos fatos disponíveis a despender recursos com o procedimento brasileiro.

Apesar disso, ultimamente tem sido observada uma tendência de maior participação dos produtores/exportadores estrangeiros nas investigações conduzidas pelo Departamento de Defesa Comercial, indicando uma importância crescente do mercado brasileiro nos negócios das empresas.

No que diz respeito ao direito antidumping aplicado aos "demais", a sua utilização está muito vinculada às determinações com base nos fatos disponíveis e aos exportadores que não exportaram para o Brasil durante o período de investigação da existência de dumping e que, por conseguinte, não obtiveram margem de dumping individualizada.

Finalmente, cabe ressaltar que, no passado, a utilização incondicional do *lesser duty* tendia a mitigar os efeitos das margens de dumping determinadas com base nos fatos disponíveis, ou seja, o *all others´ rate*. Contudo, merece registro que, mais recentemente, o direito antidumping aplicado aos "demais" tem tido como base a margem de dumping.

13 – A repercussão do conceito de produto similar do Acordo Antidumping na definição da indústria doméstica

Thalis Ryan de Andrade

Introdução

Até a criação do Acordo Antidumping (AAD) na Rodada Tóquio, o artigo VI do GATT tratava originalmente da questão, permitindo que se aplicasse uma medida antidumping caso importações a preço de dumping acarretassem dano à indústria doméstica. Com o passar dos anos e a diminuição das tarifas, a aplicação de medidas antidumping aumentou, revelando algumas inadequações e, por conseguinte, fomentando negociações em busca de um código mais detalhado.

O primeiro deles entrou em vigor em 1967, após a Rodada Kennedy, e buscava esclarecer as genéricas definições do artigo VI, bem como detalhar o procedimento para investigação antidumping e autorizar uma medida adicional em relação ao dumping esporádico (dumping de larga quantidade de mercadorias num curto período de tempo); no entanto, essas regras não foram ratificadas por parte do Congresso dos EUA, pois este considerou que o presidente não possuía autoridade para negociar qualquer acordo que alterasse a legislação de antidumping existente, implicando pouco sentido prático ao Código negociado.

Em 1980, como resultado da Rodada Tóquio, 27 partes contratantes acordaram procedimento mais específico para aplicação de medidas antidumping, representando um passo substancial para a aplicação de medidas contra essa prática. As principais mudanças de 1980 focavam na eliminação do requisito de que o dumping fosse a principal causa do dano, na possibilidade de aceitação de compromissos por parte dos exportadores e em novos arranjos para solução de controvérsias. Além disso, demandava que todos os seus signatários pusessem sua legislação nacional em conformidade às prescrições do GATT e do novo Código Antidumping.

Todavia, somente com o desfecho da Rodada Uruguai em 1994, e seu compromisso único (*single undertaking*), que vinculou as 123 partes contratantes à época, é que o AAD ganhou escala global.

Com o aumento da utilização das disposições do GATT e, subsequentemente, da OMC, a prática concorrencial internacional revelou que os conceitos de similaridade de produtos têm sido uma das mais controversas questões de sua jurisprudência. Presente em dezenas de provisões dos acordos internacionais de comércio, o conceito de similaridade assumiu em cada um deles uma definição que se harmoniza com seus propósitos, não sendo diferente no AAD.

Sua letra e interpretação, portanto, evoluiu ao longo de décadas, apesar de em nenhum momento prescrever expressamente a ideia de concorrência ou substutibilidade entre produtos. No entanto, tem-se presente que é a concorrência entre esses produtos em "condições comerciais anormais" que pode dar causa a um eventual dano à indústria doméstica.

Na aplicação prática do AAD, as autoridades investigadoras nacionais devem determinar o dumping e o dano decorrente das importações a preço de dumping, definindo inicialmente os seguintes produtos: a) o produto importado a ser investigado (*product under consideration*); b) o produto similar fabricado pelos produtores domésticos que supostamente estão sofrendo dano ante a concorrência do produto importado investigado (*domestic like product*); e c) o produto similar (*foreign like product*) vendido no mercado doméstico do Membro exportador (ou terceiro país, se for o caso) que servirá para apuração de valor normal.

Ainda que todos esses conceitos estejam imbricados, limitar-nos-emos à análise do conceito de produto similar doméstico – definido a partir do produto objeto da investigação – e sua posterior repercussão na delimitação da indústria doméstica.

Assim, no desenvolvimento dessa relação lógica, busca-se identificar elementos presentes na definição dos produtos (objeto da investigação e similar), contextualizando-os com a prática nacional e internacional e com a definição de indústria doméstica. Serão ainda abordados casos do GATT/OMC e investigações nacionais que deram aplicação às suas disposições e fomentaram as negociações para mudança do conceito.

1. A busca pela definição do produto no AAD

Para a caracterização do produto similar no âmbito do AAD, a autoridade deve primeiramente buscar a definição do produto objeto da investigação (*product under consideration*), que é o produto importado.

A ideia de produto similar é contemplada nos mais diversos acordos resultantes da Rodada Uruguai e ganha contornos, caso a caso, para evitar o favorecimento a um produto nacional em detrimento do importado, ou para coibir o dano ocasionado aos produtores desse produto em virtude de importações a preços "anormais", ou, ainda, simplesmente, para evitar um aumento substancial no volume de importação que cause prejuízo grave à indústria doméstica desse produto similar.

1.1 Produto objeto da investigação: o ponto de partida

Inexiste no AAD uma definição de produto objeto da investigação. Portanto, em princípio, abre-se uma discricionariedade à autoridade, porquanto esta não está vinculada a uma baliza normativa na caracterização dos produtos importados de uma determinada origem.

Esse tema, inclusive, chegou a um painel no Órgão de Solução de Controvérsias (OSC) da OMC, no caso *US – Lumber V*, em que se estabeleceu o paralelo entre o produto similar e produto alegadamente "dumpeado", este último geralmente definido como "produto objeto da investigação" (*product under consideration*). Quando da determinação de dano, a expressão "produto similar" refere-se ao produto produzido pela indústria alegadamente prejudicada pelo produto "dumpeado". Os painelistas do caso deixaram claro que, para propósitos de determinação de dumping e dano, respectivamente, o ponto de partida é o produto alegadamente "dumpeado" e, na sequência, o "produto similar". Portanto, haveria uma prévia e necessária determinação do produto importado sob análise (produto objeto da investigação) e, somente a partir dessa definição, passar-se-ia para a definição do produto similar.

Apesar de o produto similar dever ser determinado com base no artigo 2.6 do AAD, o dispositivo não fornece nenhuma luz no que tange à determinação do produto objeto da investigação. Em outras palavras, como a definição do produto similar implica comparação com outro produto, fica claro que o ponto de partida somente pode ser o produto que é importado alegadamente a preços de dumping.[1]

Em virtude dessa lacuna, sugestões como a de Hong Kong (China),[2] Canadá[3] e a proposta conjunta de Brasil, Chile, Israel, Coreia do Sul, Cingapura,

1. WT/DS264/R, *US – Lumber V*, §§ 7.149 a 7.153.

2. TN/RL/GEN/78 – *Product under Consideration*, submetido em 24 de outubro de 2005.

3. TN/RL/GEN/26 – *Proposal on Like Product and Product under Consideration*, submetido em 1.º de dezembro de 2004; e TN/RL/GEN/73 – *Product under Consideration*, submetido em 17 de outubro de 2005.

Suíça e Tailândia[4] – que segue o mesmo rumo da canadense – ganharam espaço no campo das negociações para revisão do AAD.

Para o Brasil e seus parceiros, a ausência de guia no Acordo a respeito do conceito de produto objeto da investigação cria problemas sistêmicos, como o fato de a autoridade investigadora, em uma mesma investigação, poder definir como produto mercadorias diferentes em termos de características físicas, finalidades e canais de distribuição, comparando produtos que não concorrem no mesmo nicho.[5] Nesse sentido, deve-se evitar que a definição de produto objeto de uma mesma investigação considere produtos destinados a segmentos de mercado muito distintos. Esses membros então sugeriram a inserção da seguinte provisão ao artigo 5.º do AAD:

> Uma investigação pode ser iniciada e subsequentemente conduzida somente com uma definição própria do escopo do produto objeto da investigação que abranja somente produtos que estão sob as mesmas condições de concorrência. A avaliação dessas condições de concorrência devem se basear na avaliação de características dos produtos, incluindo especificações técnicas e qualidade, e suas características de mercado, incluindo finalidades, substitutibilidade, níveis de preço e canais de distribuição. Essa lista não é exaustiva, nem podem um ou diversos desses fatores necessariamente dar uma direção decisiva. Produtos que não alcancem geograficamente o mesmo mercado ou que alcancem geograficamente o mesmo mercado em períodos claramente distintos não são considerados como mesmo produto objeto da investigação (tradução livre).

Em que pesem os diversos países terem encampado essa proposta sobre a definição de produto objeto da investigação, o fato é que ela ainda inexiste juridicamente, não havendo nenhuma obrigação dos Membros da OMC em adotar parâmetros relacionados na jurisprudência e identificados nas propostas.

A autoridade investigadora pode, portanto, agir ao seu "livre talante" para definir esse produto objeto da investigação. Uma vez definido esse produto, a caracterização de seu produto similar nos leva a intuir que seja aquele que concorre com o importado no mercado, devendo a definição do similar ser determinada com base no artigo 2.6 do AAD.

---

4. TN/RL/GEN/50 – *Proposal on Product under Consideration*, submetido em 1.º de julho de 2005.

5. Esses parâmetros foram relacionados em casos sobre a cláusula do tratamento nacional como *Japan – Alcoholic Beverages* (WT/DS8, WT/DS10, WT/DS11/AB/R, §§ 112 e 113) e *EC – Asbestos* (WT/DS135/AB/R, § 100).

1.2. Produto similar no AAD: o segundo elo da cadeia

Sobre o conceito de produto similar, vale lembrar que a expressão difere na redação de cada acordo, apegando-se ao bem jurídico a ser tutelado, em contextos econômicos distintos.[6] Enquanto a regra básica do Acordo Geral de Tarifas de Comércio (GATT) lida com tratamento regulatório discriminatório entre o produto importado e o nacional, o AAD lida com discriminação de preços entre o produto exportado por um país e o vendido no seu mercado nacional. Quer dizer, as provisões concernentes à cláusula de não discriminação previnem a intervenção regulatória discriminatória do Membro importador no comércio internacional, ao passo que as regras relativas ao dumping têm como foco as vantagens aproveitadas por um país exportador ou suas empresas.

Inclusive no âmbito das medidas de defesa comercial, a ideia de similaridade não é a mesma. O AAD, por exemplo, além de resguardar produtores nacionais de um Membro, tem o condão de estimular a redução de tarifas do mercado doméstico dos países exportadores na medida em que os preços de exportação praticados a menor que o próprio mercado doméstico seriam decorrentes da proteção tarifária nele existente; por outro lado, ainda que os subsídios também possam se constituir numa forma de comércio "anormal", o Acordo de Subsídios e Medidas Compensatórias (ASMC) busca conter os auxílios governamentais à exportação de produtos. Em cada contexto, portanto, há uma singular definição de produto similar que deve ser interpretada o mais estritamente possível no âmbito do acordo em que está contida.

Tratando do antidumping especificamente, nos termos do § 1.º do art. 5.º do Decreto 1.602/1995, definição que reproduz o teor do artigo 2.6 do AAD:

> "(...) o termo 'produto similar' deve ser interpretado no sentido de produto que seja *idêntico, e.g.*, igual sob todos os aspectos ao produto que se está examinando, *ou na ausência* de tal produto, outro produto que, embora não seja igual sob todos os aspectos, apresente *características muito próximas* às do produto que se está considerando" (grifos nossos).

Essa redação é resultado de anos de negociação do texto do artigo VI do GATT, mas, com o passar dos anos, a prática já demanda nova revisão.

1.2.1 Propostas para modificação do conceito de produto similar

No contexto das negociações que culminaram com a elaboração do GATT (Conferência de Londres, em 1946), contrariamente ao rascunho sub-

6. Won-Mog Choi, *'Like products' in international trade law. Towards a consistent GATT/WTO jurisprudence*, Oxford: Oxford University Press, 2003, p. 127.

metido pelos EUA, que tinha referências não somente ao termo "*like*", mas também à expressão "*similar products*", o governo australiano propôs retirar o termo "similar" da provisão, indicando a intenção de restringir o escopo do conceito de similaridade. Porém, segundo Choi, a supressão da palavra não indica necessariamente que o conceito de produto similar significa produto idêntico, o que seria a interpretação mais restrita possível.

Os negociadores preocupavam-se com a flexibilidade que o termo "similar" poderia acarretar, pois nesse caso poderia se incluir uma série de produtos "próximos" na definição que nem sequer poderiam estar sofrendo dano, ampliando a proteção aos seus produtores mais do que o necessário. Com intuito de diminuir a possibilidade desse abuso, eliminaram as chances de a definição permitir o enquadramento de um produto "remotamente similar" da definição de similaridade. Essa compreensão sinaliza que o termo "similar" deve ser compreendido como idêntico ou com características muito próximas, alternativamente, nessa ordem, afastando-se a possibilidade de comparação com o similar remoto.

Nas negociações que se seguiram, o conceito teve seu alcance restrito. Na Conferência de Havana, a delegação australiana sugeriu que o conceito de produto similar usado no contexto do Acordo Antidumping e Medidas Compensatórias se referisse a produtos idênticos.[7]

Com o resultado da Rodada Uruguai, o Acordo para Implementação do artigo VI do GATT consolidou em seu texto o entendimento de que seria utilizada a interpretação mais restritiva para produto similar (produto idêntico) e, em segundo plano, alternativamente, a definição de "similar próximo" (*closely similar*).[8]

No entanto, a identidade absoluta que se buscava entre o produto similar nacional em relação ao importado foi de pouca valia, pois as autoridades investigadoras não buscavam definir o produto similar no sentido ordinário do termo "idêntico", mas sim a segunda alternativa, definindo-o como produto que possui características muito próximas.

Em face dessa prática e diante da obrigação de negociar contida no mandato da Declaração Doha, algumas propostas de produto similar no âmbito do

7. Choi. Op. cit., 2003, p. 128.

8. Cabe lembrar que nesse texto não foram indicados os parâmetros para essa análise como o uso das mesmas matérias-primas, processos produtivos, usos, especificações técnicas, ainda que fossem elementos não exaustivos. Inclusive, no Carlisle I (1.ª versão do AAD da Rodada Uruguai) houve uma tentativa de definir a expressão com maior precisão, mas isso logo foi abandonado. Além disso, esse dispositivo, desde a Rodada Tóquio, não sofreu alterações significativas.

AAD surgiram ao longo da última década, buscando esclarecer o conceito por meio da substituição e inserção de termos que melhor o caracterizasse.

Com esse propósito, em 1.º de maio de 2003, a Austrália lançou proposta[9] para modificação de sua redação, tomando como base o caso *Japan – Alcoholic Beverages*,[10] que tratou do conceito de produto similar contido no dispositivo sobre tratamento nacional.

Em sua proposta, a Austrália argumentou que o termo "idêntico", constante no artigo 2.6 do AAD, deveria ser interpretado à luz das recentes decisões da OMC. Isso porque os produtos produzidos para exportação e os fabricados para o mercado interno podem apresentar diferenças visando ao cumprimento de exigências legais de outros países, bem como ao atendimento ao gosto dos consumidores do país importador, alterações que não afastam a identidade entre os produtos.

Questionada por Índia[11] e Hong Kong (China)[12] sobre este ponto, a Austrália reiterou que o termo "idêntico", no contexto do produto similar, não assumia seu significado ordinário porquanto significava menos do que "exatamente o mesmo". Portanto, o termo "idêntico" deveria ser substituído por "mesmas características físicas" ou, ainda, por uma lista de critérios que definissem o sentido de produto similar. Na visão australiana, o impacto dessa modificação em outras partes da definição seria nulo.[13]

A Austrália também argumentou em sua proposta que o caso *Japan – Alcoholic Beverages*, embora não se referisse ao conceito de produto similar contido no AAD, trouxe observações reiteradamente desenvolvidas a respeito do produto similar, podendo servir de base para guiar a interpretação do conceito no âmbito do AAD. Salientou ainda que os critérios usados no caso tinha ganhado respaldo entre as autoridades investigadoras de dumping na medida em que se revelou um útil instrumento na definição do produto similar.

9. TN/RL/W/91 – *"Like product" within the meaning of the WTO anti-dumping agreement*. Proposta Australiana submetida em 1.º de maio de 2003.

10. WT/DS8, WT/DS10, WT/DS11.

11. TN/RL/W/106 – *Questions from India on Australia's paper on 'general contribution to the discussion of the negotiating group on rules on the anti-dumping agreement'*. Submetido em 8 de maio de 2003.

12. TN/RL/W/109 – *Questions from Hong Kong, China on Papers Submitted to the Negotiating Group on Rules*. Submetido em 19 de maio de 2003.

13. TN/RL/W/121 – *Replies to Questions from India (TN/RL/W/106) and Hong Kong, China (TN/RL/W/109) on Australia's General Contribution on Anti-Dumping (TN/RL/W/86) and "Like Product" (TN/RL/W/91)*. Submetido em 16 de junho de 2003.

Apesar de ser unânime o entendimento de que sua interpretação deve ser feita caso a caso, o painel anotou que diferentes julgados demonstraram alguns critérios que poderiam ser levados em consideração na definição de similaridade, tais como: propriedades do produto; natureza e qualidade; finalidades; gostos e hábitos dos consumidores, que variam de país para país; e classificação tarifária dos produtos.

Asseverou, ainda, que, para o termo "produto similar", o critério da finalidade era necessário mas insuficiente, devendo os produtos também compartilhar essencialmente as mesmas características. Com base nesses argumentos, a Austrália via mérito em haver critérios separados para a avaliação do produto similar, no âmbito do AAD.

A posição Argentina foi ao encontro dos critérios expostos na proposta australiana, destacando critérios não exaustivos na caracterização do produto similar, tais como: características físicas e usos, grau de substutibilidade, considerações sobre qualidade, função, especificações técnicas, classificação tarifária, percepção dos usuários, canais de distribuição comuns, sobreposição de áreas geográficas do mercado doméstico e níveis de preço.[14]

Em uma nova geração de propostas, o Canadá também sugeriu[15] uma abordagem para clarificar o conceito de produto similar no mesmo sentido que a Austrália.

O Canadá lembrou que as autoridades investigadoras tinham que identificar o produto similar doméstico para servir de base para uma análise de natureza econômica; para tanto, deveriam levar em consideração todas as características do produto que conduzissem a uma avaliação do impacto econômico das importações a preços de dumping sobre os produtores domésticos. Nesse contexto, os Acordos deveriam fornecer uma referência explícita para facilitar essa avaliação.

Portanto, a abordagem recomendada pelo Canadá foi no sentido de que se adicionassem elementos que conduzissem a uma clara determinação do produto similar com base em suas características relevantes. Por conta das variações que as circunstâncias do caso podem demandar, não se torna possível a elaboração de uma lista exaustiva, mas apenas exemplificativa, que relacione elementos como características físicas que incluem especificações técnicas e

14. TN/RL/W/81 – *Clarifying and improving disciplines under the Agreement on Implementation of Article VI of the 1994 – Anti-Dumping Agreement.* Submetido em 23 de abril de 2003.

15. TN/RL/GEN/26 – *Proposal on like product and product under consideration.* Submetido em 1.º de dezembro de 2004.

qualidade, mercado a que se destina, finalidades, substutibilidade, níveis de preço e canais de distribuição.

A partir da definição de produto similar, exsurge a definição de indústria doméstica.

2. Indústria doméstica: o outro lado da definição

A definição de produto similar é um dos alicerces para a investigação antidumping. Isso porque, conforme dito, a partir de sua definição, se delimita a indústria doméstica, que, de acordo com o artigo 4.1 do AAD, "(...) deve ser interpretada como a totalidade dos produtores domésticos do produto similar, ou como aqueles, cuja produção coletiva constitua a *maior proporção do total da produção doméstica* (...)".[16] (grifo nosso).

Esse artigo foi interpretado por painel do OSC de modo a permitir que uma indústria doméstica seja definida como um grupo de produtores que respondam por menos do que 50% da produção total de todos os produtores domésticos.[17] A conclusão, segundo o painel, se deu em virtude da expressão "maior proporção" sugerir que exista mais de uma proporção majoritária para o propósito de definir "indústria doméstica". Caso a hipótese de múltiplas "maiores proporções" se configurasse, seria inconcebível que cada uma delas individualmente pudesse – ou devesse – exceder 50%.[18]

Esse dispositivo foi, inclusive, interpretado pelo Órgão de Apelação no sentido de que a determinação de dano deve abranger os produtores prejudi-

16. O dispositivo permite à autoridade investigadora excluir desse conceito os produtores vinculados aos exportadores ou importadores, ou desde que sejam eles próprios importadores dos produtos importados a preços de dumping, podendo, dessa forma, o conceito de indústria doméstica ser entendido como o restante dos produtores (artigo 4.1, i, AAD). O conceito de indústria doméstica também pode ser regionalizado quando, em circunstâncias excepcionais, o território puder ser dividido em um ou mais mercados competidores. Nesse caso, o termo indústria doméstica irá se referir ao conjunto de produtores de um daqueles mercados (artigo 4.1, ii, AAD).

17. WT/DS241/R, *Argentina – Poultry*, § 7.341.

18. Há proposta para alteração na redação do artigo 4.1 do AAD, de maneira que o termo "indústria doméstica" abranja produtores de pelo menos 50% da produção doméstica do produto similar. (TN/RL/GEN/27 – *Proposal on the Definition of Domestic Industry – Article 4.1 of the Anti-Dumping Agreement (ADA)*, submetido em 2 de dezembro de 2004 pelos FANs (*Friends of the Anti-Dumping Negotiations*) que é composto por Brasil, Chile, Colômbia, Costa Rica, Hong Kong, Japão, Coreia do Sul, Cingapura, Suíça, Noruega, Taipé Chinês e Tailândia. Há também propostas isoladas de Taipé Chinês (TN/RL/GEN/62) e Noruega (TN/RL/GEN/103).

cados como um todo, ou sua maior proporção.[19] A interpretação emerge dos artigos 3.1, 3.4, 3.5, 3.6, e 3.7 do AAD, que impõe certos requisitos em relação à investigação e exame conducente a uma determinação de dano. As autoridades investigadoras são direcionadas a investigar e examinar importações em relação à "indústria doméstica", o "mercado doméstico dos produtos similares" e "produtores domésticos dos produtos [similares]".

Analisada a discussão existente quanto à delimitação da indústria doméstica, passa-se à repercussão que a definição de produto similar acarreta na constituição dessa indústria.

2.1 Produto similar x indústria doméstica

Como se pode perceber, a delimitação da indústria doméstica é consequente aos produtores do produto similar e, nesse contexto, pode haver forte incentivo para que o peticionário tente caracterizar o produto objeto da investigação da forma o mais ampla possível, permitindo que a investigação cubra um maior número de produtos sujeitos a eventual medida antidumping.

Por outro lado, a caracterização ampla do produto objeto da investigação e, subsequentemente, do produto similar torna mais difícil o preenchimento dos requisitos exigidos para seu início,[20] bem como a própria prova do dano (artigos 3.1 e 3.6 do AAD). Cite-se, por exemplo, o caso de indústria nacional muito pulverizada, composta por empresas de diversas regiões do país e de portes diferenciados; nesse caso, a ampliação do escopo do produto similar poderia inviabilizar a obrigação de a autoridade investigadora remeter questionários para milhares de produtores, bem como analisar suas respostas. Portanto, restringir o escopo do produto objeto da investigação e do produto similar aumentaria as chances de sucesso da investigação.

Exemplo dessa dificuldade aparece na determinação preliminar de dumping sobre calçados importados da China pelo Brasil, cujo produto alegadamente "dumpeado" foi compreendido desde calçados sociais até tênis esportivos. A gama de produtos importados fez com que o produto similar espelhasse essa representatividade. Essa definição traduz-se numa indústria doméstica composta por um universo de mais de 7 mil empresas fabricantes do produto similar. Obviamente essa situação cria problemas para a autorida-

19. WT/DS184/AB/R, *US – Hot Rolled Steel*, § 190.

20. Parte do artigo 5.4 do AAD prescreve que será considerada feita pela "indústria doméstica ou em seu nome" a petição que for apoiada por aqueles produtores cuja produção agregada constitua mais do que 50% da produção total do produto similar produzido pela porção da indústria doméstica que tenha apoiado ou rejeitado a petição.

de investigadora, pois é praticamente impossível que envie questionários para um amplo rol de produtores. Uma opção viável é o uso de dados consolidados pelo estudo técnico apresentado na investigação, que contempla empresas de variados portes e regiões do país.[21]

Por outro lado, nem sempre as autoridades investigadoras aceitam o encargo de analisar a totalidade da indústria doméstica e, assim, procuram segmentá-la, sobrelevando-se um abuso de sua parte. Exemplo desse excesso foi constatado no painel do caso das importações de transformadores elétricos da Finlândia, em que os painelistas recomendaram a análise da indústria doméstica do produto similar "como um todo" quando da determinação do dano.

Para o alcance dessa conclusão, o painel enfrentou o argumento desse país de que sua indústria estava estruturada em quatro distintas potências de transformadores e que deveriam ser consideradas separadas para determinação de dano. O painel entendeu que o argumento não era válido, especialmente em razão do fato de a companhia reclamante, representante da indústria doméstica de transformadores da Nova Zelândia, no ano de 1982/83, produzir toda a gama de transformadores, inclusive os que não eram afetados pelas importações da Finlândia. Em sua própria manifestação ao painel, a delegação da Nova Zelândia concordou que a segmentação de potências poderia não coincidir com a de outros países e sublinhou que cada segmento da indústria trouxe uma contribuição geral para viabilidade e êxito dos fabricantes de transformadores. Na visão do painel, o estado global da saúde da indústria doméstica de transformadores da Nova Zelândia é que deveria fornecer uma base para a avaliação da existência de dano em razão das importações "dumpeadas".[22]

Portanto, ainda que haja segmentação da indústria doméstica na produção de determinados produtos e esses possuam diferentes finalidades, entendeu-se que a indústria doméstica (derivada de outros segmentos da produção de transformadores) extraía mesma tecnologia e escala produtiva, apesar de ostentarem especificações técnicas distintas; esse contexto então conduziu a uma caracterização de dano em relação à totalidade dos produtores domésticos e não em relação a um segmento específico apenas.

Especificamente no que tange à definição de produto similar, há outra repercussão interessante que sua caracterização pode implicar.

---

21. BRASIL, Resolução CAMEX 48, de 8 de setembro de 2009, publicada no *Diário Oficial da União* de 9 de setembro de 2009.

22. L/5814 – 32S/55, *New Zealand, Imports of electrical transformers from Finland*, § 4.6, Relatório do Painel adotado em 18 de julho de 1985.

Quando do encerramento da investigação de dumping sobre leite em pó importado da UE e Nova Zelândia,[23] a autoridade investigadora brasileira considerou o leite *in natura*, produzido nacionalmente, similar ao leite em pó importado - ainda que houvesse produção de leite em pó no mercado doméstico.

Para a autoridade, o fato de os produtos terem as mesmas características constituiu condição necessária, porém não suficiente, para a definição do produto similar. Nesse contexto, pesou para a autoridade o fato do leite *in natura* estrangeiro não poder ser exportado em razão de sua rápida deterioração; caso não se admitisse que o produto similar pudesse ser definido como aquele que possui características suficientemente próximas (ainda que houvesse um produto idêntico no mercado doméstico), negar esse fator implicaria retirar do produto de leite *in natura* o direito de pedir. Ademais, teve significativa importância para a autoridade investigadora a possibilidade de reconstituição do leite fluido a partir do leite em pó integral e desnatado, bem como a possibilidade de reversão do processo e intercambialidade entre os produtos.

Verificou-se, nesse caso, que a definição do produto similar relativizou a existência de produto similar idêntico, uma vez que o leite em pó produzido nacionalmente não era o mais afetado pelas importações de leite em pó, mas afetava sim o leite *in natura*. A autoridade investigadora se baseou então na segunda possibilidade prevista pelo artigo 2.6 do Acordo Antidumping, ou seja, utilizaram-se as características mais próximas possíveis ao produto importado. Nesse contexto, a autoridade investigadora brasileira entendeu que o fato de o produto importado estar num estado físico diferente do produzido nacionalmente não constituiria diferença suficiente para afastar a similaridade existente entre ambos os produtos, principalmente no quesito concorrência entre os consumidores. Além do mais, essa diferença deixaria de existir pela simples adição de água ao leite em pó, e vice-versa.

Toda essa caracterização do produto similar teve importante repercussão no conceito de indústria doméstica, pois, uma vez que o leite *in natura* foi considerado similar nacional, a indústria doméstica passou a ser aquela que contemplasse o conjunto dos produtores de leite em sua forma natural - fabricantes obviamente diferentes dos produtores do leite em pó. Nesse contexto, a CNA (Confederação da Agricultura e Pecuária do Brasil) foi admitida como peticionária para a investigação, bem como para as revisões que se sucederam.

Portanto, a definição de indústria doméstica adotada pela autoridade investigadora brasileira decorreu (por força do AAD) diretamente da definição de produto similar. A indústria doméstica foi então constituída do conjunto

23. BRASIL. Resolução CAMEX 1, de 2 de fevereiro de 2001.

dos produtores do produto similar, e o produto similar definido na investigação, por sua vez, não foi definido como o produto idêntico ao produto importado, mas sim como aquele que apresentou características suficientemente semelhantes que permitiram cotejar similaridade entre ambos.

Por outro lado, o painel do caso dos EUA – Definição de Indústria em Relação ao Vinho e Produtos da Uva[24] – alcançou conclusão aparentemente diferente. O caso abordou a questão da definição de indústria doméstica pelos EUA, com base em legislação desse país, que incluiu nesse conceito, além dos produtores de vinho, os produtores de uvas utilizadas no processo produtivo do vinho, alargando por meio da legislação nacional o conceito, já que a indústria doméstica deverá ser formada pelo conjunto dos produtores do produto similar, no caso o vinho.

Nessa controvérsia, a inclusão dos produtores de uva não decorreu da alegada existência de similaridade entre esses produtos (uva e vinho), pois essa questão nem sequer foi objeto de disputa. Ademais, o caso diverge do exemplo do leite em pó, pois neste os produtos não são reconversíveis entre si, tampouco são substitutos do ponto de vista do consumo.

Nesse sentido, os painelistas do caso entenderam que, devido a diferentes características físicas, vinho e uvas não são "produtos similares", o que acaba por repercutir na definição de "indústria doméstica", porquanto a expressão "produtores de produtos similares" deve ser interpretada de forma a incluir apenas produtores de vinho.

3. Considerações finais

Conforme foi analisado, a definição de produto similar se modificou, ainda que timidamente, ao longo da utilização dos acordos internacionais de comércio. Não obstante ao longo da história das negociações multilaterais tenham sido introduzidas novas regras e esclarecimentos sobre o procedimento que rege a investigação de prática de dumping, algumas lacunas foram constatadas, inclusive em decisão do OSC da OMC, a exemplo da falta de definição de produto objeto da investigação.

Nessa medida, Membros negociadores lançaram ideias para defini-lo, bem como apresentaram indicativos de como caracterizar o produto similar em bases razoáveis, como a inserção de critérios exemplificativos de avaliação, tais como: propriedades do produto; natureza e qualidade; finalidades; gostos e hábitos dos consumidores, que variam de país para país; e classificação tarifária dos produtos.

24. BISD39S/439.

Apesar dessas propostas, a rodada multilateral em curso ainda não foi concretizada, tampouco os critérios propostos pelos Membros da OMC constam em rascunhos;[25] portanto, não há qualquer obrigação dos Membros em adotá-los, podendo atuar dentro da discricionariedade que o AAD vigente lhes permite.

Nesse contexto, as autoridades investigadoras têm definido o produto similar ao importado a partir de diversos critérios que repercutem na delimitação da indústria doméstica.

Citou-se, por exemplo, a investigação de dumping conduzida pelo Brasil a respeito do leite em pó importado, em que, por exemplo, canais de distribuição e classificação tarifária - critérios das propostas para produto similar e produto objeto da investigação - não foram determinantes para sua definição; já as características físicas (diferença fundamental é a adição de água) foram consideradas suficientemente semelhantes, além da finalidade e a intercambialidade entre ambos. Ademais, o critério de reversibilidade existente no produto objeto da investigação para obter produto próximo ao similar foi também determinante para essa caracterização, apesar de não constar em proposta alguma. Assim, ficou evidente a necessidade de que eventual proposta de critérios não deve ser exaustiva, mas somente exemplificativa. Da mesma forma, a partir dessa definição de produto similar, outros elementos da investigação seguiram por outro caminho, a exemplo de a indústria doméstica do caso ter sido diversa da que fabricava o leite em pó propriamente dito, ou, ainda, da diferente entidade que representava a indústria doméstica (CNA).

Por outro lado, a investigação de dumping de vinho importado conduzida pelos Estados Unidos teve nuances completamente distintas para a caracterização de sua indústria doméstica. No caso, a autoridade investigadora do país não definiu o vinho como produto similar, mas sim, por força da sua legislação interna, incluiu tanto os produtores de vinho como os de uva no conceito de indústria doméstica, considerando que ambos os produtores integravam etapas da cadeia produtiva de um mesmo produto final.

Nesse caso, o painel constatou abuso por parte da autoridade investigadora em incluir produtores de uva, definição que nem ao menos derivou de alegada existência de similaridade entre uva e vinho. Além disso, ainda que não tenham sido analisados os aspectos de substitutibilidade para o consumidor, reconversibilidade e finalidade para o produto similar, parece que esses elementos não dariam suporte ao entendimento preconizado pela autoridade estadunidense quanto à definição de sua indústria doméstica, pois, conforme

25. TN/RL/W/236. *Negotiating Group on Rules - New Draft Consolidated Chair Texts of the AD and SCM Agreements*, submetido em 19 de dezembro de 2008.

visto, se encontravam num contexto completamente distinto do caso do leite em pó.

Com base no exposto, verificou-se que as propostas para inserção de critérios, enquanto não internalizadas como obrigações jurídicas, não vinculam em nenhuma medida as autoridades investigadoras nacionais; a liberalidade ante a inexistência de regras mais detalhadas sobre produto similar reflete inclusive em sua atuação nas investigações citadas. Portanto, os governos dos países têm, dentro dos parâmetros legais existentes, boa margem de discricionariedade na definição do produto objeto da investigação; quanto à caracterização de seu produto similar e de seus produtores, há também alguma flexibilidade.

Bibliografia

BISD 39S/439. Disponível em: <www.worldtradelaw.net>. Acesso em: 15 fev. 2012.

BRASIL. Presidência da República, Decreto n. 1.355, de 30 de dezembro de 1994.

______. Presidência da República, Decreto n. 1.602, de 23 de agosto de 1995.

______. Presidência da República, Resolução CAMEX n. 1, de 2 de fevereiro de 2001.

______. Presidência da República, Resolução CAMEX n. 48, de 8 de setembro de 2009.

CHOI, Won-Mog. *'Like products' in international trade law. Towards a consistent GATT/WTO jurisprudence*. Oxford: Oxford University Press, 2003.

L/5814 – 32S/55, *New Zealand, Imports of electrical transformers from Finland*, Relatório do Painel adotado em 18 de julho de 1985. Disponível em: <www.worldtradelaw.net>. Acesso em: 15 fev. 2012.

TN/RL/GEN/26 – *Proposal on like product and product under consideration*, submetido em 1.º de dezembro de 2004. Disponível em: <www.wto.org>. Acesso em: 15 fev. 2012.

TN/RL/GEN/27 – *Proposal on the definition of domestic industry – Article 4.1 of the Anti-Dumping Agreement (ADA)*, submetido em 2 de dezembro de 2004. Disponível em: <www.wto.org>. Acesso em: 15 fev. 2012.

TN/RL/GEN/50 – *Proposal on product under consideration*, submetido em 1.º de julho de 2005. Disponível em: <www.wto.org>. Acesso em: 15 fev. 2012.

TN/RL/GEN/62 – *Proposal of the definition of domestic industry: exclusion standards*, submetido em 16 de setembro de 2005. Disponível em: <www.wto.org>. Acesso em: 15 fev. 2012.

TN/RL/GEN/73 – *Product under consideration*, submetido em 17 de outubro de 2005. Disponível em: <www.wto.org>. Acesso em: 15 fev. 2012.

TN/RL/GEN/78 – *Product under consideration*, submetido em 24 de outubro de 2005. Disponível em: <www.wto.org>. Acesso em: 15 fev. 2012.

TN/RL/GEN/103 – *Proposals on issues relating to the definition of domestic industry (Article 4.1), Standing Requirements (Article 5.4)*, submetido em 6 de março de 2006. Disponível em: <www.wto.org>. Acesso em: 15 fev. 2012.

TN/RL/W/81 – *Clarifying and improving disciplines under the Agreement on Implementation of Article VI of the GATT 1994 (Anti-Dumping Agreement)*, submetido em 23 de abril de 2003. Disponível em: <www.wto.org>. Acesso em: 15 fev. 2012.

TN/RL/W/91 – *Like product within the meaning of the WTO Anti-Dumping Agreement*. submetido em 1.º de maio de 2003. Disponível em: <www.wto.org>. Acesso em: 15 fev. 2012.

TN/RL/W/106 – *Questions from India on Australia's Paper on general contribution to the discussion of the negotiating group on rules on the Anti-Dumping Agreement*, submetido em 8 de maio de 2003. Disponível em: <www.wto.org>. Acesso em: 15 fev. 2012.

TN/RL/W/109 – *Questions from Hong Kong, China on Papers submitted to the negotiating group on rules*, submetido em 19 de maio de 2003. Disponível em: <www.wto.org>. Acesso em: 15 fev. 2012.

TN/RL/W/121 – *Replies to Questions from India (TN/RL/W/106) and Hong Kong, China (TN/RL/W/109) on Australia's General Contribution on Anti-dumping and Like Product (TN/RL/W/91)*, submetido em 16 de junho de 2003. Disponível em: <www.wto.org>. Acesso em: 15 fev. 2012.

TN/RL/W/236 – *Negotiating Group on Rules – New Draft Consolidated Chair Texts of the AD and SCM Agreements*. Submetido em 19 de dezembro de 2008. Disponível em: <www.wto.org>. Acesso em: 15 fev. 2012.

WT/DS8, WT/DS10, WT/DS11, *Japan – alcoholic beverages*. Disponível em: <www.wto.org>. Acesso em: 15 fev. 2012.

WT/DS184/AB/R, *US – Hot rolled steel*. Disponível em: <www.wto.org>. Acesso em: 15 fev. 2012.

WT/DS241/R, *Argentina – poultry*. Disponível em: <www.wto.org>. Acesso em: 15 fev. 2012.

WT/DS264/R, *US – Lumber V*. Disponível em: <www.wto.org>. Acesso em: 15 fev. 2012.

WORLD TRADE ORGANIZATION, 2009. *Documents on line*. Disponível em: <http://docsonline.wto.org/gen_home.asp?language=1&_=1>. Acesso em: 15 fev. 2012.

14 – Producto investigado, producto similar y rama de la producción nacional. Una síntesis de la práctica de la Argentina[1]

Ramiro Bertoni

Introducción

Este artículo presenta en forma sucinta los principales lineamientos conceptuales y metodológicos con los cuales los Organismos encargados de las investigaciones antidumping en la Argentina han procedido en las determinaciones relativas al producto investigado, al producto similar y a la rama de producción nacional. El procedimiento en el caso de la Argentina es bifurcado. La Subsecretaría de Política y Gestión Comercial dependiente de la Secretaría de Industria y Comercio, tiene a cargo el procedimiento de investigación. La Subsecretaría a través de la Dirección de Competencia Desleal (DCD) efectúa las determinaciones de dumping, mientras que las determinaciones de daño y relación causal se encuentran a cargo de la Comisión Nacional de Comercio Exterior (CNCE), organismo descentralizado en el ámbito de la Secretaría de Industria y Comercio del Ministerio de Industria. En función de dichas competencias, la definición de producto investigado se realiza en forma conjunta entre ambos organismos: lo referente al producto similar en el país exportador corresponde a la DCD, y el producto similar nacional y la rama de producción nacional son definidos por la CNCE.[2]

1. Cabe destacar que parte de los conceptos desarrollados en este artículo son la cristalización de más de diez años de experiencia y aprendizaje adquiridos en mi actividad dentro de la Comisión Nacional de Comercio Exterior (CNCE), y en gran medida son el fruto de aproximaciones y debates mantenidos, principalmente, con la Ing. Alejandra Maisterra y el Lic. Carlos Wolff durante el tiempo que tuve bajo mi responsabilidad la Gerencia de Investigaciones que en la actualidad ellos conducen.

2. Este artículo intenta brindar una referencia amplia de la práctica de la Argentina, la cual ha evolucionado tanto a partir de su propia experiencia, los antecedentes

En el contexto de una investigación antidumping las autoridades del país importador deberán arribar a una definición adecuada acerca del producto que se está investigando, debido a que cualquier ambigüedad o imprecisión podrá llevar a errores en las determinaciones de dumping y/o de daño y causalidad, incluso con resultados inconsistentes entre ambas. Una aproximación inicial, que luego se torna más compleja, es que a partir del producto importado (PI) que se investiga se determinan dos conceptos que se denominan "producto similar". Uno de ellos corresponde al producto similar en el país exportador (PSE) y será utilizado para la determinación del dumping. El segundo, el producto similar nacional (PSN) en el país importador, permitirá identificar a los productores del mismo, quienes conformarán la rama de producción nacional (RPN) sobre la cual se realiza el análisis de daño. De este modo, la definición del producto investigado constituye la piedra angular de una investigación, y una aproximación incorrecta puede llevar a desvirtuar el sentido económico de un caso, e incluso las medidas antidumping finales aplicadas podrían incumplir el objetivo para el cual fueron previstas en el ámbito multilateral.

Es importante señalar que al mismo tiempo que es un elemento central de la investigación, son escasos los lineamientos del AAD en este punto, y dado que la definición de "producto similar" también se incluye en otros artículos del GATT, es interesante comprobar la amplitud que se le ha reconocido al término en el contexto de controversias en el ámbito de la OMC, relativas al Trato Nacional:

> Ningún modo de juzgar será apropiado en todos los casos. Deberían examinarse los criterios previstos en el informe sobre los Ajustes fiscales en frontera, pero no puede haber ninguna definición precisa y absoluta de lo que es "similar". El concepto de "similaridad" es relativo y evoca la imagen de un acordeón. El acordeón de "similaridad" se extiende y se contrae en diferentes lugares a medida que se aplican las distintas disposiciones del Acuerdo sobre la OMC. La anchura del acordeón en cualquiera de esos lugares debe determinarse mediante la disposición concreta en la que se encuentra el término "similar", así como por el contexto y las circunstancias existentes en cualquier caso dado al que sea aplicable la disposición. N.1.3.1.2 Japón – Bebidas alcohólicas II, páginas 25-26 (WT/DS8/AB/R, WT/DS10/AB/R, WT/DS11/AB/R).

internacionales y los cambios de la legislación nacional. En consecuencia, lo aquí expuesto no necesariamente ha sido aplicado en todas las investigaciones realizadas y a su vez dada la particularidad que se presenta en cada caso tampoco constituye una pauta rígida para las futuras investigaciones.

Como se desarrolla más adelante, esta "imagen del acordeón" no solo se extiende y contrae en diversas disposiciones del Acuerdo sobre la OMC, sino que también es apropiada al interior del AAD, dado que, según el caso que de que se trate, las definiciones podrán ser amplias o acotadas.[3]

La estrategia de exposición intenta mostrar que, lejos de existir una jerarquía o secuencia estricta entre producto investigado, producto similar extranjero y nacional, y rama de producción, en la práctica existe una interdependencia más compleja entre estos conceptos. En consecuencia, se presenta una estrecha interacción entre la definición de producto investigado y la existencia de productos similares nacionales, que delimitarán los contornos del primero; y luego, la amplitud contenida en el producto importado será relevante para determinar si existe más de un producto similar nacional y por ende más de una rama de producción a analizar.

1. El producto investigado

1.1 Lineamientos básicos para su definición

Los procedimientos antidumping, excepto en circunstancias especiales y poco frecuentes, se inician a pedido de parte, por lo cual corresponde a las empresas o cámaras solicitantes la identificación de cuál es el producto importado en presuntas condiciones de dumping y que está afectando a la industria local. Así, la orientación básica proviene de los productores locales, pero son las autoridades las que evalúan ciertas condiciones a fin de lograr una definición que cumpla con lo requerido por el solicitante y al mismo tiempo permita que, en caso de finalizar la investigación con una medida antidumping, esta brinde un resguardo adecuado.

Cabe señalar que si bien se utiliza la definición en singular de PI, al interior del mismo suelen coexistir modelos/categorías/variedades, y estas pueden relacionarse con el grado de elaboración o acabado (etapas de la integración vertical) o en cuanto a especificaciones técnicas, de diseño, etc. pero para un mismo grado de procesamiento (diferenciación en una integración horizontal). Aún en los casos que el PI presenta una definición simple, los contornos que lo delimitan se deben estudiar con detenimiento, ya que se deben evitar

3. Este artículo hace referencia al tratamiento dado al tema de producto en las investigaciones antidumping, que es el mecanismo de alivio comercial más utilizado tanto por la Argentina como por el resto de los miembros de la OMC. Si bien la definición en el caso de las Salvaguardias del Art. XIX es más amplia "producto similar o directamente competidor", de todas formas pueden ser aplicables gran parte de las explicaciones aquí presentadas.

tanto las definiciones muy amplias que pueden involucrar a productos que no hacen daño a la producción nacional, como aquellas que, al ser muy estrechas o incluir atributos no relevantes, llevan a que una posible medida antidumping sea fácilmente vulnerada.

Lograr una definición apropiada no se deriva simplemente de la descripción de los productos que se están importando en presunto dumping, aunque ésta constituye el primer paso.

Así, en una descripción sobre el producto importado se suele proporcionar información acerca de:

- Su denominación –comercial, técnica, de nomenclatura arancelaria–, los principales materiales que conforman el producto, sus parámetros técnicos básicos tales como: medidas, magnitudes físicas –resistencia mecánica, presión, potencia, etc.–, propiedades químicas –densidad, composición, concentración, acidez, alcalinidad, etc.–, normas técnicas internacionales, entre otros.
- En forma complementaria, puede incluirse información que responda, entre otras, a las siguientes preguntas: ¿Cómo se presenta?, (a granel, fraccionado, embalajes de cantidades fijas, etc.), ¿Con accesorios?, ¿Diversas calidades?, etc. Por último debe brindarse una explicación exhaustiva acerca de la relevancia de los diversos atributos del producto en cuanto a sus usos, intercambiabilidad, formas de competencia en el mercado, entre otras, a fin de poder seleccionar aquellos atributos adecuados para una definición apropiada, y establecer parámetros cuantitativos cuando corresponda.

Para una definición apropiada deberá tenerse en cuenta:

- que incluya aquellos atributos o características fundamentales del producto, que permita delimitarlo a los usos en los cuales compite con los productores nacionales afectados,
- que permita diferenciarlo de otros productos "cercanos" que no son solicitados en la investigación,
- que los atributos elegidos para la definición sean identificables para el personal competente de la Aduana,
- que la definición a partir de dichos parámetros permita su ubicación unívoca en la nomenclatura (puede abarcar a más de una posición, pero no puede ser ambiguo),
- que no incluya algunos atributos poco relevantes, que podrían ser cambiados sin alterar su uso económico, lo cual podría dar lugar a una medida inefectiva.

Cuando se trata de un commodity, es probable que se pueda utilizar directamente la definición del nomenclador. Sin embargo, muchas veces un mismo commodity entra por diversas posiciones, de acuerdo a la diferenciación en algún atributo que puede no ser el más relevante (por ejemplo el nivel de cenizas en una cartulina, el embalaje o nivel de fraccionamiento, que se presente en bobinas o en hojas –acero o papel–, etc.), y esto podrá ser tenido en cuenta al momento de la definición adecuada.

Cuando se trata de productos diferenciados, el PI incluirá categorías/modelos/variedades, y su definición adecuada debe basarse en los parámetros que constituyen un denominador común a todos ellos, de modo de evitar que por una excesiva tipificación algunos de los modelos existentes o pequeñas modificaciones del mismo queden excluidos.

1.2 El rango de cobertura de la producción nacional y su incidencia en la definición del producto investigado

Si bien la definición de PSN se deriva de la de PI, y esta última es formalmente independiente de la primera, en términos prácticos y a fin de que tenga sentido el análisis económico de un caso, el rango o cobertura de la producción nacional podrá constituir un elemento relevante en la definición del PI.

En relación a los productos diferenciados (no comodities), es posible que, al establecer una definición que cubra con parámetros generales a todos los modelos del PI, puedan quedar incluidos algunos modelos/categorías/variedades para los cuales no exista producción o capacidad productiva nacional, y que a su vez no sustituyan a las variedades que sí se producen. En este caso, y si las pruebas son evidentes, podría ser conveniente que la definición del PI contenga exclusiones, de modo de no afectar con una posible medida bienes que no se producen localmente y que no dañarían a la producción nacional, más allá que sean introducidos a precios de dumping.

Estas posibles exclusiones sólo son convenientes realizarlas previo a la apertura de la investigación, cuando la información en torno a esta cuestión está fuera de posibles controversias, y también es evidente la inexistencia de sustitución entre los productos importados no fabricados localmente y los productos nacionales. Por el contrario, cuando acerca de estos temas existen dudas, es conveniente que las exclusiones se analicen después de la apertura, dado que podrían existir productores nacionales no solicitantes que fabrican un rango más amplio de productos. Cabe recordar que luego de la apertura es factible realizar exclusiones, y las posibilidades de ampliar el producto sólo podría tener lugar en forma muy acotada y en casos excepcionales.

Otro punto importante es analizar si la actual inexistencia de ciertos modelos/categorías/variedades de producción nacional ha sido causada justamente por el desplazamiento de importaciones con dumping.[4] Obviamente también pueden darse ambas situaciones, algunos discontinuados por el dumping y otros que nunca se produjeron. De acuerdo al grado de precisión y validez de la información obtenida acerca del PSN la autoridad analizará si es pertinente realizar alguna exclusión, o redefinir los parámetros que delimitan al PI.

Así, los bienes no producidos excluidos de la definición serían aquellos que no es posible fabricarlos por problemas técnicos relevantes (no se posee la tecnología, la maquinaria u otros elementos relacionados al proceso productivo), o que su producción no es factible en términos económicos, a partir de considerar variables relevantes ajenas a la práctica desleal que es objeto de solicitud. Para evaluar estas condiciones se deberá tener en cuenta un plazo razonable y las nuevas condiciones que podrían imperar en un escenario en el cual se apliquen medidas antidumping.[5]

2. Producto Similar Nacional

2.1 Lineamientos básicos para su definición

Se trata del producto idéntico al producto importado objeto de solicitud (PI) el que es fabricado por las empresas locales del país importador. De no existir un producto idéntico, el PSN será aquel que, aunque no sea igual en todos los aspectos, tenga características muy parecidas a las del PI. Esta última idea refiere a la definición del Art. 2.6 del AAD, y cabe recordar que todo el Art. 2 del AAD hace referencia al cálculo de dumping, y por dicho motivo incluye el concepto de "idéntico" que es probable encontrarlo en el PSE, pero difícilmente se observe entre productos que son fabricados por distintas empresas en diferentes países (como es el caso del PSN y el PI).

En términos generales, la definición del PSN se realiza a partir de los mismos atributos y parámetros que el PI, pudiendo existir ciertas diferencias de acuerdo al nivel de detalle con el cual ambos conceptos son definidos.

4. Así, en este caso (desplazamiento por importaciones) no correspondería excluir aquellos modelos/ variedades que se dejaron de producir, dado que con la corrección de precios de una eventual medida antidumping probablemente dichos modelos volverían a producirse.

5. A fin de evaluar la factibilidad de ampliar la gama de productos puede ser necesario considerar otras políticas públicas enfocadas hacia dicho sector, así como la existencia de inversiones complementarias en la cadena productiva.

Más allá que el AAD no brinda ninguna guía para la evaluación de la similitud, en forma análoga a otros países, la Argentina analiza un conjunto de atributos, siendo generalmente utilizados los siguientes:

i) los materiales y las características físicas, técnicas y químicas del producto;
ii) el proceso de producción;
iii) usos y sustituibilidad;
iv) canales de comercialización;
v) el rango de precios abarcado.

En este sentido, dado que no existe ningún algoritmo o forma predeterminada de combinar los diversos atributos, será en cada caso particular en donde se deberá llegar a aquella definición que otorgue sentido económico a la investigación. Este análisis requiere una comprensión del mercado bajo análisis a fin de poder determinar las variables (o atributos del producto) más relevantes que guían las conductas y estrategias tanto de los oferentes como de los demandantes, lo cual toma particular relevancia cuando existe una amplia gama de categorías/variedades/modelos en el PI y el PSN, como se analiza a continuación.

2.2 Las implicancias de la amplitud del Producto Investigado en la determinación del Producto Similar Nacional

En ciertos casos, la definición del PI abarca un amplio grupo de bienes,[6] y esto se ve reflejado en la amplitud del PSN. Así, es posible que al interior del PSN exista una clara diferenciación desde el lado de la demanda cuando los usos o mercados a los cuales se destinan los modelos/categorías/variedades, son claramente distintos. También será relevante por el lado de la oferta cuando se presenten diferencias significativas entre el grupo de firmas que producen distintos modelos/categorías/variedades, o incluso cuando éstos se fabriquen en una misma empresa pero con maquinaria específica para cada subconjunto. Ninguna de las distinciones señaladas de por sí implica que las autoridades deban dividir al PI, o estén obligadas a realizar un análisis exhaustivo de esta posibilidad, sino que en cada caso las diferencias serán evaluadas en el contexto del mercado analizado.

6. Es importante recordar que en el AAD el producto importado se denomina "producto bajo consideración", y no hay una definición que obligue a acotar la amplitud de las diferencias de los bienes que lo componen. Por el contrario, sí existe una definición de Producto Similar, la que de cierta manera opera como un límite.

En términos generales, para la etapa previa a la apertura de la investigación la autoridad suele considerar un único PI y PSN, y si existen pruebas o indicios que una división o segmentación resulta necesaria, entonces se solicitará información cualitativa y cuantitativa desagregada en la investigación para así determinar si existe más de un PSN y PI. Para este análisis, como fuera señalado, se torna relevante el conocimiento del producto y del mercado, y en función de las controversias que existan en el caso, adicionalmente a la información cuantitativa y cualitativa solicitada en forma desagregada en los respectivos cuestionarios, se podrán instrumentar o solicitar: peritajes, informes de Organismos Especializados, encuestas, consulta de material bibliográfico específico, etc. que permitan arribar a conclusiones fundadas.

Cuando se determine que existen por ejemplo dos grupos o segmentos dentro del PSN, al mismo tiempo se tendrán dos RPN que deberán evaluarse respecto al impacto de dos vectores de importaciones investigadas (división del PI en consonancia con el PSN), arribando a dos determinaciones de daño, lo cual requerirá de dos determinaciones de dumping, de forma de poder establecer correctamente la relación causal entre ambas.

3. Producto Similar en el país exportador (PSE)

Este es el producto idéntico al producto importado objeto de solicitud (PI) que fabrican las empresas exportadoras y que destinan a su mercado interno, o de ser el caso a terceros mercados exportadores. De no existir un producto idéntico, otro producto que, aunque no sea igual en todos los aspectos, tenga características muy parecidas a la del PI (nuevamente nos basamos en lo sustancial de la definición de PS del Art. 2.6 del AAD).

Esta definición de PSE es la utilizada a fin de recabar la prueba de Valor Normal para la determinación del dumping. Dado que la exactitud de esta comparación de precios (cálculo del dumping) es un punto crítico de estos procedimientos, la autoridad podrá establecer categorías en función de los atributos que considere relevantes, y a partir de las mismas analizar la existencia de discriminación de precios, para luego arribar a un margen de dumping único para cada PI.

A estos fines, el análisis podrá ser más preciso en la medida que los exportadores brinden información detallada para los diversos modelos/categorías/variedades, especificando los atributos y parámetros que inciden sobre los precios, de forma que dichos datos puedan ser analizados y verificados. Por su parte, esta información cobra especial relevancia cuando por diversos motivos existen diferencias entre los productos vendidos en el mercado interno del país exportador (o incluso a un tercer mercado) y los que se destinan al país que realiza la investigación, dado que en dichos casos se requerirá realizar ajustes técnicos para lograr una comparación equitativa entre los valores normales y los precios de exportación.

En caso que se haya concluido que existe más de un PSN, esta misma distinción se realizará para el PI, y por lo tanto se obtendrán tantos márgenes de dumping como PI se determinaron (esto con independencia de que al interior de cada PI las comparaciones de precios se hayan realizado por modelos/categorías/variedades de productos idénticos o muy semejantes)

4. Rama de Producción Nacional

Tal como se indica en el Art. 4 del AAD, la expresión "rama de producción nacional" se entenderá en el sentido de abarcar el conjunto de los productores nacionales de los productos similares, o aquellos de entre ellos cuya producción conjunta constituya una proporción importante de la producción nacional total de dichos productos. Esta definición requiere tanto un análisis cuantitativo como otro cualitativo.

En el aspecto cuantitativo, la definición incluye dos alternativas: pueden ser la totalidad de los productores nacionales, o una proporción importante de los mismos. Si bien el concepto de proporción importante no está definido en el AAD, la autoridad tiende a interpretar que en aquellas ramas de producción que no están atomizadas se debería alcanzar una proporción cercana o superior al 50%.[7]

En el plano cualitativo, se debe establecer quiénes son los productores del producto similar nacional. En la mayoría de los casos esto es sencillo, y no existen dudas sobre quiénes son efectivamente las empresas que producen el bien bajo análisis. Sin embargo, hay al menos dos situaciones en donde podría haber más de una interpretación.

En primer lugar, cuando se trata de la elaboración de productos primarios. En este sentido, existen antecedentes en el Mecanismo de Solución de Diferencias de la OMC (tanto grupos especiales como del Órgano de Apelación) en los cuales para productos de base agropecuaria se determinó que cuando el PSN es un producto manufacturado, los productores del mismo son exclusivamente los que procesan la materia prima y obtienen el bien en condiciones semejantes al producto importado, y no quienes realizan la

7. Existen antecedentes en el ámbito de la solución de controversias que sin establecer explícitamente el concepto de "rama atomizada" han señalado que proporciones algo menores al 50% pueden constituir una proporción importante. En este sentido, podrían existir ciertas condiciones, diferentes al grado de atomización, que lleven a considerar que participaciones inferiores al 50% pueden constituir una proporción importante.

producción primaria. Así, en el caso de *Carne de Cordero*,[8] se señaló que los productores de cordero no constituyen la rama de producción nacional, y que esta está integrada sólo por los frigoríficos que procesan dicha materia prima.[9] Según cual sea el nivel de integración vertical de los establecimientos que manufacturan las materias primas podría arribarse a situaciones menos claras, y en dichos casos podría constatarse que la rama de producción incluya implícitamente a la producción primaria. Por lo tanto, la autoridad evaluará la organización de la producción, la morfología de los mercados y la estructura de propiedad a fin de realizar una determinación con sentido económico y sujeta a derecho en función de los antecedentes vigentes.

En segundo lugar, cuando un determinado producto manufacturado es fabricado a partir de diferentes niveles de integración en cuanto a los procesos productivos puede existir más de una interpretación.[10] En presencia de un grupo de empresas que obtiene el PSN con una alta integración de procesos productivos y otro grupo que lo hace mediante un ensamble o a partir de pequeñas transformaciones utilizando partes o insumos importados, podrían encontrarse realidades muy diferentes según se considere el nivel de agregación del análisis. En efecto, si los grupos mencionados, de alta y baja integración productiva, presentan una evolución diferenciada en sus indicadores económicos, podrá arribarse a distintas determinaciones de daño según se considere que ambos grupos integran la RPN, o que ésta se limita únicamente a aquellas empresas con mayor procesamiento local.

Si los fabricantes que están más integrados son los que exhiben claramente la situación de daño, entonces es probable que ellos pretendan ser considerados como los únicos productores, y por lo tanto representarían al total de la RPN. En este caso quedará a criterio de la Autoridad si es razonable diferenciar entre ambos tipos de empresas y considerar sólo a un grupo de ellos como productores, o si por el contrario todas las empresas con independencia de su grado de integración constituyen la RPN.

8. Controversia contra una salvaguardia Art. XIX aplicada por EE.UU. y que llegó a instancias del Órgano de Apelación, y sus dictámenes fueron aprobados y constan en: WT/DS177/AB/R y WT/DS178/AB/R.

9. Si bien este es un caso de Salvaguardias, estos aspectos de la determinación de quiénes son los productores no presentan diferencias respecto a un caso de dumping.

10. Incluso en un caso extremo, y en ausencia de otros productores, podría llegar a considerarse que constituye la rama de producción nacional una firma que realiza sólo ciertas actividades (diseño, comercialización, o poseer patentes o cierto *know how*) y tome el riesgo empresario, en la medida que los procesos productivos que se subcontraten sea con empresas localizadas en el país. Esto requeriría información de los diversos los distintos componentes de esta red productiva.

Por su parte, el AAD en su Art. 4.1(i) permite excluir de la RPN a aquellas empresas que son importadoras del PI, o que están vinculadas con los importadores o exportadores de dicho producto. Este punto es relevante debido a que permite evitar situaciones en que productores con intereses vinculados a las importaciones investigadas –en sentido amplio– tengan capacidad de bloquear el inicio de una investigación o distorsionar el análisis económico de la misma. Así, puede haber un grupo de empresas que abastezcan al mercado en forma dual, produciendo e importando, y por lo tanto se opongan a un procedimiento antidumping, y si su participación en la producción es importante, estas empresas podrán tener una capacidad de bloqueo en la etapa inicial de una investigación. En consecuencia, las empresas cuya actividad está acotada a la producción del PSN y se sienten afectadas por las importaciones con presunto dumping no tendrían la posibilidad de utilizar este instrumento en su defensa, o incluso habiéndose iniciado el procedimiento de oficio, distorsionar el sentido económico de la determinación de daño.

Cabe recordar que esta exclusión es facultativa, y deberá ser analizada en el contexto de cada caso particular y de ninguna forma implica que aquellas empresas que realizan importaciones del PI no pueden integrar la RPN. Incluso, en muchos casos los mismos solicitantes, como parte de una estrategia defensiva frente al dumping, y a fin de no perder clientes o presencia comercial, ellos mismos realizan importaciones del origen objeto de solicitud. Dado que una eventual medida antidumping afectaría estas importaciones, es de esperar que la corrección de los precios relativos respecto al producto investigado permita a estas empresas reemplazar por producción propia a las compras externas del origen sancionado.

Por último, cuando se analizó el PSN se señaló que cuando incluía una gran variedad de modelos, los cuales podían tener diferencias relevantes en los usos, los precios, el proceso productivo, las características físicas, etc. la autoridad podía dividir tanto al PI como al PSN en dos o más grupos. Cuando este sea el caso, deberán existir por cada PSN una RPN, debiéndose realizar una conclusión de daño separada para cada una, y la misma cantidad de determinaciones de dumping, una para cada PI, de forma que la autoridad pueda establecer en forma apropiada la relación de causalidad.

15 – Medidas antidumping provisórias

GILVAN BROGINI

Introdução

A prestação jurisdicional seja no âmbito judicial seja no âmbito administrativo contempla diversos mecanismos por meio dos quais se permite a antecipação dos resultados pretendidos pelo jurisdicionado em sua petição. Entre as diversas motivações para isso, cite-se especialmente o receio com os prejuízos que podem ser causados em razão da demora até a tomada da decisão final por parte dos órgãos jurisdicionais – algo que, em muitos casos, pode resultar em prejuízos irreversíveis.

Os processos administrativos de defesa comercial – que compreendem investigações e revisões com vistas à aplicação ou à prorrogação de medidas antidumping, compensatórias e de salvaguardas – também contemplam, em suas respectivas regulamentações, a possibilidade de antecipação das medidas pretendidas. Nesses casos, com base na regulamentação internacional que lhes dá origem, permite-se aos órgãos competentes do país que conduz esses processos a aplicação das chamadas medidas provisórias.

Como se verá, as medidas provisórias em sede de defesa comercial não chegam a ser medidas tão rápidas assim, ao contrário do que ocorre, por exemplo, com a grande maioria das medidas liminares concedidas em processos judiciais. Em matéria de defesa comercial, o juízo de valor preliminar tem inclusive prazo mínimo[1] antes do qual decisão alguma pode ser efetivada, o que faz com que a espera do administrado por alguma antecipação de sua pretensão dure alguns meses.

O objetivo principal deste artigo é justamente analisar como se dá a aplicação de medidas provisórias em processos de defesa comercial conduzidos no

1. Cite-se, por exemplo, o prazo mínimo de 60 dias que deve ser respeitado para aplicação de medida antidumping provisória. Mencione-se, no entanto, que no caso das medidas de salvaguarda não há necessidade de observar um prazo mínimo, o que possibilita a aplicação imediata de medida provisória. Isso ocorreu, no caso do Brasil, na investigação de brinquedos.

Brasil. Especificamente, a análise volta-se para as investigações antidumping, uma vez que são, de longe, as mais comuns em matéria de defesa comercial. De fato, de todos os 336 processos de defesa comercial iniciados no Brasil até o final de 2009, 313 (ou seja, 93,2% do total) envolvem a prática de dumping. Os processos sobre medidas compensatórias são 16 (4,7%), enquanto os de salvaguarda, apenas 7 (2,1%).

Além dos números citados anteriormente, justifica ainda a opção pelas investigações da prática de dumping o fato de, em matéria de medidas compensatórias, nenhuma medida provisória ter sido adotada pelo Brasil desde a entrada em vigor do Acordo sobre Subsídios e Medidas Compensatórias da OMC. E, no caso das medidas de salvaguarda, o fato de a única medida provisória aplicada ter ocorrido em 1996, quando da investigação original de brinquedos. Dessa forma, apenas por meio da análise das medidas antidumping provisórias é que seria possível obter um cenário realista sobre a utilização desse instrumento pelo Brasil.

Feita essa primeira delimitação, convém ainda que se esclareça que, no contexto dos processos antidumping, o foco volta-se especialmente para as investigações. A razão para isso é que, por definição, medidas provisórias não são adotadas no contexto das revisões, dado que, conforme a legislação pertinente, as medidas definitivas que estão sendo revistas – direitos ou compromissos – são mantidas pelo tempo em que dura a revisão.

Com vistas então a analisar a aplicação de medidas provisórias em investigações antidumping no Brasil, o presente artigo faz tanto uma abordagem teórica quanto uma prática do assunto. No primeiro caso, a primeira seção discute a normativa que embasa a aplicação de medidas provisórias no Brasil, tendo como ponto de partida o Acordo Antidumping da OMC. Explique-se: a regulamentação específica do Brasil, como é o caso do Decreto 1.602/1995, praticamente reproduz o disposto no Acordo Antidumping.

No segundo caso, ou seja, o de abordagem prática, as seções seguintes do presente artigo analisam todos os casos que, na história da defesa comercial no Brasil, resultaram na aplicação de medidas provisórias. A finalidade principal dessa abordagem é verificar, de um lado, as tendências da prática brasileira e, de outro, eventuais mudanças de posicionamento do Departamento de Defesa Comercial (DECOM) entre a medida provisória e a definitiva.

A análise dos casos práticos, para as finalidades deste artigo, leva em consideração quatro períodos distintos: 1988 a 1994; 1995 a 1999; 2000 a 2005; e 2006 a 2008. Sobre eles, a referência são as investigações iniciadas dentro de cada um desses períodos, ainda que a aplicação de medida provisória tenha ocorrido em período posterior. Esses períodos foram selecionados a partir da percepção de que representavam tendências distintas em matéria de aplicação de medidas provisórias.

Cada uma das seções seguintes à primeira, portanto, contempla cada período assim delimitado. E, em cada caso, são apresentadas estatísticas de utilização das medidas provisórias em comparação com as investigações totais do período; em seguida, são feitos comentários sobre todos os casos envolvidos. Ao final, ainda, faz-se um breve resumo das características principais daquele período. A respeito dessas características, pode-se adiantar que a prática brasileira sempre foi a de aplicar medidas provisórias na forma de direitos antidumping, apenas. No entanto, por mais que isso seja um fato, prefere-se neste artigo não tomar a espécie (direito provisório) pelo gênero (medida provisória).

Por fim, em termos de considerações finais, condensam-se as conclusões mais relevantes extraídas das seções anteriores a respeito da prática brasileira. A partir delas, chega-se à constatação – principal deste artigo, sem dúvida – de que o Brasil em geral e o DECOM em particular estão passando a utilizar com mais frequência as medidas provisórias no contexto de investigações antidumping.

1. Regulamentação sobre medidas antidumping provisórias no Brasil

1.1 Normas sobre medidas provisórias

As normas sobre medidas provisórias no contexto de investigações antidumping, no Brasil, podem ser resumidas da seguinte forma: a) em relação às condições para imposição de medidas provisórias: artigo 7 do Acordo Antidumping da OMC;[2] e art. 34 do Decreto 1.602/1995 (Regulamento Brasileiro sobre Antidumping);[3] b) em relação à competência para impor medidas provisórias: Decreto 4.732/2003, que cria a Câmara de Comércio Exterior (CAMEX); e c) em relação à aplicação e à cobrança das medidas provisórias: Lei 9.019/1995, que dispõe sobre a aplicação dos direitos previstos no Acordo Antidumping e no Acordo de Subsídios e Direitos Compensatórios.

2. O Acordo Antidumping da OMC, assim como todos os tratados resultantes da Ata Final da Rodada Uruguai do GATT, foi incorporado ao ordenamento brasileiro por meio do Decreto 1.355/1994.

3. O Regulamento brasileiro basicamente reproduz o disposto no Acordo Antidumping. Sua importância, no entanto, advém do fato de definir a estrutura brasileira encarregada de verificar essas condições – no caso, o DECOM, da Secretaria de Comércio Exterior (SECEX) do Ministério do Desenvolvimento, Indústria e Comércio Exterior (MDIC) – e cuidar dos procedimentos específicos, porque peculiares ao Brasil, sobre a matéria.

De todas essas normas, merecerão maior destaque neste artigo aquelas que se referem às condições para imposição da medida. No que diz respeito às competências, importa frisar apenas que: i) compete ao DECOM a realização da investigação antidumping, o que inclui a apuração das condições para aplicação de medida provisória; e ii) compete à CAMEX a decisão sobre a aplicação da medida em si, com base na recomendação feita pelo DECOM.[4] Além disso, não se pode deixar de mencionar que, entre o exercício de uma e outra competência, há discussão das recomendações do DECOM (materializadas em Pareceres) no âmbito do Grupo Técnico sobre Defesa Comercial (GTDC).[5]

Inicialmente, cite-se então o artigo 7 do Acordo Antidumping, norma que trata das medidas provisórias e que está reproduzida, basicamente, no art. 34 do Decreto 1.602/1995. Posteriormente, serão analisados os detalhes relativos a condições, formas, prazo e cobrança das medidas provisórias:

Artigo 7

Medidas Provisórias

1. Medidas provisórias só poderão ser aplicadas se:

(a) uma investigação tiver sido iniciada de acordo com o disposto no artigo 5, um aviso tiver sido publicado nesse sentido e às partes interessadas tiver sido oferecida oportunidade adequada de apresentar suas informações e fazer comentários;

(b) uma determinação preliminar afirmativa de dumping e respectivo dano à indústria nacional tiver sido alcançada; e

(c) as autoridades competentes julgarem que tais medidas são necessárias para impedir que ocorra dano durante as investigações.

2. As medidas provisórias poderão assumir a forma de direitos provisórios ou preferivelmente a de garantia – por meio de depósito em dinheiro ou certificado – igual ao montante do direito antidumping provisoriamente estimado, desde que não seja superior à margem de *dumping* provisoriamente calculada. Considera-se medida provisória adequada a suspensão de valoração aduaneira, desde que os direitos normais e o montante de direitos antidumping sejam indicados e que a suspensão de valoração aduaneira esteja sujeita às mesmas condições das demais medidas provisórias.

---

4. Decreto 4.732/2003, art. 2.º: "Compete à CAMEX, dentre outros atos necessários à consecução dos objetivos da política de comércio exterior: (...) XV – fixar direitos antidumping e compensatórios, provisórios ou definitivos, e salvaguardas; XVI – decidir sobre a suspensão da exigibilidade dos direitos provisórios; (...)".

5. O GTDC, na verdade, auxilia a CAMEX na tarefa de aplicar medidas antidumping, provisórias ou definitivas. Sua regulamentação atual está contida na Resolução CAMEX 30/2006.

3. Não serão aplicadas medidas provisórias antes de decorridos 60 dias da data de início das investigações.

4. A aplicação de medidas provisórias será limitada ao mais curto período possível, não excedendo este a 4 meses ou por decisão das autoridades competentes e a pedido de exportadores que representem percentual significativo do comércio em questão ao período de 6 meses. Na hipótese de as autoridades no curso de uma investigação examinarem se um direito inferior à margem de dumping seria suficiente para extinguir o dano, tais períodos passam a 6 e 9 meses respectivamente.

5. Na aplicação de medidas provisórias, serão observadas as disposições pertinentes do artigo 9.

1.2 Condições para aplicação de medidas provisórias

A primeira observação que se deve fazer é que a utilização do termo "poderão", no artigo 7.1 do Acordo Antidumping,[6] indica que não há qualquer obrigatoriedade por parte do Brasil no sentido de ter que aplicar medida provisória. Porém, caso haja a "opção" de fazer uso do recurso durante uma investigação, aí sim passa a haver obrigatoriedade no sentido de se observarem as condições estipuladas pela legislação para a aplicação de medida provisória.[7] Essas condições são consideradas, nesse artigo, como sendo de ordem formal, material e temporal.

Antes de se analisarem as condições em questão, frise-se que a utilização do conectivo "e" no artigo 7.1, após a letra (b), indica que os requisitos para se aplicar uma medida provisória são cumulativos. Isso significa dizer que a insuficiência no que tange ao cumprimento de um deles automaticamente torna ilegais quaisquer medidas provisórias que porventura venham a ser aplicadas.

1.2.1 Condições formais

As condições formais, que são em número de três, estão indicadas na alínea a do artigo 7.1 do Acordo Antidumping e, como se observa, dizem respeito à abertura da investigação. A primeira delas é que uma investigação tenha sido iniciada de acordo com o disposto no artigo 5. A esse respeito, pode-se dizer que, em resumo: a autoridade investigadora, ao receber a petição, deve avaliar se a demonstração apresentada pela indústria peticionária é adequada e correta, de tal sorte a ter condições de se considerar satisfeita para fins de abertura

6. O termo é o mesmo do art. 34, *caput*, do Decreto 1.602/1995.

7. As condições do artigo 7.1 do Acordo Antidumping estão reproduzidas nos incisos do art. 34 do Decreto 1.602/1995.

(artigo 5.3); essa sua avaliação deve considerar os elementos contidos tanto no artigo 2 (dumping) quanto no artigo 3 (dano) do Acordo Antidumping; caso não se considere satisfeita, a autoridade deve rejeitar a petição (artigo 5.8); por fim, a autoridade investigadora não pode se considerar satisfeita caso a petição contenha apenas declarações, desacompanhadas de demonstração fundamentada, de que há dumping, dano e nexo causal (artigo 5.2, *caput*, final).

A segunda condição formal é a de que um aviso tenha sido publicado sobre a abertura da investigação. Trata-se aqui de aspecto que visa a dar publicidade para o processo de investigação e, sobretudo, visa a propiciar às partes eventualmente interessadas oportunidade para que possam se habilitar no processo e, assim, defender suas pretensões. No caso do Brasil, todas as investigações antidumping são formalmente iniciadas a partir de publicação de Circular da SECEX no *Diário Oficial da União*.[8]

A terceira condição formal é que às partes interessadas tenha sido oferecida oportunidade para apresentarem suas informações e fazer comentários. Essa condição é decorrência da anterior e, no Brasil, a "oportunidade adequada" ocorre especialmente por meio dos questionários que são enviados a todas as partes identificadas quando da abertura e àquelas que, não identificadas, habilitam-se no processo e solicitam o questionário.

Com relação a esses questionários, há que se fazer alguns comentários. Em primeiro lugar, o prazo para restituição do questionário, que é de 40 dias, tem sido o limite para utilização das informações e comentários das partes, para fins de determinação preliminar – principal condição material para se aplicar medida provisória, como se verá em seguida. Ou seja: ainda que haja prorrogação de 30 dias para restituição desses questionários, conforme a legislação, informações recebidas *a posteriori* podem não ser levadas em consideração para fins de determinação preliminar.[9]

Em segundo lugar, os questionários são a forma principal que materializa a oportunidade de participação das partes interessadas durante a investigação. Porém, não são a única. De fato, com base no princípio da ampla defesa, essas partes podem apresentar por escrito, a qualquer momento, seus elementos

---

8. Decreto 1.602/1995, art. 21, § 4.º.

9. Decreto 1.602/1995, art. 27, § 3.º: "Caso qualquer das partes interessadas negue acesso à informação necessária, *não a forneça no prazo que lhe for determinado* ou, ainda, crie obstáculos à investigação, *o parecer, com vistas às determinações preliminares* ou finais, *será elaborado com base na melhor informação disponível*, (...) (grifo nosso)". Na prática brasileira, no entanto, o DECOM normalmente utiliza as respostas, ainda que fornecidas dentro do prazo de 70 dias.

de prova julgados pertinentes durante a investigação.[10] Novamente, faça-se a ressalva: o que pode ocorrer é que, em razão dos prazos legais que o DECOM deve observar durante as investigações, as manifestações tenham validade apenas para atos posteriores – como, por exemplo, para a determinação final.

1.2.2 Condições materiais

As condições materiais que devem ser observadas para fins de imposição de medida provisória estão dispostas no artigo 7.1(b) do Acordo Antidumping. Trata-se, basicamente, de duas: de uma determinação preliminar afirmativa, ou positiva, do dumping e respectivo dano; e de um juízo de valor relativo à necessidade de aplicar medida provisória para impedir a ocorrência do dano durante a investigação. Nos dois casos, a conclusão é feita pelo DECOM, que conduz as investigações, ainda que a decisão efetiva, tomada com base em recomendações do DECOM, seja da CAMEX.

A determinação preliminar positiva é, sem dúvida, a principal dentre todas as condições para se aplicar uma medida provisória. Diz-se principal porque, em essência, ela já é uma avaliação por parte do DECOM em relação aos elementos probatórios aportados aos autos do processo de investigação pelas partes interessadas. Ainda que essa avaliação, por ser preliminar, seja perfeitamente passível de modificação quando da determinação final (o verdadeiro julgamento), o que se observa na prática é que ele carrega a orientação do Departamento sobre o caso, bem como a metodologia que deve ser observada durante toda a investigação.

A respeito da determinação preliminar, o primeiro ponto a destacar é que ela não é obrigatória durante a investigação. Na prática, o DECOM normalmente procede a tal determinação quando existe alta probabilidade de se aplicar medida provisória. Até mesmo em razão disso, nenhuma determinação acaba sendo feita se não houver solicitação por parte ou da peticionária, que pede a aplicação da medida provisória,[11] ou da empresa investigada, que teoricamente cogita apresentar proposta de compromisso de preços.[12] Seja qual

10. Decreto 1.602/1995, art. 27, *caput*: "As partes interessadas conhecidas em uma investigação de dumping serão comunicadas sobre as informações requeridas e *terão ampla oportunidade de apresentar, por escrito, os elementos de prova* que considerem pertinentes com respeito à investigação em apreço (grifo nosso)".

11. O caso da investigação de pneus de carga da China é um exemplo nesse sentido.

12. Cite-se como exemplo, nesse aspecto, a investigação de chapa de alumínio de Estados Unidos e China.

for o caso, insista-se: ainda que haja solicitação, o DECOM não tem obrigação legal alguma de realizar determinação preliminar.

Outro ponto a ressaltar é que a condição que se analisa aqui para fins de imposição de medida provisória é a existência de determinação preliminar *positiva* (ou afirmativa, nos termos da legislação). Por uma questão de lógica, assume-se que, quando o DECOM começa a elaborar seu Parecer de determinação preliminar, ainda não há certeza sobre se ela será *positiva* ou *negativa*. Dessa forma, caso a conclusão preliminar seja pela inexistência ou do dumping ou do dano (determinação negativa), não se torna possível aplicar medida provisória. Note-se a esse respeito um aspecto muito importante: determinação preliminar negativa não é, em regra, motivo para encerramento da investigação. Apenas o é para não se aplicar medida provisória.[13]

Ainda que haja essa possibilidade de determinações preliminares negativas ocorrerem, nota-se que elas devem ser vistas como exceção. De fato, na história do Brasil em matéria de antidumping, considerando-se o período analisado no âmbito deste artigo, já houve 70 determinações preliminares, sendo 65 em investigações e 5 em revisões. Desse total, em apenas duas oportunidades o DECOM chegou a determinações negativas. Ainda assim, não foram determinações isoladas, e sim relativas a uma dentre diversas origens investigadas num mesmo processo.[14]

Por fim, ainda a respeito da determinação preliminar, recorde-se seu objeto: dumping, dano e nexo causal entre eles. Compreende-se que, no momento em que a determinação preliminar é tomada, o DECOM não tenha à sua disposição a mesma quantidade e qualidade de informações que teria se fosse o caso de uma determinação final.[15] Esse não é, no entanto, o aspecto principal aqui: ao contrário, independentemente das informações à disposição, a determinação preliminar não pode ser tal que fuja dos critérios que devem ser avaliados pela autoridade investigadora durante uma investigação relativamente

13. Um dos motivos que justificaria o término da investigação em sede de determinação preliminar seria a constatação de que o volume importado daquela origem investigada é *de minimis*, o que ocorreu, por exemplo, no caso da investigação de leite importado da Austrália. Veja-se o artigo 5.8 do Acordo Antidumping.

14. Trata-se do caso de fibras de viscose da Indonésia e da Tailândia, que serão comentados em momento oportuno, adiante.

15. Esse tem sido o entendimento firmado pela jurisprudência da OMC. Cite-se, por exemplo, o caso *Argentina – Poutry*: "At the time of initiation an investigating authority does not need to be in possession of the same quantity and quality of evidence that would be necessary to support a preliminary or final determination of dumping." WT/DS241/R, par. 7.84.

ao dumping, ao dano e ao nexo causal entre eles, tal como disposto nos artigos 2 e 3 do Acordo Antidumping.

A segunda condição tida aqui como de ordem material é que as autoridades competentes do Membro importador tenham julgado que as medidas são necessárias para impedir a ocorrência de dano durante a investigação. Como se vê, cuida-se de julgamento um tanto quanto subjetivo, que acaba variando caso a caso e não segue, por isso, uma lógica constante. Na prática, é o próprio DECOM que avalia, com base nos elementos aportados na investigação, se há ou não necessidade de recomendar a medida provisória, conclusão a que geralmente chega de acordo com a conclusão preliminar de dumping e dano.[16] No entanto, esse julgamento do DECOM não é mais do que parte em sua recomendação pela aplicação da medida provisória a ser efetivamente decidida pela CAMEX.

1.2.3 Condição temporal

A primeira e única condição temporal que deve ser observada para fins de aplicação de medida provisória é a de que a investigação em questão tenha sido iniciada há pelo menos 60 dias, nos termos do artigo 7.3 do Acordo Antidumping. Esse prazo, no caso do Brasil, deve ser contado a partir da publicação da Circular SECEX no *Diário Oficial da União*. Essa exigência de respeito a um tempo mínimo não existia sob a regulamentação internacional anterior – o Código Antidumping da Rodada Tóquio –, o que permitia aos países que eram Partes Contratantes do GATT, como o Brasil, aplicar medidas provisórias quase que automaticamente.

Na prática do DECOM, cuja constituição é contemporânea ao início da vigência do Acordo Antidumping no Brasil, a medida provisória recomendada e aplicada mais rapidamente ocorreu em 149 dias. Na média, como se verá nos itens seguintes, o tempo entre a abertura da investigação e o início da vigência da medida provisória é de 8 meses. Isso significa que, ainda que o tempo mínimo a ser observado seja quatro vezes menor (60 dias), o Brasil não costuma aplicar medida precipitadamente, sem ter o maior número de informações possível, sobretudo além daquelas fornecidas somente pela indústria nacional peticionária.[17]

16. O caso envolvendo chapa de alumínio de Estados Unidos e China é, nesse aspecto, digno de nota: apesar das altas margens relativas de dumping encontradas, não houve entendimento quanto à necessidade de aplicação de medida provisória.

17. Isso ocorre porque, em regra, não há aplicação de medida provisória sem investigação *in loco* na indústria doméstica e sem considerar as respostas aos questionários.

1.3 Forma de aplicação de medidas provisórias

Satisfeitas as condições para aplicação de medida provisória, o passo seguinte do DECOM é recomendar a medida, tendo em vista o propósito de evitar a ocorrência de dano durante a investigação. Conforme o artigo 7.2 do Acordo Antidumping, há duas formas possíveis:[18] i) direito antidumping provisório; e ii) garantia.

O direito provisório consiste na cobrança de montante em dinheiro igual ou inferior à margem de dumping apurada. Nos termos da legislação brasileira, esse montante pode se calculado mediante a aplicação de alíquotas *ad valorem* ou específicas, fixas ou variáveis, ou pela conjugação de ambas. No caso da alíquota *ad valorem*, trata-se de um percentual sobre o valor CIF da mercadoria importada.[19] A alíquota específica, por sua vez, é fixada em dólares estadunidenses.

Importante destacar ainda que esse direito, *ad valorem* ou específico, deve ser recolhido independentemente de qualquer outra obrigação de natureza tributária que incida sobre a importação do produto em questão.[20] Além disso, os direitos provisórios são devidos na data de registro da declaração de importação e, se não recolhidos nessa data, sofrerão os acréscimos legais, como multas e juros de mora.[21]

A segunda alternativa de aplicação da medida provisória dá-se por meio da prestação de garantia do valor integral da obrigação e dos demais encargos, na forma de depósito em dinheiro ou na forma de fiança bancária, juntamente com termo de responsabilidade. Nesse caso, ou seja, de prestação de garantia, a CAMEX pode suspender a exigibilidade dos direitos provisórios até decisão final do processo de investigação.[22]

A propósito dessas duas possibilidades – direito e garantia –, uma constatação torna-se oportuna. O Acordo Antidumping utiliza o termo "preferencialmente" para indicar que a opção ideal seria uma medida provisória na forma de prestação de garantia. No entanto, conforme se verá nos itens seguintes, nenhuma medida provisória foi aplicada no Brasil até o momento que não sob a forma de direito antidumping.

---

18. Reproduzidas no Decreto 1.602/1995, art. 34, §§ 2.º e 3.º.

19. Decreto 1.602/1995, art. 45.

20. Decreto 1.602/1995, art. 48. Isso equivale dizer, a título de exemplo, que *drawback* não isenta do direito aplicado.

21. Lei 9.019/1995, art. 7.º, § 2.º.

22. Lei 9.019/1995, art. 3.º.

O artigo 7 do Acordo Antidumping determina ainda que, quando da aplicação de uma medida provisória, devem ser observadas as disposições pertinentes do artigo 9 do mesmo Acordo. Esse artigo trata da imposição e da cobrança de direitos antidumping, e várias disposições nele contidas já foram, de certa forma, indicadas nos parágrafos acima – como, por exemplo, o artigo 9.3, que dispõe sobre o valor do direito.

Ainda assim, comente-se que o artigo 9.1 do Acordo determina que seria desejável que o montante do direito antidumping fosse inferior à margem de dumping apurada. A regra do "menor direito", como se conclui, não é obrigatória. Na prática brasileira, no entanto, tem-se observado sua utilização, inclusive no que diz respeito ao direito provisório.

Além de todos esses detalhes, destaque-se também que, por uma questão de transparência, o ato de imposição dos direitos provisórios – no caso, a Resolução CAMEX – deve ser publicado no *Diário Oficial da União* e além disso indicar, no mínimo: i) prazo de vigência; ii) produto atingido; iii) valor da obrigação; iv) país de origem ou de exportação; e v) razões pelas quais a decisão foi tomada.[23] O item seguinte trata da definição do prazo de vigência.

1.4 Prazo de aplicação e cobrança de medidas provisórias

Por fim, integra ainda o conjunto de recomendações feitas pelo DECOM sobre a medida provisória necessária o prazo de sua duração. Conforme o artigo 7.4 do Acordo Antidumping,[24] o prazo padrão de duração de uma medida provisória é de *até* 4 meses, extensível a 6 meses a pedido dos exportadores investigados. Não se trata, portanto, de um prazo preestabelecido, uma vez que a definição exata do prazo de aplicação deve ser orientada pelo "mais curto período possível".

Porém, esse prazo padrão de 4 meses (ou 6 meses, se estendido) pode ser de até 6 meses (igualmente passível de extensão para 9 meses, a pedido dos exportadores). Isso pode ocorrer desde que haja a aplicação de direito inferior à margem de dumping apurada quando da determinação preliminar. Ou seja: caso o DECOM entenda, em sua recomendação, que um direito provisório inferior à margem seria suficiente para eliminar o dano durante a investigação, pode então recomendar que a medida seja aplicada por até 6 meses.

Como se verá oportunamente, na prática é isso mesmo que acontece: o DECOM sempre busca calcular o direito provisório – já que nunca recomenda a prestação de garantia –, de forma tal que seja inferior à margem de dumping

23. Lei 9.019/1995, art. 6.º, par. ún.

24. Reproduzido no Decreto 1.602/1995, art. 34, § 8.º.

apurada preliminarmente. Assim, no caso do Brasil, todas as medidas provisórias aplicadas acabam tendo como prazo padrão de duração 6 meses,[25] em vez de 4 meses. E, na prática, o período exato de duração acaba sendo determinado ou pelo decurso dos 6 meses ou, o que é mais comum, pela entrada em vigor da Resolução CAMEX, que aplica direito definitivo ou homologa compromisso de preços, a qual revoga a Resolução que impôs o direito provisório.

Ainda sobre a duração de medidas provisórias, importa observar que elas devem ser aplicadas de forma prospectiva, ou seja, o prazo de sua duração é contado a partir da publicação da respectiva Resolução CAMEX no *Diário Oficial da União*. Além disso, somente podem atingir aqueles produtos despachados para consumo após essa data.[26]

De fato, a aplicação retrospectiva de que trata o Acordo Antidumping diz respeito aos direitos definitivos, e não aos provisórios. Uma das possibilidades de retroatividade, conforme o artigo 10.2 do Acordo, pode ter as medidas provisórias como referência: ou seja, direitos definitivos podem ser retroativos ao período de aplicação das medidas provisórias, desde que tenha havido determinação positiva de dano, e não ameaça. Sendo esse o caso, o artigo 10.3 esclarece que eventual diferença a mais não será cobrada, ao passo que diferença a menos deverá ser reembolsada.[27]

O artigo 10.6 do Acordo contempla ainda outra possibilidade de aplicação retroativa de direitos definitivos, tomando como base as medidas provisórias. No caso, observadas as condições delineadas no referido artigo, o direito definitivo pode ser cobrado sobre produtos que tenham sido despachados para consumo até 90 dias antes da aplicação das medidas provisórias.

De qualquer forma, apesar de, teoricamente, ser possível a aplicação retroativa dos direitos definitivos (e não dos provisórios), em nenhum dos casos analisados neste artigo isso ocorreu. Na prática, quando da aplicação do direito definitivo determina-se apenas o prazo de sua duração: até 5 anos. Assim, se a aplicação do direito definitivo ocorre dentro do prazo da vigência da medida provisória (o que é a regra), a Resolução CAMEX que impõe o direito

25. Como se ressaltou, o prazo de 6 meses pode ser estendido a 9 meses a pedido do exportador. Na prática brasileira sob o Acordo Antidumping, essa extensão ocorreu apenas em uma oportunidade: no caso dos direitos provisórios aplicados às importações de fios de viscose, conforme Resolução CAMEX 40/2009.

26. Acordo Antidumping, artigo 10.1; Decreto n. 1.602/1995, art. 49.

27. Essa hipótese de diferença entre o direito definitivo e o provisório é tratada também pelo art. 53 do Decreto 1.602/1995, nos mesmos termos do Acordo Antidumping.

definitivo costuma revogar expressamente a Resolução do provisório, apenas mantendo os efeitos de sua vigência.

Por fim, deve-se mencionar que, uma vez aplicada a medida provisória pela CAMEX, sua cobrança, durante o prazo de duração da medida, é de competência da Secretaria da Receita Federal do Brasil. De fato, o art. 7.º, § 1.º, da Lei 9.019/1995 dispõe: "Será competente para a cobrança dos direitos antidumping e compensatórios, provisórios ou definitivos, quando se tratar de valor em dinheiro, bem como, se for o caso, para sua restituição, a Secretaria da Receita Federal do Ministério da Fazenda".

Dessa forma, interessa apenas a situação em que há aplicação de medida provisória, mas a investigação acaba sendo encerrada sem aplicação de medida definitiva. Nesse caso, já que não se utiliza garantia como medida, o valor do direito provisório recolhido deverá ser restituído; a competência para essa restituição será da Receita Federal, como se destacou no parágrafo anterior.

Porém, se houve determinação final negativa, mas se chega à conclusão de que ela só foi negativa em virtude da aplicação de medidas provisórias, aplicam-se as mesmas regras que seriam aplicadas no caso de se chegar a uma determinação final positiva em situações em que foram aplicadas medidas provisórias: i) se o valor do direito definitivo for inferior ao que foi recolhido em virtude da medida provisória, a diferença será restituída ou devolvida; ii) se o valor for superior, a diferença não será exigida; iii) se o valor for igual, as importâncias recolhidas ou garantidas serão automaticamente convertidas em direito definitivo.[28]

1.5 Prática do Brasil em matéria de medidas provisórias

A prática brasileira na aplicação de medida provisória, ao longo dos anos, não é uniforme. Como se verá abaixo, alternam-se períodos em que o Brasil utilizou o instrumento com mais frequência com períodos em que o País simplesmente não aplicou medida alguma. Tendo em vista esse cenário, a análise da prática brasileira em matéria de aplicação de medida provisória é desenvolvida levando em consideração quatro períodos distintos, a saber: i) 1988 a

28. Decreto 1.602/1995, art. 52. No caso do Brasil, a prática tem sido aplicar direto definitivo em montante superior ao do provisório, o que faz com que a diferença não seja exigida do importador. Antes disso, a rigor, a hipótese de haver determinação final negativa em razão da aplicação de medida provisória é remota no Brasil. Com efeito, o período da investigação de dumping e dano, definido pelo DECOM, é *fixo* e *anterior* à data de abertura. Dessa forma, como os dados não seguem sendo atualizados durante a investigação, a medida provisória aplicada não é suficiente para alterar o quadro que serve de base para a determinação final do DECOM.

1994; ii) 1995 a 1999; iii) 2000 a 2005; e iv) 2006 a 2008. Em qualquer situação, as delimitações dizem respeito às investigações iniciadas dentro do respectivo período, ainda que eventual aplicação de medida provisória tenha ocorrido em período posterior.[29]

Antes de analisar cada período em questão, uma observação se faz necessária. Como mencionado no item anterior, a medida provisória pode ser aplicada na forma de direito antidumping provisório ou na forma de garantia. No entanto, conforme se verá abaixo e também no Anexo ao presente artigo,[30] a prática brasileira na aplicação de medida provisória tem-se resumido somente à aplicação de direitos provisórios.

2. Aplicação de medida provisória em investigações iniciadas entre 1988 e 1994

2.1 Aspectos gerais do período analisado

O primeiro período de análise da prática brasileira na aplicação de medidas provisórias refere-se às investigações iniciadas no período compreendido entre 1988, ano de início da prática brasileira em matéria de antidumping, e 1994. Observe-se, inicialmente, que o ano de 1988 marca também o início do processo de liberalização comercial, inserido no contexto da chamada Nova Política Industrial do Brasil.[31] Esse processo de abertura comercial acabou se acentuando a partir do Governo Collor, que, entre outras medidas, eliminou as listas de produtos com importação suspensa e os Programas de Importação.[32]

No que se refere à defesa comercial, a característica principal desse período é o fato de que todas as investigações nele iniciadas o foram sob a égide do

29. Convém esclarecer que todas as investigações do período analisado (ou seja, iniciadas até 31 de dezembro de 2008) já se encontravam encerradas na data de conclusão do presente artigo.

30. O Anexo 2 contém a relação de todas os processos antidumping que tiveram determinações preliminares positivas de dumping e dano, com indicação das respectivas normas relacionadas a essas investigações.

31. A Nova Política Industrial foi instituída pelo Decreto-lei 2.433, de 19 de maio de 1988. Seu objetivo era modernizar e aumentar a competitividade do parque industrial brasileiro. Para tanto, a política seria desenvolvida por meio dos Programas Setoriais Integrados, dos Programas de Desenvolvimento Tecnológico Industrial e dos Programas Especiais de Exportação. No caso dos Programas Setoriais Integrados, havia previsão de medidas afetando o Imposto de Importação incidente sobre diversos produtos de potencial interesse para a política industrial pretendida.

32. Sobre o assunto, veja-se Azevedo e Portugal.

Código Antidumping da Rodada Tóquio.[33] As normas sobre medidas provisórias contidas no Código da Rodada Tóquio também serviram de base para as disposições sobre o assunto contidas no Acordo Antidumping da Rodada Uruguai. Por essa razão, ainda que as normas do Acordo sejam mais detalhadas, ambas as regulamentações guardam semelhanças significativas.

No caso do Código, a aplicação de medidas provisórias era dependente de determinação preliminar da existência de dumping e de dano. Além disso, poderiam ser aplicadas somente se a autoridade investigadora julgasse necessário fazê-lo para prevenir o dano durante a investigação.[34] Da mesma forma como no Acordo Antidumping, o Código estabelecia a possibilidade de a medida ser materializada na forma ou de direito provisório ou de garantia.[35]

Em relação ao período de aplicação da medida, o Código trazia a mesma regra relativa à recomendação de se aplicar medida provisória pelo período mais curto possível, mas não superior a 4 meses (extensível a 6 meses, por decisão da autoridade investigadora).[36] Note-se aqui uma diferença em relação ao Acordo Antidumping: o Código não contemplava a possibilidade de os prazos serem de 6 meses (extensível a 9 meses), caso a autoridade investigadora optasse por um direito inferior à margem de dumping apurada.

Porém, a principal diferença em relação aos dois tratados em questão reside no fato de que o Código, ao contrário do Acordo, não estabeleceu um período mínimo antes do qual não seria possível a aplicação de medida provisória. Em outras palavras: enquanto o Acordo Antidumping proíbe a aplicação de medida provisória antes de 60 dias após iniciada a investigação, investigações iniciadas sob o Código da Rodada Tóquio poderiam resultar em medida provisória tão logo fosse feita uma determinação preliminar. A proteção, aqui, tendia a ser quase imediata, como de fato ocorreu na prática brasileira, como se verá abaixo.

Feitas essas observações sobre o Código da Rodada Tóquio, a tabela a seguir resume todas as investigações iniciadas no Brasil durante o período em questão. Antes de analisar os números indicados na Tabela 1, um esclarecimento se faz importante neste momento. Como se poderá observar, a tabela em questão – como também todas as dos demais períodos, que serão vistas adiante – não contempla os dados relativos às revisões.

33. O Código Antidumping da Rodada Tóquio foi aprovado no Brasil por meio do Decreto Legislativo 20, de 5 de dezembro de 1986, e incorporado em nosso ordenamento por meio do Decreto 93.941, de 16 de janeiro de 1987.

34. Código, art. 10.1.

35. Código, art. 10.2.

36. Código, art. 10.3.

A razão para isso está no fato de que, como já ressaltado na Introdução, quando se inicia uma revisão, as medidas antidumping definitivas (sejam direitos, sejam compromissos) objeto da revisão ficam mantidas até o encerramento do processo.[37] Não há que se falar, portanto, em medida provisória nesse contexto. Por conta disso, determinações preliminares em revisões, quando são feitas, acabam tendo unicamente como fundamento fornecer parâmetros para o oferecimento de compromissos de preços.[38]

Tabela 1 - Investigações Antidumping Iniciadas no Brasil entre 1988 e 1994

<table>
<tr><th colspan="2" rowspan="2">Investigações[39]</th><th rowspan="2">sem MD</th><th colspan="2">com MD</th><th rowspan="2">Total</th></tr>
<tr><th>DA</th><th>CP</th></tr>
<tr><td rowspan="3">com DET</td><td>com MP</td><td>8</td><td>15</td><td>0</td><td>23</td></tr>
<tr><td>sem MP</td><td>0</td><td>0</td><td>0</td><td>0</td></tr>
<tr><td>Subtotal</td><td>8</td><td>15</td><td>0</td><td>23</td></tr>
<tr><td colspan="2">sem DET</td><td>28</td><td>8</td><td>2</td><td>38</td></tr>
<tr><td colspan="2">Total</td><td>36</td><td>23</td><td>2</td><td>61</td></tr>
</table>

Legendas: DET: determinação preliminar positiva; MP: medida provisória; MD: medida definitiva; DA: direito antidumping; CP: compromisso de preços.

Fonte: Elaboração do autor a partir de Relatórios anuais do DECOM e normas pertinentes às investigações. Os dados seguem a metodologia para cômputo dos casos: uma investigação por produto por origem.

Como se pode verificar pelos dados da tabela, nesse período foram iniciadas 61 investigações. De todas elas, houve determinação preliminar em 23 casos, o que equivale a 37,7% do total. Levando-se em consideração esses casos em que houve determinação preliminar, observa-se que em todos houve aplicação de medida provisória – o que ocorreu sempre na forma de direito provisório.

A respeito disso, o fato de o Código da Rodada Tóquio não ter estipulado prazo mínimo a ser observado para imposição de medida provisória fez que tais medidas acabassem sendo aplicadas quase que sumariamente, conforme

37. Decreto 1.602/1995, art. 57, § 4.º: "Os direitos serão mantidos em vigor, enquanto perdurar a revisão".

38. Apesar dessa opção metodológica, serão feitas menções ou, ao menos, referências às revisões sempre que pertinente, sobretudo quando se tratar de revisões com determinações preliminares.

39. Além dessas 61 investigações, houve ainda uma revisão, totalizando 62 processos no período. Não houve determinação preliminar no contexto dessa revisão isolada.

dados da tabela a seguir. Um dos fatores que pode ter contribuído para isso foi a pouca rigidez das normas do Código, que possibilitava análises menos aprofundadas sobre as condições para imposição de medida antidumping.

Tabela 2 - Duração das Investigações em que Houve Aplicação de Medida Provisória (1988-1994)

Produto (n. de origens)	Abertura para MP	MP p/ encerramento	Total
cloreto alumínio (2)	11	120	131
saco de juta (2)	187	134	321
ferro-cromo alto carbono (1)	303	138	441
PVC (2)	21	242	263
fosfato monoamônico (1)	40	192	232
ferro-cromo baixo carbono (3)	276	221	497
ácido sulfônico (1)*	78	366	444
coco ralado (5)*	18	647	665
tecidos (1)*	78	328	406
pêssego (1)*	32	174	206
ventilador de mesa (1)	319	259	578
roda para bicicleta (1)	295	277	572
cadeado (1)	345	128	473
alho (1)	262	138	400
Total (23) – Tempo médio	**162**	**240**	**402**

Legenda: MP: medida provisória.

* Indicam as investigações em que foram aplicadas medidas provisórias mas não medidas definitivas.

Fonte: Elaboração do autor a partir de Relatórios anuais do DECOM e normas pertinentes às investigações. Os prazos referem-se às datas de publicação das normas no *Diário Oficial*, e são computados em dias.

Veja-se, a partir dos dados, que o prazo médio entre a abertura da investigação e o início da vigência da medida provisória aplicada foi de 5 meses e 12 dias nesse período. Porém, deve-se ressaltar que esse prazo médio foi elevado nas últimas investigações do período: ventilador de mesa, roda para bicicleta, cadeado e alho. Essa ressalva é importante, uma vez que as investigações referentes a esses produtos foram todas encerradas após 1995, quando já estava em vigor o Acordo Antidumping da OMC.

Pode-se perfeitamente concluir que, por conta disso, a autoridade investigadora brasileira já buscava se adequar à nova realidade do Acordo Antidumping, sobretudo no que diz respeito ao detalhamento das razões que levaram à aplicação de medida provisória, algo cuja ocorrência nas investigações do início do período é questionável. Veja-se que, à exceção das investigações envolvendo ferro-cromo carbono (alto e baixo) e saco de juta, todas as demais tiveram medidas provisórias quase que sumárias: média de 40 dias entre a abertura da investigação e o início da vigência da medida. Inclusive, a primeira medida provisória em uma investigação antidumping no Brasil, ocorrida no caso do cloreto de alumínio, foi aplicada em apenas 11 dias.

O fato de no período considerado ter sido notada ausência de análises mais aprofundadas para imposição de medida provisória pode ajudar a compreender as razões pelas quais 8 (34,8%) desses 23 casos em que houve aplicação de medida terem sido encerrados sem aplicação de medida definitiva, maior percentual entre todos os períodos analisados.[40]

2.2 Análise das investigações do período

Em relação aos casos em si que tiveram determinação preliminar positiva, apresentamos a seguir alguns comentários com base nos quais se busca verificar se houve modificação nas orientações da autoridade investigadora quando da aplicação do direito provisório e do direito definitivo. Inicialmente, como se comentou acima, as portarias que materializaram as medidas provisórias aplicadas pelo Brasil nesse período trouxeram pouco detalhamento a respeito dos fundamentos das medidas, especialmente no caso das primeiras investigações.

Na investigação sobre cloreto de alumínio, recomendou-se a aplicação de medida provisória na forma de direito provisório, por meio de alíquota *ad valorem*, às importações provenientes do Canadá e dos Estados Unidos. O fundamento para a medida foi, basicamente, que o aumento das importações desses países provocou aumento da capacidade instalada ociosa da indústria nacional. Esses mesmos fundamentos foram utilizados para justificar a posterior aplicação de medida definitiva, também sob a forma de alíquota *ad valorem*. Observe-se apenas que, no caso da medida definitiva, as alíquotas foram menores para o Canadá e maiores para os Estados Unidos. Essa investigação, por sinal, foi a mais rápida da história brasileira: 4 meses e 11 dias entre a abertura e o encerramento.

A investigação sobre saco de juta proveniente de Índia e Bangladesh foi a segunda em que houve aplicação de medida provisória, também sob forma de direito provisório com alíquotas *ad valorem*. Nesse caso, a medida definitiva também foi na forma de alíquota *ad valorem*, sendo que os fundamentos tanto

40. O Gráfico 3, contido no Anexo ao presente artigo, traz um comparativo entre os resultados das investigações com aplicação e sem aplicação de medida provisória.

para o direito provisório quanto para o direito definitivo foram os mesmos: o aumento no índice de participação das importações provocou deslocamento da produção interna. Porém, nessa investigação, as alíquotas do direito definitivo foram inferiores àquelas do direito provisório – algo incomum na prática brasileira, sobretudo nos períodos seguintes, como se verá.

Já na investigação sobre ferro-cromo alto carbono, quando importado da África do Sul, as medidas provisória e definitiva também seguiram o mesmo parâmetro: direito na forma de alíquota *ad valorem*. Aplicado por um período de 4 meses, o direito provisório teve como base a margem de dumping apurada a partir do valor normal construído. Além disso, esse direito provisório teve como justificativa evitar dano durante a investigação. A medida definitiva, aplicada numa alíquota maior, também teve como base a margem de dumping apurada a partir do valor normal construído.

A investigação seguinte a ter determinação preliminar e, consequentemente, aplicação de medida provisória foi sobre PVC importado do México e dos Estados Unidos. Da mesma forma como nos casos anteriores, tanto a medida provisória quanto a definitiva foram sob a forma de alíquota *ad valorem* – sendo que a do direito definitivo variou para mais no caso do México e foi a mesma no caso dos Estados Unidos. O direito provisório aplicado de forma sumária – porquanto imposto 21 dias após iniciada a investigação – teve como fundamento a simples constatação do aumento da participação das importações e o receio de haver dano durante a investigação.

O caso do fosfato monoamônico originário da Rússia seguiu a mesma tendência vista nos casos anteriores: medidas provisória e definitiva aplicadas sob a forma de alíquota *ad valorem*, sendo que a alíquota do direito definitivo foi inferior à do direito provisório. A conclusão a que se chegou tanto em um quanto em outro caso foi que, em razão do aumento das importações, houve retração nas vendas da indústria brasileira, que teve, além disso, que vender abaixo do custo. Em ambos os momentos de aplicação também se limitou o direito antidumping apenas às importações feitas a partir do Nordeste e destinadas ao consumo naquela região do País.

A investigação sobre importação de ferro-cromo baixo carbono originário de Rússia, Ucrânia e Cazaquistão também teve aplicação de direitos provisório e definitivo na forma *ad valorem*. As alíquotas foram idênticas para os três países em cada situação, sendo que a alíquota do direito definitivo foi superior à do provisório. Nos dois casos, o direito aplicado teve como base a margem de dumping apurada a partir do valor normal construído, assim como já havia ocorrido no caso do ferro-cromo alto carbono. O fundamento para o dano foi, outra vez, o fato de que o aumento das importações fez com que a indústria doméstica reduzisse sua produção e, assim, diminuísse sua participação no consumo aparente.

As investigações seguintes que tiveram determinação preliminar e aplicação de direito provisório acabaram sendo encerradas sem aplicação de direito definitivo. No caso do ácido sulfônico originário da França, foi aplicado direito provisório *ad valorem* com base em margem de dumping apurada a partir do valor normal construído. Porém, não houve aplicação de direito definitivo porque o próprio peticionário solicitou o arquivamento de seu pedido.

No caso do coco ralado, houve aplicação de direito provisório *ad valorem* às importações de Sri Lanka, Costa do Marfim, Filipinas, Malásia e Indonésia. Essa medida provisória também foi aplicada de forma sumária, já que apenas 18 dias após iniciada a investigação. Além disso, as alíquotas foram elevadas (entre 130,72% e 182,20%), o que conferiu proteção significativa para a indústria nacional. Porém, não houve aplicação de medida definitiva nesse caso, uma vez que investigação paralela de subsídios resultou na aplicação de direito compensatório definitivo por meio da Portaria Interministerial 11/1995. Deve-se destacar que, nesse caso de não aplicação, o fundamento invocado foi o artigo VI.5 do GATT, que trata da aplicação simultânea de medidas antidumping e compensatória sobre um mesmo produto procedente de mesma origem.

O caso seguinte, envolvendo tecidos artificiais e sintéticos da Coreia do Sul, também teve aplicação de direito provisório *ad valorem* com base em margem de dumping cujo valor normal foi construído. O interessante desse caso é que se utilizou alíquota inferior à margem de dumping apurada, com o fundamento de que tinha havido redução nos preços e, ainda, porque o próprio Código da Rodada Tóquio assim recomendava. Essa preocupação, inédita à época, acabaria se tornando prática constante nas investigações seguintes, sobretudo naquelas iniciadas sob o Acordo Antidumping da OMC. Nesse caso dos tecidos, não houve aplicação de direito definitivo, uma vez que a determinação final foi negativa.

Por fim, a última investigação desse período que teve aplicação de medida provisória e não de medida definitiva foi a que envolveu importação de pêssegos da Grécia. Como em todas as demais, aplicou-se direito provisório *ad valorem*. Mas, de forma até certo ponto curiosa, a própria indústria nacional acabou não respondendo ao questionário que lhe fora enviado; os exportadores gregos, por sua vez, responderam e, de acordo com esses dados, não ficou comprovada a existência de dumping, razão pela qual se encerrou a investigação sem aplicação de medida definitiva.

As investigações seguintes, e últimas, desse período que tiveram imposição de medida provisória já sinalizam a mudança de posicionamento do Brasil quanto ao assunto, algo que acabou sendo consolidado nos períodos seguintes, como se verá. A própria mudança na sistemática de aplicação das medidas,[41] que passou a depender de ato conjunto dos Ministros da Fazenda e da Indústria, do Comércio e do Turismo e, além disso, passou a exigir a indicação das razões pelas quais a decisão foi tomada, entre outros, certamente contribuiu para o adensamento da tecnicidade durante a investigação. Conforme já se ressaltou anteriormente, isso possivelmente contribuiu para que o prazo entre o início da investigação e o da vigência da medida provisória tenha aumentado significativamente. De fato, o prazo médio dessas investigações praticamente dobrou: 10 meses e 5 dias.

Nas quatro investigações desse final do período, tanto a medida provisória quanto a definitiva foram aplicadas na forma de alíquota *ad valorem* (à exceção da definitiva em cadeado e alho), seguindo-se a prática até então verificada. A mudança de orientação na aplicação da medida provisória começou, no entanto, a ser observada por meio das seguintes preocupações por parte da autoridade investigadora brasileira: a) dar oportunidade para que as partes interessadas se manifestem antes da adoção da medida; e b) impor direito provisório inferior à margem de dumping apurada. Essas preocupações, aliás, refletiam as alterações trazidas pelo Acordo Antidumping.

Com efeito, no caso da investigação de roda livre para bicicleta da Índia, a definição da alíquota do direito provisório levou em consideração os preços praticados pela indústria nacional, comparativamente aos dos importados. Chegou-se à conclusão de que uma alíquota *ad valorem* de 20%, no máximo, já seria suficiente para evitar o dano a partir daquele momento. Assim, apesar de terem sido apuradas margens de dumping de até 93,94%, a alíquota do direito

41. A alteração mencionada aqui foi feita por meio da Medida Provisória (MP) 616, de 14 de setembro de 1994. Essa MP foi reeditada pelas MP 655, 708, 762 (de 1994), 827, 879 e 926 (de 1995), antes de ser finalmente convertida na vigente Lei 9.019, de 30 de março de 1995, já em consonância com as disposições do Acordo Antidumping da OMC. Antes desse período, a aplicação de medida antidumping esteve inicialmente a cargo da Comissão de Política Aduaneira (CPA), do Ministério da Fazenda. Após extinção da CPA, suas funções passaram a ser desempenhadas pela Coordenação Técnica de Tarifas (CTT) do Departamento de Comércio Exterior (DECEX), órgão vinculado à Secretaria Nacional de Economia do Ministério da Economia, Fazenda e Planejamento. Por fim, durante o Governo Itamar Franco, as funções da CTT passaram a ser desempenhadas pelo Departamento Técnico de Tarifas (DTT), da então recém-criada Secretaria de Comércio Exterior (SECEX) do Ministério da Indústria, Comércio e Turismo.

provisório foi limitada a 20%. Além disso, a autoridade investigadora brasileira aguardou o recebimento de informações das partes interessadas para então fazer sua recomendação.

A aplicação do direito definitivo, nesse caso, seguiu a mesma lógica do provisório. Entre outros, o valor normal foi construído para fins de apuração da margem de dumping, o que fez com que as mesmas margens relativas fossem encontradas nas duas determinações, preliminar e final. Aqui, no entanto, a aplicação do direito definitivo não seguiu a preocupação com a limitação do direito à alíquota de 20%. Ao contrário, aplicou-se o direito com base nas margens integrais apuradas pelo fato de não ter havido colaboração dos exportadores envolvidos. Esse aspecto também merece ser frisado, já que passaria a ser constante na prática brasileira: por um lado, aplicação de direito provisório de preferência inferior às margens de dumping apuradas, independentemente de participação dos investigados; por outro, aplicação do direito definitivo conforme as margens, caso não haja participação e/ou colaboração.

Já no caso da investigação de ventilador de mesa da China, chegou-se a margens de dumping relativas de mais de 100%, baseadas no valor normal construído, na determinação preliminar. Porém, a aplicação do direito provisório foi feita com base em alíquota bastante inferior, a partir do entendimento de que o direito menor seria suficiente para evitar o dano. No caso, procedeu-se ao cálculo com base na diferença entre o preço interno e o preço CIF internado dos importados (margem de subcotação, que se tornaria também um parâmetro frequente na prática brasileira a partir de então). Além disso, a autoridade investigadora analisou os questionários então recebidos antes de recomendar a alíquota do direito provisório.

Para fins de determinação final, nesse caso, a autoridade investigadora alterou suas conclusões, tomadas quando da determinação preliminar, ao receber novas informações das partes interessadas após aplicação do direito provisório. Especificamente, o valor normal para fins de apuração de margem de dumping preliminar havia sido construído a partir dos custos chineses identificados; para fins de apuração da margem de dumping na determinação final, o valor normal foi construído a partir dos custos brasileiros, que representavam a melhor informação disponível naquele momento. Porém, recomendou-se aplicar o direito com base na margem de subcotação apurada. Além disso, as alíquotas finais foram definidas de forma escalonada, pelo fato de, em relação ao produto investigado, o Imposto de Importação também incidir de forma escalonada durante os anos de vigência da medida.

No caso dos cadeados importados da China, aplicou-se direito provisório na forma de alíquota *ad valorem* com base em margem de dumping cujo valor normal foi construído com base nos custos da própria empresa brasileira peticionária.[42] A aplicação do direito provisório - que, nesse caso, foi inclusive precedida de audiência realizada pela autoridade investigadora - levou em consideração a diferença entre o valor normal e o valor CIF internado da mercadoria chinesa. A aplicação da medida definitiva, aqui, representou ineditismo em relação à prática até então observada: em vez de serem aplicados direitos *ad valorem*, preferiu-se a aplicação de alíquota específica fixa.

Por fim, no caso do alho originário da China, a aplicação tanto da medida provisória quanto da medida definitiva acabou sendo sempre igual à margem de dumping apurada, o que não significou ausência de preocupação com a comparação entre os preços praticados. Nesse caso, a aplicação com base na margem de dumping deveu-se à constatação de que esta era inferior à margem de subcotação apurada. Assim como no caso do cadeado, a aplicação da medida provisória deu-se na forma de alíquota *ad valorem*, enquanto a medida definitiva foi imposta na forma de alíquota específica.

2.3 *Resumo do primeiro período analisado*

A análise dos dados referentes aos primeiros anos da prática brasileira em matéria de aplicação de medidas provisórias permite que se chegue a algumas conclusões. Em primeiro lugar, todas as determinações preliminares do período foram positivas, ou afirmativas. Em segundo lugar, sempre que houve determinação preliminar, houve aplicação de medida provisória - que, regra geral, foi baseada em margem de dumping apurada a partir do valor normal construído.[43] Além disso, todas as medidas provisórias foram aplicadas na forma de alíquota *ad valorem*. Assim também o foram todas as medidas definitivas, à exceção das duas últimas investigações do período, que envolveram cadeados e alho importados da China.

Por outro lado, nesse período, o prazo entre a abertura da investigação e a concessão de proteção à indústria nacional na forma de aplicação de medi-

42. Essa possibilidade estava de acordo com o artigo 2.4 do Código da Rodada Tóquio. A propósito, ainda hoje, a China não é reconhecida no Brasil como economia de mercado para fins de defesa comercial, o que faz com que as investigações antidumping envolvendo aquele país normalmente tenham margens de dumping apuradas a partir de valor normal obtido com base em critérios outros que não o preço do produto do mercado chinês.

43. Uma correlação que pode ser feita sobre isso é que o mercado brasileiro, inclusive por ser muito fechado na época, era pouco atraente, o que possivelmente contribui para explicar o fato de que apenas recentemente, como se verá nos itens seguintes, os exportadores começaram a participar, respondendo aos questionários. Assim, como geralmente não havia respostas, o valor normal construído tornava-se a alternativa viável.

da provisória foi mais curto, sobretudo nos primeiros anos do período. Essa tendência, como se viu, foi-se alterando a partir do momento em que modificações legais e institucionais visando à adequação do Brasil à nova legislação antidumping foram introduzidas no final de 1994.[44] Em consequência, o prazo médio entre o início da investigação e a aplicação de medida provisória praticamente dobrou.

Essa mudança de orientação advinda no final do período em questão também foi responsável pela inserção de novas preocupações por parte da autoridade investigadora brasileira, que passou a recomendar medidas inferiores às margens de dumping apuradas, sempre que isso era visto como suficiente para evitar o dano durante a investigação. Essa mesma preocupação também pôde ser sentida quando das recomendações para aplicação de medidas definitivas, cujos fundamentos, regra geral, acabavam sendo os mesmos invocados para fins de medida provisória.

3. Aplicação de medida provisória em investigações iniciadas entre 1995 e 1999

3.1 Aspectos gerais do período analisado

O segundo período de análise da prática brasileira em matéria de medidas antidumping provisórias diz respeito às investigações iniciadas entre 1995 e 1999. Todas as investigações desse período foram conduzidas integralmente sob as novas regras do Acordo Antidumping da OMC. Além disso, o período também marca o início das atividades do DECOM, órgão criado em maio de 1995 e que, desde então, passou a ser responsável pela condução das investigações antidumping no Brasil.

Em termos de contexto econômico da época, não se pode deixar de observar que, a partir do Programa de Estabilização Monetária (Plano Real) de 1994, as elevadas taxas inflacionárias do Brasil foram reduzidas sensivelmente. Os anos seguintes, durante os quais também foram conduzidos programas de privatização e desregulamentação, criaram um ambiente favorável ao investimento estrangeiro no País.

Por outro lado, o fato de esse programa de estabilização estar fundamentado na paridade cambial entre o real e o dólar fez com que, durante esses anos de crescente volume de capital estrangeiro ingressando no país, houvesse valorização da taxa de câmbio real, tornando o Brasil ficasse cada vez mais

44. Recorde-se, no entanto, que todas as investigações iniciadas antes de 1995 foram conduzidas sob as normas do Código da Rodada Tóquio, ainda que tenham sido concluídas após 1995.

dependente de capitais estrangeiros para fechar seu balanço de pagamentos.[45] A crise cambial de 1999, ocasionada a partir da decisão do governo de abandonar o câmbio fixo, também provocaria consequências em sede de defesa comercial que passariam a ser sentidas no próximo período definido neste artigo.

Sobre as investigações, nos cinco anos compreendidos no período ora analisado, nota-se a consolidação da prática observada no final do período anterior. Em termos estatísticos, a tabela a seguir resume as investigações do período.

Tabela 3 – Investigações Antidumping Iniciadas no Brasil entre 1995 e 1999

Investigações[46]		sem MD	com MD		Total
			DA	CP	
Com DET	com MP	1	8	0	9
	sem MP	0	2	5	7
	Subtotal	*1*	*10*	*5*	*16*
sem DET		20	30	0	50
Total		**21**	**40**	5	**66**

Legenda: DET: determinação preliminar positiva; MP: medida provisória; MD: medida definitiva; DA: direito antidumping; CP: compromisso de preços.

Fonte: Elaboração do autor a partir de Relatórios anuais do DECOM e normas pertinentes às investigações. Os dados seguem a metodologia para cômputo dos casos: uma investigação por produto por origem.

Como se pode observar pelos dados da tabela, durante esses 5 anos foram iniciadas 66 investigações antidumping no Brasil. Em 16 desses casos (ou seja, em 24,2% do total), houve determinação preliminar. A respeito dessas determinações, houve aplicação de medida provisória em apenas 9 deles. Em outras palavras: durante os 5 primeiros anos de experiência brasileira sob o Acordo Antidumping, o País aplicou 9 medidas provisórias em 66 investigações iniciadas, o equivalente a 13,6% dos casos.

Inicialmente, deve-se ressaltar que, conforme mencionado anteriormente, o fato de a autoridade investigadora chegar a uma determinação preliminar positiva de dumping e dano decorrente de tal prática não significa que, neces-

45. Para outros detalhes sobre o assunto, veja-se Nishijima e Tonooka, *Crise cambial brasileira – fundamentos vs. ataque auto-realizável.* Disponível em: <http://www.rieb.kobe-u.ac.jp/~nisijima/Review1999.PDF>. Acesso em: 15 fev. 2012.

46. Nesse período ainda foram iniciadas 11 revisões, totalizando 77 processos. Não houve determinação preliminar em nenhuma dessas revisões.

sariamente, haverá aplicação de medida provisória. De fato, durante o período aqui analisado, isso ocorreu em 56,3% dos casos (9 medidas provisórias em 16 investigações que tiveram determinação preliminar positiva). Ao contrário, durante o período anterior (1988 a 1994), a aplicação de medida provisória ocorreu em 100% dos casos com determinação preliminar positiva.

Outro aspecto a ser comentado, em comparação com o período anterior, é que 8 dessas 9 investigações que tiveram aplicação de medida provisória resultaram na aplicação de medida definitiva. Esse percentual de 88,9% é muito superior ao de 34,8% observado em relação às investigações do período 1988-1994. Uma das possíveis explicações, conforme já se adiantou no item anterior, pode ser o fato de que, a partir de 1995, a aplicação de medida provisória passou a ser mais criteriosa, o que acabou inclusive implicando aumento do tempo médio entre a abertura da investigação e a aplicação da medida, conforme se pode constatar pelos dados da tabela a seguir.

Tabela 4 – Duração das Investigações em que Houve Aplicação de Medida Provisória (1995-1999)

Produto (n. de origens)	Abertura para MP	MP p/ encerramento	Total
lápis (1)	185	180	365
ampola de vidro (1)	207	200	407
garrafa térmica (1)	207	200	407
aço laminado a frio (6)*	383	153	536
Total (9) – Tempo médio	**246**	**183**	**429**

Legenda: MP: medida provisória.

* Indica a única investigação do período em que houve aplicação de medida provisória mas não de medida definitiva. No caso, apenas o aço laminado a frio da Alemanha não foi objeto da medida definitiva.

Fonte: Elaboração do autor a partir de Relatórios anuais do DECOM e normas pertinentes às investigações. Os prazos referem-se às datas de publicação das normas no *Diário Oficial*, e são computados em dias.

Veja-se que, conforme a tabela acima, o prazo médio para obtenção de proteção via medida provisória nesse período foi de 8 meses e 6 dias. A investigação relativa aos produtos de aço acabou fazendo a média aumentar, e a razão para isso pode ser o fato de que essa investigação foi aberta tanto contra aço laminado a frio quanto contra aço laminado a quente – em relação ao qual não houve determinação preliminar. Além disso, o fato de terem sido investigadas sete origens distintas (Itália incluída), em processo em que houve participação dos investigados, tornou a investigação mais complexa. Ao contrário, os outros casos do período foram todos relativos a importações de produtos da China, cujo grau de participação de seus produtores e/ou exportadores foi pequeno ou nulo. Por fim, a investigação envolvendo ampolas de vidro e garrafas térmicas foi conduzida no âmbito de um único processo administrativo.

3.2 Análise das investigações do período

Em relação às investigações em si, algumas observações devem ser destacadas. Inicialmente, todas as nove medidas provisórias aplicadas nesse período tiveram a forma de alíquota *ad valorem*, assim como já havia ocorrido com todas as medidas provisórias do período anterior. Além disso, todas as medidas definitivas aplicadas foram igualmente na forma de alíquota *ad valorem*. E, por fim, a preocupação em aplicar medidas inferiores às margens de dumping apuradas também ocorreu aqui.

Com efeito, no caso do lápis importado da China, o direito provisório aplicado teve como base a diferença entre a média dos preços mais recentes praticados pela indústria nacional e o preço CIF internado do produto chinês. A margem de dumping apurada foi superior, razão pela qual não foi adotada como referência. Para fins de apuração da margem de dumping, o DECOM usou o valor normal tomando como base um terceiro país exportador de economia de mercado – no caso, exportações do México para os Estados Unidos. A metodologia utilizada na determinação final, que conduziu à recomendação de se aplicar direito definitivo, foi a mesma no tocante ao valor normal.

Já no caso das importações de ampolas de vidro da China, a alíquota do direito provisório aplicado teve como base a subcotação apurada, que foi bem inferior à respectiva margem de dumping. Além disso, houve dedução de três pontos percentuais (3%) relativos ao Imposto de Importação incidente. A margem de dumping em questão teve como base o valor normal obtido a partir das exportações da Inglaterra para a África do Sul e o Peru. A alíquota do direito definitivo, por sua vez, foi definida com base na margem de dumping, agora superior à margem de subcotação.

O caso das garrafas térmicas da China, por sua vez, também teve a margem de dumping definida com base no critério do terceiro país exportador: no caso, analisaram-se as exportações de garrafas térmicas da Bélgica para França e Holanda, mesmo parâmetro que foi utilizado quando da determinação final. A margem de subcotação foi superior à margem de dumping. Mesmo assim, a alíquota do direito provisório ainda foi inferior a essa margem: no caso, apurou-se uma "margem" como base do preço de exportação CIF e, em relação a ela, também foram deduzidos três pontos percentuais (3%) a título de Imposto de Importação. Por fim, a alíquota do direito definitivo, ao contrário da do provisório, foi igual à margem relativa de dumping apurada.

Por último, no caso da investigação sobre aço laminado a frio de Itália, África do Sul, Alemanha, Espanha, França, Japão e México, a alíquota do direito provisório também foi inferior às margens de dumping apuradas. Assim como no caso das garrafas térmicas e dos lápis, recomendou-se o percentual referente à margem de dumping baseada no preço CIF dos produtos investigados. A alíquota do direito definitivo, por sua vez, foi baseada na margem de subcotação para os investigados que colaboraram com a investigação e, para os demais, foi referente à melhor informação disponível (margem de dumping, no caso). Nas duas determinações, preliminar e final, os valores normais foram definidos a partir das informações fornecidas pelas empresas que participaram da investigação.

O caso do aço laminado a frio merece ainda alguns comentários adicionais. Em primeiro lugar, porque envolveu o único caso do período em que a aplicação de medida provisória não resultou em medida definitiva: quando da determinação final, a margem de subcotação envolvendo a Alemanha foi menor que zero e, apesar de a margem de dumping ter sido de 6,8%, não se recomendou a aplicação de medida definitiva às importações originárias daquele país.

Por fim, outro comentário diz respeito à possibilidade de celebração de compromisso de preço após a determinação preliminar. Nesse aspecto, a legislação antidumping condiciona tanto a proposição do compromisso quanto a sua aceitação a uma determinação preliminar de dumping e dano.[47] Afinal, é de se supor que nenhuma empresa investigada proporia compromisso diante da possibilidade de se concluir que não há dumping, dano ou nexo causal. No entanto, a prática até o momento ainda era a de que determinações preliminares somente seriam feitas com o propósito de aplicação de medidas provisórias. Nesse caso, não foi diferente. Mesmo assim, uma empresa da Espanha apresentou compromisso de preços posteriormente à aplicação do direito provisório, mas o DECOM acabou rejeitando a proposta, dada a sua insuficiência.

Além dos casos em que houve aplicação de medidas provisórias, comentados anteriormente, citem-se também aqueles em que não houve aplicação dessas medidas, mas que tiveram determinação preliminar positiva de dumping e dano decorrente dessa prática. Trata-se de dois processos, referentes às importações de insulina e de leite, que envolveram três e quatro origens, respectivamente.[48] A análise desses casos, neste artigo, é importante porque

47. Acordo Antidumping, artigo 8.2: "Os exportadores não deverão buscar ou aceitar compromissos sobre preços a menos que as autoridades do Membro importador tenham chegado a uma determinação preliminar afirmativa de *dumping* e dano por ele causado".

48. Esclareça-se, neste ponto, que a petição que deu origem à investigação de leite também incluía a Austrália. Para fins estatísticos, portanto, deve-se contar uma investigação mais. No entanto, não chegou a haver propriamente uma determinação preliminar, seja positiva ou negativa, no caso do leite australiano. Isto se deve ao fato

mostra certa mudança de orientação do Brasil no que diz respeito às determinações preliminares em uma investigação antidumping.

Observa-se que, nesses casos, a determinação preliminar teve claramente como propósito não aplicar medida provisória, mas sim "estimular" a realização de compromissos de preços. No caso da insulina, esse objetivo foi inclusive manifestado na própria Circular SECEX. A propósito desse caso, foram apuradas margens de dumping elevadas para as três origens. A empresa Lilly, responsável pelas exportações tanto dos Estados Unidos quanto da França, acabou celebrando compromisso de preços. No caso da Dinamarca, não se chegou a firmar compromisso de preços, e houve então a aplicação de direito definitivo. Uma vez que houve a colaboração por parte da empresa investigada, a alíquota *ad valorem* do direito aplicado foi significativamente inferior à margem de dumping apurada quando da determinação preliminar.

O caso da investigação de leite foi peculiar. Das quatro origens investigadas que foram objeto de determinação preliminar positiva, houve aplicação de direito definitivo *ad valorem* para três delas: Nova Zelândia, Uruguai e União Europeia.[49] As alíquotas desses direitos foram definidas com base na margem de subcotação, inferior às margens de dumping apuradas. Em relação à Argentina, houve celebração de compromisso de preços, o mesmo ocorrendo em relação a uma empresa europeia localizada na Dinamarca.

No entanto, o que chama a atenção nesse caso é o fato de que, posteriormente ao início da vigência do direito definitivo, nova Resolução CAMEX – órgão que, naquele contexto, já era a autoridade competente para aplicação de medidas provisórias – homologou compromissos oferecidos pelas empresas do Uruguai.

3.3 Resumo do segundo período analisado

O que se pode destacar nesses cinco primeiros anos de experiência brasileira à luz do Acordo Antidumping da OMC é que o Brasil passou a ser mais criterioso para imposição de medida provisória. Isso fez com que, por exemplo, o prazo para concessão de proteção via medida provisória acabasse sendo maior do que no período anterior, consolidando tendência que havia sido verificada no final da primeira fase.

---

de que, durante a investigação, observou-se que o volume importado da Austrália era insignificante (*de minimis*), razão pela qual foi encerrada em relação àquela origem.

49. Para fins estatísticos, foram contadas como compromissos de preços as medidas definitivas aplicadas contra União Europeia e Uruguai. No primeiro caso, porque a Dinamarca representava o principal exportador, para quem houve compromisso; no segundo, porque houve celebração de compromisso de preços *a posteriori*, como comentado no parágrafo seguinte.

As medidas provisórias aplicadas nesse período foram todas sob a forma de alíquota *ad valorem*, geralmente definidas com base no menor direito, uma vez que seria suficiente para evitar dano durante a investigação. Essa preocupação também foi observada quando da aplicação da respectiva medida definitiva, sempre que não era o caso de recorrer à melhor informação disponível.

Outro aspecto que se deve destacar nesse segundo período é que determinações preliminares positivas foram alcançadas sem que houvesse, num momento posterior, aplicação de medidas provisórias. Em princípio, a intenção dessas medidas seria possibilitar a oferta de compromissos de preços – o que acabou ocorrendo em alguns casos.

4. Aplicação de medida provisória em investigações iniciadas entre 2000 e 2005

O terceiro período analisado a respeito da prática brasileira em matéria de aplicação de medidas provisórias engloba todas as investigações iniciadas entre 2000 e 2005. Passado o período de 5 anos de adaptação às novas regras antidumping, os 6 anos seguintes ficaram marcados como um período em que inúmeras investigações foram iniciadas. Porém, ficaram igualmente marcados como um período em que a prática brasileira foi de não aplicar qualquer medida provisória no âmbito de investigações antidumping. A tabela a seguir resume todas as investigações iniciadas no período.

Tabela 5 – Investigações Antidumping Iniciadas no Brasil entre 2000 e 2005

Investigações[50]		sem MD	com MD		Total
			DA	CP	
Com DET	com MP	0	0	0	0
	sem MP	0	0	1	1
	Subtotal	*0*	*0*	*1*	*1*
sem DET		34	16	0	50
Total		34	16	1	51

Legenda: DET: determinação preliminar positiva; MP: medida provisória; MD: medida definitiva; DA: direito antidumping; CP: compromisso de preços.

Fonte: Elaboração do autor a partir de Relatórios anuais do DECOM e normas pertinentes às investigações. Os dados seguem a metodologia para cômputo dos casos: uma investigação por produto por origem.

50. Além dessas investigações, foram ainda iniciadas 36 revisões, totalizando 87 processos no período. Em duas revisões houve determinação preliminar: leite (Argentina e Uruguai).

Conforme indicado na tabela acima, durante o período de 2000 a 2005 foram iniciadas 51 investigações antidumping no Brasil. Em comparação com os demais períodos analisados, esse foi o período com o maior número de investigações encerradas sem aplicação de medidas definitivas: das 51 investigações que foram iniciadas, em 34 delas (dois terços, exatamente) não se aplicou qualquer medida definitiva.

O que se deve destacar, ainda, é o seguinte: no contexto das 51 investigações no período, não houve aplicação de medida provisória. Esse fato, aliado ao encerramento sem aplicação de medida definitiva em dois terços dessas investigações, faz supor que a orientação em matéria de medidas antidumping no Brasil, durante esse período, tenha sido a de evitar sua imposição. Evidentemente, qualquer conclusão nesse sentido seria superficial, pois somente a análise de todos os casos encerrados sem aplicação de medida antidumping poderia fornecer parâmetros seguros para uma ou outra afirmação. Essa análise, no entanto, escapa aos limites do presente artigo.

Aparentemente, no entanto, o cenário econômico nacional poderia fornecer elementos que, ainda que em parte, justificassem isso. Com efeito, após a crise cambial do final dos anos 1990, o dólar passou a acumular valorizações constantes em face do real, chegando a cotações em torno de R$ 4 no período da primeira eleição do presidente Lula, ao final de 2002. Mesmo com a cotação recuando nos anos seguintes, ainda assim o dólar alto acabou se tornando um fator desestimulante para as importações – ou, sob outro ângulo, um fator de proteção para a indústria nacional, temporariamente em situação de vantagem em relação aos preços dos concorrentes importados. Dessa forma, a aplicação de medidas provisórias poderia ser vista como desnecessária por parte das autoridades brasileiras encarregadas de sua aplicação.

Mas, deixando de lado a tentação de fazer esse exercício especulativo, retorne-se à análise das investigações do período. De todas elas (51, como se viu), houve determinação preliminar em apenas uma oportunidade – no caso, contra a importação de papel-cartão do Chile. Nessa investigação, a respectiva Circular SECEX mencionou explicitamente que se procedia a uma determinação preliminar com a intenção de possibilitar a celebração de compromissos de preços – o que, de resto, ocorreu.

Enfim, como conclusão sobre o período analisado, destaque-se mesmo a não utilização de medidas provisórias como forma de antecipar a proteção solicitada pela indústria nacional. Essa postura aparentemente não protecionista do Brasil, no entanto, acabaria não resistindo ao período seguinte, como se passa a analisar.

5. Aplicação de medida provisória em investigações iniciadas entre 2006 e 2008

5.1 Aspectos gerais do período analisado

O quarto – e último – período de análise da prática brasileira envolvendo medidas antidumping provisórias diz respeito às investigações iniciadas entre 2006 e 2008. Esse período marca uma nova postura do DECOM quanto ao recurso à medida provisória, sobretudo quando se tem em mente a prática verificada nos anos anteriores. De fato, a partir de 2006, determinações preliminares passaram a ser frequentes nas novas investigações e, via de consequência, medidas provisórias voltaram a ser aplicadas.

A rigor, a aplicação das medidas provisórias começa a ocorrer somente no ano de 2007, período que coincide com o início do segundo mandato do presidente Lula e, especialmente, com as novas orientações do governo no sentido de defender a indústria nacional contra práticas de comércio internacional tidas como desleais. Acrescente-se, por fim, que esse período, ao contrário do anterior, é um período de sobrevalorização do real frente ao dólar. O aumento das importações daí decorrente acabou sendo proporcional ao aumento das queixas da indústria nacional em relação aos concorrentes estrangeiros. A tabela a seguir resume todas as investigações iniciadas no período.

Tabela 6 – Investigações Antidumping Iniciadas no Brasil entre 2006 e 2008

Investigações[51]		sem MD	Com MD		Total
			DA	CP	
com DET	com MP	0	21	0	21
	sem MP	0	2	0	2
	Subtotal	*0*	*23*	*0*	*23*
sem DET*		10	15	0	25
Total		**10**	**38**	**0**	**48**

Legenda: DET: determinação preliminar positiva; MP: medida provisória; MD: medida definitiva; DA: direito antidumping; CP: compromisso de preços.

* Aqui se incluem as determinações negativas de dumping ocorridas no âmbito da investigação de fibra de viscose da Tailândia e da Indonésia, primeira ocasião em que se chegou a tal conclusão em sede de determinação preliminar.

Fonte: Elaboração do autor a partir de Relatórios anuais do DECOM e normas pertinentes às investigações. Os dados seguem a metodologia para cômputo dos casos: uma investigação por produto por origem.

51. Durante esse período, também foram iniciadas 21 revisões, totalizando 69 processos. Houve determinação preliminar em três dessas revisões: papel-cartão (Chile) e leite (Nova Zelândia e União Europeia).

Como se pode observar, nesse curto período sob análise, de todas as 48 investigações antidumping iniciadas, houve determinação preliminar em 23 oportunidades (47,9% do total). Note-se, portanto, a diferença: enquanto no período anterior houve apenas uma determinação preliminar em 51 investigações (2% do total), nesse curto período de 2006 a 2008 houve 23 em 48.

Além disso, os dados demonstram que, dessas 23 investigações com determinação preliminar, houve aplicação de medida provisória em 21 oportunidades (91,3%). Ou seja: em praticamente metade das investigações houve determinação preliminar, sendo que na quase totalidade dessas investigações houve aplicação de medida provisória. Ademais, foi aplicada medida definitiva em 100% dos casos em que se aplicou medida provisória, algo que não se verificou em período algum dos demais que foram analisados. A aplicação de medida provisória, nesse atual contexto, tem significado certeza de aplicação de medida definitiva – que, como se verá, costuma ser sempre mais restritiva que a provisória.

Nesse aspecto, como comentado anteriormente, um fator parece contribuir para explicar essa certeza: o DECOM tem elaborado sua determinação preliminar já com a investigação *in loco* na indústria doméstica realizada e, ainda, considerando as respostas aos questionários dos fabricantes e exportadores estrangeiros. Dessa forma, entre a determinação preliminar e a final, mudanças eventualmente ocorridas acabam não sendo de grande monta a ponto de alterar substancialmente as conclusões a que o departamento chega em sua determinação preliminar.

Dado que o Brasil voltou a aplicar medidas provisórias, analisam-se então os prazos médios para concessão de tais medidas à indústria nacional, considerando-se o período entre a abertura da investigação e o início da vigência da respectiva medida. A tabela a seguir resume esses prazos.

Tabela 7 – Duração das Investigações em que Houve Aplicação de Medida Provisória (2006-2008)

Produto (origens)	Abertura para MP	MP p/ encerramento	Total
escova de cabelo (1)	284	164	448
alto-falante (1)	284	164	448
broca SDS (1)	270	87	357
pedivela (1)	149	154	303
resina policarbonato (2)	254	180	434
índigo *blue* (1)	219	163	382
filme PET (2)	323	154	477
acrilato de butila (1)	196	261	457

(cont.)

(continuação)

Produto (origens)	Abertura para MP	MP p/ encerramento	Total
fibra de viscose (3)	193	186	379
pneu de carga (1)	213	186	399
fio de viscose (6)	210	273	483
calçado (1)	279	176	455
Total (21) – Tempo médio	**240**	**179**	**419**

Legenda: MP: medida provisória.

Fonte: Elaboração do autor a partir de Relatórios anuais do DECOM e normas pertinentes às investigações. Os prazos referem-se às datas de publicação das normas no *Diário Oficial*, e são computados em dias.

Conforme se observa pelos dados da tabela acima, o prazo médio entre o início das investigações em que houve aplicação de medida provisória e o início da vigência dessa medida foi de 8 meses. Existe ainda uma percepção de que esse prazo vem diminuindo, o que pode sinalizar para uma atuação cada vez rápida por parte do Brasil – e, sobretudo, do DECOM – em resposta às denúncias de prática de dumping que causa dano à indústria nacional.[52]

A julgar tanto pelos resultados finais dessas investigações, em que sempre houve aplicação de medida definitiva, quanto pela duração média desses processos, pode-se concluir preliminarmente que o prazo até a proteção da indústria doméstica acabou sendo reduzido em cerca de 42%: de quase 14 meses, prazo médio entre a abertura e a medida definitiva, para 8 meses, prazo médio da abertura até a concessão da medida provisória.

5.2 *Análise das investigações do período*

Em relação aos casos em si, também se observa importante mudança no posicionamento do DECOM a respeito da medida provisória recomendada. Com efeito, até então, todas as medidas provisórias aplicadas tiveram a forma de alíquotas *ad valorem*. A partir do atual período, o DECOM passou a recomendar a aplicação de medidas na forma de alíquota específica, fixa ou variável. Essa alteração, inclusive, é condizente com a postura do Departamento em relação às medidas definitivas, algo que, anteriormente, havia ocorrido apenas

52. Essa percepção decorre da análise do Gráfico 1, contido no Anexo ao presente artigo, o qual é relativo à evolução dos prazos desde a abertura da investigação até o início da vigência das medidas provisórias então aplicadas pelo Brasil.

nas investigações de cadeados e alho.[53] No mais, em geral, as metodologias utilizadas quando das determinações finais têm sido as mesmas das determinações preliminares.

Outro fator que deve ser destacado refere-se à preocupação do DECOM com o cálculo de um direito provisório que seja inferior à margem de dumping apurada, algo que, de fato, ocorreu em todos os casos desse período. A rigor, muito mais do que um ato de benevolência para com os produtores e exportadores estrangeiros, essa preocupação do Departamento tem uma consequência prática importante: como se destacou no início deste artigo, o prazo padrão de duração de uma medida provisória, segundo as regras do Acordo Antidumping, é de 4 meses. Porém, nos casos em que se considera aplicar medida provisória inferior à margem de dumping, esse prazo padrão sobe para 6 meses, o que confere não apenas uma proteção mais longa para a indústria nacional, como também – e especialmente – um prazo maior para que o DECOM conclua a investigação.[54]

Os dois primeiros casos desse período em que houve aplicação de medida provisória foram relativos às investigações de alto-falantes e escovas de cabelo originários da China. As datas de início da investigação, de aplicação do direito provisório e de aplicação do direito definitivo são as mesmas para ambas. No caso das escovas de cabelo, apurou-se uma margem de dumping cujo valor normal teve como base o preço praticado pela indústria brasileira no mercado brasileiro[55] tanto para fins de determinação preliminar quanto final. O direito provisório aplicado foi inferior à margem porque o DECOM utilizou, para o cálculo do direito, o preço de exportação CIF. Essa mesma metodologia também foi utilizada para fins de cálculo do direito definitivo.

No caso dos alto-falantes, as margens de dumping tanto da determinação preliminar quanto da final tiveram o valor normal baseado nas exportações da Indonésia para Cingapura,[56] a partir das estatísticas das Nações Unidas.

53. A percepção de que, muitas vezes, os exportadores acabam absorvendo a alíquota *ad valorem* pode contribuir para explicar essa mudança de posicionamento do DECOM em relação à forma de aplicação do direito provisório.

54. É de se notar, novamente, que essa diferença de prazos de vigência, conforme seja aplicada medida cujo montante seja inferior à margem de dumping, não existe em sede de medida definitiva.

55. Cuida-se, aqui, da terceira alternativa para os casos em que se investiga país que não é economia de mercado, conforme a parte final do art. 7.º do Decreto 1.602/1995.

56. Neste caso, trata-se da segunda alternativa para os casos em que se investiga país que não é economia de mercado.

Porém, ao contrário do caso das escovas, a metodologia para fins de cálculo do direito foi diferente: aqui se aplicou um redutor de 10% sobre a margem de dumping para o cálculo do direito provisório; o direito definitivo, ao contrário, foi aplicado com base na margem de dumping apurada.

Os dois casos seguintes, abertos poucos meses depois daqueles citados nos parágrafos anteriores, também foram contra produtos chineses: brocas de encaixe SDS e pedivelas. A investigação envolvendo brocas teve sua margem de dumping, preliminar e final, apurada com base no valor normal obtido a partir do catálogo de vendas de uma empresa alemã.[57] Tanto o direito provisório quanto o direito definitivo acabaram sendo calculados com base nas margens de subcotação apuradas, que foram inferiores às respectivas margens de dumping.

A investigação de pedivelas, por sua vez, foi a mais rápida de todas as que, na história do DECOM, tiveram aplicação de medida provisória. Com tempo de duração total de cerca de 10 meses, a medida provisória aplicada começou a vigorar apenas 5 meses depois de iniciada a investigação. A margem de dumping, tanto a preliminar quanto a final, apurada nesse caso teve o valor normal obtido a partir dos preços praticados no mercado brasileiro, tal como no caso das escovas de cabelo. O direito provisório, no entanto, foi calculado a partir da diferença entre o preço nacional corrigido e o preço CIF internado do produto chinês. Já o direito definitivo foi calculado integralmente com base na margem de dumping apurada.

O caso das resinas de policarbonato, ao contrário dos anteriores, não investigou importações de produtos chineses. As margens de dumping apuradas nesse caso tiveram seu valor normal calculado a partir dos dados dos próprios produtores e exportadores que participaram da investigação. O direito provisório aplicado foi calculado com base na margem de subcotação ou, para aqueles em que a margem de subcotação foi maior que a margem de dumping, com base nesta última margem, reduzida em 9,7%. O cálculo do direito definitivo, por sua vez, seguiu a mesma metodologia, exceto no que tange à redução da margem de dumping.

Esse caso, ainda, teve uma peculiaridade que o distingue dos demais desse período: a partir da determinação preliminar e da aplicação da medida provisória, uma das empresas investigadas (com produção a partir tanto dos Estados Unidos quanto da Europa) acabou apresentando oferta de compromissos de preços – ela o fez, na verdade, após a audiência final convocada

57. Tem-se, agora, exemplo de utilização da primeira alternativa para os casos em que se investiga país que não é economia de mercado, conforme o citado art. 7.º do Decreto 1.602/1995.

pelo DECOM. Esse compromisso foi aceito e, assim, a investigação resultou na aplicação tanto de direitos definitivos quanto de compromissos de preços.[58]

A investigação sobre índigo *blue* importado da Alemanha, por sua vez, teve sua margem de dumping apurada com base no valor normal obtido a partir das vendas da empresa alemã investigada para a Itália, e o direito específico aplicado foi inferior à margem de dumping. O direito definitivo, ao contrário, foi calculado com base na margem de dumping, que acabou sendo inferior à margem de subcotação apurada.

A investigação seguinte que resultou na aplicação de medida provisória foi sobre filmes PET originários da Índia e da Tailândia. As margens de dumping apuradas tiveram seu valor normal obtido a partir dos dados dos próprios produtores que participaram da investigação. Assim como no caso do índigo *blue*, os direitos provisórios aplicados foram calculados a partir do preço de exportação CIF, resultando em medida inferior às margens de dumping apuradas. O direito definitivo, tal como no caso anterior, foi calculado com base na margem de dumping.

No caso de acrilato de butila importado dos Estados Unidos, as margens de dumping também foram apuradas a partir de dados fornecidos pelos produtores e exportadores investigados. Assim como vinha ocorrendo nos demais casos, o cálculo do direito provisório foi feito a partir da aplicação de redutor de 10% sobre a margem apurada. O direito definitivo, ao contrário, foi aplicado com base nas margens integrais de dumping, sem redutor. Nesse caso, as margens de subcotação apuradas foram superiores às margens de dumping.

A investigação de fibras de viscose importadas da Áustria, China, Indonésia, Tailândia e Taiwan foi peculiar em relação ao seguinte: trata-se do único caso em que o DECOM chegou a uma determinação preliminar negativa – no caso, relativamente às importações de Indonésia e Tailândia. Porém, apesar da determinação preliminar negativa e da consequente não aplicação de medida provisória para essas origens, as fibras de viscose da Indonésia e da Tailândia foram alvo de medida definitiva, já que a determinação final foi positiva.

Sobre as metodologias observadas nessa investigação, as orientações de casos anteriores foram mantidas: direito provisório inferior à margem de

58. Sobre esse caso, faça-se novo esclarecimento: para fins estatísticos, os compromissos de preços não são incluídos em razão de, predominantemente, a medida definitiva aplicada contra as duas origens (Estados Unidos e União Europeia) ter ocorrido na forma de direitos específicos. Dessa forma, tal como no caso do leite do Uruguai e da União Europeia (Dinamarca), a contagem de ambas as medidas significaria computar em dobro o resultado dessas investigações.

dumping, por conta da preocupação em aplicá-lo por 6 meses, e direito definitivo com base na regra do menor direito (*lesser duty rule*). Os valores normais para fins de margem de dumping foram apurados, principalmente, a partir das informações fornecidas pelos participantes durante a investigação.

Na investigação de pneus de carga da China, as margens de dumping preliminar e final tiveram o valor normal obtido a partir do preço praticado em um terceiro país considerado de economia de mercado. Nesse caso, porém, as referências foram distintas: para fins de determinação preliminar, utilizou-se o preço do pneu de carga na Argentina; já para fins de determinação final, o preço do produto nos Estados Unidos.[59]

A investigação de fios de viscose, por sua vez, envolveu seis origens – Índia, Áustria, China, Indonésia, Tailândia e Taiwan. A metodologia utilizada para apuração das margens de dumping (preliminar e final) foi a mesma. Destaque-se que, em razão do elevado número de produtores e exportadores que responderam ao questionário, o DECOM utilizou amostragem (conforme o artigo 6.10 do Acordo Antidumping). No caso, margens individuais foram calculadas apenas para as empresas responsáveis pelo maior percentual das exportações. Para as demais que responderam, observou-se a exigência do artigo 9.2 do Acordo: margens de dumping inferiores à média ponderada das margens da seleção.

Interessante observar que, como as margens de subcotação apuradas foram inferiores às margens de dumping, e dada a necessidade de aplicar direito provisório por 6 meses, a metodologia adotada pelo DECOM para propor a medida provisória inferior à margem de dumping consistiu simplesmente em reduzir US$ 0,01 de cada margem absoluta preliminarmente encontrada. No caso da medida definitiva, esse redutor não foi observado e, por consequência, os direitos definitivos propostos observaram as margens de dumping integralmente apuradas na determinação final.

A última investigação desse período que teve aplicação de medida provisória foi a de calçados da China. Apesar de apenas uma origem investigada, esse caso guarda certa complexidade por conta da dificuldade em torno da definição do produto investigado e, principalmente, do elevado número de produtores nacionais representados. Além disso, a participação de importadores brasileiros e produtores e exportadores estrangeiros foi considerável, o que fez com que o contraditório ao longo da investigação fosse maior. Talvez por

59. A modificação do terceiro país utilizado como referência teve como justificativas: o tamanho do mercado interno dos Estados Unidos, sua representatividade ante a produção mundial de pneus de carga e as condições de concorrência prevalecentes em seu mercado interno.

isso a aplicação de medida provisória tenha ocorrido apenas 9 meses depois de aberta a investigação.

Sobre a investigação em si, o DECOM utilizou, para cálculo do valor normal, o preço de exportação da Itália para os Estados Unidos. O direito provisório recomendado (US$ 18,44/par), no entanto, acabou não sendo aplicado pela CAMEX. Por questões de interesse nacional – no caso, motivadas pelo aumento da alíquota do Imposto de Importação dos calçados durante o período investigado –, a Câmara decidiu aplicar um direito específico de US$ 12,47/par. A cláusula do interesse nacional não foi, contudo, invocada quando da medida definitiva: o direito antidumping de US$ 13,85/par, aplicado pela CAMEX, foi exatamente o recomendado pelo DECOM.

Por fim, tal como se fez em relação aos demais períodos, cite-se aquela investigação que teve determinação preliminar positiva de dumping e dano, mas que não teve aplicação de medida provisória. Trata-se da investigação de chapa pressensibilizada de alumínio, originária dos Estados Unidos e da China.

Esse caso tem um aspecto que merece destaque: foi o único caso até o presente momento em que uma das empresas investigadas solicitou ao DECOM que fizesse determinação preliminar. Possivelmente, a intenção da empresa era ter parâmetros para oferecer compromisso de preços. Sendo assim, após consideração sobre a não obrigatoriedade da determinação preliminar, o DECOM concluiu haver dumping e dano dele decorrente. Porém, apesar das elevadas margens relativas de dumping apuradas, não se recomendou a aplicação de qualquer medida provisória.

Esse caso, ainda que isolado na prática brasileira, pode perfeitamente ilustrar a tese de que, no desenrolar de uma investigação, o DECOM somente irá proceder a uma determinação preliminar conforme a intenção que se pretenda com ela: ou aplicar medida provisória, fato mais comum, ou, atendendo a manifestação das partes, estimular a propositura de compromissos de preços. Posteriormente, a própria empresa estadunidense e também uma empresa chinesa apresentaram proposta de compromisso de preços, mas o DECOM acabou rejeitando ambas, por razões inerentes às próprias propostas. Ao final, houve aplicação de medida definitiva contra as duas origens.

5.3 Resumo do quarto período analisado

O que se pode concluir em relação a esse período mais recente, atual, da prática brasileira em matéria de utilização de medidas provisórias é que elas voltaram a ser aplicadas após um longo período sem utilização desse recurso. Além disso, comparativamente ao início da prática do DECOM, os prazos até a aplicação da medida estão menores. Isso tem sinalizado que a orientação atual em matéria de medidas provisórias é a de utilizá-las sem demora, muito embora sem deixar de lado a avaliação criteriosa exigida relativamente às condições para sua imposição.

Além disso, todas as medidas provisórias aplicadas ocorreram na forma de alíquota específica, diferentemente dos períodos anteriores, em que somente se aplicou direito na forma de alíquota *ad valorem*. Ademais, outro fator importante é que todas essas investigações que tiveram aplicação de medida provisória foram encerradas com aplicação de medida definitiva – algo igualmente inédito até então, como se destacou anteriormente.

Por fim, outro ponto de destaque é a preocupação do DECOM em recomendar a aplicação de direito provisório inferior à margem de dumping apurada, para que a medida provisória vigore por 6 meses. Dessa forma, ou se aplica a medida com base na subcotação ou, quando esta é superior à margem de dumping, reduz-se essa margem por meio da utilização de alguma metodologia específica.

6. Considerações finais

O presente artigo buscou destacar as condições para imposição de medidas provisórias por parte dos Membros da OMC e, em particular, analisar a prática brasileira nesse assunto, desde o início da experiência brasileira em matéria de investigações antidumping, no ano de 1988, até a conclusão das investigações iniciadas até dezembro de 2008.

Com relação às condições para imposição de medidas antidumping provisórias, elas estão contidas no artigo 7 do Acordo Antidumping. Basicamente, para que haja a aplicação de medidas antidumping provisórias pelo Brasil, é necessário que: a) uma investigação tenha sido iniciada em conformidade com o Acordo, o que inclui sua publicação no *Diário Oficial da União*, e às partes interessadas tenha sido dada oportunidade para se manifestarem a respeito; b) o DECOM tenha chegado a uma determinação preliminar positiva sobre dumping, dano e nexo causal e, ainda, tenha julgado que a medida provisória é necessária para evitar a ocorrência de dano durante a investigação; e c) o prazo de 60 dias, no mínimo, tenha decorrido desde a abertura da investigação.

Como se viu, a aplicação de medida provisória é facultativa. Dessa forma, ainda que as condições acima estejam satisfeitas, o DECOM pode ou não recomendar a aplicação de medida provisória. Ainda que a recomende, a CAMEX, órgão decisório, pode ou não aplicá-la. Uma vez aplicada a medida – na prática, sempre sob a forma de direito provisório –, este passa ser devido a partir a da data de publicação da respectiva Resolução CAMEX, sendo que a Secretaria da Receita Federal do Brasil é o órgão encarregado da cobrança.

No que diz respeito à prática brasileira, foram analisados quatro períodos distintos, em razão de ter sido observada tendência distinta em cada um deles. Inicialmente, como se pode observar, a realização de determinações preliminares por parte das autoridades investigadoras nunca chegou a ser uma regra geral durante as investigações, até pelo fato de não serem obrigatórias no contexto do Acordo Antidumping ou do Decreto 1.602/1995. Mesmo assim, com base no período mais recente analisado, pode-se visualizar mudança nessa regra, já que em cerca de metade das novas investigações foi feita determinação preliminar por parte do DECOM. Além das tabelas inseridas ao longo dos itens anteriores, o Gráfico 2, no Anexo ao presente artigo, traz a relação entre as investigações e as medidas provisórias aplicadas.

Ainda a respeito do assunto, quando se procede a uma determinação preliminar, quase sempre ela é positiva. Em apenas duas situações – fibras de viscose da Tailândia e da Indonésia – houve determinação negativa de dumping, o que corresponde a apenas 3,1% de todas as determinações preliminares feitas em todos esses anos de prática brasileira (ou seja: 2 em 65). Por sua vez, a aplicação das medidas provisórias, a partir de determinações positivas, variou conforme os períodos analisados. Porém, em regra, determinação preliminar tem sido sinônimo de aplicação de medida provisória.

O que se viu ainda em termos de prática brasileira é que, em 100% dos casos em que houve aplicação de medida provisória, essa medida sempre assumiu a forma de direito antidumping, nunca de prestação de garantia. Durante a maior parte do tempo, os direitos tomaram a forma de alíquotas *ad valorem*; porém, a julgar pelo período recente, a tendência que deve se consolidar é de aplicação de medidas apenas na forma de direitos específicos. Já em relação aos prazos de duração desses direitos, o que se observou foi que o DECOM tem buscado sempre propor o direito em montante inferior à margem de dumping, o que faz com que possam ser aplicados por um período de até 6 meses.

Conforme também já se ressaltou nessas considerações finais, a utilização das medidas provisórias variou significativamente de período a período. A tabela a seguir resume todas essas investigações e seus respectivos resultados. Como se pode observar pelos dados abaixo, do total de 226 investigações desse período, em 63 oportunidades (27,9%) houve determinação preliminar positiva. Dessas 63 investigações, houve aplicação de medida provisória em 53 ocasiões (84,1%). Por fim, 44 desses 53 casos com aplicação de medida provisória resultaram na aplicação de medida definitiva, o que corresponde a 83%.

Tabela 8 - Investigações Antidumping Iniciadas no Brasil entre 1988 e 2008

Investigações		sem MD	com MD		Total
			DA	CP	
com DET	com MP	9	44	0	53
	sem MP	0	4	6	10
	Subtotal	*9*	*48*	*6*	*63*
sem DET*		92	69	2	163
Total		**101**	**117**	**8**	**226**

Legendas: DET: determinação preliminar positiva; MP: medida provisória; MD: medida definitiva; DA: direito antidumping; CP: compromisso de preços.

* Incluem-se aqui os dois únicos casos em que houve determinação preliminar negativa: fibras de viscose (Indonésia e Tailândia)

Fonte: Elaboração do autor a partir de Relatórios anuais do DECOM e normas pertinentes às investigações. Os dados seguem a metodologia para cômputo dos casos: uma investigação por produto por origem.

No entanto, para fins de tendência, deve-se destacar que a aplicação de medida provisória a partir dos últimos anos tem sido sinônimo de aplicação de medida definitiva. De fato, como se pode observar pelo Gráfico 3, no Anexo, a probabilidade de uma investigação em que não houve aplicação de medida provisória resultar na aplicação de direito definitivo é menor do que a aquela em que houve aplicação do direito provisório. No último período, o percentual das investigações com aplicação de medida provisória encerradas com medida definitiva foi de 100%.

O que se pode concluir também a respeito da prática brasileira é que esses direitos provisórios voltaram a ser aplicados a partir de 2007, depois de um longo tempo sem sua utilização. Além disso, o prazo entre o início da investigação e o início da vigência da medida provisória não é tão curto assim. Por outro lado, também não se pode afirmar que seja tão longo, uma vez que esse prazo tem sido, em média, de pouco mais de 6 meses. A propósito, a tabela abaixo resume esses tempos, levando em consideração tanto o período anterior quanto o posterior ao surgimento do DECOM.[60]

60. Não se pode deixar de observar que o número de funcionários do DECOM não cresce proporcionalmente ao número de investigações. Além disso, o contraditório é cada vez mais intenso: importadores, que antes praticamente apenas forneciam dados, agora contestam cada etapa da investigação; fabricantes e exportadores estrangeiros, que praticamente não respondiam ao questionário, agora têm participado, o que significa que em número maior de casos a margem de dumping é calculada com base nas respostas ao questionário. E, por fim, o Brasil não dispõe de programas para cálculo das margens de dumping, ou seja, todo o trabalho é feito manualmente.

Tabela 9 – Duração das Investigações em que Houve Aplicação de Medida Provisória (1988-2008)

Produto (origens)	Abertura para MP	MP p/ encerramento	Total
Total (23) pré-DECOM – Tempo médio	162	240	402
Total DECOM (30) – Tempo médio	241	179	420
Total (53) – Tempo médio	**202**	**209**	**411**

Legenda: MP: medida provisória.

Fonte: Elaboração do autor a partir de Relatórios anuais do DECOM e normas pertinentes às investigações. Os prazos referem-se às datas de publicação das normas no *Diário Oficial*, e são computados em dias.

Observa-se que, nesses 15 anos de atividades do DECOM, o número de medidas provisórias aplicadas com base no Acordo Antidumping é superior ao número de medidas aplicadas no período de investigações conduzidas sob o Código Antidumping da Rodada Tóquio. Isso pode não representar muito, em razão dos períodos comparados; porém, se observarmos que no período anterior ao DECOM a aplicação de medidas provisórias era feita a partir de análises menos aprofundadas e, mais ainda, que o Brasil, nos anos 2000, ficou mais de 6 anos sem aplicar um direito provisório sequer, tal observação torna-se mais expressiva.

Ainda em relação aos prazos, a tendência que se observa a partir do período mais recente é a de que esses prazos, a depender da complexidade das investigações, devem ser sempre mais curtos, o que acaba implicando trabalho cada vez mais intenso para o DECOM. O Gráfico 1, no Anexo, ilustra bem esse prazo para concessão de medida provisória.

Por fim, ainda que se tenha optado neste artigo por uma metodologia que delimitou os períodos de análise a partir das investigações iniciadas naquele contexto, um comentário específico sobre a aplicação de medidas provisórias "por ano" é importante. Conforme se pode observar pelo Gráfico 4, no Anexo, fica nítido que houve retomada das medidas provisórias a partir de 2007. Mais do que isso, o ritmo de sua aplicação tem sido constante nos três últimos anos, o que definitivamente sinaliza para a manutenção desse recurso no contexto de investigações antidumping.

Esse fator, aliado a todos os demais que buscamos indicar neste artigo, conduz à principal conclusão a que se pode chegar a respeito da utilização de medidas provisórias (ou de direitos provisórios, para ser mais exato) por parte do Brasil: depois de anos de incerteza, e muito além das contingências políticas e de suas consequentes pressões sobre os órgãos envolvidos na defesa comercial no País, o Brasil deve se tornar um usuário mais frequente das medidas provisórias para fins de proteção da indústria nacional.

E, muito além dessa constatação, o fato de o DECOM, antes de recomendar tais medidas, considerar as respostas aos questionários e normalmente fazer investigações *in loco* na indústria doméstica faz com que haja um elevado grau de certeza quanto à aplicação de medida definitiva. Acrescente-se a tudo isso o fato de que a aplicação de medida provisória permite aos produtores e exportadores estrangeiros conhecer as interpretações do DECOM quanto aos elementos probatórios aportados aos autos do processo, em estágio em que ainda é possível a apresentação de novos elementos de prova, contribuindo para a ampla defesa e o contraditório.

Bibliografia

AZEVEDO, André F. e PORTUGAL, Marcelo. *Abertura comercial brasileira e instabilidade da demanda de importações*. Disponível em: <http://www.ufrgs.br/ppge/pcientifica/1997_05.pdf>. Acesso em: 1.º jun. 2011.

BRASIL. Câmara de Comércio Exterior. Resolução n. 1, de 2 de fevereiro de 2001. *Diário Oficial da União*, 23.02.2001.

_______. Câmara de Comércio Exterior. Resolução n. 2, de 17 de fevereiro de 2005. *Diário Oficial da União*, 18.02.2005.

_______. Câmara de Comércio Exterior. Resolução n. 2, de 23 de fevereiro de 2001. *Diário Oficial da União*, 06.03.2001.

_______. Câmara de Comércio Exterior. Resolução n. 3, de 24 de janeiro de 2008. *Diário Oficial da União*, 31.01.2008.

_______. Câmara de Comércio Exterior. Resolução n. 4, de 9 de fevereiro de 2007. *Diário Oficial da União*, 15.02.2007.

_______. Câmara de Comércio Exterior. Resolução n. 9, de 4 de abril de 2005. *Diário Oficial da União*, 05.04.2005.

_______. Câmara de Comércio Exterior. Resolução n. 10, de 3 de abril de 2001. *Diário Oficial da União*, 04.04.2001.

_______. Câmara de Comércio Exterior. Resolução n. 12, de 13 de março de 2009. *Diário Oficial da União*, 16.03.2009.

_______. Câmara de Comércio Exterior. Resolução n. 14, de 4 de março de 2010. *Diário Oficial da União*, 05.03.2010.

_______. Câmara de Comércio Exterior. Resolução n. 15, de 20 de março de 2008. *Diário Oficial da União*, 24.03.2008.

_______. Câmara de Comércio Exterior. Resolução n. 15, de 24 de março de 2009. *Diário Oficial da União*, 25.03.2009.

_______. Câmara de Comércio Exterior. Resolução n. 16, de 3 de maio de 2007. *Diário Oficial da União*, 07.05.2007.

_______. Câmara de Comércio Exterior. Resolução n. 17, de 7 de abril de 2008. *Diário Oficial da União*, 08.04.2008.

_______. Câmara de Comércio Exterior. Resolução n. 20, de 8 de abril de 2009. *Diário Oficial da União*, 09.04.2009.

_______. Câmara de Comércio Exterior. Resolução n. 25, de 27 de junho de 2007. *Diário Oficial da União*, 29.06.2007.

_______. Câmara de Comércio Exterior. Resolução n. 26, de 27 de junho de 2007. *Diário Oficial da União*, 29.06.2007.

_______. Câmara de Comércio Exterior. Resolução n. 33, de 9 de junho de 2009. *Diário Oficial da União*, 18.06.2009.

_______. Câmara de Comércio Exterior. Resolução n. 34, de 22 de agosto de 2007. *Diário Oficial da União*, 24.08.2007.

_______. Câmara de Comércio Exterior. Resolução n. 34, de 30 de outubro de 2001. *Diário Oficial da União*, 31.10.2001.

_______. Câmara de Comércio Exterior. Resolução n. 40, de 3 de julho de 2008. *Diário Oficial da União*, 04.07.2008.

_______. Câmara de Comércio Exterior. Resolução n. 41, de 3 de julho de 2008. Diário Oficial da União, 04.07.2008.

_______. Câmara de Comércio Exterior. Resolução n. 43, de 4 de outubro de 2007. Diário Oficial da União, 08.10.2007.

_______. Câmara de Comércio Exterior. Resolução n. 45, de 4 de outubro de 2007. *Diário Oficial da União*, 08.10.2007.

_______. Câmara de Comércio Exterior. Resolução n. 46, de 10 de outubro de 2007. Diário Oficial da União, 11.10.2007.

_______. Câmara de Comércio Exterior. Resolução n. 47, de 10 de outubro de 2007. *Diário Oficial da União*, 11.10.2007.

_______. Câmara de Comércio Exterior. Resolução n. 48, de 8 de setembro de 2009. *Diário Oficial da União*, 09.09.2009.

_______. Câmara de Comércio Exterior. Resolução n. 49, de 10 de outubro de 2007. *Diário Oficial da União*, 11.10.2007.

_______. Câmara de Comércio Exterior. Resolução n. 55, de 20 de novembro de 2007. *Diário Oficial da União*, 21.11.2007.

_______. Câmara de Comércio Exterior. Resolução n. 61, de 3 de outubro de 2008. *Diário Oficial da União*, 09.10.2008.

_______. Câmara de Comércio Exterior. Resolução n. 66, de 11 de dezembro de 2007. Diário Oficial da União, 13.12.2007.

_______. Câmara de Comércio Exterior. Resolução n. 69, de 11 de dezembro de 2007. *Diário Oficial da União*, 13.12.2007.

_______. Câmara de Comércio Exterior. Resolução n. 79, de 18 de dezembro de 2008. *Diário Oficial da União*, 19.12.2008.

_______. Câmara de Comércio Exterior. Resolução n. 80, de 15 de dezembro de 2009. *Diário Oficial da União*, 16.12.2008.

_______. Ministério da Economia, Fazenda e Planejamento. Portaria n. 47, de 22 de janeiro de 1992. *Diário Oficial da União*, 23.01.1992.

_______. Ministério da Economia, Fazenda e Planejamento. Portaria n. 331, de 27 de abril de 1992. *Diário Oficial da União*, 28.04.1992.

_______. Ministério da Economia, Fazenda e Planejamento. Portaria n. 417, de 15 de maio de 1992. *Diário Oficial da União*, 18.05.1992.

_______. Ministério da Economia, Fazenda e Planejamento. Portaria n. 564, de 5 de agosto de 1992. *Diário Oficial da União*, 06.08.1992.

_______. Ministério da Economia, Fazenda e Planejamento. Portaria n. 644, de 29 de setembro de 1992. *Diário Oficial da União*, 01.10.1992.

_______. Ministério da Economia, Fazenda e Planejamento. Portaria n. 648, de 30 de setembro de 1992. *Diário Oficial da União*, 02.10.1992.

_______. Ministério da Economia, Fazenda e Planejamento. Portaria n. 796, de 22 de agosto de 1991. *Diário Oficial da União*, 23.08.1991.

_______. Ministério da Fazenda. Portaria n. 50, de 26 de janeiro de 1994. *Diário Oficial da União*, 28.01.1994.

_______. Ministério da Fazenda. Portaria n. 86, de 16 de fevereiro de 1993. *Diário Oficial da União*, 18.02.1993.

_______. Ministério da Fazenda. Portaria n. 89, de 17 de fevereiro de 1993. *Diário Oficial da União*, 19.02.1993.

_______. Ministério da Fazenda. Portaria n. 233, de 27 de abril de 1994. *Diário Oficial da União*, 28.04.1994.

_______. Ministério da Fazenda. Portaria n. 461, de 24 de agosto de 1993. *Diário Oficial da União*, 25.08.1993.

_______. Ministério da Fazenda. Portaria n. 509, de 16 de setembro de 1993. *Diário Oficial da União*, 17.09.1993.

______. Ministério da Fazenda. Portaria n. 611, de 25 de novembro de 1993. *Diário Oficial da União*, 26.11.1993.

______. Ministério da Fazenda. Portaria n. 656, de 14 de dezembro de 1993. *Diário Oficial da União*, 15.12.1993.

______. Ministério da Fazenda. Portaria n. 792, de 29 de dezembro de 1992. *Diário Oficial da União*, 30.12.1992.

______. Portaria Interministerial MICT/MF n. 2, de 20 de fevereiro de 1997. *Diário Oficial da União*, 26.02.1997.

______. Portaria Interministerial MICT/MF n. 3, de 12 de julho de 1995. *Diário Oficial da União*, 21.08.1995.

______. Portaria Interministerial MICT/MF n. 3, de 13 de janeiro de 1996. *Diário Oficial da União*, 18.01.1996.

______. Portaria Interministerial MICT/MF n. 7, de 30 de novembro de 1994. *Diário Oficial da União*, 02.12.1994.

______. Portaria Interministerial MDIC/MF n. 7, de 6 de julho de 1999. *Diário Oficial da União*, 21.07.1999.

______. Portaria Interministerial MICT/MF n. 9, de 8 de agosto de 1995. *Diário Oficial da União*, 21.08.1995.

______. Portaria Interministerial MICT/MF n. 10, de 18 de agosto de 1995. *Diário Oficial da União*, 21.08.1995.

______. Portaria Interministerial MICT/MF n. 10, de 1.º de julho de 1996. *Diário Oficial da União*, 26.08.1996.

______. Portaria Interministerial MICT/MF n. 13, de 29 de agosto de 1995. *Diário Oficial da União*, 30.08.1995.

______. Portaria Interministerial MDIC/MF n. 18, de 6 de dezembro de 1999. *Diário Oficial da União*, 23.12.1999.

______. Portaria Interministerial MICT/MF n. 24, de 28 de dezembro de 1995. *Diário Oficial da União*, 29.12.1995.

______. Portaria Interministerial MICT/MF n. 28, de 18 de dezembro de 1998. *Diário Oficial da União*, 31.12.1998.

______. Portaria Interministerial MDIC/MF n. 34, de 24 de maio de 2000. Diário Oficial da União, 26.05.2000.

______. Portaria Interministerial MICT/MF n. 582, de 11 de novembro de 1994. *Diário Oficial da União*, 14.11.1994.

______. Presidência da República. Decreto n. 1.355, de 30 de dezembro de 1994. *Diário Oficial da União*, 31.12.1994.

_______. Presidência da República. Decreto n. 1.602, de 23 de agosto de 1995. *Diário Oficial da União*, 24.08.1995.

_______. Presidência da República. Decreto n. 4.732, de 10 de junho de 2003. *Diário Oficial da União*, 11.06.2003.

_______. Presidência da República. Lei n. 9.019, de 30 de março de 1995. *Diário Oficial da União*, 31.03.1995.

_______. Secretaria de Comércio Exterior. Circular n. 34, de 7 de junho de 1994. *Diário Oficial da União*, 09.06.1994.

_______. Secretaria de Comércio Exterior. Circular n. 66, de 30 de agosto de 1994. *Diário Oficial da União*, 01.09.1994.

_______. Secretaria de Comércio Exterior. Circular n. 72, de 12 de setembro de 1995. *Diário Oficial da União*, 13.09.1995.

_______. Secretaria de Comércio Exterior. Circular n. 90, de 22 de dezembro de 1994. Diário Oficial da União, 26.12.1994.

NISHIJIMA, Shoji e TONOOKA, Eduardo Kiyoshi. *Crise cambial brasileira - fundamentos vs. ataque auto-realizável.* Disponível em: <http://www.rieb.kobe-u.ac.jp/~nisijima/Review1999.PDF>. Acesso em: 15 fev. 2012.

ANEXO

Gráfico 1 – Prazo para Concessão de Proteção via Medidas Provisórias no Brasil (por Produto)

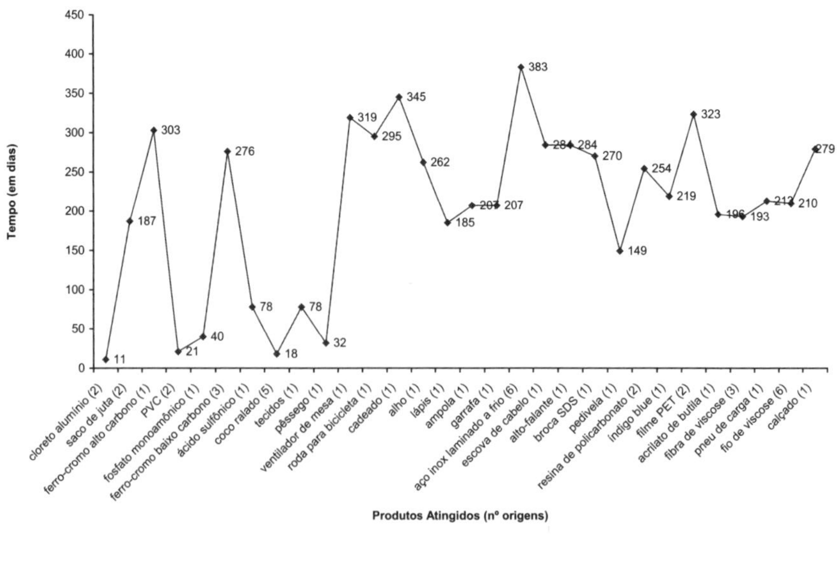

Gráfico 2 – Relação entre Investigações e Medidas Provisórias Aplicadas

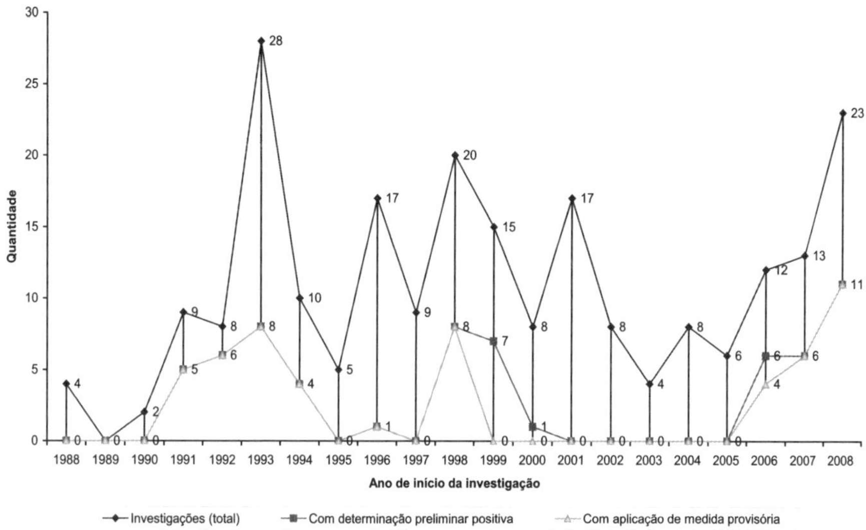

Gráfico 3 – Comparativo entre o Resultado das Investigações com e sem Aplicação de Medida Provisória

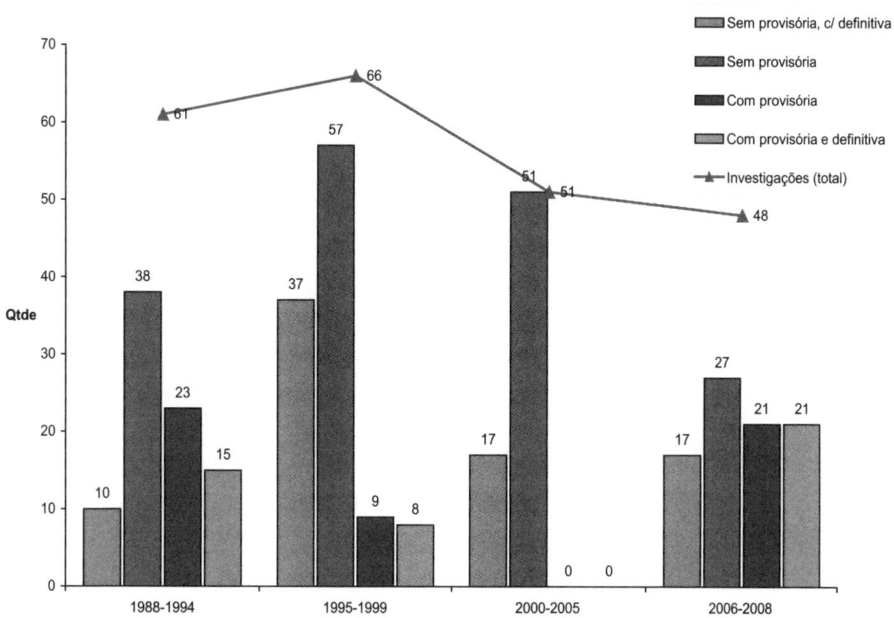

Gráfico 4 – Número de Medidas Provisórias Aplicadas por Ano

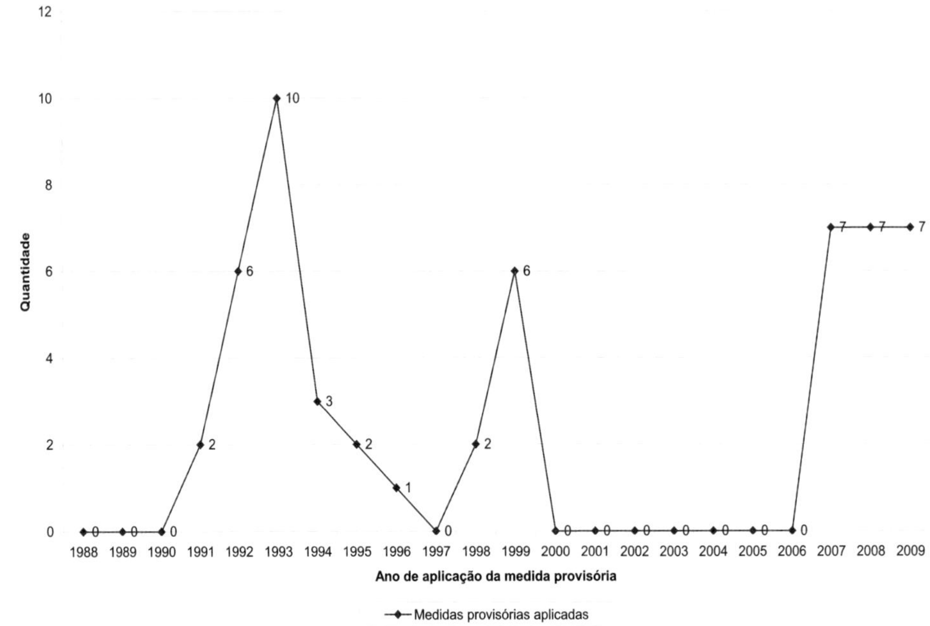

16 – Compromissos de preços: uma breve análise das dificuldades para sua implementação

Marília Castañon Penha Valle

Introdução

O objetivo deste artigo é analisar as dificuldades para a implementação de compromissos de preço. Essas dificuldades podem ser de diversas ordens. Em parte, estão relacionadas ao caso concreto, ou seja, a aspectos pertinentes à investigação de que se trate, particularmente no que diz respeito à definição do produto e ao número de produtores/exportadores estrangeiros aptos a formular compromissos dessa natureza. Pode tratar-se, também, de aspectos de ordem material, relativos à condição específica da própria autoridade investigadora, tais como a disponibilidade de recursos humanos e financeiros.

Uma breve análise das propostas de reforma do AAD até então apresentadas pelos diversos Membros da OMC, inclusive o Brasil, permite constatar a importância do tema.

A experiência da autoridade investigadora brasileira com a matéria não é grande. Além disso, no âmbito do Órgão de Solução de Controvérsias (OSC) da OMC, não há antecedentes sobre compromissos de preços. O tema foi tratado, como se verá adiante, apenas de forma indireta, do que decorre que as conclusões alcançadas na controvérsia em questão não contribuíram para o entendimento da matéria.

Disposições do Acordo Antidumping e do Regulamento Brasileiro[1]

O AAD determina que uma investigação poderá ser suspensa ou encerrada sem aplicação de medida antidumping provisória ou definitiva,[2] em face

1. Decreto 1.602, de 23 de agosto de 1995.

2. A possibilidade de encerramento da investigação sem aplicação de direito antidumping em razão de uma determinação negativa de dumping, dano e/ou relação

da aceitação de uma proposta voluntária do produtor/exportador de rever seus preços ou de cessar as exportações a preços de dumping, de forma que a autoridade investigadora fique convencida de que o efeito danoso das importações a preços de dumping será eliminado. Regra geral, ante a aceitação de um compromisso de preços, a investigação deverá ser suspensa, podendo, em certas circunstâncias,[3] ser concluída.

O AAD, especificamente no artigo 8.1,[4] trata da hipótese de compromissos de preços, estabelecendo que a elevação de preços não poderá ser superior àquela necessária para eliminar a margem de dumping, sendo desejável que esse aumento dos preços seja inferior à margem de dumping, desde que adequado para remover o dano à indústria doméstica.

Nesse ponto, algumas questões se colocam. A primeira não é objeto deste artigo e diz respeito ao cálculo de direito antidumping inferior à margem (*lesser duty rule*), na hipótese de compromisso de preços denominada *lesser price rule*. Nesse contexto, importa apenas registrar que esse cálculo pode se revelar de significativa complexidade. De qualquer forma, isso não muda conforme se trate de hipótese de aplicação de direito antidumping ou de aceitação de compromisso de preços.

Assim, coerentemente com a orientação contida no artigo 9.1[5] do Acordo Antidumping, que informa ser desejável que o direito seja inferior à margem de dumping, desde que suficiente para eliminar o dano à indústria doméstica,

---

causal entre estes não está sendo considerada nesse contexto, posto que uma determinação positiva constitui requisito para o compromisso de preços.

3. As circunstâncias de que trata a parte final do artigo 8.3 do Acordo Antidumping são: que o exportador assim deseje; ou que as autoridades assim o decidam.

4. "Art. 8.1 Proceedings may [nota de rodapé omitida] be suspended or terminated without the imposition of provisional measures or anti-duming duties upon receipt of satisfactory voluntary undertakings from anu exporter to revise its prices or to cease exports to the area in question at dumped prices so that the authorities are satisfied that the injurious effect of the dumping is eliminated. Price increases under such undertakings shall not be highter than necessary to eliminate the margin of dumping. Is is desirable that the price increases be less than the margin of dumping if such increases would be adequate ro remove the injury to the domestic industry."

5. "Art. 9.1 The decision whether or not to impose an anti-dumping duty in cases where all requirements for the imposition have been fulfilled, and the decision whether the amount of the anti-dumping duty to be imposed shall be the full margin of dumping or less, are decisions to be made by the authorities of the importing Member. It is desirable that the imposition be permissive in the territory of all Members, and that the duty be less than the margin if such lesser duty would be adequate to remove the injury to the domestic industry."

no caso de compromissos de preço, está presente a mesma orientação. Ou seja, o aumento de preços deverá ser inferior à margem de dumping, desde que suficiente para eliminar o dano à indústria doméstica.

Tal regra (*lesser duty/lesser price*) não é mandatória. Sua aplicação, por conseguinte, é matéria que se insere no âmbito da esfera de discricionariedade da autoridade competente para a matéria, no caso brasileiro a Câmara de Comércio Exterior (CAMEX).

Outro ponto que importa ressaltar é a segunda possibilidade tratada no artigo 8.1 do AAD e reproduzida no art. 35 do Decreto 1.602/1995. O texto trata da cessação das exportações a preços de dumping. Uma vez que a primeira possibilidade tratada nesse dispositivo legal é a de revisão dos preços, pode-se argumentar que o AAD efetivamente autoriza a aceitação de compromissos de limitação do volume a ser exportado.

Não parece razoável que a hipótese de "cessação" diga respeito apenas à prática de dumping – ou seja, à elevação dos preços –, e não também à limitação do volume a ser exportado, uma vez que, ao se admitir essa hipótese, teria que se reconhecer, também, que a norma se repete, o que vai de encontro às boas técnicas de interpretação.

Assim, considerando conjuntamente a primeira parte desse dispositivo, que informa ser desejável que o aumento de preços se limite ao necessário para eliminar o dano à indústria doméstica, parece razoável interpretar a referida norma como uma autorização para aceitação de compromissos que tratem conjuntamente de preço e volume.

Isso no entendimento de que, uma vez que a elevação dos preços não seja de tal monta a eliminar totalmente a prática de dumping, a limitação do volume a ser exportado pode ser necessária com vistas a eliminar o dano à indústria doméstica.

A hipótese de um compromisso que permita a conjugação de volumes e preços poderia ser bastante interessante nos casos em que a indústria doméstica não tenha capacidade instalada para atender integralmente ao consumo interno do produto de que se trata.

Por outro lado, o próprio título do artigo 8 – *Price Undertakings* – é um importante elemento a ser considerado na interpretação de dispositivos normativos, permitindo concluir que essas disposições não autorizam a aceitação de acordos que visem unicamente à restrição quantitativa das exportações. Além disso, uma vez que a elevação de preços elimine a margem de dumping, não há que se falar em limitação do volume a ser exportado, inclusive porque não haveria dano decorrente da prática de dumping a ser eliminado.

A limitação do volume a ser exportado só parece razoável, então, se considerada conjuntamente com a elevação de preços em nível inferior àquele necessário para a eliminação da margem de dumping. Admitida essa hipótese, restaria a questão de saber como quantificar tais elementos: elevação de preços e limitação do volume.

O artigo 8.2[6] do AAD informa como condição para sugestão (pela autoridade investigadora) ou aceitação de uma proposta de compromisso de preço – nesse caso apresentada por produtor/exportador – tenha sido alcançada uma determinação preliminar positiva de dumping, dano e relação causal entre estes.

Isso equivale a dizer que compromissos de preços não constituem uma alternativa a investigações de dumping, posto que a oferta ou a aceitação de compromisso somente pode ocorrer no curso de uma investigação e após ser alcançada uma determinação preliminar positiva. O Decreto 1.602/1995, especificamente no § 2.º do art. 35, estipula basicamente as mesmas condições, não inovando em relação ao Acordo Antidumping.

Na experiência brasileira, desde a criação do DECOM, em 1995, foram homologados cinco compromissos de preços.[7]

É importante lembrar que o Regulamento brasileiro não obriga a uma determinação preliminar. É possível que tal circunstância em alguma medida contribua para o fato concreto de em poucas investigações serem apresentadas pelos produtores/exportadores propostas de compromisso de preços.

É razoável supor que a determinação preliminar e a aplicação de medida antidumping provisória geram efeitos imediatos em uma investigação, contribuindo para garantir e incrementar a ampla defesa e o contraditório. Isso porque permite a todas as partes interessadas, antes da etapa final do processo, conhecer as interpretações dadas pela autoridade investigadora aos elementos probatórios juntados aos autos do processo.

Além disso, a determinação preliminar permite ao produtor/exportador estrangeiro, ante o cálculo de margem de dumping e, a depender do caso, o cálculo de direito inferior à margem de dumping, dispor das informações ne-

6. "Art. 8.2 Price undertakings shall not be sought or accepted from exporters unless the authorities of the importing Member have made a preliminary affirmative determination of dumping and injury caused by such dumping."

7. Resoluções CAMEX 2, de 17 de fevereiro de 2005, 9, de 4 de abril de 2005, 16, de 22 de junho de 2005, 46, de 10 de outubro de 2007, 17, de7 de abril de 2008, e 39, de 3 de julho de 2008, todas disponíveis em: <www.mdic.gov.br>. Acesso em: 15 fev. 2012.

cessárias com vistas a avaliar ser ou não de seu interesse apresentar uma proposta de compromisso de preços.

Na prática do DECOM, nos casos em que uma das partes manifestou interesse em propor um compromisso de preços, procedeu-se à determinação preliminar, a fim de viabilizar a apresentação de proposta nesse sentido.

Importante também destacar que não obstante o Regulamento Brasileiro, especificamente no § 2.º do art. 35, em consonância com o artigo 8.2 do Acordo Antidumping, disponha claramente sobre a possibilidade de a autoridade investigadora sugerir ao exportador um compromisso de preços, o Departamento não tem experiência nesse sentido. Em todos os casos em que foi avaliada a possibilidade de homologação de compromisso de preços, a proposta partiu do próprio exportador estrangeiro.

De qualquer forma, mesmo considerando a possibilidade de a autoridade investigadora formular uma proposta de compromisso de preços, sua aceitação por parte do produtor/exportador estrangeiro deve ser voluntária. A matéria está tratada especificamente no artigo 8.5[8] do Acordo Antidumping, que dispõe, ainda, que os exportadores não estão obrigados a apresentar propostas de compromissos de preços, não serão forçados a aceitar aquelas propostas pela autoridade investigadora e que esses fatos não prejudicarão a consideração do caso.

O artigo 8.4[9] do AAD trata, ainda, da possibilidade de a investigação não ser suspensa por força do compromisso de preços e de ser alcançada uma determinação final negativa de dumping ou dano na hipótese em que tal determinação seja, em grande medida, decorrência da existência do compromisso de preços. Essa hipótese não é possível de se configurar no caso brasileiro. Isso

8. "Art. 8.5 Price undertakings may be suggested by the authorities of the importing Member, but no exporter shall be forced to enter into such undertakings. The fact that exporters do not offer such undertakings, or do not accept an invitation to do so, shall in no way prejudice the consideration of the case. However, the authorities are free t determine that a threat of injury is more likely to be realized if the dumped imports continue."

9. "Art. 8.4 If an undertaking is accepted, the investigation of dumping and injury shall nevertheless be completed if the exporter so desires or the authorities so decide. In such a case, if a negative determination of dumping or injury is made, the undertaking shall automatically lapse, except in cases where such a determination is due in large part to the existence of a price undertaking. In such cases, the authorities may require that an undertaking be maintained for a reasonable period consistent with the provisions of this Agreement. In the event that an affirmative determination of dumping and injury is made, the undertaking shall continue consistent with its terms and the provisions of this Agreement."

porque o período da investigação é definido no ato público da abertura da investigação (Circular da Secretaria de Comércio Exterior), não sendo atualizado durante o seu curso.

O Regulamento brasileiro também não trata da hipótese prevista na parte final do artigo 8.5 do AAD de que, caso um produtor/exportador estrangeiro não aceite um compromisso, na hipótese de ameaça de dano, a autoridade investigadora é livre para concluir que o dano se materializará caso as exportações a preço de dumping continuem, o que parece sugerir que essa presunção não encontra amparo na norma brasileira.

Na experiência brasileira, em todos os casos em que foi aceito compromisso de preços, a investigação foi suspensa – tendo sido elaborado pelo DECOM parecer propondo a aceitação do compromisso de preços oferecido pelo produtor/exportador – e a matéria foi submetida à CAMEX. O ato por intermédio do qual o compromisso em questão é homologado é uma Resolução da CAMEX.

O artigo 8.4 do AAD trata, ainda, da hipótese de a investigação não ter sido suspensa e de ser alcançada uma determinação final positiva. Uma vez que não tenham sido alterados os principais elementos considerados quando da aceitação do compromisso de preços (margem de dumping ou subcotação, nesse caso na hipótese em que o compromisso em questão tenha tido como base o *lesser price*), o compromisso deverá ser mantido inalterado. Essa é a hipótese mais provável de se concretizar no caso brasileiro, em razão de o período de investigação não ser atualizado ao longo do processo.

Porém, na hipótese de alteração de elemento principal considerado na aceitação do compromisso, há que ser analisada a última parte do dispositivo em questão, que dispõe que o compromisso de preços será mantido em conformidade com seus termos e as disposições do Acordo. Assim, por exemplo, se a margem de dumping da determinação final for inferior àquela tomada por base no compromisso de preços, o mesmo deverá ser revisto, a fim de garantir que a elevação dos preços não seja superior ao necessário para eliminar a margem de dumping.

Ou seja, se o compromisso teve como base a margem de dumping e se a margem apurada na determinação final for inferior àquela da determinação preliminar, o compromisso necessariamente deverá ser revisto, uma vez que, nos termos do artigo 8.1 do AAD, a elevação de preços ao amparo de compromissos dessa natureza não deverá superar a margem de dumping.

Questão de mais difícil solução diz respeito à hipótese em que a elevação dos preços tenha tido como base a eliminação do dano à indústria doméstica, uma vez que somente a análise do caso concreto permitirá avaliar se a manutenção do compromisso nos mesmos termos será suficiente para eliminar o dano. Isso porque, nessa hipótese, a análise deverá considerar conjuntamente a metodologia adotada com vistas a determinar se o aumento de preços seria suficiente para eliminar o dano e também a margem de dumping da determinação final.

Além disso, quando o aumento de preço não superar a margem de dumping apurada na determinação final, a questão será saber se o compromisso em questão deverá obrigatoriamente ser revisto. A resposta a essa questão não é simples. Por um lado, a regra do *lesser price* não é mandatória, sendo certo que o AAD não contém qualquer orientação sobre a metodologia a ser adotada com vistas ao cálculo desse preço.

Por outro lado, uma vez que tenha adotado determinada metodologia, dentro da discricionariedade concedida pelo próprio AAD e, também, pelo Regulamento brasileiro, não parece haver base legal para alterar essa metodologia, salvo na hipótese de na determinação final a própria autoridade investigadora ter concluído que a metodologia adotada por ocasião da determinação preliminar com vistas ao cálculo do *lesser price* não tenha se mostrado tecnicamente a mais adequada.

É importante notar que o AAD não fornece qualquer orientação quanto ao preço compromissado – se este deve ser fixo ou variável. A questão que se coloca é que, em muitos casos, para garantir a eficácia da medida, seria necessário que o compromisso contivesse uma cláusula estabelecendo um *modus operandi* para a alteração do preço, posto que em princípio esse compromisso poderá vigorar por até 5 anos – o mesmo prazo de vigência do direito, sendo incomum o caso de produtos cujos preços, ao longo de período tão longo, se mantenham inalterados.

Um compromisso que não contenha cláusula de alteração de preço pode se mostrar desfavorável para o produtor/exportador estrangeiro. Caso os preços do produto acompanhem cotações internacionais, ante a queda do preço no mercado interno do país exportador (base para a apuração do valor normal) e no mercado do Membro importador, esse produtor/exportador estrangeiro poderia vir a ser eliminado desse mercado.

O risco sistêmico surge no caso contrário, em que o aumento dos preços dentro da fórmula compromissada supere a margem de dumping determinada. Nesse caso, caberia ao produtor/exportador solicitar sua revisão ou, alternativamente, até mesmo deixar de cumpri-lo, do que decorreria a aplicação de direito provisório com base na margem de dumping determinada preliminarmente. De qualquer forma, nada impediria que se fizesse constar do próprio compromisso um teto para a elevação dos preços, equivalente à margem de dumping apurada.

Uma vez que o compromisso de preços constitui um acordo firmado entre o produtor/exportador e a autoridade investigadora, não havendo interferência dos produtores domésticos, o sistema de preços variável, também, do ponto de vista da indústria doméstica, é mais eficaz, posto que elimina para essa parte o ônus de ter de pedir uma revisão, uma vez que a elevação de preços ao amparo do compromisso deixe de ser suficiente para eliminar a margem de dumping ou o dano.

Por outro lado, um sistema de preços variável eliminaria, também, a possibilidade de o compromisso garantir à indústria doméstica excessiva proteção, outro aspecto importante a ser considerado na hipótese em que os preços do produto caíssem significativamente, sendo mantido inalterado o preço do compromisso.

A dificuldade, então, consistiria em estabelecer um sistema de reajuste de preços quando o produto em questão não conta com preços cotados em bolsas de mercadorias ou publicados em revistas técnicas, por exemplo. Em alguns casos, poderia ser possível estabelecer uma fórmula de reajuste dos preços com base na variação do preço das principais matérias-primas, no caso em que tais preços sejam objeto de cotação em bolsas de mercadorias, sejam publicados em revistas técnicas ou possam ser obtidos a partir de outras fontes de informação fidedignas de fácil acesso.

Possibilidade de recusar uma oferta de compromisso de preços

O artigo 8.3[10] do AAD informa que a autoridade investigadora pode recusar uma oferta de compromisso de preços, uma vez que seja considerada impraticável. A título de exemplo, informa que isso poderia se configurar quando o número real ou potencial de exportadores for demasiadamente grande, ou por outras razões, inclusive de política geral.

Importante ressaltar que o Regulamento Brasileiro tratou a matéria de forma um pouco mais restrita que o AAD, somente admitindo a recusa de uma oferta de compromisso de preços se a mesma for considerada ineficaz.

10. "Art. 8.3 Undertakings offered need not be accepted if the authorities consider their acceptance impractical, for example, if the number o factual or potential exporters is too great, or for other reasons, including reasons of general policy. Should the case arise, and where practicable, the authorities shall provide to the exporter the reasons which have led them to consider acceptance of an undertaking as inappropriate, and shall, to the extent possible, give the exporter an opportunity to make comments thereon."

Dito de outra forma, o Regulamento Brasileiro não admite a recusa de oferta de compromisso de preços por razões de política geral. De qualquer forma, a norma brasileira não forneceu qualquer orientação quanto ao alcance do termo "eficaz". Este termo pode se relacionar aos efeitos, ou seja, à eliminação da margem de dumping ou do dano, ou a questões intrínsecas ao próprio compromisso.

Poder-se-ia, então, argumentar que o elevado número de produtores/exportadores poderia contribuir para elidir a eficácia dos compromissos de preços, uma vez que dificultaria o monitoramento de tais compromissos.

O artigo 8.3 também trata da transparência, dispondo que, sempre que praticável, no caso de recusa, as razões para tanto devem ser informadas ao produtor/exportador estrangeiro, sendo concedida oportunidade, na medida do possível, para apresentação de comentários. O Regulamento Brasileiro não inovou nesse aspecto.

Uma vez que o Regulamento Brasileiro não obriga à determinação preliminar, é possível que a autoridade investigadora, mesmo fornecendo explicações sobre as razões da recusa do compromisso proposto, não disponha de prazo suficiente para permitir a apresentação de comentários ou mesmo para a reformulação da proposta.

Além disso, não se pode deixar de chamar a atenção para o fato de o dispositivo em questão também tratar do número "potencial" de exportadores. A questão que se coloca é o alcance desse termo, ou seja, se esse conceito seria aplicável aos casos em que a autoridade dispõe de informações que permitam concluir ser efetivamente elevado o número de produtores no país exportador em questão, não obstante nem todos tenham exportado para o Membro importador ou participado da investigação, ou se estaria limitado às situações em que, ante o elevado número de produtores/exportadores estrangeiros, a autoridade investigadora esteja limitando o cálculo de margem de individual de dumping a um número razoável de partes, de forma consistente com as regras do artigo 6.10[11] do AAD.

---

11. "Art. 6.10 The authorities shall, as a rule, determine an individual margin of dumping for each known exporter or producer concerned of the product under investigation. In cases where the number of exporters, producers, importers or types of products involved is so large as to make such determination impracticable, the authorities may limit their examination either to a reasonable number of interested parties or product by using samples, which are statistically valid on the basis of information available to the authorities at the time of the selection, or to the largest percentage of the volume of the exports from the country in question which can reasonably be investigated."

A análise de cada uma dessas hipóteses engendra dificuldades específicas: produtores/exportadores que não venderam para o Membro importador no período de investigação de dumping não fazem jus a cálculo de margem individual de dumping. Na hipótese de encerramento da investigação com aplicação de direito antidumping, suas vendas para o Membro importador estarão sujeitas a pagamento de direito residual antidumping aplicado aos "demais", do que decorre a possibilidade de ser solicitada a revisão de que trata o artigo 9.5[12] do AAD.

A questão a ser respondida diz respeito a saber se as empresas nessa condição poderiam ofertar compromisso de preços. A resposta a essa pergunta parece ser negativa, inclusive porque, uma vez que não tenha sido calculada margem de dumping, não há como saber se a elevação de preços superou o limite legal.

Em se tratando de produtores/exportadores que não responderam ao questionário, deixando de fornecer seus dados, de forma a permitir a apuração de margem individual de dumping, não parece razoável a aceitação de proposta de compromisso de preços. Em primeiro lugar, não haverá elementos para avaliar se a elevação dos preços é superior à margem individual de dumping, salvo admitida a possibilidade de se considerar a margem de dumping apurada para os "demais" com base nos fatos disponíveis. Mas, nesse caso, uma parte que, em razão de seu próprio julgamento de conveniência e oportunidade, não tenha participado da investigação, estaria sendo beneficiada com a possibilidade de fugir à aplicação de um direito antidumping por força da aceitação de compromisso de preços.

No caso de que trata o artigo 6.10 do AAD, uma vez que um produtor/exportador não tenha sido incluído na amostra, a qual é determinada pela própria autoridade investigadora, parece ser razoável a aceitação de compromisso

12. "Art. 9.5 If a product is subjetct to anti-dumping duties in an importing Member, the authorities shall promptly carry out a review for the purpose of determining individual margins of dumping for any exporters or producers in the exporting country in question who have not exported the product to the importing Member during the period of investigation, provided that these exporters or producers can show that they are not related to any of the exporters or producers in the exporting country who are subject to the anti-dumping duties on the products. Such a review shall be initiated and carried out in the importing Member. No anti-dumping duties shall be levied on imports from such exporters or producers while the review is being carried out. The authorities may, however, withhold appraisement and/or request garantees to ensure that, should such a review result in a determination of dumping in respect of such producers or exporters, anti-dumping duties can be levied retroactively to the date of the initiation of the review."

de preços com base em margem de dumping apurada para os produtores/exportadores que não foram incluídos na amostra.

Outro detalhe a ser notado é que, não obstante na grande maioria dos casos em que o produtor/exportador responde ao questionário enviado pelo DECOM a margem de dumping seja apurada a partir dos dados fornecidos, é fato que usualmente alguns elementos específicos são determinados a partir dos fatos disponíveis.

A participação de itens determinados a partir dos fatos disponíveis no valor normal e/ou no preço de exportação pode variar de forma significativa. A questão que se coloca, então, é saber se, nos casos em que a margem de dumping foi parcialmente determinada a partir dos fatos disponíveis, haveria que se falar em aceitação de compromisso de preços. A decisão em casos da espécie deve contemplar o caso concreto, ou seja, o grau de dificuldade para fornecimento dos dados que foram substituídos pelos fatos disponíveis e se tais dados são significativos em relação ao valor normal e/ou ao preço de exportação.

O artigo 8.3 do AAD, em sua parte final, dispõe que, nas hipóteses em que a investigação não seja suspensa, sendo alcançada uma determinação positiva de dumping e de dano decorrente de tal prática, o compromisso de preços continuará vigorando de acordo com as demais provisões do Acordo Antidumping. Tendo isso em vista, parece razoável supor que as regras relativas às revisões do direito antidumping também se aplicarão, *mutatis mutandis*, aos compromissos de preços.

Assim, ante a hipótese de ser homologado um compromisso de preços e o mercado se modificar, de forma a tornar o preço acordado inócuo no que diz respeito à eliminação da margem de dumping ou do dano ou, de forma contrária, demasiado alto, de forma a inviabilizar as exportações pelo produtor/exportador em questão, as partes poderiam solicitar sua revisão, da mesma forma que ocorre nos casos de aplicação de direito antidumping definitivo. Além disso, tais compromissos estariam, também, sujeitos à revisão de final de período de que trata o artigo 11.3[13] do AAD, conhecida como *sunset review*.

13. "Art. 11.3 Notwithstanding the provisions of paragraphs 1 and 2, any definitive anti-dumping duty shall be terminated on a date not later than Five years from its imposition (or from the date of the most recent review under paragraph 2 if that review has covered both dumping and injury, or under this paragraph), unless the authorities determine, in a review initiated before that date on their own initiative or upon a duly substantiated request made by or on behalf ot the domestic industry within a reasonable period of time prior to that date, that the expiry of the duty would be likely to lead to continuation or recurrance of dumping and injury. [nota de rodapé omitida]. The duty may remain in force pending the outcome of such a review."

Importante notar que, nos poucos casos de revisão de compromisso de preços, o Departamento formulou uma determinação preliminar,[14] a fim de permitir aos produtores/exportadores estrangeiros avaliarem a possibilidade de oferecer novo compromisso de preços.

Onerosidade

Ante a aplicação de um direito antidumping, a tarefa de autoridade investigadora está encerrada, uma vez que a cobrança do direito, no caso do Brasil, é de competência legal da Secretaria da Receita Federal do Brasil (RFB) quando da internação do produto de que se trate.

Na hipótese de aceitação de compromisso de preços, caberá à autoridade investigadora o seu monitoramento, do que decorre, de pronto, a necessidade de contar com técnicos em número suficiente, posto que essa tarefa não se confunde com a condução rotineira de investigações de dumping.

A parte final do artigo 8.6[15] do AAD dispõe sobre a possibilidade de a autoridade solicitar ao exportador o fornecimento periódico de informação relevante para avaliação do cumprimento do compromisso e permitir a verificação dos dados. Nesse ponto, uma questão que se coloca é que não há qualquer orientação quanto à periodicidade para fornecimento de tais dados.

Esse é um elemento que implica onerosidade para a autoridade investigadora. A depender da natureza do compromisso, os técnicos da autoridade investigadora deverão desenvolver outras atividades após a conclusão da investigação. Em primeiro lugar, deverão acompanhar o cumprimento do compromisso, para isso solicitando o fornecimento de informações e procedendo à sua análise.

No caso de ser determinada a violação do compromisso, as autoridades poderão adotar, de forma imediata, medidas provisórias tendo por base os

---

14. A propósito, vide Circular SECEX 5, de 25 de janeiro de 2005, e 11, de 24 de fevereiro de 2005.

15. "Art. 8.6 Authorities of an importing Member may require any exporter from whom an undertaking has been accepted to provide periodically information relevant to the fulfilment of such an undertaking and to permit verification of pertinent data. In case of violation of an undertaking, the authorities of the importing Member may take, under this Agreement in conformity with its provisions, expeditious actions which may constitute immediate application of provisional measures using the best information available. In such cases, definitive duties may be levied in accordance with this Agreement on products entered for consumption not more than 90 days before the application of such provisional measures, except that any such retroactive assessment shall not apply to imports entered before the violation of the undertaking."

dados disponíveis. A legislação brasileira equiparou o não fornecimento de informações, quando solicitado, à violação do compromisso.[16]

Nesses casos, direitos definitivos poderão ser cobrados sobre produtos internados até 90 (noventa) dias antes da aplicação das medidas provisórias. De qualquer forma, a retroatividade não alcançará produtos despachados para consumo antes da violação do compromisso.

No entanto, a depender da natureza do compromisso e do produto de que se trate, nem sempre será necessária a solicitação de informações. Por exemplo, nos casos de compromissos de preços com o Uruguai e com a Argentina relativos a leite em pó, uma vez que o preço era estabelecido com base em cotação internacional do produto, não houve necessidade de solicitar aos produtores/exportadores o fornecimento de dados, posto que a análise das estatísticas oficiais permitiu verificar o seu cumprimento.

Outra dificuldade que pode surgir, a depender do produto e da natureza do compromisso de preços, diz respeito à verificação dos dados. Uma vez que tal verificação se faça necessária, o ônus recairá sobre a autoridade investigadora, que deverá arcar com as despesas inerentes à sua realização.

Por outro lado, para o produtor/exportador estrangeiro, um compromisso de preços também é oneroso. Explique-se melhor: quando é aplicado um direito antidumping, esse produtor/exportador estrangeiro não tem nenhuma providência adicional a adotar, inclusive porque o pagamento do direito recai sobre o importador.

Nos casos de compromisso de preços, de forma distinta, há um ônus adicional: o de fornecer periodicamente informações detalhadas sobre suas vendas para o Membro importador e a consequente possibilidade de verificação *in loco* de tais dados pela autoridade investigadora. Tal circunstância talvez contribua para explicar o reduzido número de compromissos de preços em vigor.

Propostas negociadoras e antecedentes no Órgão de Solução de Controvérsias

Vale a pena somente chamar a atenção para o fato de o Regulamento Brasileiro, em consonância com o AAD, não obrigar a uma determinação preliminar. Assim, é possível que tal determinação não seja formulada ou o seja apenas em etapa adiantada do processo. Esta última hipótese poderia cons-

16. "Art. 37 O exportador com o qual se estabeleceu um compromisso de preços deverá fornecer, periodicamente, caso solicitado, informação relativa ao cumprimento do compromisso, e permitir verificação dos dados pertinentes. Parágrafo único. O descumprimento do disposto neste artigo será considerado como violação do compromisso."

tituir exemplo de situação em que não seja possível a concessão de prazo ao produtor/exportador para apresentação de seus comentários sobre as razões da recusa do compromisso e reformulação da proposta antes da determinação final.

O Brasil apresentou à OMC documento sobre a matéria[17] por intermédio do qual propôs a alteração do AAD com vistas a tornar obrigatória a determinação preliminar, independentemente da aplicação de direito antidumping provisório.

Tal proposta visou, também, ao estabelecimento de um limite temporal, além do prazo mínimo de 60 (sessenta) dias para aplicação do direito provisório. De acordo com a proposta brasileira, o artigo 7 do AAD deveria explicitar que tal determinação não será formulada depois de 240 (duzentos e quarenta) dias contados do início da investigação, sendo que tais prazos seriam automaticamente prorrogados para 90 (noventa) e 270 (duzentos e setenta) dias, ante a concessão de prorrogação do prazo para resposta ao questionário.

Exemplo de tal circunstância foi o caso de chapas pressensibilizadas de alumínio para impressão *off-set*, em que a determinação preliminar positiva foi alcançada em estágio adiantado da investigação. Nesse caso, o Departamento fez constar do parecer de determinação final as razões que justificaram a recusa da oferta de compromisso de preços, as quais também constaram da Resolução CAMEX 43, de 4 de outubro de 2007.

A parte final do artigo 8.5 trata, ainda, da hipótese de violação do compromisso de preços, dispondo que a autoridade investigadora poderá adotar medidas para a aplicação de direito provisório, de forma rápida, com base na melhor informação disponível. Nesses casos, o direito antidumping provisório poderá retroagir até 90 (noventa) dias da data de sua aplicação, porém não se aplicará a importações realizadas antes da violação do compromisso. Importante notar que o Acordo Antidumping não caracteriza o alcance da expressão "violação do compromisso".

No curso das negociações multilaterais no âmbito da OMC, o México, em conjunto com Hong Kong, Noruega e Taipé Chinês, apresentou proposta[18] sobre o tema. O documento em questão informou como objetivo o estabelecimento de limites à discricionariedade da autoridade investigadora, por exemplo não permitindo que seja estabelecida como condição para sua aceitação

17. Documento TN/RL/GEN/102, de 3 de março de 2006. Disponível em: <www.wto.org>. Acesso em: 15 fev. 2012.

18. Documento TN/RL/GEN/76/Rev.2, de 17 de outubro de 2005. Disponível em: <www.wto.org>. Acesso em: 15 fev. 2012.

que a proposta seja apresentada por um determinado número de produtores/exportadores, pela maioria deles ou por um grupo específico.

Tal proposta também visou estabelecer a obrigação para a autoridade investigadora de informar as razões da não aceitação de uma proposta e de oferecer oportunidade para que o produtor/exportador possa apresentar seus comentários e reformular a proposta. Não é demais ressaltar que o texto do Acordo Antidumping determina que, quando possível, as razões da recusa deverão ser informadas. De qualquer forma, essa proposta não eliminou expressamente a possibilidade de recusar oferta de compromisso de preços por razões de política geral, não obstante tenha indicado que a recusa deverá ter como base os próprios méritos da proposta.

Esse aspecto da proposta em questão parece conter uma contradição. Explique-se melhor: uma vez que a aceitação do compromisso implica transferência de recursos do governo (que deixa de arrecadar a medida) para o exportador, isso poderia constituir uma razão de política geral para sua recusa e, certamente, não poderia ser caracterizado como a recusa do compromisso em razão de seus próprios méritos.

A referida proposta dispõe, ainda, que a elevação de preços deverá ser inferior à margem de dumping, se suficiente para eliminar o dano, o que não constitui inovação em relação ao AAD da Rodada Uruguai. Finalmente, a proposta apresentada pelo México em conjunto com outros Membros visou estabelecer a obrigação, para a autoridade investigadora, de oferecer oportunidade ao exportador de comentar e corrigir erros ou omissões, na hipótese de violação do compromisso de preços.

O Brasil, em conjunto com Chile, Colômbia, Costa Rica, Hong Kong, China, Japão, Coreia do Sul, Noruega, entre outros, já havia tratado do tema. O documento em questão[19] também visou à redução da discricionariedade da autoridade investigadora para recusar uma oferta de compromisso de preços. Além disso, a proposta apresentada conjuntamente pelo Brasil e outros Membros buscou estabelecer que o compromisso deve ser analisado no contexto da proposta de "*lesser duty rule*", ou regra do menor direito.

Algumas sugestões constantes desse documento foram incorporadas ao documento patrocinado pelo México e outros Membros, já citado. Além disso, buscou-se eliminar a hipótese de recusa por razões de política geral, esclarecendo que o elevado número de exportadores somente poderia consistir em motivo para recusa em circunstâncias excepcionais, inclusive quando não for possível seu monitoramento.

---

19. Documento TN/RL/GEN/2, de 14 de julho de 2004. Disponível em: <www.wto.org>. Acesso em: 15 fev. 2012.

Interessante notar que esse documento tratou, também, da possibilidade de os exportadores solicitarem reajuste do preço, inclusive nos casos em que o preço em seu mercado doméstico tenha declinado.

No âmbito do artigo 15[20] do AAD – tratamento especial e diferenciado para países em desenvolvimento –, o Brasil também procurou tratar da oferta de compromisso de preços, visando à introdução da obrigação, para a autoridade investigadora, de tomar a iniciativa de explorar soluções construtivas, entre as quais o compromisso de preços.[21]

Em síntese, esse tema – compromisso de preços – vem sendo tratado no âmbito do Grupo Negociador de Regras (GNR). Tanto é que o documento divulgado pelo Presidente do GNR[22] incorporou parcialmente esses debates, dispondo que, caso até a divulgação dos fatos essenciais de que trata o artigo 6.9[23] do AAD não seja alcançada uma determinação preliminar, as autoridades deverão informar aos exportadores o direito de oferecer propostas de compromissos de preços e conceder adequada oportunidade para isso.

Interessante notar que, em não havendo uma determinação preliminar, não há obrigação de cálculo de margem de dumping anteriormente à determinação final. A questão operacional relativa a essa proposta não foi abordada no documento divulgado pelo Presidente do GNR. Poder-se-ía argumentar que, mesmo que de forma indireta, essa proposta estaria tornando obrigatória uma determinação preliminar de dumping, dano e relação causal, uma vez que tais elementos constituem condição para oferta/aceitação de compromisso de preços.

Além disso, o documento do Presidente do GNR visa assegurar aos produtores/exportadores estrangeiros: o direito de serem informados das razões que

20. "Art. 15 It is recognized that special regard must be given by developed country Members to the special situation of developing country Members when considering the application of anti-dumping measures under this Agreement. Possibilities of constructive remedies provided for by this Agreement shall be explored before applying anti-dumping duties where they would affect the essential interests of developing country Members."

21. Documento G/ADP/AHG/W/127, de 31 de janeiro de 2002. Disponível em: <www.wto.org>. Acesso em: 15 fev. 2012.

22. Documento TN/RL/W/236, de 19 de dezembro de 2008. Disponível em: <www.wto.org>. Acesso em: 15 fev. 2012.

23. "Art. 6.9 The authorities shall, before a final determination is made, inform all interested parties of the essential facts under consideration which form the basis for the decision whether to apply definitive measures. Such disclosure should take place in sufficient time for the parties to defend their interests."

levaram a autoridade investigadora a considerar inapropriada a aceitação do compromisso de preços; e a oportunidade para apresentação de comentários.

O texto proposto, no entanto, não elimina a possibilidade de recusa por razões de política geral. A questão que se coloca é que, uma vez que seja admitida a recusa de proposta de compromisso de preços por razões de política geral, a concessão de oportunidade para o produtor/exportador estrangeiro apresentar comentários será inócua, salvo nos casos em que sua recusa se tenha baseado nos próprios termos da proposta em questão.

Ao mesmo tempo, ao tratar da violação do compromisso, o *draft* do Presidente do GNR qualifica a violação que caracteriza o seu descumprimento como "material". Essa qualificação, não obstante possa ser objeto de distintas interpretações, parece contribuir para a redução da discricionariedade da autoridade investigadora quanto a esse aspecto.

Apenas um painel tratou do tema, mas não de forma direta.[24] No caso em tela, os reclamantes inicialmente lembraram que as regras sobre compromissos de preços impõem à autoridade a obrigação de examinar de forma objetiva o compromisso, bem como de informar as razões para a não aceitação.

As partes reclamantes alegaram entender que, uma vez que a indústria doméstica, de acordo com a legislação vigente nos EUA, poderia opor-se à aceitação de um compromisso de preços, tendo em conta o interesse pecuniário decorrente da Emenda Byrd – que permitiria a distribuição dos valores arrecadados a título de direito antidumping ou compensatório para a indústria doméstica –, disso decorreria que a autoridade não poderia cumprir sua obrigação de examinar a proposta apresentada de forma objetiva, levando à rejeição do compromisso por razões pecuniárias.

Os EUA, por seu turno, lembraram que o AAD não prevê obrigação de aceitar um compromisso e tampouco circunscreve as razões que podem dar causa à sua não aceitação. O painel concordou que do fato de a indústria doméstica poder se opor à aceitação de compromisso de preços, e mesmo que a Emenda Byrd constituísse um incentivo para isso, disso não decorreria, necessariamente, que a autoridade dos EUA não pudesse aceitar o compromisso em questão.

O fato é que o AAD efetivamente não delimita as razões pelas quais uma oferta de compromisso de preços pode ser recusada, permitindo inclusive que

24. Documento WT/DS217/R E WT/DS234/R – *United States – Continued Dumping and Subsidy Offset Act of 2000*. Disponível em: <www.wto.org>. Acesso em: 15 fev. 2012.

isso se dê por razões de política geral, do que decorre elevado grau de discricionariedade para a autoridade investigadora.

O Regulamento Brasileiro não admite a possibilidade de recusar a oferta de compromissos de preços por razões de ordem geral. Certas questões, porém, poderiam suscitar reflexão, como por exemplo a possibilidade de aceitação de compromisso de preços na hipótese em que as vendas são feitas para uma parte relacionada. A verificação do cumprimento de compromisso dessa natureza poderia se tornar excessivamente onerosa para a autoridade investigadora, posto que teriam que ser analisados os dados fornecidos pelo produtor/exportador estrangeiro, mas também informações obtidas junto ao braço importador. De qualquer forma, poder-se-ia alegar que de tal circunstância decorreria, muito provavelmente, que tal compromisso não seria eficaz.

Efeitos dos compromissos de preço

De modo geral, do ponto de vista do produtor/exportador, o direito antidumping poderia ser visto como uma medida mais severa, uma vez que, no caso do compromisso de preços, o produtor/exportador estrangeiro se apropria da elevação dos preços, enquanto, em se tratando de aplicação do direito, o governo se apropria do valor cobrado a título de direito antidumping.

Do ponto de vista do produtor/exportador há outro aspecto a ser considerado. É que, no caso de aplicação de direito antidumping, há uma "condenação", consubstanciada numa determinação final positiva de dumping e do dano decorrente de tal prática. Em se tratando de compromissos de preço, a regra geral é a suspensão da investigação, do que decorre que o produtor/exportador estrangeiro não é "condenado".

Outra diferença substantiva entre os compromissos de preços e o direito antidumping é que, no primeiro caso, a obrigação de cumprir o compromisso recai sobre cada produtor/exportador em particular, ao passo que, no caso do direito antidumping, este é cobrado do importador quando da internação do produto.

O fato é que, da perspectiva do produtor/exportador, o compromisso de preços permite a captura desse aumento de preços, que de outra forma seria transferido para os cofres do governo do Membro importador. Assim, à medida que o exportador possa continuar vendendo aos preços acordados, para ele será mais vantajoso concluir um compromisso de preços. De qualquer forma, nesse ponto, é importante lembrar que tanto o direito antidumping quanto o Imposto de Importação não têm finalidade arrecadatória.

Outras considerações

É possível supor que em alguns casos as autoridades investigadoras hesitem em aceitar uma oferta de compromisso de preços antes que os dados tenham sido objeto de verificação *in loco*. O Regulamento Brasileiro, em consonância com o AAD, não estipula tal condição e já houve caso de homologação de compromisso de preços sem que o DECOM procedesse à verificação *in loco*. A solução para tal questão depende do caso concreto. Por exemplo, nos casos de leite em pó (Argentina e Uruguai), os compromissos de preços tomaram por base cotações internacionais. Nesse contexto, o Departamento entendeu não se fazer indispensável a verificação *in loco*, a qual, recorde-se, não é obrigatória.

Interessante, ainda, notar que no caso de leite em pó da Argentina, o elevado número de produtores/exportadores não constituiu óbice à homologação do compromisso de preços, pois essas partes estrangeiras ofertaram compromisso idêntico.

Firmado um compromisso de preços, o produtor/exportador deverá elevar seus preços até o nível do valor normal, cessando a prática de dumping, ou até um patamar que elimine o dano à indústria doméstica. Assim, os compromissos de preço têm efeito análogo ao do direito antidumping.

Em outras palavras, em tese, do ponto de vista do importador – que arca com o pagamento do direito antidumping ou, alternativamente, com a elevação de preços decorrente da aceitação de compromisso de preços –, o encerramento (ou a suspensão) de uma investigação com uma ou outra medida é indiferente.

Uma questão que não parece encontrar resposta nas normas diz respeito a saber se a possibilidade de ofertar um compromisso de preços, não poderia constituir em alguma medida uma espécie de "incentivo" à prática de dumping. Poder-se-ía levantar a hipótese de um produtor/exportador estrangeiro dar início à prática de dumping como estratégia para penetrar no mercado brasileiro. Ante a determinação preliminar de dumping e do dano decorrente de tal prática, esse produtor/exportador estrangeiro poderia ofertar um compromisso de preços que visasse apenas à eliminação do dano decorrente da prática de dumping. A aceitação de compromisso, nessa hipótese, não poderia constituir uma espécie de prêmio? A análise dessa hipótese parece levar à conclusão de que a evolução do volume de importação do produtor/exportador de que se trate pode constituir um elemento a ser considerado no compromisso.

De qualquer forma, essa questão volitiva não se irá refletir na eficácia do compromisso, ao que parece somente podendo ser tratada no contexto da possibilidade de recusa do compromisso por razões de política geral.

A legislação brasileira não prevê um prazo-limite para apresentação de propostas de compromissos de preços. Ante a hipótese de não ter sido formulada uma determinação preliminar, a questão que se coloca é saber se após a apresentação dos fatos essenciais sob julgamento uma parte interessada poderia ofertar um compromisso de preços.

Em primeiro lugar, é preciso lembrar que, no caso brasileiro, os fatos essenciais sob julgamento são divulgados para as partes interessadas por intermédio de uma nota técnica, a qual não contempla conclusão final sobre as matérias tratadas. Usualmente, estão informadas as metodologias adotadas com vistas à apuração do valor normal e do preço de exportação. Porém, no que diz respeito ao dano e à relação causal, apenas são informados os dados que o Departamento irá considerar, inclusive as manifestações das partes interessadas sobre a matéria.

Além disso, não obstante as partes com interesse contrário - a indústria doméstica - não possam obstar a aceitação de um compromisso dessa natureza pela autoridade investigadora, poderiam ter conhecimento de informações que levassem a autoridade investigadora a decidir pela não aceitação de oferta nesse sentido. Em outras palavras, resguardado o direito de fornecer informações em bases sigilosas, a questão que se coloca é saber se o compromisso de preços também está sujeito ao contraditório e à ampla defesa.

Nos termos da legislação brasileira aplicável aos processos administrativos em geral, não parece haver base legal para entendimento distinto, ou seja, as propostas de compromissos de preços deverão ser juntadas aos autos do processo administrativo, a fim de permitir que as demais partes interessadas possam manifestar-se sobre a matéria.

Outra dificuldade que se coloca em termos de compromisso de preços diz respeito a produtos que não sejam homogêneos, comportando grande variedade de tipos, modelos etc. quando os preços variem significativamente de um modelo ou tipo para outro. A verificação do compromisso, em tais casos, também poderia se tornar excessivamente onerosa para a autoridade investigadora.

Conclusões

O tema compromisso de preços traz à tona diversas dificuldades, nem todas inerentes às regras do artigo 8 do AAD. No que diz respeito à metodologia para cálculo do *lesser price*, as dificuldades são as mesmas encontradas para fins de cálculo de direito antidumping inferior à margem de dumping.

A análise das propostas apresentadas permite concluir que não obstante, regra geral, as razões para a não aceitação de oferta de compromisso de preços devam decorrer de seus próprios méritos, o fato concreto é que situações relacionadas a outros fatores que não aspectos intrínsecos à proposta de que se trate podem tornar sua aceitação inexequível, como por exemplo, a elevada variedade de tipos de produto associada a um grande número de produtores/exportadores do produto e até mesmo a um grande número de países envolvidos na investigação. Essas questões por certo não se relacionam ao mérito da proposta em si mesma.

Outro elemento que talvez contribua para explicar a escassez de ofertas de compromissos de preços seja a possibilidade de, ante a aplicação de direito antidumping na forma de alíquota *ad valorem*, ser possível que produtor/exportador estrangeiro absorva, ao menos parcialmente e talvez até temporariamente, o direito antidumping a ser pago pelo importador.

O compromisso de preços pode ser considerado uma solução negociada para as investigações de dumping, porém não afeta o importador, uma vez que constitui mera transferência de renda, do governo do Membro importador, na qualidade de arrecadador, para o particular, no caso o produtor/exportador estrangeiro. Isso porque, do ponto de vista do importador, a questão que se coloca com vistas à redução de seus custos para importação diz respeito à adoção da *lesser price rule*.

Uma vez que a prática da autoridade investigadora brasileira é recomendar a aplicação de direito inferior à margem de dumping sempre que o produtor/exportador participe da investigação respondendo ao questionário, de forma a permitir a apuração do valor normal e preço de exportação a partir de seus próprios dados, aos compromissos de preços aplicar-se-íam as mesmas orientações.

Mas o que talvez efetivamente explique a escassez de propostas de compromisso de preços seja a onerosidade para o próprio produtor/exportador estrangeiro. Explica-se melhor: não obstante haja, em alguma medida, transferência de recursos do governo do Membro importador, que deixa de proceder à cobrança do direito antidumping, para o exportador, que elevará seus preços, o fato é que deverão ser fornecidas periodicamente informações, e a empresa deverá se sujeitar à verificação *in loco* de seus dados. Por certo, isso implica onerosidade, no caso brasileiro inclusive financeira, posto que, nos termos do § 2.º do art. 63 do Regulamento Brasileiro, as informações deverão ser apresentadas em língua portuguesa ou alternativamente ser acompanhadas de tradução pública.

O compromisso de preços, como solução negociada que é, regra geral, não deve alcançar aquelas partes que tiveram valor normal e preço de exportação apurados a partir dos fatos disponíveis. Mas essa questão leva a outra, já abordada, que é saber se isso se aplicaria apenas às hipóteses em que o valor normal e o preço de exportação foram integral ou substancialmente apurados a partir dos fatos disponíveis ou também aos casos em que o recurso aos fatos disponíveis alcançou elementos de pouca expressividade, considerados os valores totais.

Em síntese, as dificuldades para implementação de compromissos de preços são muitas, e algumas transcendem tais compromissos por si próprios, estando relacionadas a outros dispositivos do próprio AAD que poderiam merecer, cada um deles, um artigo específico.

Bibliografia

BRASIL. Decreto n. 1.355, de 30 de dezembro de 1994. Promulga a ata final que incorpora os resultados da Rodada Uruguai de Negociações Comerciais Multilaterais do GATT. *Diário Oficial da União*, 31.12.1994, Seção I.

_______. Decreto n. 1.602, de 23 de agosto de 1995. Regulamenta as normas que disciplinam os procedimentos administrativos, relativos à aplicação de medidas antidumping. *Diário Oficial da União*, 24.08.1995, Seção I.

_______. Decreto n. 4.732, de 10 de junho de 2003. Dispõe sobre a Câmara de Comércio Exterior - CAMEX, do Conselho de Governo. *Diário Oficial da União*, 11.06.2003, Seção I, p. 01.

_______. Lei n. 9.019, de 30 de março de 1995. Dispõe sobre a aplicação dos direitos previstos no Acordo Antidumping e no Acordo de Subsídios e Direitos Compensatórios, e dá outras providências. *Diário oficial da União*, 31.03.1995, Seção I.

_______. Lei n. 9.784, de 29 de janeiro de 1999. Regula o processo administrativo no âmbito da Administração Pública Federal. *Diário Oficial da União*, 01.02.1999, Seção I.

CZACO, Judith, HUMAN, Johann e MIRANDA, Jorge. *A handbook on anti-dumping investigations*. Cambridge: Cambridge University Press, 2003.

DI PIETRO, Maria Sylvia Zanella. *Direito administrativo*. 10. ed. São Paulo: Atlas, 1998.

OMC. *Los resultados de la Ronda Uruguay de negociaciones comerciales. Los textos juridicos*. México: Universidad Veracruzana, 2003.

VERMULST, Edwin. *The WTO anti-dumping agreement: a commentary*. Oxford: Oxford University Press, 2005.

17 – Economias não de mercado em investigações de prática de dumping

Marília Castañon Penha Valle

Base normativa

O art. 7.º do Decreto 1.602, de 23 de agosto de 1995, publicado no *Diário Oficial da União* de 24 de agosto de 1995, regulamenta as normas que disciplinam os procedimentos administrativos relativos à aplicação de medidas antidumping e dispõe sobre a metodologia a ser utilizada com vistas à apuração do valor normal, em se tratando de países cuja economia não seja considerada predominantemente de mercado, aí incluída a China:

> Art. 7.º Encontrando-se dificuldades na determinação do preço comparável no caso de importações originárias de país que não seja predominantemente de economia de mercado, onde os preços domésticos sejam em sua maioria fixados pelo Estado, o valor normal poderá ser determinado com base no preço praticado ou no valor construído do produto similar, em um terceiro país de economia de mercado, ou no preço praticado por este país na exportação para outros países, exclusive o Brasil, ou, sempre que isto não seja possível, com base em qualquer outro preço razoável, inclusive o preço pago ou a pagar pelo produto similar no mercado brasileiro, devidamente ajustado, se necessário, a fim de incluir margem de lucro razoável.
>
> § 1.º A escolha do terceiro país de economia de mercado adequado levará em conta quaisquer informações fiáveis apresentadas no momento da seleção.
>
> § 2.º Serão levados em conta os prazos da investigação e, sempre que adequado, recorrer-se-á a um terceiro país de economia de mercado que seja objeto da mesma investigação.
>
> § 3.º As partes interessadas serão informadas, imediatamente após a abertura da investigação, do terceiro país de economia de mercado que se pretende utilizar, e poderão se manifestar no prazo fixado para a restituição dos respectivos questionários, de que trata o *caput* do art. 27.

Inicialmente, é importante ressaltar que esse dispositivo não reflete norma emanada diretamente do Acordo Antidumping. Não obstante, diversas legislações nacionais contemplam norma semelhante. Admite-se que a origem de normas dessa natureza é a Nota constante do Anexo I ao GATT-1947:

> Ad Article VI
>
> Paragraph 1
>
> 1. (...)
>
> 2. It is recognized that, in the case of imports from a country which has a complete or substantially complete monopoly of its trade and where all domestic prices are fixed by the State, special difficulties may exist in determining price comparability for the purposes of paragraph 1, and in such cases importing contracting parties may find it necessary to take into account the possibility that a strict comparison with domestic prices in such a country may not always be appropriate.

É fato que, mesmo na atualidade, em alguns países, a ingerência do Estado na economia afeta os preços relativos, não permitindo que as forças de mercado atuem livremente. Assim, a introdução nas legislações nacionais em matéria de defesa comercial de dispositivos dessa natureza constitui uma resposta a uma questão de ordem prática.

Essa metodologia não fere as regras multilaterais, em especial as disposições do Protocolo de Acessão da China à Organização Mundial do Comércio. Efetivamente a China foi admitida como País Membro da OMC em 2001,[1] e o Decreto 5.544, de 22 de setembro de 2005, publicado no *Diário Oficial da União* de 23 de setembro de 2005, internalizou, no ordenamento jurídico brasileiro, os compromissos assumidos.

De acordo com esse decreto e em consonância com o Protocolo de Acessão:

> 15. Comparabilidade de preços para a determinação de subsídios e dumping
>
> Nos procedimentos relacionados a importações de origem chinesa por um Membro da OMC, aplicar-se-á o artigo VI do GATT 1994, o Acordo relativo à Aplicação do Artigo VI do Acordo Geral sobre Tarifas Aduaneiras e Comércio de 1994 ("Acordo Antidumping") e o Acordo SMC, em conformidade com o seguinte:
>
> a) Na determinação da comparabilidade de preços, sob o artigo VI do GATT 1994 e o Acordo Antidumping, o Membro importador da OMC utilizará, seja

1. Documento WT/L/433, de 23 de novembro de 2001 – *World Trade Organization*. Disponível em: <www.wto.org>. Acesso em: 15 fev. 2012.

> os preços e os custos chineses correspondentes ao *segmento produtivo* objeto da investigação, *ou uma metodologia que não se baseie em uma comparação estrita com os preços ou os custos domésticos chineses*, com base nas seguintes normas:
>
> i) se os produtores investigados puderem demonstrar claramente que, no segmento produtivo que produz o produto similar, prevalecem condições de economia de mercado no que diz respeito à manufatura, produção e à venda de tal produto, o Membro da OMC utilizará os preços ou custos prevalecentes na China do segmento produtivo objeto da investigação, para determinar comparabilidade dos preços;
>
> ii) *o Membro da OMC importador poderá utilizar uma metodologia que não se baseie em uma comparação estrita com os preços internos ou custos prevalecentes na China se os produtores investigados não puderem demonstrar claramente que prevalecem no segmento produtivo que produz o produto similar condições de economia de mercado no que diz respeito à manufatura, à produção e à venda de tal produto.*
>
> (...)
>
> c) O Membro importador da OMC notificará as metodologias utilizadas em conformidade com o item a) ao Comitê de Práticas Antidumping (...).
>
> d) Uma vez tendo a China estabelecido, em conformidade com a legislação nacional do Membro importador da OMC, que é uma economia de mercado, ficarão sem efeito as disposições do item a), desde que a legislação nacional do Membro importador preveja critérios para aferir a condição de economia de mercado, na data da acessão. *Em quaisquer casos, as disposições do item a) ii) expirarão após transcorridos 15 anos da data da acessão.* Ademais, nos casos em que a China estabelecer, em conformidade com a legislação nacional do Membro importador da OMC, que em um segmento produtivo particular ou indústria prevalecem condições de economia de mercado, deixar-se-ão de aplicar a esse segmento produtivo particular ou indústria as disposições do item a) referentes às economias que não são economias de mercado (grifos nossos).

Em síntese, a mera leitura do decreto em apreço permite verificar que a própria China anuiu à possibilidade de utilização de metodologia que não se baseie em comparação estrita com os preços internos ou custos de produção nesse país, caso os produtores não possam demonstrar claramente que no segmento produtivo em questão prevalecem condições de economia de mercado.

Por ocasião da acessão da China à OMC, a Secretaria de Comércio Exterior fez publicar no *Diário Oficial da União* de 28 de novembro de 2001 a Circular SECEX 59/2001, que informa os fatores a serem considerados na avaliação da existência de condições de economia de mercado.

A Circular SECEX 59/2001 contém três itens. O primeiro contempla orientações acerca da apresentação de informações confidenciais, o segundo trata da contagem de prazo e o terceiro, de países de economia não de mercado.

De acordo com essa circular:

3. Economia não predominantemente de mercado

3.1. O disposto no art. 7.º do Decreto n. 1.602, de 23 de agosto de 1995, aplica-se somente para a obtenção de valor normal quando a investigação envolver países de economia não predominantemente de mercado.

3.1.1. As partes interessadas serão informadas por meio dos questionários sobre o terceiro país que se pretende utilizar e poderão se manifestar na resposta dos respectivos questionários, conforme previsto no § 3.º do mesmo artigo.

3.1.2. No âmbito da investigação, o produtor/exportador sob investigação e o respectivo governo poderão apresentar elementos de prova com o objetivo de que seja reavaliada tal conceituação, envolvendo informações, dentre outras, sobre taxa de câmbio, juros, salários, preços, controle de capital, bolsa de valores, investimentos, formação de preços de insumos relevantes e outras que sejam consideradas apropriadas pela parte ou pela SECEX.

3.2. Considerando as transformações ocorridas em diversos países tradicionalmente de economia não predominantemente de mercado, que passaram ao estágio de economias em transição, tendo implementado medidas importantes no sentido de remover os monopólios estatais, o controle e a interferência estatal sobre os preços internos, será adotado o seguinte entendimento:

3.2.1. Considera-se como economias em transição os seguintes países: Bulgária; Eslováquia; Eslovênia; Hungria; Polônia; Romênia e República Tcheca.

3.2.2. Para a abertura da investigação envolvendo os países indicados no item 3.2.1 não será aplicada a regra contida no art. 7.º do Decreto n. 1.602, de 1995. Contudo, se no curso da investigação for verificado que no setor em que atua o produtor/exportador denunciado não prevalecem as regras do livre mercado, poderá ser então aplicada a regra do art. 7.º para a obtenção do valor normal.

3.2.3. O DECOM, ao enviar o questionário, irá solicitar informações que permitam obter o valor normal e o preço de exportação, de acordo com o disposto nos arts. 5.º e 6.º do Decreto n. 1.602, de 1995. Sendo obtidas respostas completas dos questionários, as informações poderão ser objeto de verificação *in loco*, consoante o disposto no art. 30 do citado diploma legal. Se as informações apresentadas forem incompletas, poderão ser efetuadas determinações com base na melhor informação disponível, conforme art. 66 do Decreto em apreço.

3.2.4. Se a qualquer tempo da investigação o DECOM concluir que no setor em que o produtor/exportador sob investigação atua não prevalecem as regras do livre mercado, poderá ser então aplicada a regra do art. 7.º para a obtenção do valor normal. Neste sentido, poderão ser solicitadas informações sobre o preço praticado ou o valor construído em um terceiro país de economia de mercado, para a eventualidade de vir a ser utilizada a regra do art. 7.º do Decreto n. 1.602, de 1995.

3.3. Para avaliação da existência de condições de economia de mercado serão observados, entre outros, os seguintes fatores:

a) grau de controle governamental sobre as empresas ou sobre os meios de produção;

b) nível de controle estatal sobre a alocação de recursos, sobre preços e decisões de produção de empresas;

c) legislação aplicável em matéria de propriedade, investimento, tributação e falência;

d) grau em que os salários são determinados livremente em negociações entre empregadores e empregados;

e) grau em que persistem distorções herdadas do sistema de economia centralizada relativas a, entre outros aspectos, amortização dos ativos, outras deduções do ativo, trocas diretas de bens e pagamentos sob a forma de compensação de dívidas; e

f) nível de interferência estatal sobre operações de câmbio.

De pronto, deve-se notar que as disposições do item 3.2 não mais se aplicam, uma vez que todos os países outrora classificados como economias em transição já foram reconhecidos como economias predominantemente de mercado. Com a publicação no *Diário Oficial da União* das Circulares SECEX 33/2003, 16/2007, 89/2008 e 10/2009, a regra de que trata o art. 7.º do Decreto 1.602/1995 aplica-se a poucos países.

Algumas vezes, a aplicação de tal regra à China enseja algumas dúvidas, em razão de Memorando de Entendimento firmado entre o Brasil e a China e publicado no *Diário Oficial da União* em 29 de novembro de 2004.

Esse Memorando de Entendimento entre o Brasil e a China, que versa sobre matéria de comércio e investimento, envolve, em síntese, compromissos assumidos pelo Brasil e pela China em sobre diversos temas, e o acompanhamento de sua implementação é matéria que foge à esfera de competência da autoridade investigadora brasileira, no caso o DECOM. Sua efetividade, no que diz respeito à condução de investigações em matéria de defesa comercial, se sujeita a decisão da Câmara de Comércio Exterior, nos termos do inciso VIII do art. 2.º do Decreto 4.732, de 10 de junho de 2003, que dispõe sobre a CAMEX.

Portanto, à China aplicam-se as disposições do art. 7.º do Decreto 1.602/1995, mesmo após o ingresso na OMC.

Implementação das normas

Nos termos do item 3.3 da Circular SECEX 59/2001, em consonância com o Protocolo de Acessão, ao longo da investigação, as empresas podem alegar que operam em condições de economia de mercado. Porém, para permitir ao Departamento de Defesa Comercial a análise da matéria, tais alegações devem ser acompanhadas de suporte probatório.

Para isso, quando da publicação do ato de abertura de investigação que envolve a China ou outro país não considerado economia predominantemente de mercado, o DECOM faz constar do mencionado ato o terceiro país de economia de mercado que se pretende utilizar com vistas à apuração do valor normal. Além disso, consta do questionário enviado aos produtores/exportadores estrangeiros, em atendimento às disposições do referido art. 7.º e do item 3 da Circular SECEX 59/2001, não somente a indicação do terceiro país de economia de mercado que se pretende utilizar mas, também, orientações a serem observadas caso a empresa queira alegar que opera em condições de economia de mercado.

Ou seja, desde a abertura da investigação, particularmente quando do envio dos questionários, são observadas as regras de que trata a Circular SECEX 59/2001, especificamente o item 3.1, que estabelece obrigações para a autoridade investigadora brasileira e para as partes interessadas. De sua parte, o Departamento faz constar do questionário enviado ao produtor estrangeiro localizado em um daqueles países considerados como economia não predominantemente de mercado a orientação necessária a fim de que essas partes possam alegar que no setor em questão prevalecem condições de economia de mercado.

Nesse caso, deverão ser preenchidos todos os anexos ao questionário. Dito de outra forma, deverão ser fornecidas informações sobre a totalidade das vendas para o mercado interno e externo, informações detalhadas sobre as vendas no mercado interno, sobre as exportações para o Brasil e os custos de produção.

Tais informações também são solicitadas para produtores localizados em países de economia predominantemente de mercado, pois visam apenas permitir o cálculo de margem individual de dumping. Ou seja, esses dados não são suficientes para a análise a ser empreendida no âmbito da Circular SECEX 59/2001. Para esse fim, cabe às partes juntar documentos que visem à comprovação das alegações, levando em conta as disposições dos itens 3.1.2 e 3.3 daquela Circular SECEX.

A razão pela qual solicita-se o preenchimento de todos os anexos ao questionário se relaciona aos prazos para conclusão da investigação, uma vez que, analisada a documentação apresentada em consonância com a Circular SECEX 59/2001, não haveria tempo hábil para o envio de questionário ao produtor estrangeiro em questão.

Por outro lado, caso a empresa não responda de forma completa ao questionário, o DECOM não avaliará as alegações de que no setor em questão prevalecem condições de economia de mercado por economia processual. Isso se justifica porque de nada adiantaria concluir estarem presentes as condições para cálculo de margem individual de dumping se, após alcançar essa conclusão, o Departamento não dispusesse de dados que permitissem esse cálculo.

É interessante destacar que o grau de controle governamental sobre uma empresa ou sobre os meios de produção não se limita ao controle acionário. Além disso, a mera existência de legislação não garante a sua aplicação. Dito de outra forma, a análise a ser empreendida pela autoridade investigadora não se circunscreve à mera constatação da existência de legislação, por exemplo, sobre falência, mas também de sua implementação.

Não há uma lista prévia de documentos que possam ser apresentados para esse fim. Naturalmente, isso pode variar a depender do setor de que se trate. O fato é que a atuação do Estado em países de economia não predominantemente de mercado também pode variar, a depender do setor em questão.

De modo geral, o que se observa é que as empresas tão somente juntam cópia de parte de legislação, por exemplo, em matéria de falência, cotações da moeda e outros documentos do gênero. A apresentação de tais documentos normalmente não se faz acompanhar de alegações que expliquem de que forma tais documentos consistiriam em suporte probatório.

A prática que vem sendo adotada pelo DECOM consiste em analisar a resposta ao questionário. Caso a empresa localizada em país que não seja considerado de economia predominantemente de mercado tenha apresentado alegações no âmbito da Circular SECEX 59/2001, se não foi apresentado suporte probatório suficiente, é solicitada sua complementação. Porém, isso somente ocorre se a empresa, concomitantemente, preencheu todos os anexos do questionário do produtor estrangeiro. Em síntese, para que o Departamento possa dar início à análise da matéria, é necessário que:

a) a empresa tenha alegado que no setor em questão prevalecem regras de economia de mercado;
b) tal alegação se faça acompanhar de suporte probatório mínimo, mesmo que seja necessária a sua complementação; e
c) tenham sido preenchidos todos os anexos ao questionário.

Assim, ainda que sejam necessários esclarecimentos, sem o atendimento desses requisitos, o Departamento não tem como avaliar a matéria, o que equivale a dizer que o valor normal será apurado com base no art. 7.º do Decreto 1.602/1995. Usualmente, a empresa é notificada a esse respeito por meio de correspondência específica ou por intermédio da nota técnica que informa os fatos essenciais sob julgamento, de que trata o art. 33 do Decreto.

Conclusão

A experiência do DECOM com a investigação de prática de dumping envolvendo países de economia não predominantemente de mercado praticamente se limita à China.

As empresas chinesas, quando participam da investigação, mesmo alegando que operam em setor em que prevalecem regras de economia de mercado, não atuam segundo as orientações emanadas da autoridade investigadora brasileira, em consonância com as normas.

Muitas vezes são apresentados documentos em língua estrangeira desacompanhados de tradução feita por tradutor público oficial, nos termos das disposições constantes do Decreto 1.602/1995, sequer solicitando prazo adicional para a apresentação da tradução. Além disso, os documentos são meramente apresentados ao DECOM desacompanhados de explicação quanto às razões que levam a empresa a acreditar que o material em questão constitui suporte probatório mínimo das alegações de que no setor em questão prevalecem condições de economia de mercado.

Nesses casos, muitas vezes, apenas quando a investigação já se encontra em estágio bastante avançado são apresentadas as traduções. Ora, a fase probatória, por excelência, se encerra com o prazo para resposta ao questionário. O Decreto 1.602/1995, especificamente no § 2.º do art. 27, dispõe que, ao longo de toda a investigação, as partes poderão apresentar informações adicionais ou complementares. Porém, não se pode confundir o principal – a prova – com o direito de que trata essa regra.

A investigação contempla diversas etapas e um prazo limitado para sua conclusão. Cabe às partes, portanto, seguir as orientações emanadas do próprio Departamento, no que diz respeito ao cumprimento dos prazos.

Em síntese, o que se observa é que as alegações das partes normalmente não se fazem acompanhar de elementos de prova ou, alternativamente, é juntada aos autos do processo tão somente cópia de legislação chinesa, por exemplo, em matéria de falência, ou dos atos constitutivos da empresa, desacompanhados de tradução pública oficial. E, mesmo nesses casos, usualmente, não é apresentada nenhuma explicação sobre de que forma o(s) documento(s) em questão dariam amparo à alegação de que no setor em questão prevalecem regras de economia de mercado.

Em síntese, as empresas, regra geral, não atendem às orientações do DECOM, o que tem como efeito impossibilitar a análise da matéria pela autoridade investigadora brasileira, ante a insuficiência das informações apresentadas.

18 – A legislação sobre circunvenção no Brasil

Eduardo Chikusa

Introdução

A legislação comercial brasileira recentemente adotou disciplinas para tratar de um dos temas mais controversos sobre defesa comercial na arena internacional: a prática da circunvenção.[1]

A definição clássica dessa prática consiste na tentativa de burlar o pagamento de medidas antidumping ou compensatórias por meio de três artifícios principais: pela importação do produto alvo de direito com pequenas alterações (*minor alterations*); por meio da importação de partes, peças ou componentes de um produto alvo de direito para posterior montagem no país importador (*importing-country assembly*); ou pela utilização de um terceiro país, no qual partes, peças ou componentes passam por processo de montagem para serem posteriormente exportados ao país importador (*third-country assembly*).

Em uma definição mais ampla, a prática poderia ser interpretada como toda ação que prejudique a eficácia na aplicação de instrumentos de defesa comercial. As possibilidades englobadas pelo conceito, nesse caso, são ampliadas e acabam por abarcar casos de fraudes, contrabando ou qualquer outro procedimento que afete a aplicação de medidas de defesa comercial.

A indefinição do escopo do conceito pode ser, em parte, creditada à inexistência de marco normativo no sistema multilateral de comércio.[2] Apesar de

1. Malgrado discussões acerca da tradução da palavra da língua inglesa "*circumvention*" para o português como "elisão", "evasão" ou "elusão", neste artigo será utilizado o anglicismo circunvenção. Para maiores esclarecimentos, vide Felipe Hees, Circunvenção e regras de origem: o elo perdido?, *Revista Brasileira de Comércio Exterior*, v. XXIV, p. 46-65, 2010.

2. A definição do conceito de "defesa comercial", por exemplo, foi cristalizada na legislação multilateral e consiste especificamente na utilização de instrumentos de an-

as disciplinas existentes para a aplicação de medidas de defesa comercial estarem entre as mais detalhadas da estrutura normativa da Organização Mundial do Comércio (OMC), até o momento não houve consenso entre os países para a inclusão de normas específicas sobre a prática de circunvenção nos Acordos Multilaterais da OMC.

Com o objetivo de tratar do problema, diversos países têm incorporado em suas legislações disciplinas específicas para lidar com a prática, dando origem a um emaranhado de regras de diferentes tipos. No Brasil, o crescimento da demanda privada sobre o uso de instrumentos de defesa comercial – conforme demonstra o número de solicitações de abertura de investigação e de aplicações de direitos recentemente – tem pressionado as autoridades responsáveis a fortalecer a área por meio da criação de instrumentos robustos capazes de contribuir para a eficácia das medidas aplicadas no País.

É nesse contexto de inexistência de consenso na comunidade internacional, de pouca clareza sobre a definição conceitual do escopo da circunvenção e de pressão sobre os instrumentos de defesa comercial que surge no Brasil o marco normativo que disciplina a extensão de medidas antidumping e compensatórias: a Resolução CAMEX 63, de 17 de agosto de 2010 (Resolução 63), regulamentada pela Portaria SECEX 21, de 18 de outubro de 2010.

A dificuldade na definição do conceito de circunvenção transparece na evolução da legislação brasileira ao longo dos anos de 2010 e 2011. Conforme detalhado adiante, percebe-se claramente a tentativa das autoridades competentes brasileiras em incorporar a definição clássica do procedimento de circunvenção, refinando, assim, a legislação nessa área, de forma a especificar o escopo de utilização do novo instrumento legal.

Nesse contexto, o presente artigo buscará analisar, à luz da nova estrutura normativa brasileira, a criação de disciplinas para tratar da circunvenção de forma a compreender as possibilidades de utilização dessa ferramenta no fortalecimento da área de defesa comercial no Brasil. Ademais, tentar-se-á analisar as diferenças existentes em relação às demais legislações em vigor no País para tratar de práticas ilegais que, em muitos casos, se confundem com a prática de circunvenção.

O estudo encontra-se dividido em quatro partes. Na primeira parte, será analisada a evolução da legislação nacional, com foco específico no disposto na Resolução 63. Em seguida, busca-se identificar as especificidades da Resolução 63 dentro da estrutura normativa de defesa comercial no Brasil. Na terceira

---

tidumping, medidas compensatórias e salvaguardas, protegendo-se, dessa forma, de uma interpretação ampla de que poderia representar qualquer ação que visasse à defesa de setores produtivos de um país.

parte, serão apresentados eventuais problemas e dificuldades identificados na aplicação dos instrumentos, bem como a solução dada pelas autoridades brasileiras. Por fim, serão apresentadas conclusões acerca do tema.

Parte I – A estrutura normativa nacional: o surgimento da Resolução 63 e o combate às práticas desleais de comércio

Direitos antidumping e medidas compensatórias são comumente definidos como instrumentos que visam primordialmente combater "práticas desleais de comércio". Conforme estabelecido no Acordo Antidumping e no Acordo de Subsídios e Medidas Compensatórias da OMC, países podem aplicar tarifas adicionais sobre importação de bens nos casos em que estes estejam causando dano ou séria ameaça de dano à indústria nacional, quando constatadas a prática de dumping por parte de empresas ou a concessão de subsídios que distorçam a competitividade dos produtos importados.

A simples aplicação de medidas de defesa comercial, no entanto, não tem sido suficiente para garantir a eficácia pretendida pelos idealizadores dos instrumentos. Ao longo dos anos, diversos procedimentos com o objetivo de burlar o pagamento dessas medidas foram criados e continuaram a causar dano às indústrias domésticas, revelando que a lógica econômica nem sempre se limita pela força das leis. Tais procedimentos podem ser resumidamente identificados como operações de realocação de processos industriais e de alteração de fluxos comerciais que não necessariamente constituem práticas ilícitas.

Para combater tais práticas, a partir da década de 1980 autoridades competentes, ainda sob a égide do *General Agreement on Tariffs and Trade* (GATT), passaram a debater na arena internacional soluções para o problema. A resposta à questão parecia clara: ampliar o escopo das medidas de defesa comercial para abarcarem esse novo tipo de comércio, mas sem a realização de novas investigações de defesa comercial, julgadas custosas e demoradas. Apesar das propostas de diversos países, não houve até o momento, em âmbito internacional, nenhuma disciplina que normatizasse o procedimento. Dessa forma, distintas legislações nacionais têm proliferado nos países com base em uma Decisão Ministerial no âmbito da OMC, adotada pelo Comitê de Negociações Comerciais em 15 de dezembro de 1993.

A discussão consolidou-se no Brasil somente em 2010, quando foram criadas as regras que disciplinaram a extensão de medidas antidumping e compensatória, após 15 anos do estabelecimento da área de defesa comercial no País. O atraso na elaboração de instrumentos capazes de dotar as medidas aplicadas no País da eficácia necessária no combate ao comércio desleal pode ser explicado pela própria ausência de consenso sobre o tema no âmbito internacional.

As regras fundamentais que estruturaram a área de defesa comercial no Brasil datam de 1995, com a publicação da Lei 9.019, de 30 de março de 1995, e do Decreto 1.602, de 23 de agosto de 1995. Nelas, não houve qualquer referência à possibilidade de ampliação do escopo de aplicação de medidas caso fosse constatada a existência de prática de circunvenção. Somente em 2008, a Lei 11.786, de 25 de setembro, estabeleceu que:

> Art. 14. A Lei n. 9.019, de 30 de março de 1995, passa a vigorar acrescida do seguinte art. 10-A: "Art.10-A. As medidas antidumping e compensatórias poderão ser estendidas a terceiros países, bem como a partes, peças e componentes dos produtos objeto de medidas vigentes, caso seja constatada a existência de práticas elisivas que frustrem a sua aplicação."

Dessa forma, por meio da introdução dessa alteração, foram criadas as bases para que, por meio de normas posteriores, pudessem ser criadas disciplinas que regulamentassem os procedimentos a serem respeitados em investigações sobre a prática de circunvenção.[3] O Brasil, dessa forma, caminhava em direção ao fortalecimento dos instrumentos de aplicação de medidas de defesa comercial.

Dois anos se passaram sem que houvesse detalhamento da Lei 11.786/2008. As alternativas que restavam aos usuários de medidas de defesa comercial no Brasil restringiam-se a pleitear investigações antidumping completas na tentativa de barrar importações de outras origens ou solicitar investigações sucessivas dentro de uma mesma cadeia produtiva, buscando proteção para partes, peças e componentes.

Percebia-se, ainda, ausência de legislação específica que pudesse tratar dessa nova forma de comércio que implicava o esvaziamento das medidas de defesa comercial aplicadas no Brasil. Normatizar tais casos para permitir a abertura de investigações sobre as referidas práticas permanecia como grande desafio das autoridades competentes brasileiras.

Em 17 de agosto de 2010, por decisão do Conselho de Ministros da CAMEX, foram publicadas as regras que atenderiam, em parte, aos anseios de fortalecer os instrumentos de defesa comercial no Brasil. A Resolução 63 estabeleceu os procedimentos a serem adotados para a extensão de medidas antidumping e compensatórias a importações de produtos de terceiros países, bem como a partes, peças e componentes de produto alvo de medida vigente no Brasil. Essa resolução tornou-se peça-chave na construção do aparato necessário para a extensão de medidas antidumping e compensatórias no Brasil e

3. A legislação de 2008 define como "prática elisiva" os procedimentos adotados que visam a frustrar a aplicação de medidas antidumping e compensatórias no Brasil.

teve como principal objetivo reforçar os instrumentos já existentes no País de combate a *práticas desleais de comércio*.

O tratamento dado pela Resolução 63 ao tema, no entanto, incorporou distintas visões sobre o conceito de circunvenção. O texto original da legislação cristalizou, a um só tempo, a definição clássica e a definição ampla sobre o que constituiria "prática elisiva", ao estabelecer quatro possibilidades para a extensão de direitos no Brasil, conforme abaixo:

> Art. 2.º Constitui prática elisiva, para efeitos desta Resolução:
>
> I – introdução no território nacional de partes, peças ou componentes cuja industrialização resulte no produto de que trata o art. 1.º;
>
> II – a introdução no território nacional de produto resultante da industrialização efetuada em terceiros países com partes, peças ou componentes originários ou procedentes do país sujeito à medida de defesa comercial;
>
> III – a introdução do produto no território nacional com pequenas modificações que não alterem o seu uso ou destinação final; ou
>
> IV – qualquer outra prática que frustre a efetividade da aplicação de medidas de defesa comercial em vigor.

A definição clássica de circunvenção consolidou-se nos incisos I, II e III, tratando especificamente de casos em que há intenção do agente em burlar o pagamento de medidas antidumping e compensatórias por meio de recurso a práticas de realocação de produção e de comércio. Tais práticas por si mesmas não constituíam ilícito tipificado na legislação nacional, dado que são inerentes às possíveis estratégias empresariais no comércio internacional. O recurso a estas, no entanto, com o objetivo de esvaziar o efeito corretor de medidas de defesa comercial, deveria ser devidamente tratado na esfera nacional. Cabe enfatizar, neste ponto, a importância da definição da intenção em burlar o pagamento de medidas de defesa comercial como justificativa principal para a criação de novas regras.

A possibilidade de investigar esse tipo de comércio demandava disciplinas para distinguir casos em que a prática seria economicamente justificável de casos em que essas práticas de produção e comércio haviam sido adotadas especificamente com o objetivo de prejudicar a eficácia da proteção conferida pelas medidas de defesa comercial. Tal foi o objetivo da Resolução 63 nos três primeiros incisos do art. 2.º.

No inciso I, os formuladores tipificaram a importação de partes, peças e componentes que passassem posteriormente por simples processo de montagem no Brasil. O mesmo ocorreu em casos em que a produção fosse realocada para um terceiro país de onde a mercadoria seria exportada para o Brasil, conforme estatuído no inciso II. Já no inciso III, buscou-se tipificar pequenas modificações na mercadoria que a pudessem isentar da aplicação da medida.

A definição ampla sobre circunvenção, no entanto, encontrou também seu espaço no texto da Resolução 63 original publicada em agosto de 2010. O inciso IV do art. 2.º deu origem a eventual interpretação de que as novas disciplinas seriam aplicadas a toda e qualquer prática que frustrasse a aplicação de medidas de defesa comercial, inclusive abarcando casos já tipificados na normativa comercial brasileira, como fraudes, contrabandos e falsificações, entre outros. Para o usuário de instrumentos de defesa comercial, a leitura do inciso IV sinalizava que o governo estaria disposto a analisar, à luz da nova normativa, toda e qualquer demanda que tivesse como argumento a perda de efetividade da aplicação de medidas de defesa comercial no País, estendendo medidas de defesa comercial já em vigor.

O uso principal da Resolução 63 para atender casos específicos de práticas de produção e comércio que visavam a esvaziar as medidas de defesa comercial passou a ser alvo, assim, de eventuais demandas mais amplas para tratar de quaisquer procedimentos que afetassem negativamente a aplicabilidade de medidas antidumping e compensatórias no Brasil. A necessidade de distinguir o escopo de aplicação de cada legislação tornou-se primordial, como se verá no caso de declarações falsas de origem.

Parte II – O combate à falsa declaração de origem e o reforço das regras de defesa comercial no Brasil

Diversos são os artifícios utilizados no comércio internacional com o objetivo de comercializar mercadorias de um país a outro ao menor custo possível. Em uma única operação de importação incidem sobre as mercadorias diferentes tipos de impostos e tarifas. A lógica econômica incentiva os agentes a adotarem práticas que minimizem todos os tipos de direitos incidentes sobre uma operação, buscando a minimização de custos que os possa beneficiar. Tais práticas, no entanto, devem ser devidamente identificadas, de forma a permitir melhor compreensão sobre os instrumentos existentes para combatê-las. Cabe distinguir, de um lado, os procedimentos adotados pelos agentes para evitar o pagamento de tarifas em geral e, de outro, as práticas que visam a burlar especificamente o recolhimento de direitos antidumping e medidas compensatórias.

Impostos e tarifas incidentes sobre operações de importação no Brasil são representativos e encarecem o preço final da mercadoria a ponto de tornar a importação pouco competitiva no mercado nacional. Com o fito de evitar o pagamento de tais direitos, operadores do comércio exterior brasileiro podem utilizar-se de diversos artifícios que já se encontram tipificados na estrutura normativa brasileira, como o contrabando de mercadorias ou a fraude na apresentação da documentação exigida pelas autoridades aduaneiras. Tais casos podem ser comumente classificados como *práticas ilegais de comércio*. Esses procedimentos buscam evitar o pagamento de uma ampla gama de direitos, entre os quais se incluem as medidas de defesa comercial.

O arsenal normativo para tratar desses procedimentos no Brasil não passou por significativa mudança nos últimos anos, já que tais práticas ilegais não representam novidade para a Secretaria da Receita Federal, um dos órgãos do Governo Federal responsáveis pelo cumprimento das regras no que tange ao comércio exterior brasileiro.

A única exceção, no entanto, refere-se à publicação, em 9 de novembro de 2010, da Resolução CAMEX 80 (Resolução 80), que "dispõe sobre a aplicação de regras de origem não preferenciais" e que se insere no contexto de esforço do governo brasileiro de fortalecimento da estrutura normativa comercial do País. O termo "regra de origem" remete-nos ao Acordo de Regras de Origem no âmbito da OMC, que visa a determinar a origem de um bem para fins de comercialização na esfera internacional. A definição dessa origem torna-se fundamental para a aplicação de direitos alfandegários no comércio de mercadorias de um país a outro.

Simplificadamente, as regras de origem dividem-se em dois blocos. As regras de origem "preferenciais" constituem as disciplinas existentes usualmente em acordos de preferência tarifária para que produtos de um país exportador participante do acordo possam usufruir de concessões tarifárias distintas daquelas oferecidas pelo país importador a países não membros do acordo. Por exemplo, considere-se a criação de um Acordo de Liberalização Comercial entre dois países A e B. Para que o país A usufrua das concessões tarifárias oferecidas pelo país B, os produtos do país A deverão cumprir com determinados requisitos de origem, provando que a mercadoria exportada é originária do país A. O estabelecimento de regras específicas nesse tipo de acordo tem como alvo evitar a possibilidade de um país C exportar produtos para A com o objetivo de se beneficiar das concessões e reexportar a mercadoria ao país B.[4]

4. Cabe ressaltar que as regras que tratam da extensão de medidas de defesa comercial não trazem impactos a essas concessões de preferências tarifárias, que são mantidas como foram negociadas quando cumpridos os requisitos de origem estabelecidos nos instrumentos de preferências tarifárias. As novas disciplinas sobre circunvenção, no entanto, podem afetar as tarifas finais (soma de todas as tarifas que incidem sobre a importação), caso se julgue que a mercadoria adentra o território nacional com recurso à prática de circunvenção.

As regras de origem "não preferenciais" – estabelecidas no Brasil pela referida Resolução 80 – são comumente aplicadas em instrumentos de política comercial não preferencial, ou seja, na aplicação do tratamento de nação mais favorecida, em restrições quantitativas e quotas tarifárias, em compras governamentais e na área de defesa comercial, entre outras. No caso brasileiro, um dos aspectos tratados pela Resolução 80 e não tratado pela Resolução 63 refere-se ao estabelecimento das regras a serem consideradas na análise da origem de um determinado produto alvo de medida de defesa comercial no País. É importante ressaltar, no entanto, que essa aplicação da Resolução 80 na área de defesa comercial não implica, como ocorre com a Resolução 63, a extensão da aplicação das medidas vigentes.

Entre as possíveis aplicações das regras da Resolução 80, está a realização de investigação da origem dos produtos, especialmente nos casos em que há indícios de falsa declaração de origem de mercadorias. A definição da origem do produto traz implicações claras para importações brasileiras que são objeto de medidas de defesa comercial, já que, por meio de uma declaração falsa – tipificada como prática ilegal –, mercadorias de um país alvo de direito poderiam continuar a entrar em território nacional, causando contínuo dano à indústria doméstica.

Vale ressaltar que os produtos alvos de medida de defesa comercial no Brasil são, por força da Portaria SECEX 10, de 24 de maio de 2010, direcionados ao licenciamento não automático. Nessa etapa, torna-se necessário comprovar a origem do produto, com o objetivo de verificar se este não é originário de um país alvo de alguma medida de defesa comercial. Em casos em que houver suspeita e denúncia de falsa declaração de origem, a Secretaria de Comércio Exterior do Ministério do Desenvolvimento, Indústria e Comércio Exterior poderá, por meio de uma petição apresentada por alguma parte interessada, encarregar-se da abertura de uma investigação – tendo como base as disciplinas constantes da Resolução 80 – de modo a verificar a autenticidade e veracidade das informações prestadas pelos importadores para definição da origem da mercadoria. Caso não se constate que a origem do produto é de fato o país identificado pelos importadores na documentação apresentada, serão indeferidas as solicitações de licenças de importação para a mercadoria, e esta será proibida de ingressar em território nacional.

Mesmo tratando-se de uma investigação que acabará por afetar, inicialmente, apenas os exportadores envolvidos na operação analisada, cabe questionar se haveria espaço para que as autoridades investigadoras generalizassem a decisão para os demais exportadores do país, uma vez que ficasse comprovado, ao longo da investigação com base na Resolução 80, que no referido país não existe produção da mercadoria investigada. Tal procedimento, além de constituir decorrência lógica da investigação, permitiria a economia de recursos e contribuiria para maior eficácia das decisões no contexto atual de fortalecimento da estrutura normativa de comércio no Brasil.

Por fim, cabe enfatizar que o foco da investigação baseada na Resolução 80 não é estender as medidas vigentes a essas importações, como é o caso da investigação baseada na Resolução 63. Uma vez que o importador falhe em comprovar que, de fato, a mercadoria é originária no país descrito na documentação apresentada, esta será impedida de ingressar no país, não se tratando, assim, de extensão de medidas para tratar da prática de circunvenção. É licito afirmar, no entanto, que tal procedimento reforça indiretamente a proteção concedida pelas medidas de defesa comercial, ao bloquear a entrada de produtos que não possam claramente comprovar que não têm origem em um país alvo de uma medida em vigor, evitando, assim, o contínuo dano à indústria nacional.

Parte III – Conflito de legislação: a Resolução 63 dentro da estrutura normativa brasileira

A incorporação da definição ampla de circunvenção na redação do inciso IV do art. 2.º da Resolução 63 permitira a interpretação de que a referida resolução seria aplicada em todos os casos em que se frustrasse a aplicação de medidas de defesa comercial. Claramente, o dispositivo conflitava com os demais instrumentos existentes para tratar de eventuais casos de fraude, contrabando e declarações falsas de origem. Nesse último caso, ressalte-se que a Resolução 80 estipulara procedimentos de análise para a determinação de origem, possibilitando a utilização de um remédio ainda mais severo para o tratamento da questão, ao simplesmente impedir a entrada da mercadoria em território nacional.

Nesse cenário, em maio de 2011 foram publicadas novas Resoluções com o objetivo de corrigir a interpretação de que a Resolução CAMEX 63 pudesse ter ampla e irrestrita aplicação para tratar de todos esses casos. A Resolução CAMEX 25, de 5 de maio de 2011, revogou o inciso IV do art. 2.º da Resolução CAMEX 63, bem como a Portaria 14, de 13 de maio de 2011, alterou o art. 4.º da Portaria SECEX 21, de 18 de outubro de 2010, restringindo, assim, a possibilidade de aplicação da Resolução CAMEX 63 somente aos três casos de práticas de circunvenção estabelecidos originalmente nos incisos I a III. Os legisladores retornavam, pois, à definição clássica de circunvenção e estabeleciam com maior clareza o escopo de atuação dos demais instrumentos jurídicos disponíveis.

A identificação clara do escopo de atuação do instrumento criado para combater o que ficou consolidado na normativa brasileira como "prática elisiva" parece reforçar o papel da área de defesa comercial no País, na medida em eventuais empresas afetadas possam canalizar demandas por investigação quando identificados um dos três procedimentos descritos no texto da Resolução 63.

Parte IV – Conclusão

A relevância que a área de defesa comercial tem adquirido no contexto atual do comércio brasileiro parece transparecer nos esforços das autoridades nacionais em reforçar a estrutura normativa dessa área no Brasil. Por meio da criação de disciplinas específicas para tratar de práticas que esvaziavam a eficácia das medidas de defesa comercial, as autoridades brasileiras têm buscado tratar de questões controversas que, ainda hoje, são debatidas no âmbito da OMC.

Como visto na prática da circunvenção, a racionalidade econômica não se limita pelo direito e provoca a necessidade de constante aperfeiçoamento de disciplinas a fim de garantir a eficácia pretendida pelos criadores dos instrumentos jurídicos que tratam da prática de dumping e da concessão de subsídios. Se, de um lado, os negociadores dos países, durante a Rodada Uruguai, puderam especificar e estabelecer minuciosamente as disciplinas necessárias para a aplicação de medidas antidumping e compensatórias, de outro não puderam tratar da criação de instrumentos capazes de lidar com a prática de circunvenção com a mesma agilidade característica da lógica econômica.

O dinamismo e a criatividade dos operadores do comércio internacional se defrontam comumente com regras criadas após longas e demoradas negociações em âmbito multilateral. São raros os casos em que ambos os lados evoluem ao mesmo tempo, permitindo que as regras reflitam e normatizem em sua integridade as práticas comerciais adotadas na realidade diária. As dificuldades no estabelecimento dessas disciplinas, no entanto, não devem constituir barreiras às tentativas dos países em tratar destes temas, contanto que estas sejam realizadas em concordância com o estabelecido na esfera multilateral.

A Decisão Ministerial de 1993 de tratar do tema de circunvenção constitui o reconhecimento dos Países Membros da OMC de que os instrumentos de defesa comercial ainda carecem de eficácia no combate às práticas desleais de comércio. Cabe ressaltar, no entanto, que a referida decisão delegou as discussões sobre o tema ao Comitê de Práticas Antidumping da OMC e que, desde então, não houve possibilidade de atingir nenhum tipo de consenso acerca da definição de circunvenção.

Nesse cenário, o surgimento das resoluções brasileiras preenche o vácuo normativo na esfera multilateral, buscando tratar do tema sob a ótica de como as autoridades brasileiras vislumbram possível proposta comum acerca do tema. Ressalte-se, nesse sentido, que a definição das três possibilidades clássicas adotada pela legislação brasileira segue o entendimento comumente aceito por grande parte dos países na esfera multilateral. Há discordâncias, entretanto, na definição de muitos detalhes técnicos, como percentual de valor agregado considerado, necessidade de análise de dano, definição do objeto da medida, entre outros, que ainda merecerão debates aprofundados no âmbito da OMC.

A criação dos novos instrumentos na estrutura normativa brasileira insere-se no contexto do aumento da importância da área de defesa comercial, conforme demonstram os dados recentes sobre abertura de investigações e aplicação de medidas. A possibilidade de extensão de medidas em vigor nos casos identificados pela Resolução 63 e a possibilidade de análise de casos de falsa declaração de origem por meio da Resolução 80 demonstram a busca das autoridades brasileiras por maior consistência e efetividade na aplicação de medidas de defesa comercial no País. Resta, apenas, ressalvar que, apesar do surgimento de definições sobre a prática de circunvenção em diferentes legislações nacionais, estas deverão, a seu tempo, passar pelo processo de consolidação em Acordos Multilaterais sob a égide da OMC para que efetivamente tornem-se regras consolidadas na estrutura normativa internacional.

Anexos

ANEXO I – Resumo das Investigações Iniciadas entre 1995 e 2011

	1995	1996	1997	1998	1999	2000	2001	2002	2003	2004	2005	2006	2007	2008	2009	2010	2011
Antidumping																	
Investigação original	5	17	9	20	15	8	17	8	4	8	6	12	13	23	9	37	16
Revisão			6	2	3	2	1	8	13	5	7	11	5	5	9	3	1
Salvaguarda																	
Investigação original		1					1							1			
Revisão					1				1			1			1		
Subsídios																	
Investigação original							1		1				1				3
Circunvenção																	
Investigação original																	4
Total geral	5	18	15	22	19	10	20	16	19	13	13	24	19	29	19	40	24

ANEXO II – Investigações Antidumping Originais e de Revisão Iniciadas entre 1995 e 2011

Ano	Tipo de investigação	Produto	Abertura	País	Aplicação
1995	Investigação original	Ferro-cromo baixo carbono	20.01.1995	Bósnia	sim
1995	Investigação original	Ferro-cromo baixo carbono	20.01.1995	Croácia	sim
1995	Investigação original	Ferro-cromo baixo carbono	20.01.1995	Eslovênia	sim
1995	Investigação original	Ferro-cromo baixo carbono	20.01.1995	Iugoslávia	sim
1995	Investigação original	Ferro-cromo baixo carbono	20.01.1995	Macedônia	sim
1996	Investigação original	Barrilha densa (carbonato dissódico denso)	23.09.1996	Espanha	não
1996	Investigação original	Barrilha densa (carbonato dissódico denso)	23.09.1996	Estados Unidos	não
1996	Investigação original	Barrilha leve (carbonato dissódico leve)	23.09.1996	Bulgária	não
1996	Investigação original	Barrilha leve (carbonato dissódico leve)	23.09.1996	Polônia	não
1996	Investigação original	Barrilha leve (carbonato dissódico leve)	23.09.1996	Romênia	não
1996	Investigação original	Borracha sintética (BR)	23.09.1996	Estados Unidos	não
1996	Investigação original	Borracha sintética (SBR)	23.09.1996	Estados Unidos	não
1996	Investigação original	Cimento comum	05.07.1996	Cuba	não
1996	Investigação original	Cimento comum	05.07.1996	Venezuela	não
1996	Investigação original	Inseticida à base de fosfeto de magnésio	23.09.1996	Chile	não
1996	Investigação original	Lápis de mina de grafite e de cor	21.02.1996	China	sim
1996	Investigação original	Pneumático de bicicleta	05.07.1996	China	sim
1996	Investigação original	Pneumático de bicicleta	05.07.1996	Hong Kong	não
1996	Investigação original	Pneumático de bicicleta	05.07.1996	Índia	sim

Ano	Tipo de investigação	Produto	Abertura	País	Aplicação
1996	Investigação original	Pneumático de bicicleta	05.07.1996	Tailândia	sim
1996	Investigação original	Pneumático de bicicleta	05.07.1996	Taipé Chinês	sim
1996	Investigação original	Tripolifosfato de sódio	05.07.1996	Reino Unido	sim
1997	Investigação original	Cogumelo	07.02.1997	China	sim
1997	Investigação original	Esfera de aço forjada	07.04.1997	Chile	sim
1997	Investigação original	Ferro-cromo alto carbono	11.09.1997	África do Sul	sim
1997	Investigação original	Ferro-cromo alto carbono	11.09.1997	Casaquistão	sim
1997	Investigação original	Ferro-cromo alto carbono	11.09.1997	Rússia	sim
1997	Investigação original	Hidrômetro residencial	05.06.1997	China	não
1997	Investigação original	Ímã de ferrite em forma de anel	05.06.1997	China	sim
1997	Investigação original	Tubo para coleta de sangue a vácuo	15.09.1997	Estados Unidos	sim
1997	Investigação original	Tubo para coleta de sangue a vácuo	15.09.1997	Reino Unido	não
1997	Revisão	Carbonato de bário	03.07.1997	China	sim
1997	Revisão	Policloreto de vinila – PVC	15.09.1997	México	sim
1997	Revisão	Policloreto de vinila – PVC	15.12.1997	Estados Unidos	sim
1997	Revisão	Roda livre simples para bicicleta	11.12.1997	Índia	não
1997	Revisão	Saco de juta	24.09.1997	Bangladesh	sim
1997	Revisão	Saco de juta	24.09.1997	Índia	sim
1998	Investigação original	Aço inoxidável laminado a frio	30.11.1998	África do Sul	sim
1998	Investigação original	Aço inoxidável laminado a frio	30.11.1998	Alemanha	não
1998	Investigação original	Aço inoxidável laminado a frio	30.11.1998	Espanha	sim

Ano	Tipo de investigação	Produto	Abertura	País	Aplicação
1998	Investigação original	Aço inoxidável laminado a frio	30.11.1998	França	sim
1998	Investigação original	Aço inoxidável laminado a frio	30.11.1998	Itália	não
1998	Investigação original	Aço inoxidável laminado a frio	30.11.1998	Japão	sim
1998	Investigação original	Aço inoxidável laminado a frio	30.11.1998	México	sim
1998	Investigação original	Aço inoxidável laminado a quente	30.11.1998	África do Sul	não
1998	Investigação original	Aço inoxidável laminado a quente	30.11.1998	Alemanha	não
1998	Investigação original	Aço inoxidável laminado a quente	30.11.1998	Japão	não
1998	Investigação original	Ampola de vidro	04.06.1998	China	sim
1998	Investigação original	Broca helicoidal de aço	09.01.1998	China	sim
1998	Investigação original	Garrafa térmica	04.06.1998	China	sim
1998	Investigação original	Hidroxietilcelulose (HEC)	19.10.1998	Estados Unidos	sim
1998	Investigação original	Hidroxietilcelulose (HEC)	19.10.1998	Países Baixos	sim
1998	Investigação original	Resina de policarbonatos	12.02.1998	Alemanha	sim
1998	Investigação original	Resina de policarbonatos	12.02.1998	Estados Unidos	sim
1998	Investigação original	Tubo de aço sem costura	19.10.1998	Romênia	sim
1998	Investigação original	Tubo de plástico para coleta de sangue a vácuo	19.10.1998	Estados Unidos	não
1998	Investigação original	Unidade de bombeio mecânico para petróleo	12.02.1998	Romênia	sim
1998	Revisão	Ferro-cromo alto carbono	12.02.1998	África do Sul	sim
1998	Revisão	Tubo de vidro para coleta de sangue a vácuo	17.06.1998	Estados Unidos	não
1999	Investigação original	Cimento Portland	13.07.1999	México	sim

Ano	Tipo de investigação	Produto	Abertura	País	Aplicação
1999	Investigação original	Cimento Portland	13.07.1999	Venezuela	sim
1999	Investigação original	Leite	25.08.1999	Argentina	CP
1999	Investigação original	Leite	25.08.1999	Austrália	não
1999	Investigação original	Leite	25.08.1999	Dinamarca	CP
1999	Investigação original	Leite	25.08.1999	Nova Zelândia	sim
1999	Investigação original	Leite	25.08.1999	Uruguai	CP
1999	Investigação original	Medicamento à base de insulina	10.08.1999	Dinamarca	sim
1999	Investigação original	Medicamento à base de insulina	10.08.1999	Estados Unidos	CP
1999	Investigação original	Medicamento à base de insulina	10.08.1999	França	CP
1999	Investigação original	Metacrilato de metila - MMA	14.09.1999	Alemanha	sim
1999	Investigação original	Metacrilato de metila - MMA	14.09.1999	Espanha	sim
1999	Investigação original	Metacrilato de metila - MMA	14.09.1999	Estados Unidos	não
1999	Investigação original	Metacrilato de metila - MMA	14.09.1999	França	sim
1999	Investigação original	Metacrilato de metila - MMA	14.09.1999	Reino Unido	sim
1999	Revisão	Ferro-cromo baixo carbono	26.04.1999	Casaquistão	não
1999	Revisão	Ferro-cromo baixo carbono	26.04.1999	Rússia	não
1999	Revisão	Ferro-cromo baixo carbono	26.04.1999	Ucrânia	não
2000	Investigação original	Fio de náilon	12.01.2000	Coreia do Sul	sim
2000	Investigação original	Papel cartão	15.05.2000	Chile	CP
2000	Investigação original	Pêssego em calda	27.10.2000	Grécia	sim
2000	Investigação original	Tubo de aço inoxidável	16.06.2000	Coreia do Sul	não
2000	Investigação original	Tubo de aço inoxidável	16.06.2000	Taipé Chinês	não

Ano	Tipo de investigação	Produto	Abertura	País	Aplicação
2000	Investigação original	Tubo para coleta de sangue	01.09.2000	Áustria	não
2000	Investigação original	Tubo para coleta de sangue	01.09.2000	Estados Unidos	não
2000	Investigação original	Tubo para coleta de sangue	01.09.2000	Reino Unido	não
2000	Revisão	Cadeado	20.12.2000	China	sim
2000	Revisão	Ventilador de mesa	14.08.2000	China	sim
2001	Investigação original	Conexão de ferro fundido maleável, com rosca BSP	23.10.2001	China	não
2001	Investigação original	Fenol	19.04.2001	Estados Unidos	sim
2001	Investigação original	Fenol	19.04.2001	União Europeia	sim
2001	Investigação original	Glifosato	30.08.2001	China	sim
2001	Investigação original	Nitrato de amônio	23.08.2001	Estônia	não
2001	Investigação original	Nitrato de amônio	23.08.2001	Rússia	sim
2001	Investigação original	Nitrato de amônio	23.08.2001	Ucrânia	sim
2001	Investigação original	Policloreto de vinila (PVC)	20.11.2001	Colômbia	não
2001	Investigação original	Policloreto de vinila (PVC)	20.11.2001	Coreia do Norte	não
2001	Investigação original	Policloreto de vinila (PVC)	20.11.2001	Coreia do Sul	não
2001	Investigação original	Policloreto de vinila (PVC)	20.11.2001	Japão	não
2001	Investigação original	Policloreto de vinila (PVC)	20.11.2001	Tailândia	não
2001	Investigação original	Policloreto de vinila (PVC)	20.11.2001	Venezuela	não
2001	Investigação original	Polietileno de baixa densidade linear (PEBDL)	03.10.2001	Argentina	não
2001	Investigação original	Polietileno de baixa densidade linear (PEBDL)	03.10.2001	Canadá	não

Ano	Tipo de investigação	Produto	Abertura	País	Aplicação
2001	Investigação original	Polietileno de baixa densidade linear (PEBDL)	03.10.2001	Estados Unidos	não
2001	Investigação original	Tela metálica hexagonal	04.06.2001	China	não
2001	Revisão	Alho	09.01.2001	China	sim
2002	Investigação original	Acrilonitrila	19.08.2002	Estados Unidos	não
2002	Investigação original	Benzotiazol	19.02.2002	Bélgica	não
2002	Investigação original	Benzotiazol	20.02.2002	Estados Unidos	não
2002	Investigação original	Bicarbonato de sódio	23.07.2002	China	não
2002	Investigação original	Cravo para ferradura	10.12.2002	Finlândia	sim
2002	Investigação original	Cravo para ferradura	11.12.2002	Índia	sim
2002	Investigação original	Filme de poliéster	17.07.2002	Índia	não
2002	Investigação original	Lâmina para corte de pedra	23.10.2002	Itália	sim
2002	Revisão	Cogumelo	19.12.2002	China	sim
2002	Revisão	Lápis de mina de grafite e de cor	21.02.2002	China	sim
2002	Revisão	Pneumático de bicicleta	19.12.2002	China	sim
2002	Revisão	Pneumático de bicicleta	20.12.2002	Índia	sim
2002	Revisão	Pneumático de bicicleta	21.12.2002	Tailândia	sim
2002	Revisão	Pneumático de bicicleta	22.12.2002	Taipé Chinês	não
2002	Revisão	Saco de juta	19.07.2002	Índia	sim
2002	Revisão	Tripolifosfato de sódio	30.07.2002	Reino Unido	sim
2003	Investigação original	Éter monobutílico do etilenoglicol	10.11.2003	Estados Unidos	sim
2003	Investigação original	Magnésio em pó	29.04.2003	China	sim

Ano	Tipo de investigação	Produto	Abertura	País	Aplicação
2003	Investigação original	Magnésio metálico	29.04.2003	China	sim
2003	Investigação original	Resina de policarbonato	11.09.2003	União Europeia	não
2003	Revisão	Broca helicoidal de aço	15.12.2003	China	não
2003	Revisão	Carbonato de bário	01.07.2003	China	sim
2003	Revisão	Ferro-cromo de alto carbono	14.10.2003	África do Sul	sim
2003	Revisão	Ferro-cromo de alto carbono	14.10.2003	Casaquistão	sim
2003	Revisão	Ferro-cromo de alto carbono	14.10.2003	Rússia	sim
2003	Revisão	Imã de ferrite em forma de anel	05.06.2003	China	sim
2003	Revisão	Policloreto de vinila (PVC)	15.12.2003	Estados Unidos	sim
2003	Revisão	Policloreto de vinila (PVC)	15.12.2003	México	sim
2003	Revisão	Resina de policarbonato	11.09.2003	Alemanha	não
2003	Revisão	Resina de policarbonato	11.09.2003	Estados Unidos	não
2003	Revisão	Saco de juta	11.09.2003	Bangladesh	sim
2003	Revisão	Saco de juta	11.09.2003	Índia	sim
2003	Revisão	Unidade de bombeio	15.12.2003	Romênia	sim
2004	Investigação original	Caneta esferográfica	07.07.2004	China	não
2004	Investigação original	Fosfato monocálcico	12.04.2004	Argentina	sim
2004	Investigação original	Metacrilato de metila – MMA	23.04.2004	Estados Unidos	não
2004	Investigação original	Painel de madeira aglomerada	04.11.2004	Argentina	não
2004	Investigação original	Resina de tereftalato de polietileno (PET)	03.03.2004	Argentina	sim
2004	Investigação original	Resina de tereftalato de polietileno (PET)	03.03.2004	Coreia do Sul	não
2004	Investigação original	Resina de tereftalato de polietileno (PET)	03.03.2004	Estados Unidos	sim

Ano	Tipo de investigação	Produto	Abertura	País	Aplicação
2004	Investigação original	Resina de tereftalato de polietileno (PET)	03.03.2004	Taipé Chinês	não
2004	Revisão	Garrafa térmica (revisão)	20.07.2004	China	sim
2004	Revisão	Leite (revisão)	20.02.2004	Argentina	CP
2004	Revisão	Leite (revisão)	05.04.2004	Uruguai	CP
2004	Revisão	Nitrato de amônio (revisão)	07.07.2004	Rússia	sim
2004	Revisão	Tubo de aço sem costura (revisão)	20.10.2004	Romênia	sim
2005	Investigação original	N-butanol	02.03.2005	África do Sul	não
2005	Investigação original	N-butanol	02.03.2005	Estados Unidos	não
2005	Investigação original	Resinas de policarbonato	09.08.2005	Argentina	não
2005	Investigação original	Resinas de policarbonato	09.08.2005	Estados Unidos	não
2005	Investigação original	Resinas de policarbonato	09.08.2005	União Europeia	não
2005	Investigação original	Tubo de aço inoxidável	27.04.2005	Taipé Chinês	não
2005	Revisão	Aço inoxidável laminado a frio (revisão)	25.05.2005	África do Sul	sim
2005	Revisão	Aço inoxidável laminado a frio (revisão)	25.05.2005	Espanha	sim
2005	Revisão	Aço inoxidável laminado a frio (revisão)	25.05.2005	França	sim
2005	Revisão	Aço inoxidável laminado a frio (revisão)	25.05.2005	Japão	sim
2005	Revisão	Aço inoxidável laminado a frio (revisão)	25.05.2005	México	sim
2005	Revisão	Cimento Portland (revisão)	27.07.2005	México	sim
2005	Revisão	Cimento Portland (revisão)	27.07.2005	Venezuela	sim
2006	Investigação original	Alto-falante	15.09.2006	China	sim
2006	Investigação original	Armação de óculos, com ou sem lentes corretoras	15.09.2006	China	sim

Ano	Tipo de investigação	Produto	Abertura	País	Aplicação
2006	Investigação original	Árvore para decoração de Natal	26.09.2006	China	não
2006	Investigação original	Bola para árvore de Natal	26.09.2006	China	não
2006	Investigação original	Broca de encaixe SDS Plus	24.11.2006	China	sim
2006	Investigação original	Chapa pressensibilizada de alumínio	18.04.2006	China	sim
2006	Investigação original	Chapa pressensibilizada de alumínio	18.04.2006	EUA	sim
2006	Investigação original	Escova de cabelo	15.09.2006	China	sim
2006	Investigação original	Ferro elétrico de passar	18.04.2006	China	sim
2006	Investigação original	Óculos de sol	15.09.2006	China	não
2006	Investigação original	Pedivela para bicicleta	08.12.2006	China	sim
2006	Investigação original	Talha manual	28.09.2006	China	sim
2006	Revisão	Alho	14.12.2006	China	sim
2006	Revisão	Cadeado, exceto para bicicleta	30.11.2006	China	sim
2006	Revisão	Leite	21.02.2006	Nova Zelândia	sim
2006	Revisão	Leite	21.02.2006	União Europeia	sim
2006	Revisão	Metacrilato de metila (MMA)	20.03.2006	Alemanha	sim
2006	Revisão	Metacrilato de metila (MMA)	20.03.2006	Espanha	sim
2006	Revisão	Metacrilato de metila (MMA)	20.03.2006	França	sim
2006	Revisão	Metacrilato de metila (MMA)	20.03.2006	Reino Unido	sim
2006	Revisão	Papel-cartão (cartão semirígido)	30.10.2006	Chile	CP
2006	Revisão	Pneumático para bicicleta	03.11.2006	China	sim
2006	Revisão	Ventilador de mesa	07.08.2006	China	sim
2007	Investigação original	Acrilato de butila	24.12.2007	EUA	sim

Ano	Tipo de investigação	Produto	Abertura	País	Aplicação
2007	Investigação original	Cobertores de fibra sintética	13.07.2007	China	não
2007	Investigação original	Filmes de PET	08.03.2007	Índia	sim
2007	Investigação original	Filmes de PET	08.03.2007	Tailândia	sim
2007	Investigação original	Fios de juta simples	05.11.2007	Bangladesh	sim
2007	Investigação original	Fios de juta simples	05.11.2007	Índia	sim
2007	Investigação original	Índigo *blue* reduzido	02.03.2007	Alemanha	sim
2007	Investigação original	Papel supercalandrado base para siliconização	19.11.2007	EUA	sim
2007	Investigação original	Papel supercalandrado base para siliconização	19.11.2007	Finlândia	sim
2007	Investigação original	Resinas de policarbonato	24.01.2007	EUA	sim
2007	Investigação original	Resinas de policarbonato	24.01.2007	União Europeia	sim
2007	Investigação original	Resinas de Policloreto de Vinila – PVC-S	21.09.2007	China	sim
2007	Investigação original	Resinas de Policloreto de Vinila – PVC-S	21.09.2007	Coreia do Sul	sim
2007	Revisão	Fenol	03.10.2007	EUA	sim
2007	Revisão	Fenol	03.10.2007	União Europeia	sim
2007	Revisão	Nitrato de amônio	21.11.2007	Rússia	sim
2007	Revisão	Nitrato de amônio	21.11.2007	Ucrânia	sim
2007	Revisão	Pêssego em calda	26.04.2007	Grécia	não
2008	Investigação original	Calçados	31.12.2008	China	sim
2008	Investigação original	Caneta esferográfica	30.10.2008	China	sim
2008	Investigação original	Eletrodos de grafite	18.07.2008	China	sim

Ano	Tipo de investigação	Produto	Abertura	País	Aplicação
2008	Investigação original	Fibras de viscose	18.03.2008	Áustria	sim
2008	Investigação original	Fibras de viscose	18.03.2008	China	sim
2008	Investigação original	Fibras de viscose	18.03.2008	Indonésia	sim
2008	Investigação original	Fibras de viscose	18.03.2008	Tailândia	sim
2008	Investigação original	Fibras de viscose	18.03.2008	Taipé Chinês	sim
2008	Investigação original	Filmes de BOPP	28.08.2008	Argentina	não
2008	Investigação original	Filmes de BOPP	28.08.2008	Chile	não
2008	Investigação original	Filmes de BOPP	28.08.2008	China	não
2008	Investigação original	Filmes de BOPP	28.08.2008	Equador	não
2008	Investigação original	Filmes de BOPP	28.08.2008	Estados Unidos	não
2008	Investigação original	Filmes de BOPP	28.08.2008	Peru	não
2008	Investigação original	Fios de viscose	13.08.2008	Áustria	sim
2008	Investigação original	Fios de viscose	13.08.2008	China	sim
2008	Investigação original	Fios de viscose	13.08.2008	Índia	sim
2008	Investigação original	Fios de viscose	13.08.2008	Indonésia	sim
2008	Investigação original	Fios de viscose	13.08.2008	Tailândia	sim
2008	Investigação original	Fios de viscose	13.08.2008	Taipé Chinês	sim
2008	Investigação original	Pneus de automóveis	10.07.2008	China	sim
2008	Investigação original	Pneus de carga	16.05.2008	China	sim
2008	Investigação original	Seringas descartáveis	19.06.2008	China	sim
2008	Revisão	Glifosato	12.02.2008	China	sim
2008	Revisão	Lápis de mina de grafite e de cor	12.02.2008	China	sim

Ano	Tipo de investigação	Produto	Abertura	País	Aplicação
2008	Revisão	Magnésio metálico em forma bruta	31.12.2008	China	sim
2008	Revisão	Pneumático de bicicleta	18.12.2008	China	não
2008	Revisão	Pneumático de bicicleta	18.12.2008	Índia	não
2009	Investigação original	Cobertores de fibra sintética não elétricos	05.05.2009	China	sim
2009	Investigação original	Frascos de vidro	18.08.2009	Índia	não
2009	Investigação original	Malhas de viscose	04.11.2009	China	sim
2009	Investigação original	Objetos de mesa de vidro	29.10.2009	Argentina	sim
2009	Investigação original	Objetos de mesa de vidro	29.10.2009	China	sim
2009	Investigação original	Objetos de mesa de vidro	29.10.2009	Indonésia	sim
2009	Investigação original	Rebitadores manuais	24.12.2009	China	não
2009	Investigação original	Resinas de Polipropileno (PP)	23.07.2009	EUA	sim
2009	Investigação original	Resinas de Polipropileno (PP)	23.07.2009	Índia	não
2009	Revisão	Carbonato de bário	01.07.2009	China	sim
2009	Revisão	EBMEG	09.10.2009	EUA	sim
2009	Revisão	Imã de ferrite em forma de anel	03.06.2009	China	sim
2009	Revisão	Magnésio em pó	09.10.2009	China	sim
2009	Revisão	PVC-S	14.12.2009	EUA	sim
2009	Revisão	PVC-S	14.12.2009	México	sim
2009	Revisão	Resinas PET	05.05.2009	Argentina	não
2009	Revisão	Sacos de juta	10.09.2009	Bangladesh	sim
2009	Revisão	Sacos de juta	10.09.2009	Índia	sim
2010	Investigação original	Sal grosso	12.03.2010	Chile	sim

Ano	Tipo de investigação	Produto	Abertura	País	Aplicação
2010	Investigação original	Papel supercalandrado base para siliconização	19.04.2010	França	sim
2010	Investigação original	Papel supercalandrado base para siliconização	19.04.2010	Hungria	sim
2010	Investigação original	Papel supercalandrado base para siliconização	19.04.2010	Itália	sim
2010	Investigação original	Borracha de estireno-butadieno	01.06.2010	Coreia do Sul	sim
2010	Investigação original	Vidros planos flotados incolores	08.07.2010	China	sim
2010	Investigação original	Vidros planos flotados incolores	08.07.2010	México	sim
2010	Investigação original	N-butanol	14.07.2010	EUA	em curso
2010	Revisão	Garrafas térmicas	19.07.2010	China	sim
2010	Investigação original	Diisocianato de tolueno	26.07.2010	Argentina	sim
2010	Investigação original	Diisocianato de tolueno	26.07.2010	EUA	sim
2010	Investigação original	Chapas grossas	26.08.2010	Coreia do Norte	em curso
2010	Investigação original	Chapas grossas	26.08.2010	Coreia do Sul	em curso
2010	Investigação original	Chapas grossas	26.08.2010	Espanha	em curso
2010	Investigação original	Chapas grossas	26.08.2010	México	em curso
2010	Investigação original	Chapas grossas	26.08.2010	Romênia	em curso
2010	Investigação original	Chapas grossas	26.08.2010	Rússia	em curso
2010	Investigação original	Chapas grossas	26.08.2010	Taipé Chinês	em curso
2010	Investigação original	Chapas grossas	26.08.2010	Turquia	em curso
2010	Investigação original	Borracha nitrílica (NBR)	01.10.2010	Argentina	em curso
2010	Investigação original	Borracha nitrílica (NBR)	01.10.2010	Coreia do Sul	em curso

Ano	Tipo de investigação	Produto	Abertura	País	Aplicação
2010	Investigação original	Borracha nitrílica (NBR)	01.10.2010	EUA	em curso
2010	Investigação original	Borracha nitrílica (NBR)	01.10.2010	França	em curso
2010	Investigação original	Borracha nitrílica (NBR)	01.10.2010	Índia	não
2010	Investigação original	Borracha nitrílica (NBR)	01.10.2010	Polônia	não
2010	Revisão	Fosfato monocálcico	07.10.2010	Argentina	sim
2010	Revisão	Tubos de aço carbono	07.10.2010	Romênia	sim
2010	Investigação original	Filmes de PET	23.11.2010	Emirados Árabes Unidos	em curso
2010	Investigação original	Filmes de PET	23.11.2010	México	em curso
2010	Investigação original	Filmes de PET	23.11.2010	Turquia	em curso
2010	Investigação original	Papel couché leve	10.12.2010	Alemanha	em curso
2010	Investigação original	Papel couché leve	10.12.2010	Bélgica	em curso
2010	Investigação original	Papel couché leve	10.12.2010	Canadá	em curso
2010	Investigação original	Papel couché leve	10.12.2010	EUA	em curso
2010	Investigação original	Papel couché leve	10.12.2010	Finlândia	em curso
2010	Investigação original	Papel couché leve	10.12.2010	Suécia	em curso
2010	Investigação original	Papel couché leve	10.12.2010	Suíça	não
2010	Investigação original	Tubos de aço carbono	21.12.2010	China	sim
2010	Investigação original	Recipientes de aço inoxidável para cocção (panelas)	22.12.2010	China	em curso
2010	Investigação original	Recipientes de aço inoxidável para cocção (panelas)	22.12.2010	Índia	não
2011	Investigação original	Ácido cítrico	07.04.2011	China	sim

Ano	Tipo de investigação	Produto	Abertura	País	Aplicação
2011	Investigação original	LPR	18.04.2011	Austrália	em curso
2011	Investigação original	LPR	18.04.2011	China	em curso
2011	Investigação original	LPR	18.04.2011	Coreia do Sul	em curso
2011	Investigação original	LPR	18.04.2011	Índia	em curso
2011	Investigação original	LPR	18.04.2011	México	em curso
2011	Revisão	Glifosato	19.05.2011	China	não
2011	Investigação original	Magnésio metálico	07/06/2011	Rússia	em curso
2011	Investigação original	MDI polimérico	08.06.2011	China	em curso
2011	Investigação original	MDI polimérico	08.06.2011	Estados Unidos	em curso
2011	Investigação original	MDI polimérico	08.06.2011	Bélgica	em curso
2011	Investigação original	Talheres	13.06.2011	China	em curso
2011	Investigação original	Fios de viscose	09.09.2011	Turquia	em curso
2011	Investigação original	Fios de viscose	09.09.2011	Vietnã	em curso
2011	Investigação original	Tubos de cobre	10.11.2011	China	em curso
2011	Investigação original	Resina de policarbonato	29.12.2011	Coreia do Sul	em curso
2011	Investigação original	Resina de policarbonato	29.12.2011	Tailândia	em curso

ANEXO III – Investigações Anticircunvenção Iniciadas entre 1995 e 2011

Ano	Tipo de investigação	Produto	Abertura	País	Aplicação
2011	Investigação original	Cobertores	15.05.2011	China	em curso
2011	Investigação original	Cobertores	15.05.2011	Uruguai e Paraguai	em curso
2011	Investigação original	Calçados	04.10.2011	China	em curso
2011	Investigação original	Calçados	04.10.2011	Indonésia e Vietnã	em curso

ANEXO IV – Investigações de Salvaguardas Originais e de Revisão Iniciadas entre 1995 e 2011

Ano	Tipo de investigação	Produto	Abertura	Aplicação
1996	Investigação original	Brinquedos	19.09.1996	sim
1999	Revisão	Brinquedos	29.09.1999	sim
2001	Investigação original	Coco	10.08.2001	sim
2003	Revisão	Brinquedos	06.10.2003	sim
2006	Revisão	Coco	17.02.2006	sim
2008	Investigação original	Mídias ópticas graváveis	04.09.2008	não
2009	Revisão	Coco	31.07.2009	sim

ANEXO V – Investigações de Subsídios Acionáveis Iniciadas entre 1995 e 2011

Ano	Tipo de investigação	Produto	Abertura	País	Aplicação
2001	Investigação original	Filme de poliéster	19.12.2001	Índia	não
2003	Investigação original	Barra de aço	08.04.2003	Índia	sim
2007	Investigação original	Filmes de PET	08.03.2007	Índia	sim
2011	Investigação original	Fios de viscose	09.09.2011	Índia	em curso
2011	Investigação original	Fios de viscose	09.09.2011	Indonésia	em curso
2011	Investigação original	Fios de viscose	09.09.2011	Malásia	em curso

ANEXO VI – Medidas Antidumping Definitivas de Investigações Originais e de Revisões Aplicadas entre 1995 e 2011

	1995	1996	1997	1998	1999	2000	2001	2002	2003	2004	2005	2006	2007	2008	2009	2010	2011
Compromisso de preço (antidumping)	0	0	0	0	3	0	0	0	0	2	0	1	2	0	0	1	2
Direitos antidumping	3	6	2	13	5	9	8	5	2	5	3	17	9	11	16	3	16
Salvaguardas	0	0	1	0	0	0	0	1	0	0	0	1	0	0	0	0	0
Medidas compensatórias	6	0	0	0	0	0	0	0	0	1	0	0	0	1	0	0	0
Total geral	**9**	**6**	**3**	**13**	**8**	**9**	**8**	**6**	**2**	**8**	**3**	**19**	**11**	**12**	**16**	**4**	**18**

ANEXO VII – Medidas Antidumping Definitivas de Investigações Originais Aplicadas entre 1995 e 2011

Ano	Medida aplicada	Produto	País	Data aplicação
1995	Direito Antidumping	Roda livre simples para bicicleta	Índia	21.08.1995
1995	Direito Antidumping	Ventilador de mesa	China	21.08.1995
1995	Direito Antidumping	Cadeado	China	29.12.1995
1996	Direito Antidumping	Alho	China	18.01.1996
1996	Direito Antidumping	Ferro-cromo baixo carbono	Bósnia	30.04.1996
1996	Direito Antidumping	Ferro-cromo baixo carbono	Croácia	30.04.1996
1996	Direito Antidumping	Ferro-cromo baixo carbono	Eslovênia	30.04.1996
1996	Direito Antidumping	Ferro-cromo baixo carbono	Iugoslávia	30.04.1996
1996	Direito Antidumping	Ferro-cromo baixo carbono	Macedônia	30.04.1996
1997	Direito Antidumping	Lápis de mina de grafite e de cor	China	26.02.1997
1997	Direito Antidumping	Tripolifosfato de sódio	EUA	05.08.1997
1998	Direito Antidumping	Cogumelo	China	02.01.1998
1998	Direito Antidumping	Pneumático de bicicleta	China	02.01.1998
1998	Direito Antidumping	Pneumático de bicicleta	Índia	02.01.1998
1998	Direito Antidumping	Pneumático de bicicleta	Tailândia	02.01.1998
1998	Direito Antidumping	Pneumático de bicicleta	Taipé Chinês	02.01.1998
1998	Direito Antidumping	Esfera de aço forjada	Chile	02.06.1998
1998	Direito Antidumping	Ímã de ferrite em forma de anel	China	02.06.1998
1998	Direito Antidumping	Tubo para coleta de sangue a vácuo	EUA	16.10.1998
1998	Direito Antidumping	Ferro-cromo alto carbono	África do Sul	21.10.1998

Ano	Medida aplicada	Produto	País	Data aplicação
1998	Direito Antidumping	Ferro-cromo alto carbono	Casaquistão	21.10.1998
1998	Direito Antidumping	Ferro-cromo alto carbono	Rússia	21.10.1998
1998	Direito Antidumping	Broca helicoidal de aço	China	24.12.1998
1998	Direito Antidumping	Unidade de bombeio mecânico para petróleo	Romênia	24.12.1998
1999	Direito Antidumping	Ampola de vidro	China	21.07.1999
1999	Direito Antidumping	Garrafa térmica	China	21.07.1999
1999	Direito Antidumping	Resina de policarbonatos	Alemanha	26.07.1999
1999	Direito Antidumping	Resina de policarbonatos	EUA	26.07.1999
1999	Direito Antidumping	Tubo de aço sem costura	Romênia	20.10.1999
2000	Direito Antidumping	Hidroxietilcelulose (HEC)	EUA	19.04.2000
2000	Direito Antidumping	Hidroxietilcelulose (HEC)	Países Baixos	19.04.2000
2000	Direito Antidumping	Aço inoxidável laminado a frio	África do Sul	26.05.2000
2000	Direito Antidumping	Aço inoxidável laminado a frio	Espanha	26.05.2000
2000	Direito Antidumping	Aço inoxidável laminado a frio	França	26.05.2000
2000	Direito Antidumping	Aço inoxidável laminado a frio	Japão	26.05.2000
2000	Direito Antidumping	Aço inoxidável laminado a frio	México	26.05.2000
2000	Direito Antidumping	Cimento Portland	México	27.07.2000
2000	Direito Antidumping	Cimento Portland	Venezuela	27.07.2000
2001	Compromisso de Preço	Leite	Argentina	23.02.2001
2001	Direito Antidumping	Leite	Dinamarca	23.02.2001

Ano	Medida aplicada	Produto	País	Data aplicação
2001	Direito Antidumping	Leite	Nova Zelândia	23.02.2001
2001	Compromisso de Preço	Medicamento à base de insulina	EUA	06.03.2001
2001	Compromisso de Preço	Medicamento à base de insulina	França	06.03.2001
2001	Direito Antidumping	Medicamento à base de insulina	Dinamarca	06.03.2001
2001	Direito Antidumping	Metacrilato de metila - MMA	Alemanha	22.03.2001
2001	Direito Antidumping	Metacrilato de metila - MMA	Espanha	22.03.2001
2001	Direito Antidumping	Metacrilato de metila - MMA	França	22.03.2001
2001	Direito Antidumping	Metacrilato de metila - MMA	Reino Unido	22.03.2001
2001	Compromisso de Preço	Leite	Uruguai	04.04.2001
2001	Medida Definitiva	Fio de náilon	Coreia do Sul	28.06.2001
2001	Compromisso de Preço	Papel cartão	Chile	31.10.2001
2002	Direito Antidumping	Pêssego em calda	Grécia	26.04.2002
2002	Direito Antidumping	Fenol	EUA	16.10.2002
2002	Direito Antidumping	Fenol	União Europeia	16.10.2002
2002	Direito Antidumping	Nitrato de amônio	Rússia	21.11.2002
2002	Direito Antidumping	Nitrato de amônio	Ucrânia	21.11.2002
2003	Direito Antidumping	Glifosato	China	12.02.2003
2003	Direito Antidumping	Lâmina para corte de pedra	Itália	13.10.2003

Ano	Medida aplicada	Produto	País	Data aplicação
2004	Direito Antidumping	Cravo para ferradura	Finlândia	03.06.2004
2004	Direito Antidumping	Cravo para ferradura	Índia	03.06.2004
2004	Direito Antidumping	Éter monobutílico do etilenoglicol	EUA	11.10.2004
2004	Direito Antidumping	Magnésio em pó	China	11.10.2004
2004	Direito Antidumping	Magnésio metálico	China	11.10.2004
2005	Direito Antidumping	Resina de tereftalato de polietileno (PET)	Argentina	02.09.2005
2005	Direito Antidumping	Resina de tereftalato de polietileno (PET)	EUA	02.09.2005
2005	Direito Antidumping	Fosfato monocálcico	Argentina	10.10.2005
2007	Direito Antidumping	Ferro elétrico de passar	China	28.06.2007
2007	Direito Antidumping	Talha manual	China	24.08.2007
2007	Direito Antidumping	Armação de óculos, com ou sem lentes corretoras	China	08.10.2007
2007	Direito Antidumping	Chapa pré-sensibilizada de alumínio	China	08.10.2007
2007	Direito Antidumping	Chapa pré-sensibilizada de alumínio	EUA	08.10.2007
2007	Direito Antidumping	Pedivela para bicicleta	China	11.10.2007
2007	Direito Antidumping	Broca de encaixe SDS Plus	China	21.11.2007
2007	Direito Antidumping	Alto-falante	China	13.12.2007
2007	Direito Antidumping	Escova de cabelo	China	13.12.2007
2008	Direito Antidumping	Índigo *blue* reduzido	Alemanha	24.03.2008
2008	Direito Antidumping	Resinas de policarbonato	EUA	08.04.2008
2008	Direito Antidumping	Resinas de policarbonato	União Europeia	08.04.2008

Ano	Medida aplicada	Produto	País	Data aplicação
2008	Direito Antidumping	Filmes de PET	Índia	04.07.2008
2008	Direito Antidumping	Filmes de PET	Tailândia	04.07.2008
2008	Direito Antidumping	Fios de juta simples	Bangladesh	29.08.2008
2008	Direito Antidumping	Fios de juta simples	Índia	29.08.2008
2008	Direito Antidumping	Resinas de Policloreto de Vinila - PVC-S	China	29.08.2008
2008	Direito Antidumping	Resinas de Policloreto de Vinila - PVC-S	Coreia do Sul	29.08.2008
2008	Direito Antidumping	Papel supercalandrado base para siliconização	EUA	23.10.2008
2008	Direito Antidumping	Papel supercalandrado base para siliconização	Finlândia	23.10.2008
2009	Direito Antidumping	Acrilato de butila	EUA	25.03.2009
2009	Direito Antidumping	Eletrodos de grafite	China	09.04.2009
2009	Direito Antidumping	Fibras de viscose	Áustria	09.04.2009
2009	Direito Antidumping	Fibras de viscose	China	09.04.2009
2009	Direito Antidumping	Fibras de viscose	Indonésia	09.04.2009
2009	Direito Antidumping	Fibras de viscose	Tailândia	09.04.2009
2009	Direito Antidumping	Fibras de viscose	Taipé Chinês	09.04.2009
2009	Direito Antidumping	Pneus de carga	China	18.06.2009
2009	Direito Antidumping	Pneus de automóveis	China	09.09.2009
2009	Direito Antidumping	Seringas descartáveis	China	18.09.2009
2009	Direito Antidumping	Fios de viscose	Áustria	16.12.2009
2009	Direito Antidumping	Fios de viscose	China	16.12.2009

Ano	Medida aplicada	Produto	País	Data aplicação
2009	Direito Antidumping	Fios de viscose	Índia	16.12.2009
2009	Direito Antidumping	Fios de viscose	Indonésia	16.12.2009
2009	Direito Antidumping	Fios de viscose	Tailândia	16.12.2009
2009	Direito Antidumping	Fios de viscose	Taipé Chinês	16.12.2009
2010	Direito Antidumping	Calçados	China	05.03.2010
2010	Direito Antidumping	Caneta esferográfica	China	29.04.2010
2010	Direito Antidumping	Cobertores de fibra sintética não elétricos	China	29.04.2010
2010	Direito Antidumping	Resina de polipropileno	Estados Unidos	09.12.2010
2011	Direito Antidumping	Objetos de vidro	China	01.03.2011
2011	Direito Antidumping	Objetos de vidro	Indonésia	01.03.2011
2011	Direito Antidumping	Objetos de vidro	Argentina	01.03.2011
2011	Direito Antidumping	n-Butanol	EUA	06.10.2011
2011	Direito Antidumping	Malhas de viscose	China	08.04.2011
2011	Direito Antidumping	Papel supercalandrado	França	06.10.2011
2011	Direito Antidumping	Papel supercalandrado	Itália	06.10.2011
2011	Direito Antidumping	Papel supercalandrado	Hungria	06.10.2011
2011	Direito Antidumping	Borracha SBR	Coreia do Sul	02.06.2011
2011	Direito Antidumping	TDI	Argentina	18.11.2011
2011	Direito Antidumping	TDI	EUA	18.11.2011
2011	Direito Antidumping	Garrafas térmicas	China	12.07.2011
2011	Direito Antidumping	Tubos de aço	China	08.09.2011
2011	Direito Antidumping	Sal grosso	Chile	08.09.2011

ANEXO VIII – Medidas de Salvaguardas Aplicadas entre 1995 e 2011

Ano	Medida aplicada	Produto	Data aplicação
1997	Salvaguarda – elevação II	Brinquedo	03.09.1997
2002	Salvaguarda – quotas	Coco	31.07.2002

ANEXO IX – Medidas Compensatórias Definitivas Aplicadas entre 1995 e 2011

Ano	Medida aplicada	Produto	País	Data aplicação
1995	Medida Compensatória	Coco ralado	Costa do Marfim	21.08.1995
1995	Medida compensatória	Coco ralado	Filipinas	21.08.1995
1995	Medida compensatória	Coco ralado	Indonésia	21.08.1995
1995	Medida compensatória	Coco ralado	Malásia	21.08.1995
1995	Medida compensatória	Coco ralado	Sri Lanka	21.08.1995
1995	Medida compensatória	Leite de coco	Sri Lanka	21.08.1995
2004	Medida compensatória	Barra de aço	Índia	08.10.2004
2008	Medida compensatória	Filmes de PET	Índia	04.07.2008

ANEXO X – Lista de Documentos Submetidos ao Grupo Negociador de Regras da Organização Mundial do Comércio (2002-2011)

Propostas	Proponentes	Título	Data
TN/RL/W/1	Canada	Improved Disciplines under the Agreement on Subsidies and Countervailing Measures and the Anti-Dumping Agreement	15.04.2002
TN/RL/W/2	Australia	Negotiations on Regional Trade Agreements: Key Issues for Consideration	24.04.2002
TN/RL/W/3	Australia, Chile, Ecuador, Iceland, New Zealand, Peru, Philippines and the United States	The Doha Mandate to Address Fisheries Subsidies: Issues	24.04.2002

Propostas	Proponentes	Título	Data
TN/RL/W/4	India	Proposals on Implementation Related Issues and Concerns – Agreement on Subsidies and Countervailing Measures/Anti-Dumping Agreement	25.04.2002
TN/RL/W/5	Brazil	Export Credits in the WTO	26.04.2002
TN/RL/W/6	Brazil, Chile, Colombia, Costa Rica, Hong Kong, Israel, Japan, Korea, Mexico, Norway, Singapore, Switzerland, Thailand and Turkey	Anti-dumping: Illustrative Major Issues	26.04.2002
TN/RL/W/7	Brazil	Implementation-Related Issues	26.04.2002
TN/RL/W/8	Background Note by the Secretariat	Compendium of Issues Related to Regional Trade Agreements	21.05.2002
TN/RL/W/9	China	Proposal from the Fisheries Subsidies	20.06.2002
TN/RL/W/10	Brazil, Chile, Colombia, Costa Rica, Hong Kong, Israel, Japan, Korea, Norway, Chinese Taipei, Singapore, Switzerland and Thailand	Second Contribution to Discussion of the Negotiating Group on Rules on Anti-dumping Measures	28.06.2002
TN/RL/W/11	Japan	Japan's Basic Position on the Fisheries Subsidies Issue	02.07.2002
TN/RL/W/12	New Zealand	Fisheries Subsidies: Limitations of Existing Subsidy Disciplines	04.07.2002

Propostas	Proponentes	Título	Data
TN/RL/W/13	European Community	Submission from the European Community Concerning the Agreement on Implementation of Article VI of GATT 1994 (Anti-dumping Agreement)	08.07.2002
TN/RL/W/14	European Community	Submission on Regional Trade Agreements	09.07.2002
TN/RL/W/15	Australia	Submission on Regional Trade Agreements	09.07.2002
TN/RL/W/16	Chile	Submission on Regional Trade Agreements	10.07.2002
TN/RL/W/17	Korea	Korea's Views on the Doha Development Agenda Discussions on Fisheries Subsidies	02.10.2002
TN/RL/W/18	Brazil, Chile, Colombia, Costa Rica, Hong Kong, Israel, Japan, Korea, Norway, Chinese Taipei, Singapore, Switzerland, and Thailand	Replies to the Questions/ Comments from Australia on TN/RL/W/10	04.10.2002
TN/RL/W/19	Brazil	Countervailing Measures: Illustrative Major Issues	07.10.2002
TN/RL/W/20	European Community	Questions from the European Community on Documents TN/RL/W/6 and TN/RL/W/10	10.10.2002
TN/RL/W/21	United States	Adverse Trade and Conservation Effects of Fisheries Subsidies	15.10.2002
TN/RL/W/22	Australia	Comments on Document TN/RL/W/6 on Anti-Dumping Measures	15.10.2002
TN/RL/W/23	Australia	Comments on Document TN/RL/W/10 on Anti-Dumping Measures	15.10.2002
TN/RL/W/24	United States	Submission by the United States (OECD document)	16.10.2002

Propostas	Proponentes	Título	Data
TN/RL/W/25	United States	Questions from the United States on Papers Submitted to the Rules Negotiating Group	16.10.2002
TN/RL/W/26	India	Second Submission of India (Anti-dumping Agreement)	17.10.2002
TN/RL/W/27	United States	Basic Concepts and Principles of the Trade Remedy Rules	22.10.2002
TN/RL/W/28	Brazil, Chile, Colombia, Costa Rica, Hong Kong, Israel, Japan, Korea, Norway, Chinese Taipei, Singapore, Switzerland, Thailand, and Turkey	General Contribution to the Discussion of the Negotiating Group on Rules on Anti-Dumping Measures	15.11.2002
TN/RL/W/29	Brazil, Chile, Colombia, Costa Rica, Hong Kong, Japan, Korea, Norway, Chinese Taipei, Singapore, Switzerland, Thailand and Turkey	Third Contribution to Discussion of the Negotiating Group on Rules on Anti-dumping Measures	15.11.2002
TN/RL/W/30	European Community	WTO Negotiations Concerning the WTO Agreement on Subsidies and Countervailing Measures	21.11.2002
TN/RL/W/31	Brazil, Chile, Colombia, Costa Rica, Hong Kong, Israel, Japan, Korea, Norway, Chinese Taipei, Singapore, Switzerland, and Thailand	Replies to Additional Questions to Our Second Contribution (TN/RL/W/10)	25.11.2002
TN/RL/W/32	Turkey	Submission on Regional Trade Agreements	25.11.2002
TN/RL/W/33	United States	Special and Differential Treatment and the Subsidies Agreement	25.11.2002

Propostas	Proponentes	Título	Data
TN/RL/W/34	United States	Second Set of Questions from the United States on Papers Submitted to the Rules Negotiating Group	02.12.2002
TN/RL/W/35	United States	Investigatory Procedures under the Anti-Dumping and Subsidies Agreements	03.12.2002
TN/RL/W/36	Morocco	Morocco's Views on the Negotiations on the Rules and Disciplines of the Agreement on Implementation of Article VI of the GATT 1994 and the Agreements on Subsidies and Countervailing Measures	04.12.2002
TN/RL/W/37	Australia	Comments from Australia on Brazil's Paper on Countervailing Measures: Illustrative Major Issues (Document TN/RL/W/19)	04.12.2002
TN/RL/W 38	Australia	Comments from Australia on the United States' Paper on Basic Concepts and Principles of the Trade Remedy Rules (Document TN/RL/W/27)	06.12.2002
TN/RL/W/39	Australia	Comments from Australia on the European Community' Subsidies Paper (TN/RL/W/30)	06.12.2002
TN/RL/W/40	India	Intervention by India on the Proposal by the EC Captioned WTO Negotiations Concerning the WTO Agreement on Subsidies and Countervailing Measures (TN/RL/W/30)	10.12.2002

Propostas	Proponentes	Título	Data
TN/RL/W/41	Venezuela and Cuba	Improved Rules under the Agreement on Subsidies and Countervailing Measures – Non-Actionable Subsidies	17.12.2002
TN/RL/W/42	India	Questions to the United States on TN/RL/W/24	17.12.2002
TN/RL/W/43	Australia	Comments from Australia on the United States' Paper on Investigatory Procedures under the Anti-Dumping and Subsidies Agreements (TN/RL/W/35)	24.01.2003
TN/RL/W/44	Australia	Treatment of Confidential and Non-Confidential Information under Article 6.5 of the WTO Anti-Dumping Agreement	24.01.2003
TN/RL/W/45	Brazil, Chile, Colombia, Costa Rica, Hong Kong, Israel, Japan, Korea, Norway, Singapore, Switzerland and Thailand	Replies to Questions to our First Contribution (TN/RL/W/6)	27.01.2003
TN/RL/W/46	Brazil, Chile, Colombia, Costa Rica, Hong Kong, Israel, Korea, Japan, Mexico, Norway, Chinese Taipei, Singapore, Switzerland, Thailand and Turkey	Fourth Contribution to the Discussion of the Negotiating Group on Rules on Anti-Dumping Measures	24.01.2003
TN/RL/W/47	Canada	Submission from Canada Respecting the Agreement on Implementation of Article VI of the GATT 1994 (the Anti-Dumping Agreement)	28.01.2003

Propostas	Proponentes	Título	Data
TN/RL/W/48	Bangladesh, China, Colombia, Costa Rica, Egypt, Guatemala, Hong Kong, India, Indonesia, Korea, Macao, China, Maldives, Pakistan, Paraguay, Peru, Thailand and Vietnam	Anti-Dumping Actions in the Area of Textiles and Clothing: Developing Members' Experience and Concerns	03.02.2003
TN/RL/W/49	United States	Attaching a Communiqué from the Organization for Economic Cooperation and Development (OECD)	04.02.2003
TN/RL/W/50	United States	Circumvention	04.02.2003
TN/RL/W/51	Japan	Questions Pertaining to the United States' Paper on Basic Concepts and Principles of the Trade Remedy Rules	05.02.2003
TN/RL/W/52	Japan	Japan's Contribution to Discussion on Fisheries Subsidies Issue	06.02.2003
TN/RL/W/53	United States	Replies to Questions Presented to the United States on Submission TN/RL/W/27	06.02.2003
TN/RL/W/54	United States	Third Set of Questions from the United States on Papers Submitted to the Rules Negotiating Group	06.02.2003
TN/RL/W/55	Egypt	Position Paper to be Presented by the Arab Republic of Egypt on the Doha Declaration Concerning the Negotiations of the Anti-Dumping Agreement	10.02.2003

Propostas	Proponentes	Título	Data
TN/RL/W/56	Egypt	Egyptian Paper Containing Comments on the Contributions Submitted in the Framework of the Doha Negotiations on the Anti-Dumping Agreement	10.02.2003
TN/RL/W/57	Egypt	Egyptian Paper Containing Questions and Comments on the Contributions Submitted in the Framework of the Doha Negotiations on the Subsidies and Countervailing Measures Agreement	10.02.2003
TN/RL/W/58	Argentina, Chile, Iceland, New Zealand, Norway, and Peru	Subsidies in the Fisheries Sector: Possible Categorizations	10.02.2003
TN/RL/W/59	Australia	Comments from Australia on the Third Contribution from a Number of Countries (Document TN/RL/W/29)	11.02.2003
TN/RL/W/60	Australia	Comments from Australia on Morocco's Paper on Anti-Dumping and Subsidies and Countervailing Measures Agreements (TN/RL/W/36)	11.02.2003
TN/RL/W/61	Australia	Comments from Australia on Venezuela's Submission on Non-Actionable Subsidies under the Agreement on Subsidies and Countervailing Measures (Document TN/RL/W/41)	11.02.2003
TN/RL/W/62	Australia	Comments from Australia on Canada's Submission on the Anti-Dumping Agreement (Document TN/RL/W/47)	11.02.2003

Propostas	Proponentes	Título	Data
TN/RL/W/63	Brazil, Chile, Colombia, Costa Rica, Hong Kong, Israel, Japan, Korea, Mexico, Norway, Singapore, Switzerland, Chinese Taipei, Thailand and Turkey	Senior Officials' Statement on Anti-Dumping Negotiations	12.02.2003
TN/RL/W/64	Brazil	Replies to the Questions Made by the Australian Delegation in Document TN/RL/W/37	13.02.2003
TN/RL/W/65	Korea	Korea's Comments on Canada's Submission on the Anti-Dumping Agreement (TN/RL/W/47)	24.02.2003
TN/RL/W/66	China	Proposal of the People's Republic of China on the Negotiation on Anti-Dumping	06.03.2003
TN/RL/W/67	European Community	Negotiations on Anti-Dumping and Subsidies – Reflection Paper of the European Community on a Swift Control Mechanism for Initiations	07.03.2003
TN/RL/W/68	India	Intervention by India on the Submission by the United States on Special and Differential Treatment and the Subsidies Agreement	11.03.2003
TN/RL/W/69	Korea	Korea's Views on the Suggested Categorization of Fishery Subsidies	18.03.2003
TN/RL/W/70	Venezuela and Cuba	Preliminary Replies to the Questions by Australia Contained in Document TN/RL/W/61	18.03.2003

Propostas	Proponentes	Título	Data
TN/RL/W/71	United States	Responses by the United States to Questions from Australia on Investigatory Procedures under the Anti-Dumping and Subsidies Agreements	18.03.2003
TN/RL/W/72	United States	Identification of Certain Major Issues under the Anti-Dumping and Subsidies Agreements	19.03.2003
TN/RL/W/73	Australia	Comments from Australia on the Arab Republic of Egypt's Position Paper Concerning the Negotiations on the Anti-Dumping Agreement (TN/RL/W/55)	19.03.2003
TN/RL/W/74	Australia	Comments from Australia on the People's Republic of China's Paper on Anti-Dumping (Document TN/RL/W/66)	19.03.2003
TN/RL/W/75	Australia	Comments from Australia on the European Community' Paper: Reflection Paper on a Swift Control Mechanism for Initiations (Document TN/RL/W/67)	19.03.2003
TN/RL/W/76	Brazil, Chile, Colombia, Costa Rica, Hong Kong, Israel, Japan, Korea, Norway, Chinese Taipei, Switzerland, Thailand and Turkey	Proposal on Sunset	19.03.2003
TN/RL/W/77	United States	Possible Approaches to Improved Disciplines on Fisheries Subsidies.	19.03.2003
TN/RL/W/78	United States	Subsidies Disciplines Requiring Clarification and Improvement	19.03.2003

Propostas	Proponentes	Título	Data
TN/RL/W/79	Egypt	Preliminary Comments and Questions by the Arab Republic of Egypt on the Contributions Submitted in the Framework of the Doha Negotiations on the Anti-Dumping Agreement and on the Agreement on Subsidies and Countervailing Measures	24.03.2003
TN/RL/W/80	India	Clarifications Sought by India on the Submissions by the United States (TN/RL/W/35) and Canada (TN/RL/W/47)	10.04.2003
TN/RL/W/81	Argentina	Clarifying and improving disciplines under the Agreement on Implementation of Article VI of the GATT 1994 (Anti-Dumping Agreement)	23.04.2003
TN/RL/W/82	European Community	Fisheries Subsidies	23.04.2003
TN/RL/W/83	Brazil, Chile, Colombia, Costa Rica, Hong Kong, Israel, Japan, Korea, Norway, Singapore, Switzerland, Chinese Taipei, and Thailand	Proposal on Reviews	25.04.2003
TN/RL/W/84	Japan	Questions from Japan Concerning Papers on the Fisheries Subsidies Issue	30.04.2003
TN/RL/W/85	Australia	General Contribution to the Discussion of the Negotiating Group on Rules on the Agreement on Subsidies and Countervailing Duty Measures	30.04.2003

Propostas	Proponentes	Título	Data
TN/RL/W/86	Australia	General Contribution to the Discussion of the Negotiating Group on Rules on the Anti-Dumping Agreement	30.04.2003
TN/RL/W/87	Morocco	Replies to the Questions Posed by Australia Concerning the Document Submitted by Morocco	02.05.2003
TN/RL/W/88	China	Comments from the People's Republic of China on the United States Proposal on Fisheries Subsidies (TN/RL/W/77)	01.05.2003
TN/RL/W/89	Australia	Comments by Australia on the United States' Paper on Subsidies Disciplines Requiring Clarification and Improvement (Document TN/RL/W/78)	01.05.2003
TN/RL/W/90	Australia	Article 9.4 of the WTO Anti-Dumping Agreement: Dumping Margins for Each Sampled Exporter Based on Facts Available	01.05.2003
TN/RL/W/91	Australia	"Like Product" Within the Meaning of the WTO Anti-Dumping Agreement	01.05.2003
TN/RL/W/92	Canada	Responses from Canada to Certain Questions Posed by Korea in TN/RL/W/65, Australia in TN/RL/W/62, Egypt in TN/RL/W/79 and India in TN/RL/W/80	01.05.2003
TN/RL/W/93	Brazil, Chile, Colombia, Costa Rica, Hong Kong, Israel, Japan, Korea, Norway, Singapore, Switzerland, Chinese Taipei, and Thailand	Proposal on Facts Available	02.05.2003

Propostas	Proponentes	Título	Data
TN/RL/W/94	China	Replies to the Questions and Comments of WTO Members Concerning the Proposal of China (TN/RL/W/66)	05.05.2003
TN/RL/W/95	United States	Elements of a Steel Subsidies Agreement	05.05.2003
TN/RL/W/96	Korea	Questions from Korea on the United States' Paper on Subsidies Disciplines	05.05.2003
TN/RL/W/97	Korea	Korea's Comments on the Submission from the United States (TN/RL/W/77)	05.05.2003
TN/RL/W/98	United States	Identification of Additional Issues under the Anti-Dumping and Subsidies Agreements	06.05.2003
TN/RL/W/99	India	India's Replies to Questions From the United States on Its Submissions (TN/RL/W/4 and TN/RL/W/26)	06.05.2003
TN/RL/W/100	Egypt	Egypt's Preliminary Comments on the Contributions Submitted in the Framework of the Doha Negotiations on the Agreements on Anti-Dumping and Subsidies and Countervailing Measures (TN/RL/W/72)	06.05.2003
TN/RL/W/101	Egypt	Egyptian Paper Containing Replies to Questions Posed by Australia in Document Number TN/RL/W/73	06.05.2003

Propostas	Proponentes	Título	Data
TN/RL/W/102	Egypt	Egypt's Preliminary Comments on the Contributions Submitted in the Framework of the Doha Negotiations on the Agreements on Anti-Dumping and Subsidies and Countervailing Measures (TN/RL/W/78)	06.05.2003
TN/RL/W/103	United States	Fourth Set of Questions From the United States on Papers Submitted to the Rules Negotiating Group	06.05.2003
TN/RL/W/104	Brazil, Chile, Costa Rica, Hong Kong, Japan, Korea, Norway, Switzerland, Thailand and Turkey	Agreements on Anti-Dumping Practices and Subsidies and Countervailing Measures Illustrative Common Issues	06.05.2003
TN/RL/W/105	Egypt	Submission of the Arab Republic of Egypt on the Clarification of Certain Provisions of the Anti-Dumping Agreement	08.05.2003
TN/RL/W/106	India	Questions From India on Australia's Paper on 'General Contribution to the Discussion of the Negotiating Group on Rules on the Anti-Dumping Agreement'	08.05.2003
TN/RL/W/107	Venezuela	Observations and Comments by Venezuela on Document TN/RL/W/78 Submitted by the United States Concerning Prohibited Subsidies and Other Subjects under the WTO Agreement on Subsidies and Countervailing Measures	13.05.2003

Propostas	Proponentes	Título	Data
TN/RL/W/108	Cuba and Venezuela	Preliminary Answers of Cuba and Venezuela to the Questions Provided by Egypt Regarding Document TN/RL/W/41	13.05.2003
TN/RL/W/109	Hong Kong	Questions from Hong Kong, China on Papers Submitted to the Negotiating Group on Rules	19.05.2003
TN/RL/W/110	Egypt	Identification of Issues under the Anti-Dumping Agreement that Need to Be Improved and Clarified Within the Current Negotiations on WTO Rules	22.05.2003
TN/RL/W/111	Korea	Korea's View on the Improvement of the Sunset System.	27.05.2003
TN/RL/W/112	Canada	Improved Disciplines under the Agreement on Subsidies and Countervailing Measures	06.06.2003
TN/RL/W/113	Brazil, Chile, Colombia, Costa Rica, Hong Kong, Israel, Japan, Korea, Mexico, Norway, Chinese Taipei, Singapore, Switzerland and Thailand	Proposal on Prohibition of Zeroing	06.06.2003
TN/RL/W/114	India	Discussion Paper on Regional Trading Arrangements	06.06.2003
TN/RL/W/115	Chile	Possible Approaches to Improved Disciplines on Fisheries Subsidies	10.06.2003
TN/RL/W/116	Korea	Submission on Regional Trade Agreements	11.06.2003
TN/RL/W/117	Australia, Chile, Hong Kong, Korea and New Zealand	Submission on Regional Trade Agreements	11.06.2003

Propostas	Proponentes	Título	Data
TN/RL/W/118	Brazil, Chile, Colombia, Costa Rica, Hong Kong, Japan, Korea, Norway, Chinese Taipei, Switzerland and Thailand	Proposal on Price Undertakings	12.06.2003
TN/RL/W/119	Brazil, Chile, Colombia, Costa Rica, Hong Kong, Israel, Japan, Korea, Mexico, Norway, Singapore, Switzerland, Chinese Taipei, Thailand and Turkey	Proposal on Lesser Duty	16.06.2003
TN/RL/W/120	India	Third Submission by India to the Negotiating Group on Rules (Agreement on Subsidies and Countervailing Measures)	16.06.2003
TN/RL/W/121	Australia	Replies to Questions from India (TN/RL/W/106) and Hong Kong, China (TN/RL/W/109) on Australia's General Contribution on Anti-Dumping (TN/RL/W/86) and "Like Product" (TN/RL/W/91)	16.06.2003
TN/RL/W/122	Australia	Comments by Australia on the Proposal by Various Members on Reviews (Document TN/RL/W/83)	16.06.2003
TN/RL/W/123	Australia	Comments by Australia on the Proposal by Various Members on Sunset Reviews (Document TN/RL/W/76)	16.06.2003
TN/RL/W/124	Australia	Comments by Australia on the Proposal by Various Members on Facts Available (Document TN/RL/W/93)	16.06.2003

Propostas	Proponentes	Título	Data
TN/RL/W/125	Australia	Comments by Australia on the United States' Paper on Certain Major Issues under the Anti-Dumping and Subsidies Agreements (Document TN/RL/W/72)	16.06.2003
TN/RL/W/126	Egypt	Egypt's Paper Containing Comments on the Contributions Submitted in the Framework of the Doha Negotiations on the Anti-Dumping Agreement and on the Subsidies and Countervailing Measures Agreement	17.06.2003
TN/RL/W/127	China	Reply to the Questions of the United States Concerning the Proposal of China (TN/RL/W/66)	17.06.2003
TN/RL/W/128	Egypt	Egypt's Paper Replying to the Question Posed by the United States in Document Number TN/RL/W/103	19.06.2003
TN/RL/W/129	Hong Kong	Concept Paper on Trade Remedy Rules: Evidence of Trade Distorting Practices	20.06.2003
TN/RL/W/130	United States	Further Issues Identified under the Anti-Dumping and Subsidies Agreements for Discussion by the Negotiating Group on Rules	20.06.2003
TN/RL/W/131	Cuba and Venezuela	Second Contribution by Cuba and Venezuela to the Negotiating Group on Rules following their Proposal on Non-Actionable Subsidies	11.07.2003
TN/RL/W/132	Venezuela	Contribution by Venezuela Regarding Various Aspects of the Agreement on Anti-dumping and Agreement on Subsidies and Countervailing Measures that Require Clarification and Improvement	11.07.2003

Propostas	Proponentes	Título	Data
TN/RL/W/133	Venezuela	Comments by Venezuela in Relation to the Korean Contribution Regarding its Views on Improvement of Sunset Reviews	11.07.2003
TN/RL/W/134	Canada	Reply from Canada to Questions Posed by the United States in TN/RL/W/103	14.07.2003
TN/RL/W/135	Australia	Comments and Views from Australia on Canada's Submission on Improved Disciplines under the Agreement on Subsidies and Countervailing Measures (Document TN/RL/W/112)	14.07.2003
TN/RL/W/136	New Zealand	Fisheries Subsidies. Communication from Antigua and Barbuda, Belize, Fiji Islands, Guyana, the Maldives, Papua New Guinea, Solomon Islands, St Kitts and Nevis	14.07.2003
TN/RL/W/137	New Zealand	The Role of Transparency in the Anti-Dumping Agreement	15.07.2003
TN/RL/W/138	European Community and Japan	Proposals on Cost Savings in Anti-Dumping Proceedings	17.07.2003
TN/RL/W/139	Australia	Further Contribution to the Discussion on the Negotiating Group on Rules on the Agreement on Subsidies and Countervailing Measures	18.07.2003
TN/RL/W/140	Egypt	Egyptian Paper Containing Replies to Questions Orally Posed by Canada during the Ninth Meeting of the Negotiating Group on Rules on 18-19 June 2003	22.07.2003

Propostas	Proponentes	Título	Data
TN/RL/W/141	Egypt	Comments of the Arab Republic of Egypt on Further Contributions Submitted in the Framework of the Doha Round Negotiations on the Agreements on Anti-Dumping and Subsidies and Countervailing Measures	22.07.2003
TN/RL/W/142	European Community	Replies by the European Community to Questions on TN/RL/W/67 – Reflection Paper of the European Community on a Swift Control Mechanism for Initiations	28.07.2003
TN/RL/W/143	Note by the Chairman	Compilation of Issues and Proposals Identified by Participants in the Negotiating Group on Rules	22.08.2003
TN/RL/W/144	Argentina	Replies by Argentina to Comments and Questions by Egypt (TN/RL/W/81 and TN/RL/W/67)	02.09.2003
TN/RL/W/145	Canada	Responses to questions posed by Australia (document TN/RL/W/135) on Canada's submission on improved disciplines under the Agreement on Subsidies and Countervailing Measures (TN/RL/W/ 112)	13.08.2003
TN/RL/W/146	Brazil, Colombia, Costa Rica, Hong Kong, Japan, Korea, Norway, Singapore, Switzerland, Chinese Taipei, and Thailand	Proposal on Issues related to Affiliated Parties	11.03.2004
TN/RL/W/147	United States	Replies to the Questions from India on TN/RL/W/35	16.03.2004
TN/RL/W/148	United States	Allocation of Subsidy Benefits Over Time	22.04.2004

Propostas	Proponentes	Título	Data
TN/RL/W/149	United States	Exchange Rates (Anti-Dumping Agreement Article 2.4.1)	22.04.2004
TN/RL/W/150	Chile, Colombia, Costa Rica, Hong Kong, Japan, Korea, Norway, Singapore, Switzerland, Chinese Taipei, and Thailand	Proposals on Determination of Normal Value	16.04.2004
TN/RL/W/151	Chile	Submission on Regional Trade Agreements	23.04.2004
TN/RL/W/152	Chile	Submission on Regional Trade Agreements	26.04.2004
TN/RL/W/153	United States	Three Issues Identified for Discussion by the Negotiating Group on Rules	26.04.2004
TN/RL/W/154	New Zealand	Fisheries Subsidies: Overcapacity and Overexploitation	26.04.2004
TN/RL/W/155	ACP Group of States	Submission on Regional Trade Agreements	28.04.2004
TN/RL/W/156	United States	New Shipper Reviews (ADA Article 9.5)	04.06.2004
TN/RL/W/157	United States	Allocation Periods for Subsidy Benefits	04.06.2004
TN/RL/W/158	Chile, Colombia, Costa Rica, Hong Kong, China, Japan, Korea, Norway, Singapore, Switzerland, Chinese Taipei, and Thailand	Proposals on Fair Comparison	28.05.2004
TN/RL/W/159	Japan	Fisheries Subsidies: Proposed Structure of the Discussion	07.06.2004
TN/RL/W/160	Korea	Questions and Comments from Korea on New Zealand's Communication on Fisheries Subsidies (TN/RL/W/154)	08.06.2004

Propostas	Proponentes	Título	Data
TN/RL/W/161	New Zealand	Fisheries Subsidies: UNEP Workshop on Fisheries Subsidies and Sustainable Fisheries Management	08.06.2004
TN/RL/W/162	United States	Prompt Access to Non-confidential Information (Articles 6.4 Agreement on Anti-Dumping Practices and 12.3 Agreement on Subsidies	29.06.2004
TN/RL/W/163	Chile	Submission on Regional Trade Agreements	13.09.2004
TN/RL/W/164	Japan	Proposal on Fisheries Subsidies	27.09.2004
TN/RL/W/165	Japan	Submission on Regional Trade Agreements	08.10.2004
TN/RL/W/166	Argentina, Chile, Ecuador, New Zealand, Philippines, Peru	Fisheries Subsidies	02.11.2004
TN/RL/W/167	Turkey	Submission on Regional Trade Agreements	08.12.2004
TN/RL/W/168	United States	Accrual of Interest (ADA Articles 9.3.1 & 9.3.2)	10.12.2004
TN/RL/W/169	United States	Additional Views on the Structure of the Fisheries Subsidies Negotiations	13.12.2004
TN/RL/W/170	India	Proposal on Mandatory Application of Lesser Duty Rule	09.02.2005
TN/RL/W/171	Brazil, Chile, Colombia, Costa Rica, Hong Kong, China, Israel, Japan, Korea, Norway. Singapore, Switzerland, Chinese Taipei, Thailand, and Turkey	Senior Officials' Statement	15.02.2005

Propostas	Proponentes	Título	Data
TN/RL/W/172	Japan, Korea, and Chinese Taipei	Contribution to the Discussion on the Framework for the Disciplines on the Fisheries Subsidies	22.02.2005
TN/RL/W/173	Australia	Submission on Regional Trade Agreements by Australia	01.03.2005
TN/RL/W/174	Chile, Costa Rica, Hong Kong, Israel, Japan, Korea, Norway, Switzerland, Chinese Taipei, and Thailand	Negotiating Group on Rules – Public Interest	29.03.2005
TN/RL/W/175	Egypt	Proposal on Material Retardation	31.03.2005
TN/RL/W/176	Brazil	Contribution to the Discussion on the Framework for Disciplines on Fisheries Subsidies	31.03.2005
TN/RL/W/177	Brazil	Treatment of Government Support for Export Credits and Guarantees under the Agreement on Subsidies and Countervailing Measures	31.03.2005
TN/RL/W/178	European Community	Fisheries Subsidies	11.04.2005
TN/RL/W/179	European Community	Submission on Regional Trade Agreements by the European Community	11.05.2005
TN/RL/W/180	Australia	Submission on Regional Trade Agreements by Australia	13.05.2005
TN/RL/W/181	Brazil, Chile, Hong Kong, Japan, Korea, Norway, Switzerland, Chinese Taipei, and Thailand	Issues Related to Article 6.10, Including "Limited Examination", and Article 9.4 "all Other's Rate"	25.05.2005
TN/RL/W/182	Chinese Taipei	Submission on regional trade agreements	09.06.2005
TN/RL/W/183	Egypt	Currency Conversions	01.07.2005

Propostas	Proponentes	Título	Data
TN/RL/W/184	New Zealand	Promoting Development and Sustainability in Fisheries Subsidies Disciplines – An Informal Dialogue on Select Technical Issues	18.07.2005
TN/RL/W/185	China	Submission on Regional Trade Agreements by China	22.07.2005
TN/RL/W/186	Chinese Taipei	Submission on Regional Trade Agreements	03.08.2005
TN/RL/W/187	Chile and Korea	Best Practice for RTAs/ FTAs in APEC	12.09.2005
TN/RL/W/188	Jamaica	Comments by Jamaica on Proposals to the Negotiating Group on Rules (AD and SCM, Including Fisheries Subsidies) Discussed at the meeting on 26-30 September 2005	10.10.2005
TN/RL/W/189	Brazil	Comments on the Lesser Duty Rule	13.10.2005
TN/RL/W/190	Japan	Submission on Regional Trade Agreements	28.10.2005
TN/RL/W/191	Brazil	Specificity	16.11.2005
TN/RL/W/192	Brazil	Allocation of Subsidy Benefits	23.11.2005
TN/RL/W/193	Brazil	Benefit Pass-Through	16.11.2005
TN/RL/W/194	Hong Kong	Further Explanation of the Public Interest Proposal	17.11.2005
TN/RL/W/195	Note from the Chairman	Draft Ministerial Declaration on Rules (AD/SCM Including Fisheries Subsidies)	22.11.2005
TN/RL/W/196	Brazil, Chile, Colombia, Ecuador, Iceland, New Zealand, Pakistan, Peru and the United States	Fisheries Subsidies	22.11.2005

Propostas	Proponentes	Título	Data
TN/RL/W/197	Note by the Secretariat	Definitions Related to Artisanal, Small-Scale and Subsistence Fishing	24.11.2005
TN/RL/W/198	Jamaica	Comments by Jamaica on Antidumping related proposals to the Group on Rules	18.01.2006
TN/RL/W/199	Chinese Taipei	Further explanation on the proposals on Article 5.8 of the ADA (negligible imports)	01.03.2006
TN/RL/W/200	Brazil	Circumvention	03.03.2006
TN/RL/W/201	Japan	Fisheries Subsidies – subsidies for vessel construction and modification	06.03.2006
TN/RL/W/202	Chinese Taipei	Fisheries Subsidies for Social Security and Welfare	06.03.2006
TN/RL/W/203	India	Small scale, artisanal fisheries	06.03.2006
TN/RL/W/204	Chinese Taipei	Article 11.3	06.03.2006
TN/RL/W/205	Hong Kong	Circumvention	21.04.2006
TN/RL/W/206	New Zealand	Development and Sustainability in WTO Fishery Subsidies Negotiations: Issues and Alternatives	31.05.2006
TN/RL/W/207	New Zealand	Promoting development and sustainability in fisheries subsidies disciplines: an informal dialogue on select technical issues	02.04.2007
TN/RL/W/208	United States	Offsets for non-dumped comparisons	05.06.2007
TN/RL/W/209	ACP Group of Members	Access fees in fisheries subsidies negotiations	05.06.2007

Propostas	Proponentes	Título	Data
TN/RL/W/210	Barbados, Cuba, Dominican Republic, El Salvador, Fiji, Guyana, Honduras, Mauritius, Nicaragua, Papua New Guinea, and Solomon Islands	S&DT in the Fisheries Subsidies Negotiations: Views of the Small, Vulnerable Economies (SVEs)	06.06.2007
TN/RL/W/211	Argentina	Fisheries subsidies: continuation of work on special and differential treatment	19.06.2007
TN/RL/W/212	Brazil	Fisheries subsidies: "Fisheries adverse effects" and "S&D" Treatment	29.06.2007
TN/RL/W/213	Chair	Draft consolidated Chair texts of the AD and SCM Agreements	30.11.2007
TN/RL/W/214	Brazil, Chile, China, Colombia, Costa Rica, Hong Kong, India, Indonesia, Israel, Japan, Korea, Mexico, Norway, Pakistan, Singapore, South Africa, Switzerland, Taiwan, Thailand, and Vietnam	Statement on "zeroing" in the anti-dumping negotiations	07.12.2007
TN/RL/W/215	Brazil, Chile, China, Colombia, Costa Rica, Hong Kong, India, Indonesia, Israel, Japan, Korea, Mexico, Norway, Pakistan, Singapore, South Africa, Switzerland, Taiwan, Thailand, and Vietnam	Prohibition of zeroing	31.01.2008

Propostas	Proponentes	Título	Data
TN/RL/W/216	China, Hong Kong and Pakistan	Proposed provision of anti-circumvention	12.02.2008
TN/RL/W/217	India and ACP Group	Joint statement on treatment of artisanal and small scale fisheries in fisheries subsidies negotiations	15.02.2008
TN/RL/W/218	New Zealand	WTO disciplines on fisheries subsidies: elements of the Chair's draft	21.02.2008
TN/RL/W/219	Hong Kong	The Statement of Hong Kong, China on Negligible Imports and *De Minimis Margins* for the Informal Open-ended Meeting of the Negotiating Group on Rules on 15 February 2008	22.02.2008
TN/RL/W/220	Japan	Sunset	12.03.2008
TN/RL/W/221	Hong Kong, Japan, Norway, Switzerland, and Taiwan	*De minimis* margins of dumping	12.03.2008
TN/RL/W/222	Colombia, Hong Kong, Israel, Japan, Norway, Singapore, Switzerland, Taiwan, and Thailand	Public interest	12.03.2008
TN/RL/W/223	Hong Kong, Japan, Korea, Norway, Switzerland and Taiwan	Causation	12.03.2008
TN/RL/W/224	Brazil, Chile, Colombia, Costa Rica, Hong Kong, Israel, Japan, Korea, Norway, Singapore, Switzerland, Taiwan, and Thailand	Lesser duty rule	12.03.2008
TN/RL/W/225	ASEAN	Revised rules text before horizontal process begins	14.03.2008

Propostas	Proponentes	Título	Data
TN/RL/W/226	Barbados, Cuba, Dominica, Dominican Republic, El Salvador, Fiji, Honduras, Jamaica, Mauritius, Papua New Guinea, St. Lucia, St. Vincent & the Grenadines, and Tonga	Small, vulnerable economies (SVEs) – statement on key aspects of Article III of the fisheries subsidies annex	20.03.2008
TN/RL/W/227	Taiwan	Negligible imports	31.03.2008
TN/RL/W/228	Trinidad and Tobago	Non-paper providing an overview of the main points made in the briefing sessions arranged by the Geneva Group of Commonwealth Developing Countries and ACP Group of States on the proposals for modifications in the Agreement on Anti-Dumping Practices	11.04.2008
TN/RL/W/229	Norway	Drafting proposals on issues relating to the phasing-in of the amendments to the anti-dumping agreement (Article 18.3 *bis* as proposed by the chair in TN/RL/W/213)	17.04.2008
TN/RL/W/230	Norway	Drafting proposals on issues relating to the definition and determination of "domestic industry" (Article 4.1) and the Standing requirement (Article 5.4) of the Anti-Dumping Agreement	17.04.2008
TN/RL/W/231	Norway	Drafting proposal on issues relating to article V ("Fisheries management") of the fisheries subsidies annex to the SCM agreement as proposed by the chair in TN/RL/W/213	24.04.2008

Propostas	Proponentes	Título	Data
TN/RL/W/232	Chairman	Working document	08.07.2008
TN/RL/W/233	Brazil, Chile, China, Colombia, Costa Rica, Hong Kong, Indonesia, Israel, Japan, Korea, Malaysia, Mexico, Norway, Pakistan, Singapore, Switzerland, Chinese Taipei, Thailand, and Vietnam	Statement on anti-dumping negotiations	24.04.2008
TN/RL/W/234	Argentina, Chile, Colombia, Ecuador, Mexico and Peru	Statement on the negotiations on fisheries subsidies	17.07.2008
TN/RL/W/235	Australia, New Zealand and the United States	Fisheries subsidies	21.07.2008
TN/RL/W/236	Chairman	New draft consolidated chair texts of the AD and SCm agreements	19.12.2008
TN/RL/W/237	Chairman	The WTO Fishery Subsidies Negotiations – Update and Introductory Briefing for New Delegates	12.05.2009
TN/RL/W/238	Chairman	Possible Transposition of Texts on Anti-Dumping and Countervailing Measures	18.06.2009
TN/RL/W/239	Brunei Darussalam, Cambodia, Indonesia, Lao PDR, Malaysia, Myanmar, Philippines, Singapore, Thailand, and Vietnam	Questions on Proposal by ACP and African Group Relating to S&D Treatment under the Anti-Dumping Agreement (TN/RL/GEN/154)	29.06.2009
TN/RL/W/240	Chairman	Differences between the Anti-Dumping Agreement and Counterpart Provisions of the Agreement on Subsidies and Countervailing Measures	02.07.2009

Propostas	Proponentes	Título	Data
TN/RL/W/241	Brazil, China, Ecuador and Mexico	Fisheries Subsidies	28.09.2009
TN/RL/W/242	Barbados	Fisheries Subsidies	07.10.2009
TN/RL/W/243	Argentina, Australia, Chile, Colombia, United States, New Zealand, Norway, Iceland, Peru and Pakistan	Fisheries Subsidies	07.10.2009
TN/RL/W/244	Brazil, Chile, Colombia, Costa Rica, Hong Kong, Israel, Japan, Korea, Mexico, Norway, Singapore, Switzerland, Chinese Taipei, Thailand, and Turkey	Statement on the Anti-Dumping Negotiations	20.11.2009
TN/RL/W/245	Korea	Framework of the Disciplines on Fisheries Subsidies	24.11.2009
TN/RL/W/246	Chairman	Informal Open-Ended Meeting with Senior Officials	27.11.2009
TN/RL/W/247	Chairman	Anti-Dumping, Subsidies and Countervailing Measures and Fisheries Subsidies	17.05.2010
TN/RL/W/248	United States	Review of the RTAs transparency mechanism under paragraph 23	24.01.2011
TN/RL/W/249	Ecuador	Regional trade agreements	24.01.2011
TN/RL/W/250	Bolivia	Negotiations aimed at Clarifying and Improving Disciplines and Procedures under the Existing WTO Provisions applying to Regional Trade Agreements – A Proposal to Clarify	26.01.2011
TN/RL/W/251	Korea	Comments regarding the fuel subsidy in the Fisheries Subsidies Annex	29.03.2011

Propostas	Proponentes	Título	Data
TN/RL/W/252	Chairman	Negotiations on regional trade agreements: transparency mechanism for regional trade agreements	21.04.2011
TN/RL/W/253	Chairman	Negotiations on regional trade agreements: systemic issues	21.04.2011
TN/RL/W/254	Chairman	Communication from the Chairman	21.04.2011

Propostas	Proponentes	Título	Data
TN/RL/GEN/1	Brazil, Chile, Colombia, Costa Rica, Hong Kong, Israel, Japan, Korea, Mexico, Singapore, Switzerland, Norway, Chinese Taipei, Thailand and Turkey	Lesser Duty Rule	14.07.2004
TN/RL/GEN/2	Brazil, Chile, Colombia, Costa Rica, Hong Kong, Japan, Korea, Mexico, Singapore, Switzerland, Norway, Chinese Taipei and Thailand	Price Undertakings	14.07.2004
TN/RL/GEN/3	Canada	Duty Assessment Methodologies	14.07.2004
TN/RL/GEN/4	United States	Allocation of Subsidy Benefits Over Time	14.07.2004
TN/RL/GEN/5	United States	Exchange Rates (Anti-Dumping Agreement Article 2.4.1)	14.07.2004
TN/RL/GEN/6	Canada	Specificity	14.07.2004
TN/RL/GEN/7	Canada	Benefit Pass-Through	14.07.2004

Propostas	Proponentes	Título	Data
TN/RL/GEN/8	Brazil, Chile, Colombia, Costa Rica, Hong Kong, Israel, Japan, Korea, Mexico, Singapore, Switzerland, Norway, Chinese Taipei, and Thailand	Prohibition of Zeroing	14.07.2004
TN/RL/GEN/9	Chile, Colombia, Costa Rica, Hong Kong, Japan, Korea, Singapore, Switzerland, Norway, Chinese Taipei and Thailand	Determination of Normal Value	14.07.2004
TN/RL/GEN/10	Brazil, Chile, Colombia, Costa Rica, Hong Kong, Israel, Japan, Korea, Singapore, Switzerland, Norway, Chinese Taipei, and Thailand	Reviews	14.07.2004
TN/RL/GEN/11	United States	New Shipper Reviews (ADA Article 9.5)	14.07.2004
TN/RL/GEN/12	United States	Allocation Periods for Subsidy Benefits	14.07.2004
TN/RL/GEN/13	United States	Prompt Access to Non-confidential Information (Articles 6.4 Agreement on Anti-Dumping Practices and 12.3 Agreement on Subsidies	14.07.2004
TN/RL/GEN/14	Canada	Serious Prejudice	15.09.2004
TN/RL/GEN/15	United States	Conduct of Verifications (ADA Article 6.7 & Annex I and ASCM Article 12.6 & Annex VI)	15.09.2004
TN/RL/GEN/16	United States	All-others Rate (Article 94.4 ADA)	15.09.2004

Propostas	Proponentes	Título	Data
TN/RL/GEN/17	United States	Expensing Versus Allocating Subsidy Benefits	15.09.2004
TN/RL/GEN/18	Brazil, Chile, Colombia, Costa Rica, Hong Kong, Japan, Korea, Singapore, Switzerland, Norway, Chinese Taipei and Thailand	Proposals on Model Matching	15.09.2004
TN/RL/GEN/19	Brazil, Chile, Colombia, Costa Rica, Hong Kong, Japan, Korea, Singapore, Switzerland, Norway, Chinese Taipei and Thailand	Proposals on Issues Related to Affiliated Parties	15.09.2004
TN/RL/GEN/20	Brazil, Chile, Colombia, Costa Rica, Hong Kong, Japan, Korea, Singapore, Switzerland, Norway, Chinese Taipei and Thailand	Proposal on Facts Available	15.09.2004
TN/RL/GEN/21	Canada	Explanations of Determinations and Decisions	19.10.2004
TN/RL/GEN/22	Australia	Prohibited Export Subsidies	19.10.2004
TN/RL/GEN/23	Chile, Colombia, Costa Rica, Hong Kong, Japan, Korea, Singapore, Switzerland, Norway, Chinese Taipei and Thailand	Proposals on Issues Relating to the Initiation and Completion of Investigations	20.10.2004

Propostas	Proponentes	Título	Data
TN/RL/GEN/24	Chile, Colombia, Costa Rica, Hong Kong, Japan, Korea, Singapore, Switzerland, Norway, Chinese Taipei and Thailand	Proposals on Comparison at the Same Level of Trade	20.10.2004
TN/RL/GEN/25	United States	Preliminary Determinations – (Article 6 ADA & Article 12 ASCM)	20.10.2004
TN/RL/GEN/26	Canada	Proposal on Like Product and Product under Consideration	01.12.2004
TN/RL/GEN/27	Brazil, Chile, Colombia, Costa Rica, Hong Kong, Japan, Korea, Singapore, Switzerland, Norway, Chinese Taipei and Thailand	Proposal on the Definition of Domestic Industry – Article 4.1 of the Anti-Dumping Agreement (ADA)	02.12.2004
TN/RL/GEN/28	Brazil, Chile, Colombia, Costa Rica, Hong Kong, Japan, Korea, Singapore, Switzerland, Norway, Chinese Taipei and Thailand	Proposal on Issues Relating to the Determination of Injury under Article 3 of the ADA	02.12.2004
TN/RL/GEN/29	United States	Circumvention	08.02.2005
TN/RL/GEN/30	Brazil, Chile, Colombia, Costa Rica, Hong Kong, Israel, Japan, Korea, Singapore, Switzerland, Norway, Chinese Taipei, Thailand, and Turkey	Proposal on de Minimis Margins of Dumping	08.02.2005

Propostas	Proponentes	Título	Data
TN/RL/GEN/31	Brazil, Chile, Colombia, Costa Rica, Hong Kong, Israel, Japan, Korea, Singapore, Switzerland, Norway, Chinese Taipei, Thailand, and Turkey	Proposal on Negligible Imports	08.02.2005
TN/RL/GEN/32	India	Proposal on Mandatory Application of Lesser Duty Rule	22.03.2005
TN/RL/GEN/33	Turkey	Proposal on Negligible Imports	23.03.2005
TN/RL/GEN/34	Australia	Prohibited Export Subsidies	23.03.2005
TN/RL/GEN/35	Australia	Subsidies: Withdrawal of a Subsidy	23.03.2005
TN/RL/GEN/36	New Zealand	Fisheries Subsidies to Management Services	23.03.2005
TN/RL/GEN/37	Canada	Dispute Settlement	23.03.2005
TN/RL/GEN/38	Brazil, Chile, Colombia, Costa Rica, Hong Kong, Israel, Japan, Korea, Singapore, Switzerland, Norway, Chinese Taipei, Thailand	Second Submission of Proposals on the Determination of Injury	23.03.2005
TN/RL/GEN/39	European Community	Paper on Fisheries	12.05.2005
TN/RL/GEN/40	Egypt	Proposal on Material Retardation	13.05.2005
TN/RL/GEN/41	United States	Fisheries Subsidies – Programmes for Decommissioning of Vessels and Licence Retirement	13.05.2005
TN/RL/GEN/42	Japan	Illustrative List of Benchmarks for Determinations of Material Injury and Causation	13.05.2005

Propostas	Proponentes	Título	Data
TN/RL/GEN/43	Brazil, Chile, Colombia, Costa Rica, Hong Kong, Israel, Japan, Korea, Singapore, Switzerland, Norway, Chinese Taipei, Thailand	Further Submission of Proposals on the Mandatory Application of the Lesser Duty Rule	13.05.2005
TN/RL/GEN/44	Chile, Colombia, Costa Rica, Hong Kong, Israel, Japan, Korea, Singapore, Switzerland, Norway, Chinese Taipei, Thailand and Turkey	Further Submission on Proposals on Proceedings under Article 9	13.05.2005
TN/RL/GEN/45	United States	Further Submission on when and how to Allocate Subsidy Benefits over Time	03.06.2005
TN/RL/GEN/46	Brazil, Chile, Colombia, Costa Rica, Hong Kong, Israel, Japan, Korea, Singapore, Switzerland, Norway, Chinese Taipei, Thailand	Issues Related to Article 6.10, Including Limited Examination, and Article 9.4 all Other's Rate	10.06.2005
TN/RL/GEN/47	Japan	IUU Fishing and Fisheries Subsidies	10.06.2005
TN/RL/GEN/48	Canada	Dispute Settlement	30.06.2005
TN/RL/GEN/49	Norway	Proposal on Issues Relating to Evidence, Public Notice and Explanation of the Determinations under Articles 6 and 12 of the ADA	01.07.2005
TN/RL/GEN/50	Brazil, Chile, Israel, Korea, Singapore, Switzerland, Thailand	Proposal on Product under Consideration	01.07.2005
TN/RL/GEN/51	Brazil, Switzerland, Thailand	Proposal on Cumulation	01.07.2005

Propostas	Proponentes	Título	Data
TN/RL/GEN/52	Brazil, Chile, Israel, Japan, Korea, Singapore, Switzerland, Thailand	Proposals on Proceedings under Article 11.2	01.07.2005
TN/RL/GEN/53	Hong Kong, Israel, Japan, Korea, Norway, Singapore, Switzerland, Chinese Taipei, and Thailand	Further Submission on Public Interest	01.07.2005
TN/RL/GEN/54	Australia, Ecuador and New Zealand	Contribution to the Discussion on the Framework for Disciplines on Fisheries Subsidies – Aquaculture	01.07.2005
TN/RL/GEN/55	China	Proposal on Establishment of Responding and Comment Procedure after Initiation	04.07.2005
TN/RL/GEN/56	Brazil	Contribution to the Discussion on the Framework for Disciplines on Fisheries Subsidies	04.07.2005
TN/RL/GEN/57	Fiji, Papua New Guinea, and the Solomon Islands	WTO Fisheries Subsidies Disciplines – Architecture on Fisheries Subsidies Disciplines	07.07.2005
TN/RL/GEN/58	United States	Further Comments on Lesser Duty Proposals	13.07.2005
TN/RL/GEN/59	United States	Causation (ADA Article 3.5; ASCM Article 15.5)	13.07.2005
TN/RL/GEN/60	South Africa	Informal Paper on Anti-Dumping and Subsidies Agreements	12.07.2005
TN/RL/GEN/61	Canada	Sunset Reviews	15.09.2005
TN/RL/GEN/62	Chinese Taipei	Proposal of the Definition of Domestic Industry: Exclusion Standards	16.09.2005
TN/RL/GEN/63	Turkey	Proposal on the Disclosure of Essential Facts	16.09.2005

Propostas	Proponentes	Título	Data
TN/RL/GEN/64	Chile, Hong Kong, Israel, Korea, Norway, Singapore, Switzerland, Chinese Taipei, and Thailand	Further Submission on Facts Available	16.09.2005
TN/RL/GEN/65	Brazil, Chile, Hong Kong, Israel, Japan, Korea, Norway, Peru, Singapore, Pakistan, Chinese Taipei, and Thailand	Proposal on Dumped Imports	16.09.2005
TN/RL/GEN/66	Brazil	Treatment of Government Support for Export Credits and Guarantees under the Agreement on Subsidies and Countervailing Measures	11.10.2005
TN/RL/GEN/67	Brazil	Proposal on Affiliated Parties	12.10.2005
TN/RL/GEN/68	Chinese Taipei	Proposals on Article 5.8 of the ADA	13.10.2005
TN/RL/GEN/69	Hong Kong	Further Submission on Issues Relating to the Initiation and Completion of Investigations	13.10.2005
TN/RL/GEN/70	New Zealand	Subsidies to Fisheries Infrastructure	14.10.2005
TN/RL/GEN/71	United States	Submission on Circumvention	14.10.2005
TN/RL/GEN/72	Japan	Further Proposal on the Submission of Data Concerning Affiliated Parties	14.10.2005
TN/RL/GEN/73	Canada	Product under Consideration	17.10.2005
TN/RL/GEN/74	Chile, Hong Kong, Japan, Korea, Norway, Switzerland, Singapore, Chinese Taipei, and Thailand	Further Submission of Proposals on Sunset	17.10.2005
TN/RL/GEN/75	Chile	Submission on Issues Relating to the Initiation	17.10.2005

Propostas	Proponentes	Título	Data
TN/RL/GEN/76	Hong Kong, Mexico, Norway, Chinese Taipei	Price Undertakings	17.10.2005
TN/RL/GEN/77	Mexico	Exporters' Right of Defence – (Right to the Calculation of an Individual Dumping Margin)	17.10.2005 31.01.2006
TN/RL/GEN/78	Hong Kong, China	Product under Consideration	24.10.2005
TN/RL/GEN/79, TN/RL/GEN/79/Rev.1 TN/RL/GEN/79/Rev.2 TN/RL/GEN/79/Rev.3	Brazil	Further Contribution to the Discussion on the Framework for Disciplines on Fisheries Subsidies; Possible Disciplines on Fisheries Subsidies	16.11.2005 21.02.2006 21.04.2006 02.06.2006
TN/RL/GEN/80	Australia	Prohibited Export Subsidies	16.11.2005
TN/RL/GEN/81	Brazil	Serious Prejudice	16.11.2005
TN/RL/GEN/82	Chinese Taipei	Proposal on Affiliated Parties	17.11.2005
TN/RL/GEN/83	Hong Kong	Additional Proposal on Transparency under Article 12 of the ADA	17.11.2005
TN/RL/GEN/84	Mexico	Access to Information	17.11.2005
TN/RL/GEN/85	Canada	Public Interest	17.11.2005
TN/RL/GEN/86	Canada	Benefit Pass-Through	17.11.2005
TN/RL/GEN/87	Norway	Further Proposal on Issues Relating to Article 6.9 of the ADA	17.11.2005
TN/RL/GEN/88	Brazil	De Facto Export Contingency	18.11.2005
TN/RL/GEN/89	Brazil and the United States	Identification of Parties	18.11.2005
TN/RL/GEN/90	United States	Access to Non-Confidential Information	17.11.2005
TN/RL/GEN/91	United States	New Shipper Reviews (ADA Article 9.5)	17.11.2005
TN/RL/GEN/92	Korea	Fisheries Subsidies: Small-Scale Fisheries	18.11.2005

Propostas	Proponentes	Título	Data
TN/RL/GEN/93	European Community	Countervailing Measures	18.11.2005
TN/RL/GEN/94	United States	Expanding the prohibited "red light" subsidy category	16.01.2006
TN/RL/GEN/95	Canada	Article 2 – Profitability Test and Cost Allocations	19.01.2006
TN/RL/GEN/96	Chinese Taipei	Countervailing Measures	19.01.2006
TN/RL/GEN/97	Australia	Withdrawal of a subsidy	20.01.2006
TN/RL/GEN/98	Mexico	New shipper reviews	02.03.2006
TN/RL/GEN/99	Brazil, Hong Kong, India and Japan	Proposals on the mandatory application of the Lesser Duty Rule	03.03.2006
TN/RL/GEN/100	New Zealand	Fisheries subsidies framework for disciplines	03.03.2006
TN/RL/GEN/101	Brazil	The existence of a benefit	03.03.2006
TN/RL/GEN/102	Brazil	Proposal on preliminary determinations	03.03.2006
TN/RL/GEN/103	Norway	Proposals on issues relating to the definition of "domestic industry", standing requirements and injury analysis of the ADA	06.03.2006
TN/RL/GEN/104	Japan	Proposals on sunset	06.03.2006
TN/RL/GEN/105	United States	Further submission on facts available	06.03.2006
TN/RL/GEN/106	United States	Circumvention	06.03.2006
TN/RL/GEN/107	United States	Exchange rates	06.03.2006
TN/RL/GEN/108	United States	Disclosure of essential preliminary legal and factual considerations (mandatory preliminary determinations)	06.03.2006
TN/RL/GEN/109	European Community	Independent group of experts for the enforcement of initiation standards	20.04.2006

Propostas	Proponentes	Título	Data
TN/RL/ GEN/110	European Community	Transparency of anti-dumping activity	20.04.2006
TN/RL/ GEN/111	Canada	Procedures for adversely affected domestic interested parties	21.04.2006
TN/RL/ GEN/112	Canada	Proposed amendments to certain provisions of the agreement on subsidies and countervailing measures	21.04.2006
TN/RL/ GEN/113	Brazil	Further proposal on serious prejudice	21.04.2006
TN/RL/ GEN/114	Japan, Korea, and Chinese Taipei	Fisheries subsidies Framework for disciplines	21.04.2006
TN/RL/ GEN/115	Australia	Subsidies: Withdrawal of a subsidy	21.04.2006
TN/RL/ GEN/116	Mexico	Anti-dumping action on behalf of a third country	21.04.2006
TN/RL/ GEN/117	Brazil	Proposal on article 11.2	21.04.2006
TN/RL/ GEN/118	Egypt	Duration of review investigations	21.04.2006
TN/RL/ GEN/119	Egypt	Assessment of standing	21.04.2006
TN/RL/ GEN/120	Egypt	Currency conversion	21.04.2006
TN/RL/ GEN/121	Egypt	Threat of material injury	21.04.2006
TN/RL/ GEN/122	Egypt	Material retardation	24.04.2006
TN/RL/ GEN/123	Hong Kong and Chile	Further submission on issues relating to the initiation and completion of investigations	24.04.2006
TN/RL/ GEN/124	Japan	Proposal on procedure of providing non-confidential application	24.04.2006
TN/RL/ GEN/125	Japan	Revised proposal on the submission of data held by affiliated parties	24.04.2006

Propostas	Proponentes	Título	Data
TN/RL/ GEN/126	Japan	Proposal on the prohibition of zeroing	24.04.2006
TN/RL/ GEN/127	United States	Fisheries subsidies	24.04.2006
TN/RL/ GEN/128	United States	Causation (ADA article 3.5; ASCM article 15.5)	24.04.2006
TN/RL/ GEN/129	United States	Definition of domestic industry for perishable seasonal, agricultural products	24.04.2006
TN/RL/ GEN/130	United States	Allocation and expensing of subsidy benefits	24.04.2006
TN/RL/ GEN/131	United States	Collection of anti-dumping duties under article 9.3	24.04.2006
TN/RL/ GEN/132	United States	Conduct of on-the-spot investigations (ADA annex I and ASCM annex VI)	24.04.2006
TN/RL/ GEN/133	United States	Disclosure of calculations in preliminary and final determinations	24.04.2006
TN/RL/ GEN/134	European Community	Fisheries subsidies	24.04.2006
TN/RL/ GEN/135	European Community	Subsidies	24.04.2006
TN/RL/ GEN/136	Egypt, India, Kenya, and Pakistan	Improvement and clarification in articles 27.5 and 27.6 of the ASCM regarding export competitiveness	16.05.2006
TN/RL/ GEN/137	South Africa	Proposal on issues related to the Antidumping Agreement	29.05.2006
TN/RL/ GEN/138	Argentina	Fisheries subsidies: special and differential treatment	01.06.2006
TN/RL/ GEN/139	Egypt	Facts Available	06.06.2006
TN/RL/ GEN/140	Egypt	Causation	06.06.2006

Propostas	Proponentes	Título	Data
TN/RL/ GEN/141	New Zeland	Fisheries – Exhaustive List of Non-Prohibited Fisheries Subsidies	06.06.2006
TN/RL/ GEN/142	Hong Kong; and Chinese Taipei	Economic Effects of Anti-Dumping Measures	06.06.2006
TN/RL/ GEN/143	Kenya	Special and differential treatment and technical assistance in trade remedies	27.06.2007
TN/RL/ GEN/144	Norway	Fisheries subsidies	26.01.2007
TN/RL/ GEN/145	United States	Fisheries subsidies: proposed new disciplines	22.03.2007
TN/RL/ GEN/146	United States	Expanding the prohibited "red light" subsidy category draft text	05.06.2007
TN/RL/ GEN/147	United States	Proposal on offsets for non-dumped comparisons	27.06.2007
TN/RL/ GEN/148	China	Proposal on standing of the application	29.06.2007
TN/RL/ GEN/149	China	Proposal on sunset review	29.06.2007
TN/RL/ GEN/150 TN/RL/ GEN/150/Rev.1 TN/RL/ GEN/150/Rev.2	Indonesia	Fisheries subsidies: proposed new disciplines	02.07.2007 10.09.2007 09.10.2007
TN/RL/ GEN/151	Argentina and Brazil	Special and differential treatment	17.09.2007
TN/RL/ GEN/152	Egypt	Assessment of dumping	05.10.2007
TN/RL/ GEN/153	India	Verification system of duty rebate schemes and definition of inputs consumed under ASCM	30.11.2007
TN/RL/ GEN/154	ACP and African Groups	Special and differential treatment and technical assistance in trade remedies	25.02.2008

Propostas	Proponentes	Título	Data
TN/RL/GEN/155	India, Indonesia and China	Need for effective special and differential treatment for developing country members in the proposed fisheries subsidies text	22.04.2008
TN/RL/GEN/156	Canada	Fisheries subsidies. De minimis exemption	02.05.2008
TN/RL/GEN/157	Thailand and Vietnam	Proposal to delete the recasting of anti-dumping duties as "security"	20.05.2008
TN/RL/GEN/158	ACP and SVE's Groups	Drafting proposal on issues relating to Article III.4 ("Special and differential treatment of developing country Members") of the fisheries subsidies Annex to the SCM Agreement as proposed by the Chair in TN/RL/W/213	22.05.2008
TN/RL/GEN/159	Korea and Chinese Taipei	Relation between article I and Article V of the Chair's text	04.06.2008
TN/RL/GEN/160	China	Treatment of New Subsidy Allegations in the Course of an On-Going Investigation	04.12.2009
TN/RL/GEN/161	China	Pre-initiation Consultations in Countervailing Duty Investigations	04.12.2009
TN/RL/GEN/162	Small and Vulnerable Economies	Textual proposal for additional flexibilities for small and vulnerable economies under Article III of the proposed draft Chair's text on fisheries subsidies	08.01.2010
TN/RL/GEN/163	Brazil, China, India and Mexico	Fisheries Subsidies – Special and Differential Treatment	11.02.2010
TN/RL/GEN/164	India	Use of "Facts Available" in Countervailing Duty Investigations	08.04.2010
TN/RL/GEN/165	United States	Fisheries Subsidies – Articles I.2, II, IV and V	22.04.2010

Propostas	Proponentes	Título	Data
TN/RL/ GEN/166	India	Benchmark for Export Finance in Developing Countries for CVD Investigations under ASCM	22.04.2010
TN/RL/ GEN/167	Australia	Fisheries Subsidies – Articles I, II, V and VI	20.09.2010
TN/RL/ GEN/168	Korea	Fisheries Subsidies – Articles I, II and IV	24.09.2010
TN/RL/ GEN/169	China	Proposal on the Use of the Facts Available under Article 12.7 of ASCM	14.10.2010
TN/RL/ GEN/170	Morocco	Fisheries subsidies: Articles I, III, IV, V and VI	14.12.2010
TN/RL/ GEN/171	Japan	Fisheries subsidies – New proposals regarding the discipline	17.01.2011
TN/RL/ GEN/172	Ecuador and Peru	Proposal on fisheries subsidies special and differential treatment: artisanal fisheries – Article III.2(a)	19.01.2011
TN/RL/ GEN/173	Argentina and Chile	Fisheries subsidies – Special and differential treatment	20.01.2011
TN/RL/ GEN/174	Malaysia	Fisheries subsidies – Article II	17.02.2011
TN/RL/ GEN/175	Mauritius on behalf of the ACP Group	Decision on the establishment of a trade remedies facility in the WTO	24.02.2011
TN/RL/ GEN/176	Kenya on behalf of the ACP Group	Fisheries subsidies – Articles III and V	01.03.2011
TN/RL/ GEN/177	India	Amendment to articles 27.2 and 27.4 of ASCM in relation to developing countries covered under Annex VII	07.03.2011
TN/RL/ GEN/178	Korea	Fisheries subsidies – Articles III, V and X	10.03.2011

Propostas	Proponentes	Título	Data
TN/RL/ GEN/179	Ecuador and Egypt	Proposal on technical assistance for meeting future WTO fisheries subsidies obligations	28.03.2011

Este livro foi composto
na fonte Minion Pro, corpo 11
e impresso em off-set.

Impresso por:

Graphium
Gráfica e editora

Tel: (11) 2769-9056